역사가
기억하는
정복과 확장

1000년부터 1500년까지

궈팡 편저   정주은 옮김

꾸벅

　인류의 역사는 전쟁으로 수놓은 역사이자 정복과 확장의 역사이다. 유유히 흐르는 역사의 강물은 바닥을 모를 만큼 깊고 물속 세상은 안개처럼 뿌옇다. 이 책은 그 역사를 장식해온 비장하고 웅장한 제국의 정복사와 거친 풍랑을 헤치고 이룬 이주의 역사, 그리고 생지옥이 따로 없는 인간들의 삶의 현장을 보여준다. 이 모든 것은 마치 별똥별처럼 역사의 하늘을 가로질러 정신이 아득해질 만큼 찬란하게 수놓고 있다.

　서로마제국의 마지막 황제 로물루시 아우구스툴루시가 폐위당한 뒤, 수많은 바바리안이 앞다퉈 서유럽을 침략했다. 그 때문에 서양 문명은 거의 붕괴될 것처럼 보였지만 사실은 그렇지 않았다. 오히려 고여 있던 낡은 문화와 바바리안의 새로운 생활양식이 서로 섞일 수 있는 토대가 마련되었다. 이런 상황에서 기독교 신앙은 탁월한 감화력을 바탕으로 새로운 문명이 탄생할 수 있는 토양을 일궈나갔다. 이 문명은 그리스와 라틴 문화유산을 근간으로 게르만 민족의 넘치는 생명력을 흡수해 예측 불가능한 미래로 성큼성큼 발을 내딛었다. 이 시대는 정복과 확장의 시대이자 우매함과 문명이 서로 엮인 시대였다. 게다가 억압과 저항이 격렬하게 충돌해 사방에서 불꽃이 피어오르던 시대였다. 교황은 무소불위의 권력을 휘두르며 각계각층에 지대한 영향을 낳은 십자군 전쟁을 일으켰다. 교황과 유럽 각국의 군주들 사이에서는 권력을 쟁취하는 각축전이 벌어졌고 유럽 각국의 군주와 귀족, 백성들 사이에서도 갈증과 투쟁이 끊이지 않았다. 아시아, 아프리카, 라틴아메리카 사람들은 탄성이 절로 나오는 위대한 문명을 이룩했으며 유럽은 중세 들어 1000년 동안 긴 암흑기를 보내게 되었다. 온 세상이 시뻘건 핏물을 뒤집어쓴 뒤, 이어서 금속의 마찰음이 들리고 곳곳에서 온갖 사상이 충돌하는 가운데 인류 역사는 전환점에 이르게 된다. 신대륙이 발견되고 르네상스 사조가 거침없는 기세로 문명사회를 휩쓸면서 근대사회의 서광이 밝았다. 바로 이 정복과 확장의 시대에 인류 문명은 미증유의 발전을 이루었다.

이 책은 역사에 대한 시평을 통해 문명의 성쇠와 득실을 탐구한다. 또한 독특한 시각으로 역사의 전환과 충돌을 관찰하고 시인과 같은 열정으로 역사 속 이야기를 들려준다. 작가는 동서양의 문명 중에서 가장 의미 있는 역사적 사건을 독특한 시각으로 풀어냈고 전제군주정치가 고의로 감추었던 은밀한 뒷이야기를 설득력 있게 서술해 역사의 빙하에 갇혀있던 영혼의 보물창고를 건져 올렸다. 이 책은 시야가 넓고 붓끝이 예리하다. 오늘날 역사문화에 대한 관심이 뜨겁게 고조되는 가운데 이 책은 철저한 사변과 힘찬 필력, 그리고 거시적인 시야로 역사문화서의 새로운 흐름을 이끌고 있다.

제 **1** 장
서유럽의 강권 통치

제**2**장

동유럽의 불길

제**3**장

아시아, 아프리카, 아메리카의 각축전

제 4 장

신항로 개척

제5장

문명의 외침

Conquest and Expansion

History of the World

제 1 장

서유럽의 강권 통치

십자군 동방 원정의 선동자 교황 우르바누스 2세

1096년부터 1272년까지 이루어진 십자군 동방 원정은 '성지탈환'이라는 이름하에 로마교황청과 서유럽 봉건영주, 그리고 상인들이 일으킨 200년에 걸친 침략전쟁이다. 종교에 광적으로 빠져있던 기독교도들은 너 나 할 것 없이 가슴에 십자가 표시를 달고 미지의 원정길에 올랐다. 그런데 셀 수 없이 많은 기독교도를 전쟁터로 이끈 장본인은 다름 아닌 교황 우르바누스 2세였다. 이때부터 십자군 동방 원정 뒤에는 언제나 교황 우르바누스 2세의 이름도 함께 했다.

절대교권의 충실한 교도

교황 우르바누스 2세는 1035년 프랑스 마른 강변의 한 귀족가정에서 태어났다. 성직자가 되기 전의 이름은 오동 드 라제리였다. 젊은 시절 프랑스의 유명한 수도원인 클뤼니에서 기독교 이론을 배웠고 훗날 이 수도원의 원장이 되었다. 당시 교황이던 그레고리우스 7세의 두터운 신임을 받아 1079년 로마교황청으로 자리를 옮기게 된다. 교황 그레고리우스 7세의 충실한 심복이었던 그는 주교를 거쳐 1088년 드디어 교황이 된다.

당시 서유럽에서는 교권과 세속 왕권이 첨예하게 대립하고 있었다. 교황과 신성로마제국 황제 하인리히 4세가 사사건건 충돌했던 데서 이를 확인할 수 있다. 기독교 내부도 삐걱거리기는 마찬가지였다. 그레고리우스 7세는 교황에 임명된 뒤 신성로마제국 황제가 지지하는 클레멘스 3세를 비롯하여 그를 따르는 신자들과 대립각을 세웠다. 안팎으로 골치 아픈 문제를 떠안은 우르바누스 2세가 생각해낸 무기는 '절대교권'이었다. 그는 교황이라는 특수한 지위를 이용하고 탁월한 정치적 수완을 발휘해 문제를 해결해나갔다. 그 결과 교황 클레멘스 3세를 굴복시켰을 뿐만 아니라 세속의 왕권을 쥐락펴락하며 왕권과 교권의 싸움에서 승기를 잡았다.

그러나 우르바누스 2세의 야심은 끝이 없었다. 서양이 손아귀에 들어오자 동양마저도 자신의 발아래 무릎 꿇리고 싶어졌다. 그러던 차에 때마침 기회가 찾아왔다. 1095년, 비잔틴제국의 황제 알렉시우스 1세는 셀주크투르크가 공격해오자 서둘러 교황 우르바누스 2세와 서유럽 영주들에게 군사 지원을 요청했다. 우르바누스 2세는 속으로 쾌재를 부르며 역사상 가장 중대한 사건을 꾸미기 시작했다. 바로 '십자군 원정'이다.

광적인 전쟁에 불을 붙이다

1095년 11월 18일, 세계사에 길이 남을 이 날 교황 우르바누스 2세는 중세 역사상 가장 폭발력 있는 연설을 한다. 그는 로마가톨릭 교도와 그리스정교도를 향해 이슬람교도에게 빼앗긴 성지 예루살렘을 탈환하고 지중해 연안 지역을 정복하라고 호소했다. 당시 프랑스 클레르몽의 노천광장에는 구름처럼 많은 기독교도들이 모여 있었다. 독실한 신앙심으로 한 자리에 모인 그들은 우르바누스 2세가 열정적으로 내뱉는 연설에 귀를 기울였다. 우르바누스 2세는 마치 정말로 그런 일이 벌어지고 있는 것처럼 분개하며 외쳤다. "동방의 이교도들이 우리의 동포를 학대하고 신성한 땅 예루살렘을 유린하고 있다." 그가 거론한 예루살렘은 기독교도에게는 세상의 중심이자 가장 신성한 땅이었다.

▼ 교황 우르바누스 조각상
우르바누스 2세는 자신의 권력을 이용해 기독교도들을 회책해 십자군 원정을 일으켰다.

우르바누스 2세는 클레르몽에 모인 군중에게 약속했다. "원정에 참여하면 교회가 정한 모든 고행을 면제받을 것이며 죽은 뒤 지옥의 불구덩이를 피할 수 있다. 또한 예루살렘을 되찾는 원정에 참여했다가 가는 도중이나 육지에서 또는 바다에서, 전쟁터에서 목숨을 잃는 순간에 죄 사함을 받을 것이다."

우르바누스 2세는 농민과 도시의 빈민을 끌어들이기 위해 예루살렘은 젖과 꿀이 흐르는 천국이며 즐거움과 풍요로움만이 가득한 땅이라고 거듭 외쳤다. 또한 채무를 상환할 능력이 없는 농민과 도시 빈민의 채무 이자를 탕감해주고 1년 이상 출정한 자는 세금을 면제한다고 약속했다. 동방 원정은 그야말로 '면죄부'나 다름없었다.

동방 원정의 서막이 열리다

열변의 효과는 곧바로 나타났다. 광장에 모인 군중은 마치 뭔가에 홀린 것처럼 두 주먹을 불끈 쥐고 이를 부득부득 갈았다. 특히 그간 여러 가지로 불만이 가득했던 기사들의 마음은 이미 예루살렘을 향해 달려가고 있었다. 칼을 쥔 손아귀에 잔뜩 힘이 들어갔다.

우르바누스 2세는 자신이 애타게 바라던 장면이 눈앞에 펼쳐지자 이때다 싶어 손을 번쩍 들며 외쳤다. "예수 그리스도의 거룩한 무덤을 되찾자! 동방의 형제들을 구원하자!" 그 순간 클레르몽 광장은 열광의 도가니에 빠져들었다. 다른 사람보다 먼저 십자군 표지를 받으려는 사람들이 인파를 헤치며 교황을 향해 몰려들었다. 길고 긴 십자군 원정은 이렇게 해서 시작되었다. 교황의 교활한 혀 때문에 동방의 여러 지역과 이슬람교도는 자그마치 200년이 넘는 긴 세월 동안 기독교도의 침략에 시달려야 했다.

'필리오케' 논쟁 동서 교회의 대분열

2세기 이후 로마를 필두로 한 서방 교회와 콘스탄티노플을 중심으로 한 동방 교회는 신학교리, 교회 조직, 규정 등에서 커다란 마찰을 빚었다. 결론 없는 논쟁이 지속되자 동서 교회는 각자의 길을 걷기 시작했다. 그러다 1054년, 결국 로마 교회가 이끄는 가톨릭과 콘스탄티노플이 이끄는 동방 정교회로 완전히 나뉘었다. 이로써 기독교는 새로운 역사의 서막을 열었다.

끝이 보이지 않는 갈등의 골

동서양 교회의 갈등은 이미 오래전부터 시작된 일이었다. 313년 로마황제 콘스탄티누스 1세가 '밀라노 칙령'을 선포해 기독교를 합법적인 국교로 공인하면서 기독교는 세속 왕권과 결합된다. 교회의 변화나 개혁은 사실 정치권력간의 변동이었다. 뿐만 아니라 기독교는 처음부터 로마제국 동부의 그리스어 지역과 서부의 라틴어 지역, 양대 분파로 나뉘어 있었다. 동서양은 정치문화, 생활습관 등이 달라도 너무 달랐다. 더 중요한 문제는 언어에서 비롯되었다. 양쪽에서 사용하는 언어가 달랐기 때문에 성경에 대한 해석도 다를 수밖에 없었고 이로 인한 갈등은 날이 갈수록 더해갔다.

330년 콘스탄티누스 황제는 로마의 수도를 그리스어 지역에 속하는 콘스탄티노플로 천도한다. 395년 로마황제 테오도시우스 1세는 제국을 반분해 두 아들에게

▼ **콘스탄티누스 개선문**
312년에 세워진 콘스탄티누스 개선문은 콘스탄티누스 1세가 312년 제국을 통일한 것을 기리기 위해 세워졌다. 로마를 상징하는 건축물 중 하나이다.

나눠줬다. 정치권력이 분산되면서 자연스럽게 이뤄지던 양측의 문화교류에 걸림돌이 생겼고 신앙을 둘러싼 갈등도 더욱 격화됐다. 결국 양측은 루비콘 강을 향한 최후의 여정에 오르게 된다.

동서양은 종교를 비롯해 정치권력, 문화 등 여러 분야에서 차이가 컸는데도 상대방에 대한 이해가 부족했다. 이 때문에 둘 사이 갈등의 골은 점점 더 깊어만 갔다. 예를 들어 동방 정교회는 고대그리스어로 된 성경을 사용했고 로마 교회는 라틴어 성경을 썼다. 예배를 볼 때 로마 교회로 대표되는 서방 교회는 무교병[1]을 사용한 반면 동방 정교회가 이끄는 동방 교회는 유교병[2]을 사용했다. 또한 로마교회의 사제는 평생 독신으로 살아야 했지만 동방 정교회는 굳이 그럴 필요가 없다고 생각해 사제도 처자식을 거느릴 수 있도록 했다. 로마 교회는 주교만이 성유를 뿌릴 수 있었지만 동방 정교회는 사제라면 누구나 성유를 뿌릴 수 있었다. 물과 기름처럼 다른 동서양 교회가 서로를 용납하지 못한 것은 어찌 보면 너무도 당연한 결과였다.

성경은 하나, 해석은 둘

잇따른 우연은 필연을 낳는다. 동서양 교회도 예외가 아니었다. 앞서 지적했듯이 양측은 많은 부분에서 갈등을 겪었지만 《성경》 해석을 둘러싼 갈등의 골은 깊이를 가늠할 수 없을 만큼 심각했다. 그중에서도 최대의 논쟁으로 '필리오케'라는 문구를 둘러싼 갈등, 예수의 신성과 인성에 대한 갈등, 그리고 성상숭배에 관한 갈등을 꼽을 수 있다.

동서양 교회는 《니케아 신경》에 나오는 '성령은 어디에서 나오는가'에 대해 서로 다른 견해를 보였다. 로마 교회는 '성령은 성부와 성자로부터 나온다'고 생각했다. 반면 동방 정교회는 공의회의 동의를 거치지 않은 해석은 잘못된 것이며 '성령은 성부로부터 나오는 것'이지 '성자로부터 나온다'는 말은 들어본 적도 없다고 비판했다. 이것이 바로 그 유명한 '필리오케' 논쟁이다.

451년, 기독교는 칼케돈 공의회를 열어 그리스도가 완전한 신성과 인성, 즉 두 위격을 모두 갖추고 있다는 데 견해를 모았다. 그러나 이집트, 시리아 및 아르메니아 등 동방의 그리스도교 신자들은 이를

---

1) 누룩을 넣지 않고 만든 빵
2) 누룩을 넣어 만든 빵

인정하지 않았다. 비록 동로마 황제 유스티니아누스 1세[3]와 콘스탄티누스 4세[4] 모두 성지를 내려 그리스도가 신성과 인성 양자가 자유롭게 활동하고 조화를 이룬 존재라고 공언했지만 동방 교회는 여전히 그런 견해를 부정했다. 그 결과, 예수가 신성과 인성을 모두 갖춘 존재라는 견해와 그리스도단의설의 입장차는 조금도 줄어들지 않았다.

754년, 레오 3세의 후계자인 콘스탄티누스 5세는 회의를 열어 성상숭배를 금지하고 이를 따르지 않는 사람은 이교도라고 규정했다. 온 세상을 광란으로 몰고 간 '성상파괴운동'의 막이 열리는 순간이었다. 성상파괴운동을 벌이면서 서방 교회는 동로마 정권의 종교정책에 극도로 회의적인 태도를 품게 됐다. 일촉즉발의 대립상태는 황후 이레네 2세가 섭정을 하면서 조금씩 화해무드를 타기 시작했다. 이레네 2세는 콘스탄티노플 총대주교인 타라시우스와 로마교황 하드리아누스 1세의 지지 속에서 787년 제7차 공의회를 소집했다. 이 자리에서 그녀는 성상숭배를 인정하고 동서 교회를 통일한다는 데 동의했다. 이를 계기로 악화일로를 걷던 동서양 교회의 관계에 봄바람이 부는 듯했지만 뿌리 깊은 갈등의 골을 메울 수는 없었다.

권력쟁탈전

동서양 교회는 서로 다른 정치 이익을 대변했기 때문에 둘 사이의 갈등과 다툼은 필연적으로 정치 변화의 직접적인 영향을 받았다. 겉으로 보기에는 교리를 둘러싼 논쟁으로 보였지만, 사실은 기독교의 주도권을 포함해 동서양의 정치권력을 쟁탈하기 위한 싸움이었다. 서기 70년, 로마군대가 예루살렘을 점령하면서 기독교의 중심은 로마로 옮겨졌다. 게다가 사도 바울도 2년 동안 로마에 머물면서 기독교 교리의 정수에 관한 《로마서》를 저술했다. 뿐만 아니라 로마의 초대 주교였던 성베드로도 로마에 묻혔다. 이런 여러 요인 때문에 로마 교회는 초기 기독교 교회 중에서 명망이 높았다. 325년, 기독교 역사상 가장 중요한 의미가 있는 종교회의가 니케아에서 소집된다. 이 회의에서 로마 교회는 각지 교회의 대표로 선정되었다. 이는 로마주교가 교회 사무에서 매우 중요한 역할을 맡았음을 의미한다.

---

3) 544년에 선포
4) 680년 콘스탄티노플에서 개최된 제6차 세계 공의회에서 확인

레오 9세

레오 9세는 클뤼니 교회 개혁운동을 적극적으로 추진했던 교황이다. 그는 추기경 회의가 세속 영주의 지배를 받아 부정부패가 심각하고 클뤼니 개혁운동에 매우 부정적이라는 사실을 발견했다. 그래서 각 지역에서 자신에게 충성하는 클뤼니파 성직자들로 구성된 새로운 추기경단을 구성했다. 또한 각 지역에서 수시로 종교회의를 소집해 교황의 권력을 강화했다.

비록 동서양 교회 간에 성상숭배를 둘러싼 갈등이 있었지만 표면적으로는 일치된 모습을 보였다. 그런데도 레오 9세는 항상 자신의 지위가 위태롭다고 생각했다. 1054년, 레오 9세 로마교황과 콘스탄티노플 총대주교 케룰라리우스가 '필리오케' 문제로 심각하게 대립하면서 동서 교회의 관계는 파국으로 치달았다. 결국 서로 상대를 파문하면서 동서양 교회는 완전히 갈라서게 된다. 이후 서방 교회는 스스로를 가톨릭이라 불렀고 동방 교회는 정교회라 자칭했다. 비록 화해를 위한 시도가 몇 차례 이루어졌지만 이미 정해진 운명을 바꿀 수는 없었다.

그러나 로마주교의 절대적인 지위는 기독교의 세력이 커질수록 위태로워지기 시작했다. 330년, 로마황제 콘스탄티누스는 콘스탄티노플로 수도를 옮기고 콘스탄티노플회의를 개최했다. 이 자리에서 콘스탄티누스 황제는 콘스탄티노플 총대주교에게 로마교황에 다음가는 권위를 부여했다. 뒤이어 열린 칼케돈 공회의에서는 콘스탄티노플 총대주교가 로마교황이 서방에서 행사하는 권위를 동방에서 똑같이 행사할 수 있도록 했다. 로마와 콘스탄티노플은 똑같이 로마의 수도이므로 똑같은 대우를 받아야 한다는 게 이유였다. 이유는 그럴듯했지만 서방 교회로서는 불쾌하기 짝이 없는 노릇이었다. 로마 교회는 성베드로의 후계자인 자신들이야말로 모든 교회의 수장될 자격이 있으므로 공의회의 결정을 받아들이지 않았다. 그러나 콘스탄티노플은 로마 교회의 반발에도 개의치 않고 더 파격적인 결정을 내렸다. 553년, 유스티니아누스 1세는 제2차 콘스탄티노플회의를 소집해 콘스탄티노플 교회의 지위를 격상시켜 로마 교회보다 높은 권위를 부여했다. 로마 교회가 이 같은 결정을 받아들일 리 만무했다.

서로마제국이 멸망한 뒤, 서유럽 지역은 바바리안족의 세력권에 편입되기 시작했다. 순식간에 세력을 키운 바바리안족은 유럽 주도권을 두고 동로마제국[5]과 쟁탈전을 벌인다. 교황은 많은 바바리안족의 우두머리에게 왕관을 수여하며 '로마인의 황제', '신성로마제국 황제'라 불렀다. 정통 계승자로 자처하던 동로마제국의 분노는 불을 보듯 빤한 일이었다. 하지만 바바리안족이 세운 왕국은 하루가 다르게 번영한 반면 비잔틴제국은 쇠락의 길을 걸었다. 게다가 종교는 각자의 정신적 지주였기 때문에 유럽 주도권을 놓고 벌인 쟁탈전은 결국 종교분열의 형태로 진행됐다. 교황이 선동해 일으킨 십자군 동방 원정, 특히 제2차 십자군 원정의 목표가 바로 비잔틴제국이었던 데서 이를 확인할 수 있다. 콘스탄티노플을 함락시킨 십자군은 도시를 폐허로 만들고 약탈을 자행했다. 이 때문에 비잔틴왕국은 엄청난 타격을 입었고 양측의 갈등과 증오는 더욱 깊어지고 말았다. 이로 볼 때 동서양 교회의 대립은 결국 유럽의 주도권을 빼앗기 위한 각축전이었다.

---

5) 훗날의 비잔틴제국

분열과 후환

두 개의 세력으로 나뉜 뒤, 동서양 교회는 다툼과 갈등을 거듭하면서도 서로를 한 몸으로 여겨 화해와 일치를 모색했다. 그러나 863년부터 867년에 발생한 일명 '포티우스(Photius) 분열'과 1054년의 '케룰라리우스 분열'을 계기로 동서양 교회는 아예 갈라서고 만다. 847년, 포티우스는 탁월한 재능을 바탕으로 해임된 전임 총대주교 이그나티우스를 대신해 콘스탄티노플 총대주교가 되었다. 그러나 평신자에 불과하던 포티우스가 단 며칠 만에 총대주교가 되자 반발이 만만치 않았다. 이 틈을 타고 로마 교회는 이그나티우스 해임에 대해 무효선언을 해 포티우스와 대립각을 세웠다. 포티우스는 아무런 절차도 거치지 않고 콘스탄티노플에서 회의를 소집해 교황을 파문했다. 뜻하지 않은 공격을 당한 로마 교회와 바짝 약이 오른 동방 정교회 사이에 전에 없는 전운이 감돌았다. 그러나 포티우스의 든든한 방패막이가 돼주던 황제가 암살을 당하면서 포티우스는 고립무원의 상태에 빠지게 된다. 결국 추방당했던 이그나티우스가 콘스탄티노플로 되돌아와 다시 총대주교가 되었다. 872년, 콘스탄티노플에서 소집된 제8차 세계 공의회는 동서양 교회를 하나로 합쳤다. 하지만 겨우 몇 년밖에 되지 않던 '포티우스 분열'로 교황의 절대 권위는 돌이킬 수 없는 타격을 입고 말았다. 이는 훗날 교회가 둘로 쪼개지는 화근이었다.

1050년, 로마 교회 교황 레오 9세는 이탈리아 남부 라틴 교회에 스며든 그리스식 의식을 금지했다. 콘스탄티노플 총대주교 케룰라리우스

▼ 콘스탄티누스 1세
콘스탄티누스 대제를 말한다. 그는 재위기간에 '밀라노 칙령'을 공포했다. 이 칙령으로 기독교는 합법적이며 자유로운 종교로 인정받게 된다.

(Michael Cerularius)는 레오 9세와의 전면전을 선언하고 콘스탄티노플에 있는 모든 라틴 교회에 그리스식 의식을 따르라고 요구했다. 이것이 바로 '케룰라리우스 분열'이다. 1054년 교황 레오 9세는 화해의 길을 찾기 위해 사절단을 파견한다. 그러나 중재를 해야 할 사절단도 케룰라리우스도 각자의 뜻을 굽히지 않았기 때문에 둘의 관계는 갈등을 넘어 분열로 접어든다. 결국 양쪽 다 기독교에서 가장 엄한 처벌수단인 '파문'이라는 카드를 꺼내들고 말았다. 이로써 갈등과 화해를 거듭하던 동서양 교회는 영원히 돌아올 수 없는 강을 건너게 된다.

동서양 교회의 대분열은 기독교 발전사에서 가장 중요한 전환점을 마련한다. 이후 동서양 교회는 서로 발길을 끊고 독자적인 발전을 모색한다. 그러나 한 가지에서 나온 교회가 둘로 나뉜 것에 대해 안타까워할 필요는 없다. 동방 교회, 비잔틴제국 황제와 대립하면서 서유럽에 대한 교황의 영향력이 확대되었고 교황국 또한 막강한 힘을 휘두르게 되어 가톨릭의 권세가 하늘을 찔렀기 때문이다. 장기적으로 보면 그 덕분에 기독교는 세계 각지로 뻗어나갈 수 있었다.

교회는 반대세력에 대한 무력박해를 서슴지 않았고 종교재판소를 통해 신도를 통제했다. 이는 교황이 굳건한 통치기반을 확립하는 바탕이 되었다. 또한 여러 게르만왕국을 기독교로 개종시키고 비잔틴제국과 갈라서는 데도 결정적인 영향을 미쳤다. 훗날 기독교는 갈수록 게르만왕국에 의존했고 황제의 대관식에서 왕관을 씌워주는 역할을 하면서 이들 국가의 봉건제 성립을 촉진했다. 양쪽의 세력 차이를 놓고 보자면 사실 동서양 교회의 분열은 나날이 쇠락하는 비잔틴제국과 갈수록 막강해지는 게르만왕국의 세력 차이를 보여주는 것이었다. 이토록 현저한 세력 차이는 이후 기독교가 수시로 충돌하는 갈등의 씨앗이 된다. 정리하자면 양쪽이 그토록 치열하게 싸운 이유는 결코 '영에 속한' 문제 때문이 아니었다. 종교는 그저 추악한 권력다툼을 가리는 수단이었을 뿐이다.

노르만 광풍 정복자 윌리엄 1세

노르만족은 게르만족의 일파로 원시적이고 낙후된 유목생활을 하고 있었
다. 중세 유럽인과 비교하면 노르만인은 야만인이었다. 하지만 노르만인은
온 유럽에 말발굽을 남기며 유럽 각국에 공국을 세우고 식민통치를 실시했
다. 11세기, 정복자 윌리엄이 이끄는 노르만족은 영국을 정복해 이후 출현
할 영국에 지대한 영향을 미쳤다.

강대해진 노르만족

노르만족은 '북쪽 사람들'이라는 뜻으로 덴마크, 노르웨이 그리
고 스웨덴 지역에서 생활하는 노르만인들을 가리킨다. 그들은 게르
만인의 후예로 전통적으로 유목생활을 한 탓에 생활수준이 매우 낙
후돼 있었다. 그러나 인구가 늘면서 토지가 부족해지자 점점 유럽에
눈독을 들이기 시작했다. 9세기 들어 노르만족의 세력이 세 개로 나
뉘어 거침없이 유럽을 침략해 들어갔다. 그

중 스웨덴 출신 노르만인은 주로 동쪽을 침략
했다. 교역과 해적질로 세력을 확장하면서 순
식간에 지금의 러시아 영토 내에 노브고로드
공국과 키예프공국을 세웠다. 그들이 바로 오
늘날 러시아인의 선조이다. 서쪽으로 진출한
노르웨이인은 많은 북유럽 국가를 점령했고
지금의 아메리카대륙까지 진출했다. 그러나
훗날의 탐험가와 같은 발견의 안목이 없었던
탓에 눈앞에 신대륙을 두고도 못 알아보는 눈
뜬 봉사가 되고 말았다.

유럽 중앙부를 침략한 덴마크계 노르만족
은 유럽을 침략한 노르만인 중에서 가장 중요
하고 탁월한 업적을 남겼다. 당시 영국은 역
사상 '7국시대'라고 일컫는 시기였다. 작은
국가 7개가 영국 영토를 잘게 쪼개 각축을 벌
이는 중이었다. 8세기 말, 드디어 덴마크인이
영국 침략의 포문을 열었다. 비록 이렇다 할

▼ 윌리엄 1세

성과를 거두지는 못했지만 그곳의 문화며 앞선 생산력은 노르만인의 시선을 사로잡기에 충분했다. 탐스러운 먹잇감을 발견했으니 시도 때도 없이 습격을 한 것은 당연한 이치였다. 879년, 드디어 내부 분열을 봉합하고 통일왕국체제를 회복한 영국은 덴마크인에게 전쟁을 선포한다. 같은 해, 알프레드 대왕은 덴마크인과 평화협정을 체결하고 영국 동부를 이민지역으로 정해 그들의 자치권을 인정한다.

하지만 노르만족은 프랑크왕국에까지 마수를 뻗쳤다. 프랑크왕국 서북부의 넓은 땅을 점령한 뒤 '노르망디공국'을 건국했다. 10세기, 노르망디공국은 프랑스에서 가장 크고 강력한 공국 가운데 하나가 되었다. 또한 다른 나라에 대한 침략도 멈추지 않았는데 그중에서도 영국을 정복한 윌리엄 1세의 침략전쟁이 가장 잘 알려져 있다.

천한 신분

윌리엄 1세는 명문세가 출신이었지만 고귀한 신분은 아니었다. 기혼자였던 노르망디 공이 비천한 신분의 여성과 바람을 피워 낳은 사생아였기 때문이다. 중세 유럽인들이 가장 멸시하고 천대하는 신분이 바로 사생아였다. 자신의 힘으로 어찌할 수 없는 신분은 윌리엄 1세 일생일대의 치욕이자 입 밖으로 꺼내기조차 싫은 상처였다. 그나마 다행이라면 노르망디 공에게 아들이 윌리엄뿐이었다는 점이다. 그 덕분에 사생아인데도 별다른 문제없이 아버지의 모든 재산과 지위를 계승할 수 있었다.

윌리엄이 아버지의 모든 것을 계승했을 때, 그의 나이 겨우 일곱 살이었다. 그런 어린애에게 관심을 가질 사람은 아무도 없었기 때문에 윌리엄은 비웃음과 멸시 속에서 하루가 다르게 커갔다. 권력을 둘러싼 아귀다툼을 보며 자란 윌리엄은 서로 속고 속이는 환경에서 일찍 어른이 되어버렸다. 게다가 반항과 폭동이라면 이골이 날 정도로 단련이 돼 있었기에 자신을 전쟁의 소용돌이로 끌고 가는 역사의 손길을 뿌리치지 않았다. 오히려 기꺼이 뼈를 깎는 고통 속에서 성장하는 길을 선택한다. 결코 쉽지 않은 길이었지만 그 길을 걸으며 윌리엄은 지략과 용기를 겸비한 지도자이자 의연하면서도 잔인한 젊은 영웅으로 성장한다.

'목적을 이루기 위해서라면 수단방법을 가리지 않는' 윌리엄은 든든한 지원자를 얻기 위해 플랑드르의 공주와 결혼한다. 신분에 대한 콤플렉스와 어머니에 대한 복잡한 심경 때문이었는지 윌리엄은 아내와의 감정을 소중히 여겼다. 그녀와의 사이에 9명의 자식을 두었으며 그중에 두 명은 아버지에 버금가는 훌륭한 왕이 되었다.

윌리엄은 미래를 내다보는 혜안이 있었다. 그는 영국 국왕 에드워드 참회왕에게 영국 왕위를 계승하고 싶다는 뜻을 일찍부터 밝혀왔다. 당시 참회왕은 노르망디공국으로 피난 온 상태였고 노르만족에게 호감을 가지고 있던 터라 윌리엄의 요구를 거절하지 않았다. 게다가 프랑크왕국에게 납치당한 참회왕 왕비의 남매 해럴드를 구해낸 사람도 다름 아닌 윌리엄이었다. 참회왕은 윌리엄의 요구를 흔쾌히 받아들이면서 자신이 죽은 뒤 윌리엄의 영국 왕위계승을 지지한다는 증서까지 남겼다. 모든 일이 윌리엄의 뜻대로 술술 풀리는 듯했으나 의외의 상황이 발생한다. 죽음을 앞둔 참회왕이 갑자기 마음을 바꿔 해럴드를 왕위계승자로 지목한 것이다. 해럴드는 참회왕과 윌리엄의 약속 따위는 신경 쓰고 싶지도 않았다. 그는 정당한 왕위계승자로서 당당하게 왕위에 올랐다. 닭 쫓던 개 지붕 쳐다보는 꼴이 된 윌리엄은 분노를 삭이지 못했다. 그는 곧바로 전쟁을 준비하는 한편, 외교력을 총동원해 자신의 왕위계승을 지지하는 세력을 확보한다. 1066년, 드디어 윌리엄이 영국 정복에 나선다.

노르만 정복

영국과 프랑크왕국 사이에는 좁고 긴 영국해협이 흐르고 있다. 폭이 매우 좁기 때문에 수영에 자신 있는 사람이라면 누구라도 헤엄쳐 건널 수 있을 정도이다. 그러나 당시 노르만족은 대부분 기마병이었기 때문에 이 해협을 건너려면 배가 필요했다. 몇 달에 걸친 준비 끝에 필요한 것은 대부분 마련했지만 배가 문제였다. 남풍이 불어야만 돛을 올리고 영국해협을 건널 수 있었는데 아무리 기다려도 남풍은 불지 않았다. 윌리엄은 신이 자신의 길을 막는다고 원망했지만 오히려 신은 윌리엄을 위한 특별한 선물을 준비하고 있었다.

해럴드가 왕좌에 오르자 그의 형제는 노르웨이인의 세력을 규합해 군사를 일으켰다. 왕좌를 놓고 형제간의 다툼이 일어난 것이다. 해럴드는 어쩔 수 없이 반란정벌에 나선다. 이때 윌리엄은 반대쪽 해안에서 '남풍'이 불기만을 학수고대하고 있었다. 반란을 제압한 해럴드가 기쁨에 들떠 있을 때 드디어 신의 '선물'이 도착했다. 윌

노르망디공국

노르망디공국은 중세 프랑크왕국의 유명한 공국 중 하나로 노르만족이 세운 나라이다. 노르만족은 8세기부터 11세기까지 북유럽 유틀란드 반도와 스칸디나비아 반도 등지에 살던 게르만족의 일파로 주로 해적활동을 하며 살았다. 911년, 노르만족은 프랑크왕국에게서 세느 강 일대를 빼앗아 노르망디공국을 세웠다. 정착생활은 달콤한 번영과 풍요로움을 맛보게 해주었다. 이에 탐욕스럽고 모험심이 강한 노르만족은 적극적인 대외확장을 꾀하게 된다. 1066년, 윌리엄 1세가 이끄는 노르만족은 영국을 정복했다. 역사는 이를 가리켜 '노르만 정복'이라 불렀다. 노르만족은 정복지에 더욱 완벽하고 치밀한 체제를 구축해 영국의 봉건제 성립을 촉진했다.

▲ 영국 캔터베리 대성당에 세워
진 정복왕 윌리엄 1세 조각상

리엄이 영국 해협을 건넜다는 소식이 전해지자 해럴드는 곧바로 자리를 박차고 일어났다. 이제 막 반란군을 토벌하고 돌아온 군사 6,000여 명을 이끌고 쉬지 않고 행군했다. 행군하면서 군사를 더 모집하기도 했다. 그러나 윌리엄은 교황이 내린 '성기'를 펄럭이며 신의 이름으로 전쟁에 나섰다. 덕분에 해럴드의 군대와 거의 충돌하지 않고 순조롭게 항해하여 영국대륙에 닻을 내릴 수 있었다. 그런데 배에서 막 내리려는 순간, 그만 발을 헛디뎌 넘어지고 말았다. 이 모습을 지켜본 장수들은 모두 흉조라고 생각했다. 하지만 윌리엄은 바닥에서 일어나며 즐겁게 말했다. "이 싸움은 이길 수밖에 없어. 내 두 손이 이미 영국을 안았으니!"

1066년 9월 28일, 해럴드는 반란을 잠재운 지 사흘 만에 다시 무기를 들고 윌리엄의 노르만 군대를 마주했다. 사실 두 나라의 군대는 전술과 전략상에 큰 차이가 없었다. 심지어 노르만족의 기마병은 영국 군대보다 기동력이 떨어졌다. 그러나 윌리엄은 해럴드보다 용병술이 뛰어났고 훨씬 더 노련했다. 게다가 필요한 순간에 적절한 작전을 생각해내는 탁월한 지략을 가지고 있었다. 전쟁 초기에는 해럴드의 군대가 우세한 듯했다. 그러나 윌리엄은 위기의 순간에도 물러서지 않고 침착하게 대응했다. 그는 짐짓 후퇴하는 척 영국군을 속여 견고한 수비벽을 무너뜨렸다. 그리고 순식간에 적의 심장부를 공격해 단숨에 승리를 쟁취했다. 해럴드도 전투 중, 눈에 화살을 맞고 그 자리에서 숨을 거두었다. 이를 두고 '노르만 정복'이라 부른다.

최후의 심판서

영국역사상 노르만족은 영국대륙을 침략한 최후의 민족이었다. 전쟁에서 이긴 윌리엄은 승리에 취해 섣불리 런던으로 진격하는 대신 주변의 여러 지역을 정복하기 시작했다. 과연 윌리엄은 탁월한 지략가였다. 고립무원에 빠진 런던이 스스로 성문을 열고 투항한 것이다. 이로써 윌리엄은 그토록 바라던 영국 왕좌에 올라 '윌리엄 1세' 또는 '정복왕 윌리엄'이라 불리게 되었다. 물론 윌리엄이 왕위에 오르고 나서 얼마 동안은 크고 작은 반발이 그치지 않았다. 이민족인 윌리엄 1세의 통치를 영국인들이 기꺼워할 리 없었기 때문이다. 그러나 냉정하고 잔인하기로 이름 난 윌리엄 1세에게 도전을 해 봤자 돌아오는 것은 쓰디쓴 패배의 고통뿐이었다. 꽤 세력이 있던 봉건 영주들을 하나둘 제압한 윌리엄의 다음 목표는 기사계급이었다. 그는 자신과 같은 민족인 앵글로색슨족 기사들의 영지는 일부 남겨두고 다른 귀족들의 토지는 모두 몰수해 자신과 함께 영국을 정복한 노르만 귀족들에게 나눠주었다. 윌리엄 1세는 모든 영국인에게 자신에게 허리를 구부리고 예를 표하도록 하면서 광기에 사로잡혀 외쳤다. "내 하인의 하인은 바로 내 하인이다!"

1086년, 윌리엄은 전국의 모든 토지를 조사하고 농민이 부담해야 할 봉건의 의무와 납세액을 명확히 하라고 지시했다. 그리고 그렇게

▼ 노르망디 성

모은 자료를 책으로 엮도록 했다. 당시 피조사자들은 누구라도 자신이 가진 토지의 주인과 소득, 재산 등을 상세하게 보고해야 했다. 그래서 훗날 사람들은 이 보고서를 두고 '최후의 심판서'라고 불렀다. 그 밖에도 이 보고서는 많은 자유농민을 농노로 기록해 영국 사회의 봉건화에 박차를 가했다. 광범위한 지역에서 대대적으로 실시된 조사를 바탕으로 축적된 자료였기에 사료로서 뛰어난 가치를 인정받고 있다.

윌리엄 1세가 죽은 뒤 그의 아들인 윌리엄 2세와 헨리 1세가 아버지의 뒤를 이어 왕위에 올랐다. 그들 역시 영국의 봉건제를 발전시키기 위해 적극적으로 노력했다. 암흑의 시대라고 불리는 중세에서 그나마 가장 빠른 발전을 이룬 시기는 11세기에서 12세기 사이였다. 노르만 정복은 이민족의 침략전쟁이었다. 하지만 노르만족에게 점령당한 뒤 영국은 중세의 황금기를 맞이했고 이민족이 몰고 온 새로운 활력을 자양분 삼아 훗날 번영의 밑거름을 마련할 수 있었다.

애걸하는 하인리히 4세 카노사의 굴욕

중세인은 교황과 황제에게 모두 충성을 바쳤다. 권력의 양분은 필연적으로 교황과 신성로마제국 황제의 끝없는 갈등을 예고했다. 11세기 교황령은 성지와도 같았다. 이로 인해 지고지상의 권력을 휘두르던 독일 황제 하인리히 4세는 먼 길을 마다않고 카노사까지 찾아가 '눈밭에 꿇어앉아 죄를 비는' 전무후무한 광경을 연출하게 된다.

층층이 쌓여가는 원한

중세 유럽에서는 교권과 세속 왕권이 수시로 부딪쳤다. 그중에서도 하인리히 4세는 로마교황과 사사건건 충돌하며 공개적으로 대립각을 세웠다.

1074년, 그레고리우스 7세는 하인리히 4세가 다스리는 신성로마제국 내부의 혼란을 이용해 교황이 보낸 사절에게 앞으로는 교황에게 절대 복종한다고 선서하라고 압박했다. 1075년 2월, 종교회의는 세속의 통치자가 성직자에서 서임을 내릴 수 없으며 사제의 결혼을 금지하는 법령을 선포했다. 이로써 일반 사제는 물론 주교까지도 평생 독신 생활을 하도록 규정했다. 또한 교황만이 각 지역 주교를 임명할 수 있는 '성직서임권'을 가지며 세속 황제는 이에 간여할 수 없다고 못 박았다. 심지어 하인리히 4세의 측근 5명은 '성직매매죄'로 파문을 당하기도 했다. 이 사건은 주교 '서임권 논쟁'을 촉발시켰다. 충돌의 직접적인 도화선은 밀라노 대주교 임명 문제였다. 밀라노 대주교는 이탈리아 북부를 관장하기 때문에 매우 중요한 자리였다. 밀라노 대주교 자리가 오랫동안 비어있자 교황과 신성로마제국 황제는 서로 이 자리에 자신의 측근을 앉히려고 했다.

▼ 간청하는 하인리히 4세
하인리히 4세는 클뤼니 수도원장 후고(왼쪽에 앉아있는 사람)가 동반한 자리에서 토스카나의 마틸다 백작부인(오른쪽) 앞에 무릎을 꿇고 교황 그레고리우스 7세에게 구해달라고 용서를 간청하고 있다.

REX ROGAT ABBATEM MATHILDIM SUPPLICAT ATQ

두 '황'의 충돌

1075년 가을, 하인리히 4세는 이탈리아로 진군하면서 자신의 궁정신부를 밀라노 대주교에 임명해 교황과의 전면전을 예고했다. 12월, 교황은 하인리히 4세에게 서한을 보내 다시는 사제직에서 파문된 측근 5명을 곁에 두지 말라고 경고했다. 그러나 혈기왕성한 젊은 황제는 교황의 위협에 코웃음을 치며 정면대결을 결심한다. 1076년 1월, 하인리히 4세는 보름스에서 제국회의를 소집하고 이 자리에서 주교들을 선동해 교황을 폐위하기에 이른다. 하인리히 4세는 매우 무례한 어투로 교황을 폐위한다는 내용의 답신을 보낸다. "나, 하나님이 돌보는 하인리히는 모든 주교와 함께 당신이 물러날 것을 명하니 당신은 영원히 파문이오!" 그러나 이에 대한 교황의 답변은 중세 유럽에서 가장 유명한 교황법령이 되었다. 1076년 2월 22일, 교황은 종교회의를 소집해 '하인리히 4세를 파문하고 추방한다.'는 내용의 파문령을 내린다. 파문령에 따르면 파문당한 자가 1년 안에 교황의 사면을 받지 못하면 왕에 대한 모든 신하와 백성의 충성서약을 해제한다.

마른하늘에 날벼락 같은 교황의 파문령이 신성로마제국에 전해지자 순식간에 엄청난 사회적 소요가 일었다. 황제를 지지하던 신성로마제국의 주교는 제 한 몸 지키기에 바빴고 평소에 하인리히 4세의 왕권강화 정책에 불만을 품고 있던 귀족들은 물 만난 고기처럼 황제에 반기를 들었다. 천재일우의 기회를 잡은 작센의 반대파도 반황제 세력을 형성한다. 1076년 10월 26일, 왕족과 귀족들은 교황의 사절이 참가한 교속회의를 소집해 다음과 같이 결의한다. 첫째, 황제에 대한 교황의 처벌을 받아들여 만약 하인리히 4세가 다음해 2월 22일까지 교황의 용서를 받지 못한다면 황제로 인정하지 않겠다. 둘째, 다음해 2월 2일에 아우크스부르크에서 교황이 직접 주재하는 종교회의를 열어 하인리히 4세의 운명을 결정한다.

눈밭에 꿇어앉아 죄를 빌다

안팎으로 강력한 반대세력에 부딪친 하인리히 4세는 사면초가에 빠진다. 형세가 갈수록 불리해지는데다 교황이 신성로마제국의 요청에 기꺼이 응했다는 소식까지 들려오자 하인리히 4세는 결단을 내릴 수밖에 없었다. 1077년 1월, 엄동설한에 하인리히 4세는 이탈리아 북부 토스카나 백작부인이 사는 카노사 성을 찾아간다. 카노사 성문 앞에 도착한 스물여섯 살의 젊은 황제 하인리히 4세는 참회를 비는 죄인이 쓰는 거적을 걸쳤다. 그리고 눈 쌓인 바닥에 맨발로 꿇어앉아 뼛속까지 스미는 칼바람을 맞으며 삼일 밤낮을 간청한다. 처량한 모습의 하인리히 4세는 간절한 태도로 교황에게 잘못을 빌며 용서를 구했다. 기고만장하던 황제가 상갓집 개처럼 한껏 자세를 낮추고 용서를 비는 모습에 교황도 이내 분노를 누그러뜨리고 황제의 잘못을 용서한다는 사면령을 내린다. 이렇게 하인리히 4세가 결국 교황의 용서를 받고 신분을 회복한 사건을 역사는 '카노사의 굴욕'이라고 부른다.

'카노사의 굴욕'은 왕권이 교권에 밀린 굴욕적인 상황을 보여주는 상징적인 사건이었다. 그러나 사실 하인리히 4세는 두발 나아가기 위해 한발 물러선 것뿐이었다. 그는 순간의 굴욕을 견뎌 왕좌를 지켰다. 또한 신성로마제국 제후들과 결탁해 황권을 무너뜨리고 세계를 통치하려던 교황의 야욕을 물거품으로 만들었고 귀중한 시간을 벌었다. 하인리히 4세는 카노사의 굴욕을 가슴에 새기고 와신상담했다. 어렵게 얻은 시간인 만큼 철저한 준비를 해 반란세력을 토벌했으며 국력이 강대해지자 곧바로 로마로 진격했다. 당황한 교황은 성을 버리고 도망쳤고 결국 타향에서 쓸쓸히 생을 마감한다.

▲ 카노사를 찾은 하인리히 4세
고립무원의 상태에 빠진 하인리히 4세는 선택의 여지가 없었다. 더 이상 망설일 겨를도 없이 토스카나 백작부인이 있는 카노사 성으로 향했다. 백작부인 앞에 꿇어앉은 황제는 교황에게 자신의 구명을 빌어달라고 간청한다.

평생을 '정복'에 바치다 프리드리히 1세의 야심

15세기 말, 중세 서유럽의 주요 봉건왕국인 프랑스, 영국, 스페인은 잇달아 통일국가를 형성하고 왕권을 강화했다. 그러나 독일만은 여전히 조각조각 쪼개져 여러 제후가 권력을 놓고 각축을 벌였다. 사실 독일도 통일국가를 형성할 수 있는 기회가 여러 차례 있었다. 그러나 독일 황제들은 대외 침략과 정복에 열중하느라 왕국 내부에는 신경 쓸 겨를이 없었다.

843년, '베르됭조약'으로 프랑크왕국은 세 조각으로 나뉘게 된다. 이들은 훗날 각각 프랑스, 독일, 이탈리아를 형성한다. 당시 독일왕국은 아직 동프랑크왕국이라고 불렸다. 911년 동프랑크 유아왕 루트비히 4세가 죽자 귀족들은 프랑켄의 공작 콘라트를 다음 왕으로 선출한다. 콘라트 1세가 왕위에 오르면서 카롤링거 왕조는 막을 내리게 된다. 이로써 혈연으로 이어져 있던 동프랑크왕국과 서프랑크왕국의 연결고리가 끊어졌고 이때를 기점으로 독일은 독자적인 발전을 꾀하기 시작한다.

초기 독일의 영토는 작센, 프랑켄, 슈바벤, 바이에른 및 로트링엔 지역의 5개 공국으로 이루어져 있었다. 949년, 무력과 혼인정책으로 5개 공국을 완전히 손에 넣은 작센공국의 오토는 자신을 오토 대제라고 불렀다. 오토 1세는 교황의 요청으로 침략자들을 몰아낸 적이 있는데 이 일로 교황으로부터 황제의 관을 받아 제위에 올랐다. 이로써 신성로마제국이 탄생한다. 오토 1세 재위기간에 왕권은 크게 강화되었다. 따라서 황제가 마음만 먹으면 통일국가를 형성하는 일은 식은 죽 먹기였을 것이다. 하지만 오토 1세는 통일국가 건설보다는 영토 확장에 더 매력을 느꼈다. 그는 이탈리아와 옛 로마제국의 영토를 회복하는 데 온 힘을 쏟았다. 오토 1세 이후 즉위한 독일황제들은 선황의 유업을 이어받아 하나같이 이탈리아 정복에 열을 올렸고 이를 평생의 숙원으로 여겼다. 가장 유명한 인물은 200여 년 뒤 왕위에 오른 프리드리히 1세이다.

▼ 붉은 수염왕 프리드리히 1세 조각상

여섯 차례 이탈리아 출정

프리드리히 1세는 신성로마제국 초대 황제로 1152년 황제의 자리에 올라 38년 동안 왕좌를 지키며 여섯 차례나 이탈리아 정복 전쟁을 감행했다. 1154년, 프리드리히 1세는 교황의 원조요청을 계기로 첫 이탈리아 정복전쟁에 나선다. 이 전쟁에서 그는 교황을 도와 반란을 평정하고 교황의 권력을 되찾아준다. 교황은 프리드리히 1세의 도움에 깊이 감사하며 1155년 제관을 수여하고 '신성로마제국 황제'라는 칭호를 내린다. 이때부터 독일은 과거의 '로마제국'에서 '신성로마제국'으로 거듭난다. 이는 프리드리히 1세의 정복야욕에 불을 붙였고 황제는 로마제국의 옛 영토를 수복하여 지난날의 영광을 재현하려는 꿈에 부푼다. 1154년 말, 그는 회의를 소집해 독일황제의 이탈리아 지역에 있는 재산점유

▲ 붉은 수염왕 프리드리히 1세
프리드리히 1세는 여섯 차례 이탈리아 원정에 나서 수많은 사람을 학살했다. 이 때문에 사람들은 그를 '붉은 수염왕'이라고 불렀는데 그의 수염이 이탈리아 사람들의 붉은 피로 물들었다는 뜻이었다.

권, 세금 징수권 및 관리임명권을 천명한다. 1158년 프리드리히 1세는 두 번째 이탈리아 원정에 나서 밀라노를 함락시키고 과거에 누렸던 권력을 다시금 회복한다. 1160년, 프리드리히 1세는 세 번째 정복전쟁에서 또 다시 밀라노를 함락시켰다. 프리드리히 1세는 밀라노가 극렬히 저항한 데 분노해 밀라노 시가지를 쓸어버리고 농경지로 개간했다. 뿐만 아니라 성안에 남아있던 사람들을 다른 곳으로 이주시켜버렸다. 1167년, 베네치아, 베르나 등 도시로 이루어진 롬바르디아 동맹이 밀라노를 지지하며 신성로마제국의 통치에 반대한다. 이에 프리드리히 1세는 네 번째 전쟁에 나서 로마를 함락시켰다. 그러나 때마침 발생한 말라리아로 수많은 사상자가 발생하고 군사들의 사기가 꺾이자 어쩔 수 없이 군대를 물려야 했다. 1174년, 프리드리히 1세는 다섯 번째 출정에 나서 롬바르디아 동맹을 쳐부수고 지겨운 전쟁을 마무리 짓고 싶었지만 이 역시 아무런 성과 없이 끝나고 말았다. 1176년, 황제는 여섯 번째 원정이자 마지막 이탈리아 정복전쟁을 개시한다. 그런데 이때는 안팎으로 사정이 여의치 않았다. 국내에서는 귀족들이 연합해 원정에 반대했고 외부적으로는

노르만족, 비잔틴제국, 교황 모두 롬바르디아 동맹을 지지하고 나섰다. 결국 프리드리히 1세 군대가 레냐노 전투에서 롬바르디아 동맹군에게 대패하면서 여섯 번째 원정은 실패로 끝을 맺는다.

마지막 정복

비록 이탈리아 원정은 실패로 끝났지만 프리드리히 1세의 영토야욕은 사그라지지 않았다. 1190년, 제3차 십자군 동방 원정에 참가한 프리드리히 1세는 소아시아에서 그만 물에 빠져 죽고 만다. 정복전쟁으로 점철된 황제의 마지막은 이토록 허무했다. 프리드리히 1세는 이탈리아 정복에 실패하자 무력으로는 평생의 숙원을 이룰 수 없다는 사실을 깨닫고 새롭게 '혼인'이라는 카드를 꺼내든다. 그는 아들 하인리히 6세를 시칠리아 왕위계승자인 콘스탄차 공주와 결혼시켜 시칠리아왕국을 합병함으로써 마지막 정복을 성공적으로 장식했다.

프리드리히 1세는 전쟁터에서 평생을 보내며 이탈리아 정복에 온 힘을 쏟았지만 국가통일의 대업은 소홀히 했다. 그의 손자인 프리드리히 2세가 죽은 뒤 독일은 이른바 '대공위 시대(Great Interregnum)'로 들어서며 독일 황권의 몰락을 예고한다.

십자군 국가의 호위대 중세 기사단

중세 기사단은 주로 제1차 십자군 동방 원정 승리 후 성지수호를 위해 만들어졌다. 이들은 수도자처럼 종교적인 삶을 추구했으며 신을 위한 성전을 수행하는 군인이자 여러 구호활동을 펼치는 자선가였다. 12세기 초, 성지 팔레스타인 지역에서 가장 막강한 세력을 자랑하는 성전기사단(Knights Templar), 구호기사단(Knights Hospitaller), 튜턴기사단(Teutonic Knights) 등 기사단 3개가 잇따라 만들어졌다. 이 기사단들은 모두 청빈, 순결, 복종을 신봉했고 관련된 규칙과 규율을 따랐다. 그러나 구체적으로 들여다보면 각기 다른 특징을 발견할 수 있다.

성전기사단

성전기사단은 '그리스도와 솔로몬 성전의 가난한 기사들'이라고도 불린다. 기사단 명칭에서 '성전'은 솔로몬의 성전을 가리킨다. 이 기사단의 창시자가 당시 솔로몬 성전 근처에 살고 있었고 기사단 본부도 그곳에서 멀지 않았기 때문에 '성전기사단'이라고 불리게 된다. 이 기사단은 복장이 매우 특이했는데 하얀 바탕에 붉은 십자가가 그려진 망토를 입었다. 그렇다고 모두가 이 망토를 착용할 수 있었던 것은 아니다. 높은 신분의 기사가 아닌 보통 기사라면 언감생심 꿈도 못 꿀 일이었다.

성전기사단의 수장은 선거로 선출했는데 평생 동안 단장 직무를 수행하고 종사 또는 대기사단장이라고 불렸다. 종사 밑으로 기사, 병사, 성직자 등 세 개 계층이 있었다. 종사는 교황의 명령만 따를 뿐 현지 봉건영주와 주교의 명령은 받지 않았다. 기사들은 대부분 훈련이 잘 된 용감무쌍한 무인들로 기사단의 전투를 책임지는 주요 전투 병력이었다. 성직자들은 말 그대로 성직을 수행했다. 주로 기사단의 고해성사를 들어주고 기타 잡다한 종교적 사무를 처리했다. 기사단 단원들은 면세혜택을 누릴 뿐만 아니라 징세권한도 있어 자신의 영지에서 '십일조'를 거둘 수 있었다. 교황이 부여한 특권, 왕족과 공후가 바치는 공물, 자신이 빼앗은 전리품이나 징수한 세금 덕택에 기사단의 곳간은 갈수록 풍족해졌다. 또한 매우 복잡한 은행시스템으로 계정을 관리했는데 이는 은행업의 효시로 평가된다. 그러나 풍족한 곳간은 주린 쥐를 끌어들이기 마련이다. 눈덩이처럼 불어나는 막대한 부는 이내 프랑스 왕 필리프 4세의 시선을 잡아끌었다.

1307년, 기사단의 곳간을 호시탐탐 노리던 필리프 4세가 드디어 행동하기 시작했다. 그는 교황 클레멘스 5세와 결탁해 성전기사단 단원들을 '이단죄'로 몰아 모조리 잡아들였다. '미남왕' 필리프 4세는 당시 모든 사무관들에게 밀서를 내려 성전기사단 단원이라면 한 사람도 빠짐없이 잡아들이라고 했다. 그렇게 잡힌 단원들은 체포 과정에서 반항하다 죽거나 지독한 고문을 견디지 못하고 죽었다. 마지막까지 버틴 단원들도 결국은 화형에 처해졌다. 화형 집행 전에 기사단 단장은 기사단을 음해한 사람을 향해 한 맺힌 저주를 쏟아내며 1년 안에 죽을 것이라고 호언장담했다고 한다. 과연 말이 씨가 된 것인지 한 달 뒤 클레멘스 5세는 갑작스런 병으로 사망했고 필리프 4세 또한 반년 뒤 사냥을 하다가 갑자기 죽고 만다.

1312년, 교황은 성전기사단 해산을 선포한다. 그리하여 성전기사단은 과거의 찬란했던 영광을 뒤로 하고 역사의 뒤안길로 쓸쓸히 물러나게 된다. 다행히 목숨을 건져 다른 국가의 기사단으로 흩어진 단원들은 모두 기사 수도사가 되어 평범한 수도사와 같은 삶을 살았다.

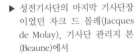

▶ 성전기사단의 마지막 기사단장 이었던 자크 드 몰레(Jacques de Molay), 기사단 관리지 본(Beaune)에서

튜턴기사단

1190년, 성지 팔레스타인의 아크레에서 또 하나의 유명한 기사단인 튜턴기사단이 만들어졌다. 튜턴기사단의 정식 명칭은 '예루살렘의 성모 마리아 병원의 튜턴기사단' 이다. 처음 만들어질 때만 해도 튜턴기사단은 순수한 자선단체였다. 그러나 그로부터 8년 뒤, 군사적 성격을 강하게 띠는 단체로 거듭난다. 튜턴기사단은 오로지 게르만 귀족만 입단할 수 있었다. 그들의 특징은 검은색 십자가가 그려진 하얀색 망토와 붉은색 검과 십자가가 그려진 장막이었다. 그들은 교황의 면책특권을 누렸으며 이 밖에도 113가지 특권을 가졌었다.

▲ 기사 작위 수여식

다른 두 기사단에 비해 초기 튜턴기사단은 별다른 활약을 보이지 못했다. 1226년 기사단은 헝가리를 도와 프로이센인을 물리쳤다. 그 결과 헝가리는 기사단이 현지 슬라브인을 가톨릭으로 개종시킨 뒤 프로이센을 관리하도록 허락했다. 그로부터 50년 뒤, 튜턴기사단은 프로이센의 슬라브인을 가톨릭교도로 개종시켰고 전성기를 맞이하게 된다. 그러나 튜턴기사단은 겨우 그 정도에 만족하지 않았다. 이미 권력과 재물이 주는 달콤함을 알아버린 기사단은 멀고 먼 흑해지역으로 마수를 뻗쳤다. 기사단의 침략에 리투아니아와 폴란드는 분노했고 결국 전쟁의 검은 그림자가 드리워지기 시작했다. 14세기 말, 리투아니아와 폴란드는 혼인을 통해 더욱 긴밀한 관계를 구축하면서 기사단에 대항할 힘을 키웠다. 1410년, 폴란드 국왕은 기사단에 대적할 세력을 모두 끌어 모아 프로이센의 탄넨베르크에서 피비린내 나는 전쟁을 치른다. 엄청난 규모의 리투아니아-폴란드 연합군에 밀린 튜턴기사단은 전쟁에 대패하고 말았다. 이 전쟁으로 튜턴의 지휘관들은 대부분 목숨을 잃었고 기사단장마저도 전사하면서 튜턴기사단은 급격히 세력을 잃어갔다.

1525년, 프로이센 지역의 기사단은 해산되었고 몇 십 년이 더 흐른 뒤에는 모든 기사들이 발트해 지역에서 추방되었다. 그 후로도 몇 세기 동안 근근이 생명을 유지하다가 1809년, 나폴레옹 1세에 의해 정식으로 해산된다.

구호기사단

구호기사단은 병원기사단 또는 성 요한 기사단이라고도 불리며 귀족출신만 단원이 될 수 있었다. 앞서 소개한 두 기사단에 비해 구호기사단은 가장 오랜 역사를 자랑하고 또 가장 장수한 기사단이었다. 오늘날까지도 세계 각지에서 그들의 도움을 필요로 하는 사람들을 위해 자선활동을 펼치고 있다. 또한 이 기사단은 원래부터 경제력이 풍족했던 데다 다른 기사단이 해체될 때 그들의 재산까지 흡수해 엄청난 재력을 자랑했다. 비록 현재는 규모가 많이 축소됐지만 87개 국가와 외교관계를 맺고 전 세계에서 단원을 모집하고 있으며 기부를 받고 있다. 그들이 가진 영지는 빌딩 한 채에 불과하지

▲ 병원기사단
구호기사단은 병원기사단이라고도 불린다. 위 그림은 1291년 아크레 포위전에 참가한 구호기사단을 그린 것이다.

만 자신만의 화폐와 우표까지 발행하고 있다.

구호기사단은 십자군 원정이 시작도 되기 전에 이미 설립되어 있었다. 다만 설립 초기에는 순수한 구호단체에 지나지 않아 전염병에 걸린 가톨릭 신자를 위해 무료로 병을 치료해주고 굶주린 신자들에게 의식주를 제공해주었다. 게다가 그 당시에는 체계적인 조직 체계도 갖추지 않았고 규정도 확립되지 않은 상태였다. 제1차 십자군 원정을 마친 뒤에는 순수한 자선단체에서 군사조직으로 거듭났다. 1530년, 이 기사단은 몰타섬의 소유권을 양도받고 그곳에서 '몰타기사단'으로 탈바꿈한다. 그래서 그들의 복장에는 꼭짓점이 8개인 몰타 십자가가 새겨졌고 검은색 망토는 훗날 붉은색으로 바뀌었다. 그들의 깃발에도 꼭짓점 8개가 뾰족하게 솟은 십자가가 새겨졌다.

당시 교황이 구호기사단에게 몰타섬의 소유권을 이양한 이유는 그들의 힘을 빌려 이슬람 세력의 유럽 침략을 막기 위해서였다. 그 후 구호기사단은 한시도 한눈을 팔지 않고 나폴레옹이 쳐들어올 때까지 그 자리에서 이슬람의 세력 확장을 저지했다. 비록 1798년 나폴레옹이 강제로 그들을 짓밟고 투항시켰지만 1961년 교황은 다시

구호기사단을 설립하고 단원을 모집했다. 그 후, 구호기사단은 초기 설립 취지에 맞게 자선사업에 종사하며 전쟁과 자연재해, 전염병 창궐로 고통 받는 지역에 원조물자를 보내고 있다.

오늘날, 구호기사단이 이룬 것을 보니 겨우 12,000제곱미터밖에 안 되는 땅 위에서 그야말로 눈부신 업적을 이루었음을 알 수 있다. 현재 전 세계에 구호기사단 정회원은 수십 명에 불과하지만 12,000명이 넘는 기사가 활발히 활동 중이다. 게다가 유명인사들이 총망라된 회원명단에는 전 미국 재무부장관 윌리엄 사이먼(William Simon)처럼 우리에게 익숙한 이름도 종종 눈에 띈다.

베일 아래 감춰졌던 기사단

앞서 소개한 3대 기사단 외에도 규모는 작지만 꽤 알려진 기사단이 제법 있다. 검의 형제기사단[6], 몬테사기사단, 그리스도기사단 등이 그 예이다. 이들 기사단이 출현하면서 어둡던 중세 유럽에 다채롭고 화려한 순간들이 더해졌다. 사람들은 용감한 기사들이 밤하늘에 빛나는 별처럼 아름다운 동화를 선사해준다고 한목소리로 찬양했다. 그러나 화려한 겉모습에 눈이 멀어 그들의 진면목을 놓쳐서는 안 된다.

초기에 기사단이 만들어진 것은 더도 덜도 말고 군사적 목적을 실현하기 위해서였다. 다시 말해 기사단은 '기사 수도회'의 다른 말이었다. 비록 일부 기사단이 자선 활동을 하기도 했지만 그들은 부를 축적하기 위해 수시로 '약탈'을 자행했다. 베일 아래 감춰진 그들의 진면목은 어떠할까? 먼저 '청빈'이라는 계율

▼ **결투 중인 기사들**
기사들은 온갖 이유로 결투를 벌인다. 일단 결투를 받아들이면 두 사람은 반드시 최선을 다해 싸워야 한다. 대결은 증인들이 참석한 가운데 공정하게 진행된다.

---

6) 훗날 튜턴기사단에 합병됨

을 지킨 기사단은 대부분 엄청난 경제력을 갖추고 있었다. 게다가 지금의 은행시스템과 비슷한 경제관리체제를 발전시켰다. '청빈'을 목숨처럼 여기는 기사단이 최초의 은행체계를 발전시킨 장본인이란 사실에 고개를 갸우뚱거리는 사람도 있을 것이다. 그 누구도 '청빈'이 주는 '안락함' 따위에 관심을 갖지 않는다. 사람들이 눈에 불을 켜고 좇는 것은 '일확천금'이 주는 '풍족함'이다. 만약 성전기사단이 그토록 풍족하지만 않았더라도 '이단'으로 몰리는 일 따위는 결코 없었을 것이다. 만약 튜턴기사단의 부가 눈덩이처럼 순식간에 불어나지만 않았더라도 단 한차례의 연합공격조차 견디지 못하고 풍비박산이 나는 일은 없었을 것이다.

또한 기사단은 설립 초기 모두 자선 활동을 겸했었다. 그러나 사실상 그들은 선행을 할 수 있는 기회를 상업적으로 이용해 하느님의 사랑에서 추악한 돈냄새만 풀풀 풍기게 만들었다. 성전기사단의 부는 모두 이렇게 일군 것이었다. 그들은 타지에서 온 성지순례자들에게 땅을 팔았고 그들이 떠난 뒤에는 팔았던 땅을 되찾았다. 그러면서도 어떠한 보상도 해주지 않았고 '수도회'의 가면 뒤에 숨어 사치스럽고 호화롭게 지극히 세속적인 삶을 살았다. 그들에게 승리의 월계관을 씌워주면서 그 월계관을 거둬낸 후의 모습도 함께 생각해봐야 할 것이다.

도시무역의 대표 한자동맹

'한자'는 독일어로 '동업자 조합'[7]이라는 뜻으로 훗날 상업도시들의 동맹체를 일컫는 말이 되었다. 한자동맹은 주로 독일 북부의 무역도시들로 이루어졌다. 그들은 안전하게 상업 활동을 하기 위해 상호보호조약을 체결하고 서로의 상업적 이익을 보호하기 위해 한자동맹을 결성했다. 뒤 이어 해외도시들이 앞 다퉈 가입하면서 가장 번창할 때는 동맹도시가 160개가 넘기도 했다. 한자동맹은 중세 여러 나라들의 경제발전에 중요한 역할을 했다.

열악한 상업 환경

중세 독일은 알알이 흩어진 모래알처럼 여러 세력으로 조각나 있어 강력한 중앙권력이 없었다. 그래서 여러 세력이 중앙권력을 손에 넣기 위해 끊임없이 각축을 벌여 피비린내가 가실 날이 없었다. 백성들의 생활은 곤궁하기 이를 데 없었고 상인들의 경제활동은 봉건영주의 제약을 받거나 강도의 약탈로 겨우 쥐꼬리만 한 수익을 거둘 뿐이었다. 이 무렵 독일의 최고 권력자는 도시와 봉건영주가 연합해 반국왕 세력을 형성할까봐 전전긍긍했다. 고민 끝에 내린 대책은 점점 힘을 키우고 있는 도시에 자치권을 주는 것이었다. 이 덕분에 도시는 주변의 간섭에서 벗어나 독자적으로 발전하고 번영할 수 있었다. 뿐만 아니라 한자동맹이 긴 세월동안 자유롭게 발전하는 데 비옥

▼ 코펜하겐 항구

한자동맹에 가입한 배들은 코펜하겐 항구에만 정박할 수 있었다.

---

7) 동업자 조합은 '길드'를 지칭하고 한자는 '무리', '집단'이나 '결합하다'라는 뜻이다.

한 토양을 마련해주었다.

수시로 자행되는 약탈에 교역을 꺼리던 상업집단은 힘을 합치자는 데 의견을 모았다. 이후 두 도시의 대표가 모여 열띤 토론을 벌인 끝에 상호보호조약을 체결한다. 이 두 도시가 바로 뤼베크와 함부르크이다. 두 도시가 동맹을 결성하자 다른 도시들도 잇달아 동맹에 가입하기 시작했다. 시간이 흐르면서 이 동맹은 더욱 강하고 조직력 있는 단체로 거듭났다. 군사력과 재단까지 보유하면서 상인들도 안전하게 교역을 할 수 있게 되었다. 이렇듯 기본적인 여건을 갖춘 한자동맹은 더 많은 도시의 참여를 통해 몸집을 불려 강력한 힘을 갖춘 단체로 커나간다.

강력한 무역연합

한자동맹은 해외에까지 세력을 확장하기 시작했다. 다른 나라의 도시들도 잇달아 한자동맹에 가입했다. 비록 동맹 자체적으로 규칙과 규정이 있었지만 다른 지역 협회의 세부적인 행동지침은 간섭하지 않았다. 지역별로 현지 사정에 맞는 규정을 따르도록 했기에 어떤 도시든 한자동맹을 통해 혜택을 누리면서도 자신만의 방식을 이어갈 수 있었다. 각 지역에 길드를 형성했을 뿐만 아니라 해외에서도 무역거점을 마련해 '상관'이라 불렀다. 덴마크의 비스비 상관, 러시아의 노브고로드 상관 등이 무역거점으로 널리 이름을 알렸으며 그들은 현지의 무역을 독점했다. 상관은 보통 3층으로 지어졌다. 1층은 결산과 상품 공급, 2층과 3층은 각각 창고와 작업자 휴게실로 쓰였다. 건물에는 주야간 모두 당직을 두었고 이 밖에도 사병을 고용해 경비를 세웠다.

봉건영주들이 순식간에 세력을 불린 한자동맹을 반길 리 없었다. 갈등이 증폭되면서 둘 사이에 여러 차례 심각한 충돌이 일어났다. 덴마크 국왕도 한자동맹과 갈등을 겪었다. 그는 자신의 땅에서 어업 활동을 해 폭리를 취하면서도 정작 자신에게는 한 푼도 바치지 않는 상인들에게 몹시 화가 났다. 그래서 아무런 예고도 없이 무방비 상태의 비스비에 쳐들어가 모든 것을 강탈해갔다. 전쟁의 도화선에 불을 붙인 것이다. 처음에는 한자동맹 부대가 밀리는 듯했다. 그러나 두 번째 맞붙었을 때는 단숨에 덴마크군을 격파했다. 이 전쟁으로 한자동맹은 과거보다 훨씬 나은 조건에서 상업 활동을 할 수 있게 되었다. 뿐만 아니라 향후 15년 동안 덴마크 국왕의 계승권에 부결권을 갖게 되면서 덴마크 정치에 관여할 수 있는 권력까지 손에 넣었다. 덴마크 말고도 여러 나라가 한자동맹에 불만을 갖고 각종 마찰을 빚었다. 그러나 아무리 막으려 해도 한 번 성장세를 탄 동맹의 기세를 꺾을 수는 없었다. 14~15세기 동맹은 파죽지세로 성장한다.

오르막이 있으면 내리막도 있는 법

오르막이 있으면 당연히 내리막이 있는 게 세상이치다. 한자동맹은 가장 번창하던 때 몰락의 길로 접어들었다. 가장 치명적인 문제는 내부에 있었다. 비이성적인 경쟁의식이 공동의 이익을 추구하던 단결의식보다 앞서면서 한자동맹은 힘을 잃기 시작했다. 원래부터 중앙의 통제가 느슨했던 조직이었기에 사소한 분열은 일파만파로 퍼져 동맹을 송두리째 흔들었다. 예를 들어 뤼베크와 덴마크가 충돌한 적이 있었다. 그때 함부르크는 가장 먼저 자신과 손을 잡았던 뤼베크를 도와 덴마크를 제압하기는커녕 둘의 대립이 자신에게 이득이 될 것을 생각하며 콧노래를 불렀다.

또한 조각조각 찢어진 독일왕국에서 봉건영주들이 각축을 벌이며 끊임없이 혼전을 벌일 때조차도 한자동맹에게는 편의를 제공했었다. 그런데 찢어질 대로 찢어진, 다시 말해 더 이상 찢어질 것도 없을 정도로 너덜너덜해진 땅에 남은 것이라고는 5킬로미터나 10킬로미터마다 세워진 세관뿐이었다. 이렇듯 곳곳에 세금을 빨아먹는 흡혈귀들이 눈을 번뜩이는 상황에서는 제아무리 부유한 한자동맹이라도 오래 버틸 수 없었다. 게다가 독일은 툭하면 전쟁의 포화에 휩싸였다. 그중에서도 30년 전쟁은 독일왕국뿐만 아니라 한자동맹에게도 치명적인 타격을 입혔다.

결국 한자동맹은 왕국의 내전과 내부 분열, 북유럽 신흥국가들의 협력 등 여러 가지 요인으로 무너지고 말았다. 1669년, 동맹은 마지막 회의를 소집했다. 비록 많은 도시가 대표를 파견했지만 그 이후 수많은 도시가 탈퇴를 선언했다. 끝까지 '한자도시'로 자처한 도시는 겨우 몇 개 도시에 불과했다. 이리하여 강력했던 한자동맹은 비참하게 역사의 뒤안길로 사라진다.

영국 왕권을 옥죄는 주문 〈자유대헌장〉

〈자유대헌장〉[8]은 영국 왕권이 갈수록 공고해지던 시대 귀족들이 왕권에 도전한 중대한 선언이다. 대헌장은 왕의 권력에 처음으로 제한을 가한 외침이었고 귀족과 왕이 법률적 범위에서 밀고 당기기를 하며 권력의 크기를 조율한 첫 번째 사례였다. 이 계약은 유럽, 더 나아가 전 세계에 엄청난 영향을 주었고 훗날 의회정치와 영국, 미국 헌정의 초석이 된 것으로 이 시대의 전범이라 할 만하다.

기세등등 전제 왕권

중세 영국의 왕권은 막강했다. 노르만족이 정복한 이후에는 더욱 그랬다. 윌리엄 1세는 강력한 중앙집권정부를 세워 모든 봉건영주에게서 충성서약을 받아낸다. 1086년에는 〈최후의 심판서〉를 공포해 눈에 쌍심지를 켜고 봉건영주의 재산을 조사했다. 12세기 중엽, 헨리 2세는 대대적인 개혁을 통해 국왕법정의 사법권을 강화했고 중소 봉건영주에게 군역의 의무를 지우지 않는 조건으로 '방패세'[9]를 거둬 왕실재산을 불렸다. 이는 분산돼 있던 중소 봉건영주와 군공이 있는 귀족들의 세력을 제거하는 데 큰 도움이 되었다.

지나치게 막강한 왕권은 귀족들의 권력을 잠식했다. 몇 세기 동안 시행한 '방패세' 제도로 무

▶ **〈자유대헌장〉**
〈자유대헌장〉은 귀족의 왕권에 대한 일대 도전이었다. 〈대헌장〉이 나온 이후로 귀족과 왕 간에 정식으로 권력쟁탈전이 벌어졌다.

---

8) 〈대헌장〉이라고도 한다.
9) 군역면제금

예를 익히지 않고 주로 농업과 목축업에 종사하는 '지방유지' 계층이 엄청나게 늘어났다. 혁혁한 명성을 자랑하던 귀족은 국왕의 하인이 되어 정치상의 독립성을 상실한 채 향락에 빠져 지냈다. 왕국은 온갖 방법을 동원해 귀족의 봉토계승권을 박탈했고 귀족의 혼인에도 마음대로 간섭했으며 귀족의 미망인을 격이 맞지 않은 사람과 강제로 결혼시키려고 했다. 만약 미망인이 결혼을 원하지 않을 경우 반드시 국왕에게 재물이나 선물을 바쳐야 했다. 이는 봉토 봉신제 전통과 귀족의 기본적인 권익을 손상시켰지만 귀족들은 반항도 못한 채 말 못할 고통에 시달렸다. 그러나 이들이 십자군 원정에 참가하면서 상황은 달라졌다. 원정을 통해 왕권을 제한할 수도 있다는 생각을 갖게 된 귀족들은 법률을 통해 잃었던 권력을 되찾고자 했다.

모순 덩어리 군주 통치

존[10]은 네 번째 왕자였다. 나이가 어린 탓에 뛰어난 재주를 보일 기회가 없었고 늙은 국왕의 마음을 사로잡지도 못했다. 국왕은 프랑스에 있는 영지를 존의 형들에게 나눠주었지만 존에게는 아무런 영지도 하사하지 않았다. 이 때문에 존왕은 '무지왕無地王'이라는 별명을 얻었다. 1184년, 국왕의 맏아들이 죽자 셋째아들이 왕위를 계승했다. 그는 군사에 밝고 용감무쌍해 '사자왕 리처드'라고 불렸다. 그러나 안타깝게도 제3차 십자군 원정에 나서 반란을 진압하던 중에 활에 맞아 전사했다. 리처드 1세는 자식이 없었기 때문에 조카인 아서와 어린 동생 존이 강력한 왕위계승권자로 떠올랐다. 존은 재빨리 손을 써 아서 왕자를 감금해 왕위를 계승하지 못하도록 했다. 이후 존은 권력을 장악하고 왕위에 오른다. 그런 와중에 아서 왕자에 관한 소식이 전혀 전해지지 않은 것으로 보아 이미 살해됐을 가능성이 높았다. 존이 정통 왕위계승권자인 아서를 살해하고 왕위를 계승한 것에 대해 귀족들은 불만은 가졌다.

게다가 '방패세' 제도는 외적에 대항해 국가를 수호할 군사력을 약화시켜 영국이 강력한 힘을 유지하는 데 불리하게 작용했다. 존이 왕위에 오른 뒤 프랑스 왕은 노르망디에 있던 대부분의 영국 영지를 점령했다. 전쟁을 준비하기 위해 존은 매년 2마르크씩 거두던 '방패

---

10) 1199년부터 1216년까지 재위

세'를 3마르크로 올렸고 군역의 의무를 면제해주는 조건으로 내던 방패세를 보통 세금으로 징수했다. 이는 귀족의 권익을 심각하게 침해하는 조치들이었다. 1214년 영국과 프랑스는 프랑스 부빈(Bouvines)에서 격렬한 전투를 벌였다. 결과는 영국의 대패였다. 전쟁에서 진 존 왕은 프랑스에 6만 마르크의 전쟁 배상금을 주기로 하고 군사를 물린다. 이로 인해 존 왕은 '실지왕失地王'이란 부끄러운 별명을 얻게 된다. 전쟁에서 참패해 국내에 원성이 높았지만 존 왕은 국민의 분노를 달랠 그 어떤 조치도 취하지 않았다.

뿐만 아니라 존 왕은 오래전부터 곪기 시작한 교회와의 관계도 제대로 처리하지 못했다. 그는 캔터베리 대주교 선출 문제로 교회와 대립했다. 이에 격분한 교황 인노켄티우스 3세는 존 왕을 파문한다. 당시 영국과 프랑스의 관계는 악화일로에 있었기 때문에 존 왕은 교황이 프랑스를 도와 영국 왕위를 빼앗을까봐 두려웠다. 그래서 1213년 교황에게 영국 영토를 바치고 교황의 신하가 되기로 한다. 이 일로 존 왕의 명성은 땅에 떨어지고 말았다.

왕권을 제한하는 정치선언

1215년 6월, 통한의 세월을 견뎌온 귀족들이 드디어 반란을 일으켰다. 그들은 국왕을 협박해 법안을 통과시키고 사법과정을 존중하며 법률이 정한 제한을 받아들이고 교회와 귀족의 동의 없이는 원조금과 군역면제금을 부과할 수 없도록 했다. 두려움에 떨던 존 왕은 귀족들의 분노를 잠재우기 위해 법안을 승인한다. 이에 19일, 귀족들은 다시 존 왕에게 충성을 맹세한다. 뒤이어 왕실비서는 협의내용을 기록해 복사본을 각지로 보낸 뒤 지정된 관리나 주교가 보관하도록 한다. 최초의 〈대헌장〉은 63개 조항이 있었는데 그 중 가장 중요한 것은 제61조였다. 그 내용은 '임의로 남작 25명을 추천 선발해 위원회를 구성하고 수시로 회의를 열 수 있으며 국왕의 명령을 부결할 권리를 갖는다. 또한 무력으로 국왕의 성과 재산을 점거할 수 있다.'는 것이었다. 이는 봉건시대의 법률 절차로 국왕의 모든 권력을 뺏는 것이나 다름없었다.

〈대헌장〉은 처음으로 합법적 재판에 의하지 않고는 자유인을 체포, 감금, 압류, 추방하거나 기타 방법으로 침해해서는 안 된다고 규정했다. 이것이 인권 법제화의 효시였다. 〈대헌장〉은 또한 교회가 국왕의 지배를 받지 않으며 모든 지역은 기존의 규정에 따라 세금을 징수하고 추가 징수해서는 안 된다고 규정했다. 그리고 상인들에게 각종 잡세를 거두지 않고 외국상인들을 보호한다는 내용도 포함시켰다.

〈대헌장〉은 겨우 몇 주 동안 시행된 뒤, 귀족들이 런던을 떠나 각자의 영지로 돌아가자마자 왕에 의해 폐지된다. 이후 영국은 내전의 소용돌이에 휘말린다. 존 왕은 내전 중 사망했고 새로 즉위한 왕은 〈대헌장〉을 37개 조항으로 줄였다. 이후 즉위한 왕들도 제한이 너무 많은 데 불만을 품고 여러 차례 내용을 수정한다. 그렇게 오랜 세월 많은 사람의 손을 거치며 틀이 잡힌 〈대헌장〉은 법률로 굳어져 전 유럽과 아메리카대륙에까지 영향을 미쳤다. 〈대헌장〉에 수록된 조항은 이후 모든 사람에게 적용되었고 17세기 입헌군주제의 토대가 되었다.

하느님의 영광 신성로마제국의 흥망성쇠

962년 독일 국왕이자 작센 왕조 출신인 오토 1세는 교황 요한 12세에게서 황제의 관을 수여받고 로마의 보호자이자 가톨릭 세계의 최고통치자로서 신성로마제국을 건국한다. 그러나 역사상 '신성로마제국'이 등장한 시기는 1254년이다. 전성기 때 신성로마제국의 영토는 독일, 오스트리아, 동프랑크, 스위스, 이탈리아 북부와 중부, 체코, 슬로바키아와 네덜란드 등지에까지 이르렀다. 그러나 1806년 나폴레옹에 의해 제국의 역사는 종지부를 찍는다.

제국의 탄생

신성로마제국은 프랑크왕국의 카롤루시 대제가 다스리던 시기에 윤곽이 잡히기 시작했다. 샤를마뉴는 남과 북을 가리지 않고 정복전쟁에 나서 거의 모든 유럽을 점령했다. 교황은 로마에서 샤를마뉴 대제에게 황제의 관을 수여하며 '로마인의 황제'라 불렀다. 그래서 혹자는 '신성로마제국'이 카롤루시가 세운 제국에서 비롯되었다고 하기도 한다. 그러나 대다수 학자는 이에 대해 부정적인 견해를 밝힌다. 당시에는 '신성'이라는 글자가 없었으므로 단순히 '프랑크제국'일 뿐이라는 것이다.

그러나 '신성'이라는 단어를 쓰지 않았다고 하더라도 '로마인의 황제'는 문어 빨판처럼 강력한 흡인력이 있었다. 카롤루시 대제 사후, 아들인 경건왕 루트비히(Ludwig the Pious)가 왕위를 계승했는데 그의 세 아들이 봉기해 반란을 일으켰다. 루트비히의 뒤를 이어 맏아들 로타르가 왕위를 계승했다. 그러자 두 동생인 독일인 루트비히와 대머리왕 카를이 손잡고 반란을 일으켜 끝없는 공방전이 이어졌다. 843년, 세 형제는 베르됭조약을 맺고 카롤루시 대제가 남긴 광대한 제국을 세 조각으로 분할한다. 독일인 루트비히는 라인 강 동부와 바이에른 지역을 차지했다. 이 지역은 지금의 독일 영토와 대체로 맞아떨어지며 도이치라고 불리는 동프랑크왕국이 되었다. 대머리왕 카를은 지금의 프랑스 영토에 해당하는 지역을 차지해 프랑스라고 불렀다. 이곳이 바로 서프랑크왕국이다. 맏아들 로타르는 이탈리아 중북부와 루트비히, 카를이 차지한 지역 사이의 좁고 긴 지역을 받았다. 이 지역이 중프랑크왕국이다. 로타르는 황제직을 유지했으며 카를과 루트비히는 국왕이라는 칭호를 사용했다. 세 왕국은 각자 독립적으로 발전하면서 서로에게 간섭하지 않았다.

동프랑크왕국 중 가장 강력했던 곳은 작센공국이었다. 919년, 작센공 하인리히 1세는 동프랑크왕국의 통치권을 손에 넣고 작센 왕조를 열어 독일왕국을 건국했다. 936년, 아들 오토 1세[11]가 왕위를 계승한다. 그는 귀족세력을 강력하게 탄압하며 왕권을 강화해 결국 독일의 다섯 개 공국을 모두 지배하기에 이른다. 955년, 오토 1세는 마자르인을 대파하고 주변지역을 수복했다. 962년, 로마교황은 오토 1세에게 황제의 관을 수여하며 그를 '로마의 보호자'이자 '로마 가톨릭세계의 최고통치자'라 불렀다. 이로써 독일은 카롤루시 대제 시절의 '로마인의 황제'라는 칭호를 다시 얻게 되었다. 이후 이 칭호는 동프랑크제국에서 대대손손 계승되다가 1254년에 비로소 '신성로마제국'이라는 칭호를 얻게 된다. '신성로마제국'도 교황이 내린 이름이었지만 '독일민족국가'라는 알맹이는 그대로였다. 오토 1세는 그저 이탈리아를 정복해 합법적인 '로마황제'로 인정받은 것뿐이었다.

'실권實權'과 '실권失權'

신성로마제국은 원래 통일 정권이었다. 그러나 후기로 갈수록 분열 조짐이 보이더니 결국에는 많은 봉건 공국과 종교귀족영지, 그리고 자치도시의 정치연합체로 변모했고 황제의 권위는 유명무실해졌다. 오토 1세가 황제에 오른 뒤 독립 왕조 8개가 차례로 제국을 지배했고 한 차례의 대공위 시대와 여러 가문이 세습하는 시대를 거쳤다. 그 중 작센 왕조와 잘리어 왕조는 황제가 실질적인 권력을 가지고 있었기 때문에 교황과 여러 차례 충돌을 빚었다.

11~12세기는 호엔슈타우펜 왕조가 통치했던 시기이다. 이때는 왕권이 미약하고 국내 각 지역의 경제적 연관성이 취약해 제국은 살얼음 위에 세워진 것처럼 위태롭기만 했다. 12~13세기, 독일황제가 왕권을 강화하고

▼ 교황 요한 12세가 오토 1세에게 황제의 관을 씌워주다
962년, 교황이 오토 1세에게 황제의 제관을 씌워주면서 신성로마제국이 출현한다. 이후 800여 년 동안 신성로마제국은 서유럽과 중유럽을 지배한다.

11) 936년부터 973년까지 재위

▲ 어마어마한 규모의 합스부르크

세금을 걷는 원천이었던 강력한 왕실 영지가 부족했다. 그로 인해 중앙정부는 갈수록 힘을 잃어갔다. 그때 베네치아, 피렌체 등 이탈리아 북부도시는 자본주의가 발전해 엄청난 부를 긁어모으고 있었다. 그들의 부에 눈독을 들인 독일황제는 대를 이어 남하를 강행해 약탈을 일삼았다. 황제가 자리를 비운 국내에 남아있는 제후들이 제국의 권력을 장악했다. 이로 인해 신성로마제국은 비록 통일 국가라는 이름은 유지했으나 사실 시간이 흐를수록 느슨한 연방조직으로 바뀌어갔다.

1254년부터 1273년까지 신성로마제국에는 황제가 없는 이른바 '대공위 시대'가 도래해 황권의 취약함을 여실히 드러냈다. 이때 여러 제후와 기사, 도시간의 분쟁과 내홍으로 독일왕국은 조용할 날이 없었다. 13세기 말, 제국 내부에 강력한 힘을 가진 독립 봉건영주가 다수 등장한다. 황제는 이미 그가 통치하는 지역 밖의 봉건 제후를 지배할 힘이 없었다. 그 이후 황제의 지위는 끝을 모르고 추락한다. 1356년, 룩셈부르크 왕조의 카를 4세(Karl Ⅳ, 1316~1378)는 강압에 의해 금인칙서(Goldene Bulle)[12]를 공포해 향후 황제 선출은 세습이 아닌 선거로 선출한다고 명확히 규정했다. 이후 16세기 오스트리아 합스부르크 왕조가 강력한 황권을 바탕으로 그 옛날의 영광을 재현하려 했지만 강력한 반발에 부딪쳐 포기한다.

엄격히 말해 '신성로마제국 황제'라는 칭호는 중세 유럽에서 쓰였던 제후의 칭호 중 하나일 뿐이다. 다른 제후에 비해 그저 이름만 거창할 뿐, 실제로 어떤 특수한 권력을 가졌던 것은 아니었다. 신성로마제국 황제의 재정수입은 기본적으로 본인의 영지에서 거둬들였고 황제는 다른 제후의 영지에서 세금을 징수하거나 권력을 행사할 수 없었다. 심지어 황제는 겨우 이 칭호 하나를 지키기 위해 어쩔 수 없이 전쟁을 치러야 했던 적도 많았다. 그렇다고 전쟁을 통해 황제

---

12) 또는 황금문서

의 권력이 강화된 것도 아니다. 오히려 제후와 교황, 주교들의 공격의 대상이 돼 결국은 제 살 깎아먹기식의 전쟁을 반복하느라 갈수록 힘을 잃어갔다. 신성로마제국 황제는 빛 좋은 개살구의 전형이었다.

금인칙서

신성로마제국에는 공인된 왕실계승법이 없었다. 그래서 황제가 죽을 때마다 여러 제후들이 황제 자리를 둘러싸고 치열한 각축전을 벌이느라 늘 분열과 내전에 시달려 무정부 상태에 빠졌다. 신성로마제국의 제후들은 지겹게 반복되는 정치적 혼란을 해결하기 위해 선제후 제도를 실시하게 된다.

신성로마제국의 황제선출제도는 정해진 절차와 규정에 따라 선거를 통해 황제를 선출하는 제도였다. 1356년, 독일 국왕이자 룩셈부르크 왕조 출신의 카를 4세는 자신의 아들에게 왕위를 계승할 수 있도록 제후들의 승인을 구하려고 뉘른베르크에서 그 유명한 '금인칙서'를 제정한다. 이것은 법률적 형식으로 제후들이 황제를 선출하는 것이 합법적임을 확인한 것으로 이를 계기로 '선제후' 제도가 생겨났다. 금인칙서에서 정한 합법적인 7대 선제후는 마인츠, 쾰른, 트리에르 등의 3대주교와 보헤미아 왕, 작센공, 브란덴부르크 변경백, 팔츠백 등 4명의 제후로 구성되었다. 이들 7대 선제후는 황제 선출자이자 황제 후보자였다. 선거를 통해 선출된 사람은 독일 국왕으로만 불릴 뿐, 황제라 불리지 않았다. 로마에 가서 교황으로부터 황제의 제관을 받은 뒤에야 비로소 신성로마제국 황제라고 불렸다. 이후 모든 독일 국왕은 이런 방식으로 신성로마제국 황제의 칭호를 받았다.

1273년 합스부르크 왕가에서 독일 국왕이자 신성로마제국 황제가 선출되었고 1437년 이 칭호를 자손 대대로 세습했다. 이후 합스부르크 왕가는 1806년 제국이 멸망할 때까지 신성로마제국 황위[13]를 유지했다. 합스부르크 왕가가 황위를 세습하면서 더 이

▼ 오토 1세
962년, 오토 1세는 황제라 자청하며 로마의 보호자이자 가톨릭 세계의 최고통치자가 되어 신성로마제국을 건국했다.

---

13) 1742년부터 1745년은 제외

상 교황으로부터 제관을 받을 필요가 없어졌다. 그러므로 이때의 '신성로마제국 황제'는 이미 오스트리아–독일 군주를 부르는 일반적인 칭호가 되었다고 할 수 있다.

허와 실

프랑스의 유명한 계몽사상가인 볼테르는 신성로마제국에 대해 매우 재미있는 평을 내렸다. 그에 따르면 신성로마제국은 '신성하지도 않고 로마도 아니며 제국은 더 더욱 가당치 않다.' 이로 볼 때 신성로마제국에 붙여진 '신성'은 전혀 합법적이지 않으며 스스로 붙인 이름에 불과하다. '로마' 역시 무력으로 교황을 위협해 황제의 제관을 받은 것뿐, 실제로는 아무런 연관도 없다. 사실 이 제국은 결코 '로마'가 아니며 그저 독일민족국가라고 부를 수밖에 없다. 만약 '신성로마제국'과 카롤루시 대제가 세운 프랑크제국을 비교한다면 영토, 안정성, 통일성, 황세의 권력 등 어러 부분에서 '제국'에 걸맞지 않다는 사실을 깨닫게 된다. 그러고 보면 볼테르가 내린 평가가 실제 신성로마제국에 더 어울리는 것 같다.

그러나 독일민족국가의 발전 과정에서 신성로마제국은 결코 빼놓을 수 없는 중요한 부분이다. 로마제국이 멸망한 뒤 독일 지역은 이민족의 침략에 시달렸다. 그러던 중에 '신성로마황제'라는 칭호를 받고 황제의 제관을 받으면서 게르만족의 지위가 크게 제고되었고 이를 바탕으로 독일민족은 합법적인 통치를 할 수 있는 토대를 닦게 되었다. 이후 이 체제는 사상 전통으로 굳어졌고 독일민족의 상징이 되었다. 또한 독일민족이 끝까지 흩어지지 않고 결국에는 강력한 '독일제국'을 형성하는 정신력과 민족 정체성의 표지가 되었으며 윌리엄 2세, 히틀러 등이 '독일 제2제국', '독일 제3제국'을 건설하는 데 역사적 밑바탕이 되었다. 경제적 측면에서 보았을 때 연방국가 형태로 분열된 상황은 새로운 경제방식이 탄생하는 데 유리한 조건을 형성했다. 예를 들어 한자동맹이나 도시국가의 부흥 등이 그렇다. 이는 중세사회가 근대사회로 발전하는 데 원동력이 되었다. 정치, 문화 분야에서 보면 시민문화의 생성과 이원적인 정치체제는 독일민족의 형성에 박차를 가하는 역할을 했다.

미친 의회 〈옥스퍼드 조례〉 공포

옥스퍼드 대학으로 유명한 영국의 소도시 옥스퍼드에서 중세 영국판 '탄핵'이 일어난다. 귀족의 협박에 밀린 헨리 3세는 어쩔 수 없이 귀족들의 청원서-〈옥스퍼드 조례〉를 받아들인다. 이로써 초기 영국 의회의 신비로운 베일이 벗겨진다.

사면초가에 빠진 영국

중세 영국은 국가정치 중에서 왕권이 차지하는 비중이 매우 컸다. '실지왕' 존이 통치하던 시기, 1215년 귀족들이 반란을 일으켰고 〈자유대헌장〉까지 공포되었다. 이후 봉건귀족은 더 이상 자신을 국왕의 '직속신하'가 아닌 국왕에 대해 발언권을 가진 '국민의 대변인'으로 여기게 되었다. 절대왕권은 보이지 않는 도전에 부딪쳤고 국왕과 봉건귀족의 대결 구도가 형성되면서 영국전역에 긴장감이 감돌았다.

헨리 3세는 1216년 아버지인 존 왕의 뒤를 이어 영국 왕위를 계승했다. 그러나 왕좌에 오르기에는 너무 어린 탓에 윌리엄 마셜(William Marshall)이 섭정을 하게 되었고 권력은 자연스레 어전회의로 집중되었다. 성인이 된 헨리는 빼앗긴 권력을 되찾기 위해 절치부심하며 어전회의의 영향력에서 벗어나 스스로 통치하기 시작했다.

1234년부터 1236년까지 헨리 3세는 각 지역에 토지 몰수사업을 관장하는 관리를 두고 국왕의 개인 소유 사냥터 및 양어장에 범인을 숨겨준 것에 대한 사법처리권을 요구했다. 귀족들로서는 국왕의 요구가 달가울 리 없었다. 1237년, 헨리 3세는 자신과 여동생의 결혼 비용을 충당하기 위해 새로운 항목의 세금을 추가로 징수해 시민들의 불만을 샀다. 헨리 3세는 귀족들의 요청으로 웨스트민스터 회의를 열어 남작들의 특권을 다시 인정했다. 즉, 새로운 세금을 징수할 때는 반드시 남작들의 사전 동의를 얻어야 했다. 1238년, 헨리 3세

▼ 영국 국왕 헨리 3세
헨리 3세는 국왕이었지만 종교계와 귀족들 틈바구니에 끼어 강력한 왕권을 발휘하지 못했다. 바로 그때부터 국회가 영국의 실질적인 통치기관으로 부상한다.

는 종교적 맹세에 어긋나는 여동생의 재혼을 허락해 다시 성속제후들의 분노를 샀다. 언제 터질지 모르는 휴화산처럼 부글부글 끓는 귀족들이 무서워 헨리 3세는 한때 런던탑으로 피하기도 했다.

1236년, 프랑스 프로방스 백작의 딸과 결혼한 헨리 3세는 프랑스 출신인 모후와 왕후의 측근들을 총애했다. 이로 인해 '외국인'이 영국의회를 쥐락펴락하는 황당한 상황이 펼쳐진다. 이미 여러 차례 왕의 실정을 눈감아줬던 귀족들은 결정타를 맞고 배신감에 치를 떨었다. 가뜩이나 여러모로 민심을 잃은 상황에서 헨리 3세는 악수 중의 악수를 둔다. 부왕이 잃은 프랑스 땅을 되찾기 위해 1230년과 1242년에 정복 전쟁을 일으킨 것이다. 그러나 잃었던 땅은 고사하고 '빈대 잡으려다 초가삼간 다 태우는' 최악의 결과만 본 채 전쟁은 참담하게 끝나고 만다. 그 와중에 하늘마저 영국을 버린 모양인지 1252년 이후 3년 동안 기근이 발생해 국민들의 삶은 갈수록 더 곤궁해졌다.

귀족들의 탄핵

이 당시 영국은 사면초가에 빠져 국가의 안위가 위태로운 지경이었다. 그런데도 헨리 3세는 문제의 해결책을 안에서 찾지 않고 밖에서만 구하려고 했다. '장고 끝에 악수 둔다'라는 말처럼 헨리가 딱 그 짝이었다. 왕은 교황만 자신을 지지하면 왕좌를 보전할 수 있다고 생각했다. 그래서 교회가 국내에서 얼마의 세금을 거두든 관여하지 않았다. 1258년에는 자신의 아들에게 시칠리아 왕위를 주는 대가로 교황이 시칠리아에서 벌이는 전쟁에 끼어들기로 하고 멀고 먼 원정을 감행하기에 이른다. 이미 국내 곳곳에서 파열음이 새어나왔지만 헨리 3세에게는 그 소리가 들리지 않았던 모양이다. 1258년, 헨리 3세는 이 말도 안 되는 원정을 위한 전쟁준비금을 모으기 위해 세금을 거둬달라고 어전회의에 요구한다. 영국의 안위가 걸린 이 중요한 시기, 드디어 웨일즈의 귀족들이 반기를 들고 일어난다. 선두에 선 사람은 헨리의 여동생과 결혼한 시몽 드 몽포르(Simon de Montfort) 백작이었다. 1258년 4월 무장한 채 회의에 참석한 반란 귀족들은 국왕의 요구를 단호히 거절한다. 이 회의가 국왕에게 지극히 비협조적이었기 때문에 왕당파는 이를 두고 '미친 의회'라고 불렀다. 이때부터 영국에서 '의회'라는 말이 생겼다. 이 의회에서 귀족들의 강압에 의해 헨리 3세는 국왕측 12명과 귀족 12명으로 구성된 위원회가 새로운 정치개혁 조례를 작성한다는 데 마지못해 동의한다. 이 개혁조례는 6월 11일 옥스퍼드에서 개최된 귀족회의에서 통과되었다. 역사는 이 조례를 일러 〈옥스퍼드 조례〉라고 한다.

옥스퍼드 조례

1258년 8월 4일, 헨리 3세는 정식으로 〈옥스퍼드 조례〉를 비준했다. 이때부터 〈옥스퍼드 조례〉는 거북이걸음으로 4년 동안 실시되었다.

〈옥스퍼드 조례〉의 주요 내용은 4가지로 요약된다. 첫째, 귀족들로 구성된 영구적인 15인 위원회가 왕국 운영에 참여하며 국왕은 국정을 운영할 때 그들의 충고를 받아들여야 한다. 15인 위원회는 왕국의 최고 사법관, 비서관, 재정대신의 임명권을 가진다. 둘째, 국가의 모든 세금은 왕실 금고가 아닌 각 지부로 납부해 관리한다. 셋째, 주州법정은 기사 4명으로 구성된 배심원단을 둬 왕실관료와 주州관리에 대한 고발을 접수한다. 넷째, 매년 3차례 의사회를 개최하고 국왕은 의사회의 동의 없이 임의로 토지를 몰수하거나 분배 또는 감시할 수 없으며 출정도 동의를 구해야 한다. 이 밖에 법관, 군 관료, 토지몰수관의 권력 및 런던의 세금, 조례에 관해서도 간단한 규정을 정했다.

그중에 가장 중요한 것은 〈옥스퍼드 조례〉가 귀족으로 구성된 의사회가 어느 정도 의정권과 의사결정권을 갖도록 승인했다는 사실이다. 이는 헨리 2세 시대부터 주로 사법 기능을 담당하고 비정기적으로 개최되던 '어전회의'가 헨리 3세에 이르러 주로 의정을 담당하고 정기적으로 개최되는 '의회'로 변했다는 뜻이다. 〈옥스퍼드 조례〉가 공표되면서 왕권은 더욱 더 입지가 좁아진다. 이때부터 의회는 국왕으로부터 독립된, 정기적으로 회의를 개최하는 국가기관으로 거듭났고 전보다 더 강력한 힘을 갖게 되었다.

별 볼일 없는 무능한 왕 '헨리 3세'

영국 국왕 헨리 3세(1207~1272)는 영국 역사상 가장 형편없는 왕으로 수위를 다툰다. 사실 사람 그 자체만 보자면 헨리 3세는 온화한 성격에 인품도 나무랄 데 없었다. 하지만 왕이 되기에는 지나치게 평범하고 지혜가 모자랐다. 자그마치 50년이나 왕좌에 앉아 있었지만 이렇다 할 업적도 남기지 못한 무능한 왕이었다. 영국 의회의 기원을 이야기하자면 그의 이름을 빼놓을 수 없지만 그렇다고 헨리 덕분에 의회가 생겨났다고 생각하면 오산이다. 사실 그가 한 일이라고는 어쩔 수 없는 상황에서 마지못해 귀족들의 요구를 받아들인 것뿐이니까 말이다. 하지만 하늘은 녹 없는 사람을 낳지 않는다더니 굼벵이도 구르는 재주는 있었던 모양이다. 건축에 관심이 많았던 헨리 3세는 이 분야에서 '탁월한 성과'를 거두었다. 자신이 아끼는 가톨릭 신도의 유물을 안치하기 위해 헨리 3세는 재위기간에 웨스트민스터 대성당을 개축했다. 이 성당은 고딕양식으로 지어졌는데 아름답고 웅장하기가 이를 데 없어 런던은 물론이고 영국에서도 손꼽히는 명소가 되었다. 뉴턴, 디킨스와 같은 영국의 유명 인사들도 이곳에 영면해 있다.

프랑스 왕권 강화 필리프 4세의 강권 통치

프랑스 카페 왕조 역대 왕들의 노력 덕분에 프랑스 왕권은 점점 강화된다. '미남왕'이라는 별명을 가진 필리프 4세의 강권 통치 시기, 조금씩 신장시킨 왕권은 드디어 '화려한 봄'을 맞이한다. 특히 가톨릭교회에 치명타를 날려 교황청에 '메이드 인 프랑스'라는 낙인을 찍는다.

영토 확장으로 다진 왕권

카페 왕조는 두 세기에 걸쳐 왕권 신장에 힘썼다. 그리하여 12세기 후반이 되자 닭 모가지 비틀 힘조차 없던 나약한 왕조에서 제법 '왕다운' 힘을 가진 왕조로 환골탈태한다. 왕실의 영토도 과거에 비할 수 없을 만큼 확장되었고 주변지역과의 교역도 예전과 달리 활발해졌다. 이를 토대로 카페 왕조 후기에 등장한 왕들은 왕다운 왕으로 실력발휘를 하기 시작했다. 프랑스의 왕권이 하루가 다르게 강화되는 과정에서 정치적 업적으로 보나 특이한 성격으로 보나 여러모로 흥미로운 왕들이 등장한다. 혁혁한 무공과 교활한 성격으로 이름 높은 필리프 2세, 경건하고 독실한 신앙심으로 성왕이라고 까지 불렸던 루이 9세, 그리고 교회를 짓밟은 왕으로 유명한 필리프 4세가 바로 그들이다.

1285년, 왕위에 오른 필리프 4세는 카페 왕조 후기 가장 강력한 왕권을 행사했던 왕 중의 하나이다. 다부진 체격에 기품 있는 모습으로 '미남왕'이란 별명으로 불렸다. 왕좌에 있는 동안 필리프 4세는 선대 카페 왕조 왕들이 했던 대로 봉건 제후들을 억압하고 왕권을 강화해 프랑스 왕권 신장에 크게 공헌했다.

1284년, 필리프 4세는 프랑스 동부 샹파뉴 백작위의 상속녀이자 피레네 산맥 나바라왕국의 계승자였던 후아나와 결혼한다. 그리하여 카페 왕조는 자연스럽게 이 두 지역을 손에 넣게 된다. 프랑스 남부 보르도와 툴루즈 영지는 후계자가 없었던 탓에 이 역시 프랑스에 귀속된다. 그러나 필리프의 영토야욕은 밑 빠진 독에 물 붓기나 다름없었다. 급기야 필리프는 가스코뉴까지 마수를 뻗친다. 당시 프랑스 남부에 있는 가스코뉴는 영국령에 속해 있었다. 그러나 필리프 4세는 마침 영국 왕 에드워드 1세가 내란을 평정하느라 신경 쓸 여력이 없는 틈을 타 이 지역을 합병한다. 이후 플랑드르와의 전쟁에서 지고 교황과 다투느라 많은 힘을 소진한 필리프 4세는 작전상 후퇴를 결정하고 에드워드 1세와 화해한다. 하지만 가스코뉴 대부분 지역은 그 후로도 프랑스의 통치를 받았다. 땅 따먹는 재미에 푹 빠진 필리프 4세는 지치지도 않고 플랑드르로 진격한다. 과연 열 번 찍어 안 넘어가는 나무 없다고 플랑드르도 힘이 다한 모양이었다. 1304년, 오랫동안 필리프 4세에게 저항하던 플랑드르가 드디어 무릎을 꿇는다. 결혼과 전쟁이라는 수단을 적절히 활용한 필리프는 조국 프랑스에 엄청난 영토를 안겨주었다.

국가를 조련하다

성왕 루이 9세가 통치하던 시대인 프랑스의 군주제도는 매우 강력했다. 국왕은 '하느님이 성유를 뿌린 사람'이자 국내 모든 봉건 제후 위에 군림하는 지도자였다. 그러나 필리프 4세는 그것만으로는 만족할 수 없었다. 그는 로마황제의 계승자가 되어 모든 사람을 평등하게 다스리는 국가를 건설하고 싶었다. 그렇게 되면 국왕은 단순한 지도자가 아니라 진정한 군주가 된다. 귀족과 평민들 모두 법에 따라야 한다.

왕국 사람들 모두가 법을 준수하게 하기 위해서는 우선 법에 대해 가르쳐줘야 한다. 그래서 법은 반드시 성문법이어야 하고 논란의 여지가 없어야 한다. 법률 조례를 만들기 위해 필리프 4세는 법률 고문들을 소집한다. 그들이 바로 자산가와 귀족들로 이루어진 '왕실입법관'이다. 이들은 우선 많은 시간을 들여 로마의 성문법을 연구한 뒤 왕국 전체에서 통용될 법 제정에 착수한다. 이때부터 프랑스왕국은 로마법의 원칙에 입각해 절대왕권에 대해 알려 왕권 강화를 실현한다.

필리프 4세 통치 시기, 왕궁에서는 '어전회의'가 설립되었다. 이후 어전회의 내부 기

▼ 에드워드 1세를 추모하는 필리프 4세

▲ 교황 클레멘스 5세
클레멘스 5세는 프랑스 왕 필리프 4세의 통제를 받기 시작한 첫 번째 교황이자 '메이드 인 프랑스' 교황청에 처음으로 입주한 교황이었다.

관들은 독립적인 기관으로 떨어져 나온다. 예컨대 어전회의의 사법부는 관청이 되었고 하부 조직으로 대법원, 조사원, 고소장 심리원, 성문법 청취원 등 네 기관으로 세분화되었다. 관청은 다른 지역에서 상고한 사건을 심의했는데 필요하다면 그 지역으로 직접 가 사건을 처리하기도 했다.

'감사원'도 어전회의에서 분리돼 나온 기관이다. 이 기관은 1320년에 설립되었으며 관청과 마찬가지로 시테섬에 세워졌다. 왕실금고는 원래 성전수도원에 있었으나 훗날 루브르 궁으로 옮겨온다. 왕실 안에는 왕의 옥새를 관리하는 기관과 화폐관리기관도 있었다.

관료에 대한 통제를 강화하기 위해 필리프 4세는 다양한 지역의 여러 신분 계층에서 신중하게 관리를 선발했다. 그렇게 선발된 관료들을 중앙정부와 지방정부의 모든 행정기관에 배치해 왕실에 유용한 심복으로 만들었다. 그 중에 상당수는 남부 지역에서 선발되었는데 기욤 드 노가레(Guillaume de Nogaret, 1260~1313)도 그 중 하나였다. 관료는 성직자와 세속인, 귀족과 시민을 가리지 않고 선발했다. 또한 국왕은 수시로 다른 지역의 대법관을 임명했다.

국왕은 신하들의 의견을 구하기 위해 그들의 대표를 소집해 회의를 열었다. 이는 훗날 '삼부회'의 기초가 된다. 1302년, 필리프 4세는 정책을 추진하는 데 있어 각 계급의 지지를 얻기 위해 최초의 '삼부회'를 소집한다. 이 자리에는 성직자, 귀족, 그리고 각 성의 평민 대표가 참석했다. 그러나 삼부회는 왕권을 제한하는 성격의 회의가 아니었다. 회의는 국왕의 요구에 의해 소집되었고 국왕의 결정에 보편적 가치를 부여하기 위해 단순히 국왕의 결정을 듣는 자리였다. 삼부회의 소집은 봉건 계급군주제가 성립되기 시작했음을 의미한다. 이후 국왕은 종종 계급회의를 개최해 자신의 권위를 높였으며 왕권을 강화하는 사회적 토대로 이용했다. 한 마디로 이 당시 삼부회는 왕권을 신장하고 나아가 프랑스의 정치적 통일을 촉진하는 역할을 했다.

부자가 되는 방법

필리프 4세 통치 시기에는 국고가 바닥을 드러내도 정기적으로 재정을 충당할 재원이 없었다. 그래서 왕국은 늘 경제적인 어려움에 시달렸다. 게다가 끊임없이 계속된 전쟁은 왕국 재정을 파산의 위기로 몰아갔다. 필리프 4세는 세수제도를 신설해 왕실영지에서 호별세 등의 직접세와 소금세 등의 간접세를 징수했지만 별 다른 효과를 보지 못했다. 결국 왕은 아예 특별한 방법을 생각해낸다. 1306년, 필리프 4세는 먼저 탁월한 장사수완으로 막대한 재산을 축적한 유태인을 희생양으로 삼는다. 그는 유태인들의 재산을 몰수한 뒤 왕국에서 추방해버린다. 이탈리아의 은행가들도 필리프 4세의 마수에 잡혀 빈털터리로 쫓겨나고 만다. 그 다음으로 억울한 누명을 뒤집어쓴 집단은 성전기사단이었다. 1307년, 필리프 4세는 재정상의 어려움을 해결하고 왕실 국고를 채우기 위해 막대한 토지와 재산을 소유한 성전기사단에 눈독을 들인다. 그는 기사단원들이 멋대로 사술을 부리고 음탕한 생활을 하며 이단을 신봉했다는 누명을 씌웠다. 그리하여 36명을 가혹한 고문으로 죽음에 이르게 한다. 1310년에는 한꺼번에 67명을 형틀에 매달아 불에 태워 죽인다. 1312년, 필리프 4세는 교황을 압박해 성전기사단을 해체시킨다. 그 결과, 국왕은 지긋지긋한 빚에서 벗어났고 기사단의 막대한 재산은 국왕의 주머니로 흘러들어간다.

필리프 4세는 재원을 확대하기 위해 호화로운 생활 방식을 금지하는 법령을 공표한다. 예를 들어 1294년에 공표한 법령에 따르면 일반 자유민은 남녀를 불문하고 가죽옷을 입어서는 안 되며 금은보석으로 만든 장식구도 걸쳐서는 안 된다고 규정했다. 공작, 백작, 남작은 1년에 단 네 벌의 옷만 새로 지을 수 있으며 그들의 부인도 이 규정을 준수해야 했다. 그리고 아이들은 1년에 단 한 벌의 새 옷만 지을 수 있었다. 그리고 신분고하를 막론하고 식사를 할 때 두 가지 요리와 한 가지 탕만 먹을 수 있고 모든 요리에 고기는 단 한 덩어리만 넣을 수 있었다. 심지어 이러한 규정을 위반했을 때 지불하는 벌금 액수까지 구체적으로 규정했다. 이 법령을 효과적으로 관철시키기 위해 규정을 지키지 않는 사람을 고발할 수 있으며 조사 결과 위반 내용이 사실로 드러나면 벌금의 3분의 1을 보상금으로 지불한다는 내용의 법을 제정하기도 했다. 법령이 합리적인지 아닌지는 이미 그

다지 중요한 문제가 아니었다. 이러한 법령을 공표했다는 사실만으로도 당시 프랑스 왕권이 상당히 막강했다는 것을 알 수 있으며 왕권이 국민들의 생활 전반에 영향을 미쳤음을 확인할 수 있다.

'메이드 인 프랑스'인 로마교황청

필리프 4세가 재정을 확충하기 위해 벌인 일 중에서 가장 오랫동안 효력을 발휘한 것은 교회에 대한 강경정책이었다. 상품경제가 발전하면서 민족의식도 덩달아 강화된다. 1296년, 필리프 4세는 줄곧 각종 특권을 누리던 프랑스 교회에 20%에 달하는 소득세를 징수하라고 명령한다. 왕권을 강화하고 영국 국왕이 프랑스 영토 내에 점유하고 있는 영토를 빼앗고 전쟁경비와 날로 늘어나는 왕실 재정을 충당하기 위해서였다. 교황 보니파키우스 8세가 기를 쓰고 이 정책에 반대한다. 그는 전임 교황이 프랑스에 파견한 특사로 그가 소유한 12곳의 영지 중에 7곳이 프랑스에 있었다. 소득세를 징수할 경우 직접적인 피해를 입는 사람이 바로 교황 자신이었기 때문에 도저히 받아들일 수 없었다. 그래서 즉시 '교황 칙서'를 내려 '교황의 동의 없이 성직자는 국왕에게 소득세를 납부할 수 없으며 이를 어길 경우 파문한다'고 발표한다. 안타깝게도 왕은 겨우 그만한 일에 물러설 사람이 아니었다. 그래서 필리프 4세는 더욱 강경한 보복조치로 응수한다. 그는 귀금속 수출을 금지해 교회가 프랑스에서 아무런 수익을 얻지 못하게 만든다. 이듬해, 결국 교황은 마지못해 강화를 요청해 필리프 4세의 징세권을 묵인한다. 그러나 패배를 인정할 수 없었던 교황은 잇달아 칙서를 내려 교권이 세속왕권보다 높으며 국왕은 성직자에게 과세할 수 없다고 선언했다. 또한 모든 프랑스 주교에게 로마에서 열리는 회의에 참석하라고 명한다. 그러자 필리프 4세는 1302년 2월 프랑스 역사상 첫 삼부회를 열어 획득한 각 계층의 지지를 바탕으로 공개적으로 교황과 대적한다. 또한 이탈리아로 부하를 보내 로마귀족 콜론나와 결탁해 교황이 머물던 아나니를 습격해 보니파키우스 8세를 모욕하고 구타한 뒤 죽이겠다고 위협한다. 예상치도 못했던 습격에 놀란 데다 분한 마음이 병이 된 교황은 결국 몇 주도 지나지 않아 죽고 만다.

보니파키우스 8세가 죽고 2년이 흐른 뒤 프랑스왕의 입김으로 보르도 대주교가 교황 클레멘스 5세(재위 1305~1314)로 선출된다. 필리

▲ 아비뇽 성

필리프 4세는 교황청을 바티칸
에서 프랑스 남부 변방에 있는
아비뇽으로 옮긴다. 이후 잇달
아 선출된 7명의 교황이 모두 프
랑스 출신이었다. 교황이 프랑
스 왕의 '인질'로 잡혀 아비뇽에
서 지낸 68년(1309~1377)을 역
사상 '아비뇽유수'라 부른다.

프 4세는 교황청을 바티칸에서 프랑스 남부 변방 아비뇽으로 옮긴
다. 이후 잇달아 선출된 7명의 교황이 모두 프랑스 출신이었다. 교
황이 프랑스 왕의 '인질'로 잡혀 아비뇽에서 지낸 68년을 역사상
'아비뇽유수'라 부른다. 이 시기 교황들은 실질적으로 모두 국왕의
지배를 받았기 때문에 이 당시 교황청에는 '메이드 인 프랑스'라는
낙인이 찍힌다.

농노제 붕괴 영국 와트 타일러의 난

14세기, 안팎으로 시달린 영국은 나라꼴이 말이 아니었다. 나라가 그 모양
이니 국민의 삶이 어땠을지는 불 보듯 뻔했다. 그 와중에 백성을 돌봐야 할
관리들은 오히려 농민에게 거머리처럼 달라붙어 온갖 명목으로 세금을 수
탈했다. 상황이 이 지경에 이르자 줄곧 참기만 하던 농민들도 더 이상 가만
히 있을 수 없었다. 이에 와트 타일러가 주축이 되어 농민 봉기를 일으킨다.

봉기가 일어나다

14세기 후반, 백년전쟁으로 폐허가 된 땅에 흑사병까지 덮치자
영국 하층민의 삶은 끝을 알 수 없는 어둠의 나락으로 떨어졌다.
1377년, 리처드 2세가 왕위에 오른다. 영국의회는 계속해서 프랑스
와 전쟁을 치르기 위해 14세 이상 국민 모두에게서 인두세를 징수
한다. 이때만 하더라도 한 사람당 4실링만 내면 됐지만, 1380년에
는 14세 이상 영국 국민 모두에게 12실링이나 되는 인두세를 징수
한다. 하층민은 갈수록 무거워지는 부담으로 허리가 휠 지경이었
다. 그런데도 관리들은 가혹한 수탈을 멈추지 않았고 결국 하층민
들을 벼랑 끝으로 몰고 간다.

1381년 5월, 에식스와 켄트의 농민은 인두세 납부를 거부하고 관
리를 살해한다. 그리고 그해 6월, 드디어 전국 각지에서 봉기의 불
길이 치솟는다. 켄트주 농민들은 감옥에서 존 볼(John Ball)을 구출
해 그를 수장으로 삼았다. 이때, 런던시민들도 봉기를 일으킨 농민
군에게 서신을 보내 런던으로 와 함께 봉기하자고 요청했다. 이에
에식스주와 켄트주의 농민봉기군은 런던으로 쳐들어간다. 켄트 농
민군은 메이드스톤을 지나면서 미장이 출신인 와트 타일러(Wat
Tyler)를 지도자로 삼았다. 타일러는 지략이 뛰어나고 용맹스러웠
다. 게다가 프랑스와의 전쟁에 참가한 적이 있어 군사작전에 밝았기
때문에 농민군의 절대적인 지지를 받았다. 그렇기 때문에 이 봉기를
'와트 타일러의 난'이라고 부른다.

용감히 싸우다

6월 10일, 와트 타일러는 영준한 말에 탄 채 반란군을 이끌고 캔터베리로 진군했다. 반란군은 귀족들의 저택을 닥치는 대로 부쉈고 그들의 재산을 약탈해 싼 값에 팔아, 삶에 쪼들린 국민에게 넘겼다. 어느 시대이든지 백성을 이롭게 하는 행동은 그것이 '약탈'이라 하더라도 찬사를 듣게 마련이다. 캔터베리를 장악한 와트 타일러는 다른 지역 반란군과 연합해 런던으로 진군한다. 당시 영국 군대는 프랑스와 전쟁 중이었기 때문에 국내의 반란을 신경 쓸 겨를이 없었다. 그 덕분에 반란군은 파죽지세로 진격해 6월 12일 런던에 도착한다. 이튿날 런던 시민은 자발적으로 성문을 열어젖히고 반란군을 맞이했다. 이어서 에식스에서 온 반란군도 런던에 들이닥쳤다. 두 지역의 반란군은 런던의 탐욕스러운 관리들을 처단하고 성직자들도 용서하지 않았다. 심지어 법원과 감옥에 쳐들어가 건물을 파괴했다. 그러나 반란군은 시민에게는 아무런 해도 입히지 않아 백성들의 환영을 받았다.

반란군은 자신들이 내건 조건을 받아들이라고 국왕을 압박하며 런던 탑을 포위했다. 탑에 갇힌 국왕과 측근들은 당황해서 어찌할 바를 몰랐다. 6월 13일 오전, 문제 해결을 위해 전전긍긍하던 리처드 2세는 탑 아래 모인 반란군을 향해 '고향으로 돌아가기만 하면 죄를 묻지 않겠다'고 외친다. 아직까지 상황파악을 못하고 있는 왕의 철없는 발언에 반란군은 분노를 참지 못하며 결코 후퇴하지 않겠다고 격하게 반발했다. 예상치 못한 격한 반응에 깜짝 놀란 리처드 2세는 서둘러 시종을 시켜 말을 대신하게 한다. "마일엔드 광장까지 후퇴하기만 한다면 짐은 그대들의 모든 조건을 들어주겠다." 그동안 봉건왕권사상의 지배를 받은 반란군은 너무도 순진했고 정치적 경험이 없었다. 그래서 위기를 모면하기 위한 빤한 거짓말을 진실로 믿은 채 흔쾌히 마일엔드 광장까지 후퇴한다.

6월 14일 아침, 마일엔드 광장에 모인 반란군은 국왕에게 '봉건의 무를 경감해줄 것, 농노제를 폐지할 것, 자유무역을 허락할 것, 반란군을 사면할 것'을 요구했다. 리처드 2세는 반란군을 와해시키기 위해 곧장 반란군의 요구를 받아들인다는 조서를 내린다. 국왕이 요구 조건을 순순히 받아들이자 반란군은 자신들이 큰일을 해낸 줄로 알고 기쁨을 감추지 못했다. 그리고 그날 밤 많은 반란군이 희망에 부풀어 고향으로 뛰어갔다. 그러나 와트 타일러를 위시한 일부 반란군은 거기에 만족하지 않고 런던에 남아 계속 투쟁을 이어간다. 겨우 한숨 돌린 리처드 2세는 은밀히 각 주의 기사들에게 밀서를 보내 런던으로 불러들인다.

비참한 결말

6월 15일, 반란군은 계속해서 국왕의 대표와 담판을 이어간다. 와트 타일러는 국왕이 교회와 봉건영주의 특권을 폐지하고 교회의 재산을 몰수해 농민들에게 나눠주라고 요구한다. 리처드 2세는 겉으로는 반란군와 협상을 하는 척하면서 실제로는 무서운 음모를 꾸미고 있었다. 그는 은밀히 군대를 동원해 반란군을 소탕할 작전을 세웠다. 그러나 국왕의 간계를 꿈에도 짐작하지 못한 와트 타일러는 어처구니없게도 단 한 명의 수행원만 데리고 담판장에 나타났다. 이와 반대로 국왕은 완전히 무장한 군사들을 사방에 배치해놓고 와트 타일러를 해치울 기회를 엿보고 있었다. 어둠이 내릴 즈음, 국왕의 시종이 와트 타일러를 모욕하기 시작했다. 그러자 리처드 2세도 와트 타일러를 욕하며 런던시장에게 그를 해치우라고 명령했다. 국왕의 명령이 떨어지자 런던시장은 와트 타일러를 향해 검을 날렸다. 그 순간 다른 군사들도 한꺼번에 달려들어 와트 타일러를 살해한다. 그 시각, 런던에서는 귀족 군대가 나서 반란군을 제압하고 있었다.

▼ 와트 타일러

그들은 런던 성을 피로 물들이고 반란군 지도자를 잡아 죽였다. 우두머리를 잃은 반란군은 후퇴를 거듭했고 각지에서 헤아릴 수 없을 만큼의 수많은 반란군이 피를 흘리며 죽어갔다. 영국 역사상 최초의 농민 반란은 이렇게 허무하게 끝나버렸다.

와트 타일러가 이끈 반란군은 비록 봉기에 실패했지만 각지의 농민들은 반란을 이어갔다. 각지 봉건영주도 농노를 수탈하는 것과 같은 기존의 생산 방식을 버리고 차츰차츰 자유노동자를 고용하는 방식을 취하기 시작했다. 이와 같은 새로운 생산방식에서 농민을 수탈하다가 15세기에 이르러서는 와트 타일러의 난이 일어났을 때 반란군이 요구했던 대부분의 요구사항이 실현되었다. 이후 자영농이 새로운 경제주체가 되었고 영국의 사회 경제관계는 새로운 발전단계에 접어든다.

대규모 농민봉기의 도화선 　이탈리아 돌치노의 봉기

돌치노라는 이름은 이탈리아 사람들의 마음속에 깊숙이 박혀있다. 그는 14세기 초 온갖 문제들이 복잡하게 얽혀있던 이탈리아에서 감동적인 투쟁사, 돌치노 농민봉기를 벌였던 인물이다. 비록 실패로 막을 내렸지만 이탈리아의 첫 번째 농민봉기로 역사에 길이 남았다.

곳곳에서 위태로운 불길이 치솟다

　돌치노 농민봉기는 14세기 초, 이탈리아에서 발생했다. 당시 이탈리아는 피렌체공화국, 교황령, 밀라노공국, 베네치아, 나폴리왕국, 시칠리아왕국 등 여러 조각으로 나뉘어 있었다. 각 지역이 서로 권력을 다투느라 크고 작은 전란이 끊이지 않았고 상황은 갈수록 더 심각해졌다. 오랫동안 분열돼 있었던 탓에 각 지역의 경제발전 수준이 달라 통일된 시장을 형성할 수 없었다.

　이탈리아 북부의 일부 지역은 이미 오래전에 농노제를 폐지하고 도시공화국을 건설했다. 그 지역의 생산력은 다른 지역에 비해 빠른 속도로 성장했으며 특히 상공업 분야의 발전이 두드러졌다. 14세기 초, 지중해 연안 지역에 자본주의의 씨앗이 움트기 시작하면서 각 도시 간에 시장을 둘러싼 쟁탈전이 벌어졌다. 잇달아 발생한 전쟁으로 시달릴 대로 시달린 국민의 삶은 날로 곤궁해졌다. 같은 시기 북부의 사보이, 피에몬테 등 지역은 여전히 농노제를 실시하고 있었고 교황이 이끄는 로마가톨릭의 수탈에 시달렸다. 그래서 이 지역에 사는 사람들은 늘 종교적 이단의 형태로 반봉건 투쟁을 벌였다.

　중부의 교황령은 여전히 농업이 주를 이뤘고 경제가 상대적으로 낙후돼 있었다. 그러나 로마교황은 절대적인 지위에 앉아 '모든 사람은 영혼을 속죄하기 위해 반드시 로마교황에게 복종해야 한다.'고 주장했다. 교황은 자신에 반대하는 세력은 무자비하게 짓밟았다. 피렌체는 11세기에 이탈리아 상공업과 은행업의 중심지가 되었다. 12세기 도시공화국을 세웠으나 얼마 지나지 않아 부자들이 정권을 장악하면서 권력을 둘러싼 알력다툼이 그치지 않았다. 또한 시민들과도 불꽃 튀는 갈등을 빚었다. 남부의 시칠리아왕국은 오랫동안 노르만족과 스페인 등 타민족의 지배를 받았다.

이로 볼 때, 중세 말기 이탈리아는 겉으로는 화려해 보이지만 사실 속은 곪을 대로 곪은 상태였고 국민들의 삶은 곤궁했으며 사회적 원망이 팽배했다는 사실을 확인할 수 있다. 1304년부터 1307년까지 이탈리아 북부에서 발생한 돌치노 농민봉기는 각종 억압과 수탈에 대한 반발을 보여주는 대표적인 사건이었다.

역동적인 영웅 서사시

돌치노는 이탈리아의 이단 종교단체인 '소형제 수도회'의 일원이었다. '소형제 수도회'는 1260년 경 세가렐리가 파르마 근방에서 설립한 종교단체였다. 그들은 청빈하고 소박한 삶을 주장하며 부패하고 타락한 교회에 반대했다. 경제적 평등을 주장하면서 수도회 신도끼리는 서로를 형제자매라 불러 가난한 농민들의 전폭적인 지지를 받았다. 수도회를 따르는 신도가 급속도로 늘자 가톨릭은 가시방석에 앉은 듯 불안해졌다. 결국 로마교황은 '소형제 수도회'를 해산시키라고 명령하고 세가렐리를 파르마에서 추방시킨다. 그러나 그는 교황의 요구에 굴복하지 않고 각지를 돌아다니며 적극적으로 자신의 생각을 전파한다. 1300년에 교황은 세가렐리에게 이단죄를 씌워 화형에 처했다.

세가렐리가 희생된 뒤, 그를 따르던 돌치노가 바통을 이어받아 '소형제 수도회'를 이끌며 활동을 이어갔다. 그는 아내 마르게리타와 함께 1303년, 이탈리아 서북부의 피에몬테 지역에서 농민봉기를 일으켰다. 봉기군은 수차례 봉건영주가 보낸 진압군을 격파하고 장원과 수도원을 파괴하고 방어막을 구축했다. 돌치노 반란군은 무력을 통해 현존 정권을 전복시키고 교황과 그 세력들을 제거하려고 했다. 또한 모든 재산을 공유하고 수탈이 없는 '천년왕국'이 머지않아 도래할 것이라고 주장했다. 교황이 보낸 십자군 토벌대가 포위망을 좁혀오자 돌치노가 이끄는 농민반란군은 깊은 산속으로 후퇴한다. 토벌군은 반란군의 요새 근처 농민을 다른 곳으로 쫓아내 식량과 인력 공급을 차단한다. 1307년, 결국 반란군은 진압군의 발아래 짓밟혀 일부는 포로로 잡히고 나머지는 죽임을 당한다. 돌치노와 마르게리타는 끝까지 용감하게 맞섰으나 결국 잡혀 화형장의 연기로 사라진다.

부부가 함께 연기로 화하다

중세 말기 서유럽, 특히 이탈리아와 같이 조각조각 찢긴 국가에 사는 최하층 농민들은 교회와 봉건 영주, 그리고 이제 막 움트기 시작한 부르주아계급의 수탈에 시달려야 했다. 두 눈을 시뻘겋게 뜬 승냥이 떼에게 뜯겨 만신창이가 된 농민들은 자유와 평등, 그리고 행복에 목말라했다. 그런 상황에서 이단 종교집단인 사도회의 돌치노가 외치는 '만민평등'의 구호는 농민이 바라는 바를 꼭 집어 표현한 말이었다. 그렇기 때문에 대규모 농민봉기가 일어날 수 있었다. 그러나 교황과 국왕의 힘은 그들이 대적하기에는 너무나 막강했다. 게다가 지나치게 이상적인 사상과 농민의 신분적 한계 등으로 인해 후반으로 갈수록 반란의 뒷심이 부족했다. 결국 온 사회를 떠들썩하게 만들며 시작된 돌치노 농민반란은 4년여 만에 실패로 막을 내렸다. 그러나 돌치노 농민봉기가 아무 성과도 없이 끝난 것은 아니었다. 막강한 절대권력을 행사하던 교황권에 큰 타격을 입히는 성과를 거두었기 때문이다. 돌치노 농민봉기는 14~15세기 서유럽 각국에서 발생한 농민봉기의 도화선이라고 해도 과언이 아니다.

말 등에 올라 질주하는 해골 흑사병 창궐

14세기 유럽은 거대한 '공동묘지'와 다름없었다. 온갖 전염병과 전쟁, 죽음, 재난이 끊이지 않았기 때문이다. 그 중에서도 사람들을 공포의 도가니로 몰고 간 가장 두려운 재앙은 '흑사병'이었다. 사람들은 흑사병을 일러 '말 등에 올라 질주하는 해골'이라고 했다. 흑사병은 유럽 곳곳에 '죽음'을 선사했다. 이로 인해 인류 역사상 가장 전염성이 강하고 오랫동안 지속되었으며 가장 심각한 결과를 낳은 전염병으로 등극한다.

사신의 부름

1340년 무렵부터 유럽을 휩쓸기 시작한 흑사병은 아시아에서 전파되었다고 한다. 전 세계적으로 7,500만 명이나 되는 사람이 이 병으로 목숨을 잃었고 그 중 유럽에서만 2,500만 명이 죽었다. 1894년, 홍콩에서 프랑스의 세균학자 예르생이 페스트균을 발견하고 분리했다. 이후 그의 이름을 따서 페스트균이라고 이름 지었다. 이 세균은 동물의 혈액이나 벼룩의 뱃속에서 살았다. 그리고 벼룩은 살이 통통하게 오르고 사방으로 뛰어다니는 쥐의 몸에 기생했다. 쥐들은 나라 사이를 오가는 무역선을 타고 전 세계를 누볐다. 그렇기 때문에 일단 어느 항구에 정박하면 곧 그 도시에 무시무시한 병균을 퍼뜨렸다. 병균은 순식간에 도시 곳곳으로 퍼져갔고 중세 유럽에 재앙의 씨앗을 뿌렸다.

흑사병은 이탈리아, 스페인, 프랑스, 영국 등 유럽 각국에 두려움을 퍼뜨렸다. 거의 모든 나라가 흑사병의 마수를 비켜가지 못했다. 가장 심각할 때는 하루에 1,500명이 한꺼번에 목숨을 잃기도 했다. 심지어 모스크바 대공과 동방 정교회 대주교조차도 하느님의 부르심을 받고 서둘러 이 세상을 떠나게 된다. 백년전쟁을 벌이던 영국과 프랑스는 흑사병으로 인해 잠시 칼을 내려놓았지만 그렇다고 사망자가 줄어들지는 않았다. 죽음의 신은 갑옷을 내려놓은 사람들을 저 세상에 데려다놓고 이내 다시 돌아와 다른 사람들을 데려갔다. 18세기에 이르러 비누가 발명돼 상황이 나아지기 전까지 이런 상황은 끊임없이 반복되었다.

일단 흑사병에 걸리면 허벅지에 달걀 크기만한 종기가 부풀어 오르고 종기가 곪으면서 고약한 냄새를 풍긴다. 게다가 피부가 검은색이나 자주색으로 바뀌었는데 온몸에 다 번진 사람도 있었고 일부분만 변한 사람도 있었다. 흑사병에 걸리면 길게는 4~5일, 짧게는 몇 시간 만에 이승과 작별해야 했고 사망률은 100%였다. 그래서 사람들은 이 무시무시한 전염병을 '흑사병'이라고 불렀다. 병에 걸린 사람들은 대부분 돌보는 사람 없이 집안에 버려졌으며 시체가 썩어 고약한 냄새를 풍길 때가 돼서야 사람들은 그 사람이 죽었음을 깨달았다. 그러면 곧바로 신부를 찾아가 사실을 알리고 서둘러 매장했다. 혹시라도 '사악한 공기'가 자신에게 옮을 지도 모르기 때문이었다. 죽은 사람은 묻힐 곳을 고를 권리도 없었다. 그저 자기가 죽은 곳에서 가장 가까운 교회에 묻힐 따름이었다. 워낙 죽는 사람이 많았기 때문에 신부는 한꺼번에 7~8명이나 되는 사람의 장례식을 주관하기도 했다. 흑사병에 걸려 목숨을 잃는 사람들이 기하급수적으로 늘어나자 매장을 하기도 어려워졌다. 그래서 사람들은 수많은 시체를 한꺼번에 묻었다. 어제까지만 해도 웃으며 대화를 나눴던 친구가 오늘은 차가운 땅에 묻히는 광경을 지켜봐야 했다.

원인을 둘러싼 공방

흑사병의 원인을 두고 온갖 추측이 난무했다. 전통적인 반유태주의자들은 '유태인들이 기독교 신자들이 마시는 우물물에 독을 풀어서 그 물을 마신 신자들이 전염병에 감염된 것'이라고 생각했다. 그래서 이 시기에 수많은 유태인이 억울하게 죽음을 당했다. 독일의 마인츠 지방에서만 12,000명이나 되는 유태인이 산 채로 화형을 당했다. 스트라스부르에서도 16,000명이나 되는 유태인이 영문도 모른 채 죽어야 했다. 극소수의 사람들은 동물이 전염병을 퍼뜨렸다고 생각해 가축을 닥치는 대로 죽였다. 그렇게 죽은 개와 고양이의 시체가 산을 이룰 정도였다. 이 때문에 유럽 각지에서 사람과 동물 사체 썩는 냄새가 진동을 했다. 문 밖에 나

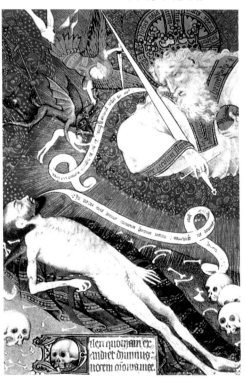

▼ 심판자 앞에 선 사자死者
중세 말 유행한 흑사병을 소재로 한 삽화로 로앙 가(Rohan Family)의 기도서에 실려 있는 작자미상의 작품이다.

▲ **흑사병이 몰고 온 재앙**

흑사병은 마치 악마와 같았다. 손에는 무시무시한 창을 들고 마주치는 사람마다 잔인하게 죽였다. 이 작품 역시 흑사병의 재앙을 소재로 했다.

서면 코와 입을 막은 무리가 시체를 뛰어넘어 도망치는 고양이를 쫓는 광경을 심심치 않게 볼 수 있었다. 그러나 전염병을 확산시킨 주범으로 몰려 억울하게 죽어간 이 가여운 동물들을 동정하는 사람은 하나도 없었다. 그런데 한 통계치를 보면 흑사병 창궐이 고양이와 관련이 있다는 말이 영 허튼소리는 아니었다. 중세기 유럽에서는 '마녀사냥'으로 수많은 여자 마술사가 목숨을 잃었다. 그런데 고양이는 그녀들이 아끼는 애완동물이나 조수 정도로 여겨졌기 때문에 덩달아 죽임을 당했다. 얼마나 많은 고양이를 죽였는지 한 때 유럽에서 고양이의 씨가 마를 정도였다. 고양이가 없으니 쥐들이 날뛸 수밖에 없었고 이는 자연히 흑사병의 전파에 좋은 환경을 마련하게 된 것이다.

그 밖에도 종교적 영향력이 막강했던 사회적 분위기로 인해 사람들은 흑사병의 창궐을 인간의 악행과 타락에 대한 신의 징벌로 생각했다. 그래서 사람들은 가장 경건한 마음으로 '내가 죄인입니다'를 끊임없이 되뇌었다. 심지어 쇠가시가 박힌 채찍으로 자신의 몸을 내리치며 속죄했다. 이 역시 중세에 시온수도회가 유행한 원인이었다. 그러나 속죄를 위해서는 끊임없이 선행을 쌓아야 했고 심지어 수도원에 들어가 고행을 해야 했다. 그렇기 때문에 보통 사람들은 속죄하고 싶은 마음은 굴뚝같아도 할 수가 없어 괴로워했다. 이때 혜성처럼 등장한 인물이 루터교를 창시한 마르틴 루터였다. 그는 시대적 요구에 발맞춰 '인간은 오직 믿음으로 구원받는다.'고 주장했다. 복잡한 속죄 방법을 일소하고 구원을 받기 위해서는 '믿음'만 있으면 된다고 하여 종교개혁의 첫 발을 내딛는다.

그 밖에 영국 과학자들은 혜성이 폭발하면서 흑사병을 일으켰을 가능성이 있다는 연구결과를 발표했다. 혜성이 지구 대기권에 진입하면서 폭발해 지구의 '핵겨울'을 일으켰고 엄청난 양의 먼지가 사방으로 퍼지면서 지구를 덮쳤다는 것이다. 이 때문에 농작물이 제대로 광합성을 못해 수확량이 크게 줄어들었고 그 결과 대기근이 발생했다. 충분한 영양을 섭취하지 못하게 되자 면역력이 약해졌고 흑사병에 대항하지 못하게 된 것이다. 이렇듯 여러 가지 설이 분분한 가운데 마지막에 제시한 '혜성 폭발설'이 가장 설득력 있어 보인다. 이 때문에 대부분의 사람들은 흑사병의 창궐을 '혜성 폭발'이 초래한 재앙으로 결론지었다.

'죽음'과 '새 삶'

흑사병은 유럽사회에 엄청난 영향을 미쳤다. 당시 사람들은 두려움과 괴로움에 몸부림치며 죽음을 기다렸다. 할 수 있는 일이라고는 언제 올지 모르는 죽음을 기다리는 것뿐이었기 때문에 사람들은 매사에 냉담했다. 사랑하는 가족이라 하더라도 흑사병에 걸리면 매몰차게 버렸기 때문에 모두가 냉담과 고독에 찌들어 있었다. 인구가 줄면서 노동력이 부족한 탓에 작황은 늘 부진했고 갈수록 기근의 정도도 심해지는 악순환이 반복됐다. 사람들의 삶은 이루 말할 수 없이 고통스러웠다.

그러나 흑사병이 몰고 온 것이 '죽음'만은 아니었다. '죽음'은 새로운 '생명'을 탄생시키기도 했다. 먼저 농산품의 가격이 급등했다. 곡물은 말할 것도 없고 가축, 유제품 가격도 하늘 높은 줄 모르고 치솟았으며 노력에 비해 수확은 형편없었다. 통계에 따르면 당시 1인당 최저임금은 8펜스였고 임금 외에 식사를 제공해야 했다. 많은 사람이 노동자를 고용할 능력이 없었지만 그렇다고 집안의 일손이 충분한 것도 아니어서 애써 기른 작물을 거두지 못하는 상황이 발생했다. 1351년, 영국왕은 〈영국노동법〉을 제정해 임금수준을 과거의 수준으로 되돌리며 이를 위반할 경우 엄벌에 처한다고 공표했다.

그러나 노동자들은 국왕의 명령에 코웃음 쳤다. 그들은 더 많은 돈을 지불하든지 아니면 농작물과 과일을 썩게 내버려두든지 좋을 대로 하라는 식이었다. 게다가 많은 귀족들이 죽은 뒤 그들이 소유하고 있던 엄청난 규모의 땅이 주인 없이 버려져 있었다. 그 기회를 타고 이 땅들을 싼 값에 사들인 사람들은 막대한 부를 쌓았고 훗날 신흥귀족계층으로 발돋움할 발판을 마련했다. 또 일부 사람들은 농장을 목장으로 개조해 농작물 대신 양을 길렀다. 이 덕분에 목축업과 모직산업이 크게 발전한다. 이러한 변화들로 말미암아 유럽은 어두침침하던 중세에서 빛나는 근대사회로 넘어갈 조건을 마련하게 된다.

둘째, 가톨릭교회는 흑사병이 창궐하자 용감하게 나서 병자들을 돌보고 전염병으로 죽은 불쌍한 사람들을 땅에 묻어주었다. 그러나 사람들은 예수가 자신들을 대신해 죽었다고 해서 사신들이 자신들을 용서해주는 것은 아니라는 사실을 깨달았다. 성직자들 중에서도 수많은 사망자가 나오면서 그들이 가진 부와 권력이 무능한 자들의 손에 넘어가기도 했다. 상황이 이렇다보니 종교개혁에 대한 목소리가 흘러나왔다.

셋째, 사람들은 일단 전염병에 감염되면 죽는 길 밖에 없다는 생각에 극도로 비관적이 되었다. 게다가 주변사람들은 끝도 없이 죽어 갔다. 일단 누군가가 병에 걸리면 사람들은 뒤도 돌아보지 않고 그의 곁을 떠났으며 환자는 슬픔과 외로움 속에 죽어갔다. 그래서 정신적 해탈을 추구하며 퇴폐적인 생활에 빠지는 사람들이 나타났다. 게다가 당시의 법률과 권위는 이미 아무런 효력도 발휘하지 못했기 때문에 세상은 무법천지로 변했고 사람들은 아무 거리낌 없이 무슨 짓이든 저질렀다. 더구나 흑사병의 마수를 비켜간 사람들은 극도로 이기적인 사람으로 거듭나 살아있는 순간을 즐기는 극도의 향락주의자로 돌변했다. 그들 덕분에 사치품 시장과 상업은 전에 없이 번창한다. 이뿐만 아니라 개인주의 사조의 탄생을 이끌며 훗날 인문주의사상이 움트는 계기를 마련한다.

인적이 드문 곳을 찾아 외진 시골로 이사 가는 사람들도 생겨났다. 이탈리아의 유명한 인문주의 작가인 보카치오(Giovanni Boccaccio)가 남긴 명작 《데카메론》이 바로 흑사병을 소재로 당시 사회적 상황을 묘사한 작품이다. 흑사병이 창궐하던 시대에 한 무리의 젊은이들이 피렌체를 떠나 한적한 시골에 들어가 잡담을 주고받으며 고통을 잊는다는 내용이다. 마찬가지로 미적분의 탄생에도 흑사병이 결정적 원인을 제공했다. 당시 대학들은 대부분 휴강을 했고 정부도 사람들의 자유로운 외출을 통제했다. 이 때문에 아이작 뉴턴이라는 젊은이는 매우 중요한 학문인 미적분학을 발견할 수 있었다.

심대한 영향

물론 흑사병 때문에 유럽 전역이 괴로운 시간을 보내야 했지만 모든 일이 그렇듯 이 역시 나쁜 결과만 초래한 것은 아니었다. 그 당시 유럽은 이미 공공위생시설을 세우기 시작했는데 그 수준이 매우 낙후돼 있어 이렇다 할 효과를 보지 못하고 있었다. 거리 곳곳에 오물이 쌓여있어 더럽기 짝이 없었다. 건물의 통풍과 채광설계도 형편없

◀ 흑사병에 걸려 신음하는 환자들
달걀만 한 종기가 온 몸을 뒤덮고 있고 피부는 검푸른 색으로 변한 채 그저 죽기만 기다리고 있는 환자들. 그들 곁에는 사신을 제외하고는 아무도 남아있지 않았다.

었다. 어떤 집은 대여섯 명이 한 침대에서 잠을 자기도 했다. 게다가 당신 사람들은 개인위생에 대한 인식이 없었기 때문에 씻어야 할 필요성을 못 느꼈다. 당연히 피부병은 사람들의 죽마고우이자 평생 친구였다. 의료 여건도 매우 낙후돼 있어 현대인이 보기에는 대수롭지 않은 설사나 감기 같은 병으로도 죽는 사람이 부지기수였다. 시간이 흐르면서 사람들은 위생의 중요성을 깨닫고는 도시에 하수도 시설을 만들고 실내 공기를 환기시키는 등 공공위생에 신경 쓰기 시작했다. 용변을 본 후 손을 씻거나 수시로 목욕을 하기 시작한 것도 이맘때부터였다. 이런 작은 습관들이 오늘날까지 이어지면서 인류는 질병의 고통에서 벗어날 수 있었다.

정리해 보자면 흑사병은 중세 유럽에 엄청난 영향을 미쳤다. 당시 전염병의 창궐로 인구가 줄면서 열 집 중 아홉 집은 빈 집이었고 마을에서는 인적을 찾아보기 드물었으며 상점은 문을 닫았고 온 사회에 죽음의 기운이 가득했다. 그러나 흑사병으로 인해 새로운 변화가 나타나기도 했다. 인구를 늘리기 위해 서로 다른 계급 사이에서도 결혼을 하기 시작했고 부르주아계급이 정치와 경제 분야에서 갈수록 중요한 영향력을 발휘하기 시작했다. 또한 위생에 관심을 갖기 시작하는 등 사람들이 자신을 보호하는 방법을 배우게 되었다. 이런 수많은 변화는 유럽 근대문명의 탄생에 밑거름이 되었다.

고통을 딛고 일어나다 프랑스 자크리의 난

'수탈은 필연적으로 반란을 부른다.' 15세기 중기, 프랑스 농민은 전란과 온갖 세금, 흑사병으로 만신창이가 되어 있었다. 옴짝달싹할 수 없는 상황 은 가난한 농민들의 목을 옥죄는 사신과도 같았다. 도저히 어찌해 볼 수 없 는 상황은 농민들을 반란의 길로 내몰았다. 그리하여 자크리(Jacquerie)의 난이 발생한다.

고통 속에서 몸부림치다

자크의 난은 '자크리의 난'으로 불리기도 한다. '자크리'는 '촌뜨 기'라는 뜻으로 당시 귀족은 멸시의 뜻을 담아 농민을 자크리라고 불렀다. 자크리의 난은 파리 북부지역에서 발생했다. 이곳은 오래전 부터 인구밀도가 높고 농업이 발달된 지역이었다. 그러나 포도농사 와 와인생산은 별 볼일 없어 양식가격이 하락할 때마다 이곳 농민들 의 삶도 바닥으로 곤두박질쳤다. 1337년부터 1453년까지 프랑스와 영국 사이에 이른바 '백년전쟁'이 일어난다. 프랑스는 1346년에는 크레시 전투에서, 그리고 1356년에는 푸와티에 전투에서 패배의 쓴

▼ 삼부회
성직자, 귀족, 시민 등 프랑스의 세 계급을 대표하는 사람들이 모여 국가적 사안을 논의했다. 그렇기 때문에 이러한 형식의 회의를 '삼부회'라고 불렀다.

맛을 보아야 했다. 특히 푸와티에 전투의 결과는 참담하기 이를 데 없 었다. 프랑스 국왕과 많은 봉건 귀 족들이 영국군의 포로가 되었기 때 문이다. 그렇지 않아도 엄청난 세금 에 눌려 꼽추가 될 지경이던 농민들 은 왕과 귀족들의 석방금까지 내야 했다. 그러던 중에 1348년부터 1349년까지 유럽 전역을 휩쓴 흑사 병으로 셀 수 없이 많은 사람이 죽 었다. 인구 감소는 곧 노동력의 감 소를 의미했다. 일손이 부족한 상 황에서 살아남은 사람들의 부담은 더욱 커졌지만 전쟁은 도무지 끝날 기미를 보이지 않았고 사람들의 몸

과 마음은 더 할 수 없이 피폐해졌다.

유일한 선택 '반란'

프랑스 국왕 장 2세(Jean II, 1319~1364)가 포로로 잡히자 샤를 왕세자가 부왕 대신 집권을 한다. 전쟁경비와 아버지와 귀족들의 석방금을 마련하기 위해서는 돈이 필요했다. 그래서 1356년 샤를 왕세자는 삼부회를 소집한다. 프랑스 삼부회는 성직자와 귀족, 그리고 시민 등 세 계급이 참여한 회의로 과거에는 귀족들이 실권을 쥐고 있었다. 그러나 푸와티에 전투에서 많은 귀족과 국왕이 영국군의 포로로 잡혀가고 도시가 갈수록 번창하자 시민들의 발언권이 크게 강화되었다. 당시 파리 상인조합 회장이던 에티엔 마르셀(Etienne Marcel)은 가정환경이 부유했고 꽤 똑똑한 편이었다. 그는 이번 삼부회가 자신들에게 다시없을 기회임을 직감했다. 1357년 그는 수많은 시민을 이끌고 샤를 왕세자를 찾아가 3월 대칙령(Grande Ordonnance)을 발표하라고 압박한다. 대칙령에는 매년 두 차례 정기적으로 삼부회를 개최할 것, 삼부회가 전쟁 및 강화에 대한 결정권을 갖고 국왕의 고문을 임명할 권한을 가질 것, 국왕이 세금을 징수할 때는 반드시 삼부회의 동의를 구할 것 등의 내용이 포함되어 있었다. 이런 모든 내용은 모두 제3신분에게 유리한 조건이었다. 이후, 마르셀은 샤를을 위협해 파리의 실권을 장악한다. 1358년 2월, 마르셀은 삼부회에서 보낸 고문을 샤를 왕세자가 해임했다는 이유로 무장한 파리수공업자들을 이끌고 왕궁에 침입한다. 그리고 샤를 왕세자가 보는 앞에서 시위 두 명을 죽였다. 얼마 후 샤를 왕세자는 왕궁을 버리고 도망친다.

폭동의 불길은 파리 주변 농촌으로까지 번졌다. 1358년 5월 말, 파리 북부 보베 지방 농민들이 반란을 일으켰다. '자크리'는 귀족들에게서 멸시의 뜻으로 불리는 농민들의 집합명사였다. 그래서 이 농민봉기는 '자크리의 난'이라고 이름 붙여졌다. 비록 반란을 일으키기는 했지만 농민들은 이 모든 원인을 제공한 자는 귀족이지 결코 왕이 아니라고 생각했다. 그래서 왕에 대한 충성의 뜻으로 봉기 깃발에 왕가의 문장인 백합꽃을 그려 넣었다. 처음에 반란에 참여한 사람들은 100명도 채 되지 않았다. 귀족이라는 말만 들어도 이를 부득부득 갈 정도였던 농민들은 귀족들의 성을 닥치는 대로 부수고 귀족이라면 어른 아이 할 것 없이 모조리 죽여 분풀이를 했다. 일단 반란이 일어나자 반란에 참여하는 자들의 수가 기하급수적으로 늘어났다. 그리하여 얼마 지나지 않아 프랑스 북부 전역에 반란군의 깃발이 휘날렸다. 기욤 칼이 이끄는 농민들은 '마지막 한 명까지 모든 귀족의 씨를 말린다'고 외쳤다.

참담한 실패와 처절한 응징

기욤 칼은 군사작전 경험이 풍부한 편이었다. 그는 농민군을 적절하게 배치하고 적극적으로 파리 시민들과 연합을 꾀했다. 먼저 대표를 파견해 마르셀에게 농민군을 지원해달라고 요청했다. 그러나 마르셀은 농민군을 이용해 파리의 식량보급로를 확보할 생각이었을 뿐, 진심으로 도울 생각은 없었다. 그래서 소규모 군사들을 보내 생색을 낸 뒤, 그마저도 이내 철수시켰다. 농민군은 주동적으로 반란을 일으킬 수 없는 매우 불리한 위치에 있었다. 그러던 중 같은 해 6월, 전쟁을 마치고 돌아오던 기사들과 샤를 왕세자의 군대가 합동작전을 펼쳐 농민군을 공격했다. 6월 10일 샤를은 담판을 짓자고 속여 기욤 칼을 불러들인다. 그러나 담판은 허울 좋은 구실일 뿐, 실제로는 먼저 지도자를 없애고 나머지 반란군을 소탕하려는 속셈이었다. 기욤 칼을 사로잡은 샤를의 군대와 기사들은 순식간에 농민군을 궤멸시켰다. 지도자가 없으니 제 아무리 사기충천한 군사들도 허둥댈 수밖에 없었다. 진압군은 일말의 자비심도 베풀지 않았다. 그들의 칼 아래 쓰러진 반란군과 무고한 농민의 숫자가 20,000명을 헤아릴 정도였다. 기욤 칼도 잔인하게 살해당하면서 자크리의 난은 완전히 실패한다. 농민봉기가 실패한 뒤 얼마 지나지 않아 파리 시민들이 일으킨 폭동도 진압되었다. 이 과정에서 마르셀도 목숨을 잃었고 샤를은 다시 파리 실권을 장악한다.

자크리의 난은 실패로 끝났지만 이 일을 계기로 농민들은 자신들이 받는 불공평한 대우에 대해 새롭게 눈 뜨기 시작했다. 그리고 얼마 뒤 프랑스 농민봉기의 영향을 받은 영국에서도 농민봉기가 일어났다. 자크리의 난은 무자비한 수탈과 억압을 저지르던 봉건 귀족과 교회에 경종을 울리기도 했다. 농민들은 자신들이 언제까지고 '얌전한 새끼양'이 아니라는 메시지를 보낸 것이다.

삼부회

삼부회는 중세 프랑스에서 각 계급의 대표들이 모여 개최한 회의였다. 제1신분인 성직자, 제2신분인 귀족, 제3신분인 시민이 참가했기 때문에 '삼부회'라고 불렸다. 1302년, 프랑스 국왕 필리프 4세와 교황 보니파키우스 8세의 갈등이 날로 심해졌다. 필리프 4세는 담판의 여지를 늘리고 교황에 대항하기 위해 제1차 삼부회를 개최한다. 이 자리에는 성직자와 귀족뿐만 아니라 각 도시에서 파견된 두 명의 대표도 참석했다. 이후, 국왕은 해결하기 곤란한 정치적, 경제적 문제에 부딪칠 때마다 삼부회를 개최했다. 사실 삼부회를 개최하는 목적은 십중팔구 세금을 거두기 위해서였다. 16세기부터 17세기 초에는 왕권이 막강해 제3신분의 도움이 없어도 됐기 때문에 삼부회의 존재는 점차 유명무실해졌다. 그러다가 1641년 루이 16세에 이르러 다시 개최할 때까지 자그마치 175년이나 중단됐다. 1789년 프랑스 대혁명 전날, 루이 16세가 소집한 마지막 삼부회가 열렸고 그 이후 삼부회는 역사 속으로 사라진다.

그룬발드 전투 튜턴기사단의 비참한 최후

기사단은 중세의 독특한 문화적 현상으로 중세의 문화와 역사를 함축적으로 보여준다. 그중에서 대표적인 튜턴기사단은 누구보다 화려하게 등장해 역사를 장식하다가 비운의 영웅처럼 쓸쓸하게 사라졌다. 중세 유럽의 비밀의 문을 열 수 있는 열쇠를 들고 뜨거운 피가 용솟음치는 시대로 들어가 보자!

튜턴기사단의 성립

'3대 기사단' 으로 불리는 튜턴기사단과 성전기사단, 구호기사단은 중세 발전사에서 매우 중요한 역할을 했다. 그 중 튜턴기사단은 제3차 십자군 원정 당시 교황의 승인을 얻어 만들어진 게르만인 종교군사단체로 1198년 아크레[14]에서 만들어졌다. 기사단 단원들이 대부분 독일 출신이었기 때문에 독일기사단이라고도 불렀다. 3대 기사단 중에 가장 마지막에 설립되었지만 가장 막강한 영향력을 행사했다. 처음에 튜턴기사단은 구호활동을 펼치는 의료단체였다. 1199년 9월 19일, 교황 인노켄티우스 3세는 교칙을 내려 튜턴기사단

▼ 그룬발드 전투

---

14) 지금의 팔레스타인 영토 내에 있다.

을 템플기사단과 같은 형태로 구호기사단과 같은 규정을 따르는 기사단체로 규정한다. 이때부터 튜턴기사단은 군사수도회와 같은 기능을 갖게 되었다. 그들은 '돕고, 치료하고, 수호할' 책임이 있었고 흰색 망토와 검은색 십자가 휘장을 걸쳤다. 흰 바탕에 검은색 십자가는 튜턴기사단 복장의 특징이다.

13세기부터 14세기 중세 유럽은 나라 간 각축이 치열하던 시대였다. 튜턴기사단은 각국 사이에 벌어지는 분쟁을 이용해 그 틈에서 자신만의 공간을 확보했다. 1211년, 튜턴기사단은 헝가리 국왕 엔드레 2세의 요청으로 쿠만족을 진압해 동유럽으로 진출한다. 1226년에는 폴란드 마조비아의 콘라트공의 요청으로 폴란드의 숙적인 프로이센을 정복하러 나선다. 그리고 그 대가로 정복한 땅을 영원히 점유할 수 있다는 약조를 받아낸다. 그 뒤 50년 동안 프로이센의 영토에서는 비명소리와 전투소리가 그칠 날이 없었다. 발트해 연안에 거주하던 사람들 또한 덩달아 고통스런 삶을 살아야 했다. 그 결과 프로이센 지역을 손에 넣는 데 성공한 튜턴기사단은 이어 폴란드의 포메라니아와 그단스크 지역도 점령해 폴란드를 양 옆에서 에워쌌다. 그제야 폴란드 왕은 자신의 결정을 뼈저리게 후회한다. 1309년, 튜턴기사단은 본부를 프로이센의 마리엔부르크로 옮겼다. 이어 상업을 발달시키고 도시를 확장해 원래 가지고 있던 영토와 새로 획득한 영토에 완전히 독립된 국가인 '기사단국'을 건국했다. 또한 이곳을 거점으로 대외 영토 확장을 이어간다. 비록 외국과의 전쟁에서 큰 전적을 올리지는 못했지만 그래도 크게 패하지 않고 나름의 성과를 거둔다.

일촉즉발의 상황

기사단국은 14세기 후반 빈리히 폰 크니프로드(Winrich von Kniprode)가 단장을 맡고 있던 시절 전성기를 맞이한다. 튜턴기사단은 폴란드만으로는 성에 안 차 더 먼 곳으로 마수를 뻗치기 시작한다. 동서 프로이센 외에 리투아니아, 라트비아, 에스토니아 등 발트해 동부 연안의 모든 지역이 튜턴기사단의 손아귀에 들어갔다. 1346년, 튜턴기사단은 덴마크의 수중에서 에스토니아를 빼앗았고 이탈리아, 그리스, 독일, 스페인 등에 새로운 식민지를 건설한다. 이로 인해 기사단은 동유럽 모든 국가를 적으로 돌리고 만다. 나라의 안위가 위협받는 상황에서 폴란드와 리투아니아가 손을 잡기로 결정한 것은 지극히 당연한 수순이었다.

리투아니아와 연합하기 전, 여러 조각으로 찢어져 있던 폴란드 내부에 커다란 변화가 일어났다. 블라디슬라프 1세, 2세, 3세가 통일국가의 기초를 닦은 것이다. 1320년, 블라디슬라프 1세는 자녀들을 다른 왕실과 혼인시켜 폴란드와 헝가리 및 폴란드와 리투아니아 동맹을 형성한다. 15세기 초, 블라디슬라프 2세가 집권하면서 폴란드는 나날이 강력해진다.

마찬가지로 폴란드와 손을 잡기 전 리투아니아도 게디미나스(Gediminas) 대공이 다스리던 시기(1315~1341) 동유럽의 강국으로 성장한다. 대공의 통치 스타일은 매우 부드러웠다. 그는 귀순해온 슬라브인의 종교인 동방 정교회의 신앙과 풍습을 존중했다. 그러나 기사단은 줄곧 그들을 위협하고 괴롭혔다. 1382년, 왕위를 계승한 요가일라(Grand Duke Jogaila of Lithuania)는 잃었던 영토를 회복하기 위해 힘써 리투아니아의 황금시대를 연다.

리투아니아인과 폴란드인들의 마음속에 오랫동안 응어리졌던 증오와 빼앗긴 땅을 되찾고자 하는 열망이 도시 곳곳에 파고들었다. 1386년, 당시 서른여덟 살이던 리투아니아 대공 요가일라는 폴란드 여왕 야드비가(Queen Jadwiga of Poland)와 결혼한다. 결혼을 통해 폴란드 왕에 등극한 요가일라는 리투아니아와 폴란드 사이에 강한 연대감을 형성한다. 이로써 튜턴기사단을 이길 수 있는 조건이 하나 둘 갖춰졌다. 대외 확장에 대한 야욕에 불타던 튜턴기사단에게 강력한 연합세력을 형성한 폴란드와 리투아니아는 그야말로 눈엣가시였다. 폴란드와 리투아니아 간의 연맹을 깨뜨리려고 이간책을 썼지만 실패하자 다급해진 튜턴기사단은 무력을 동원한다. 그간 엄청난 부와 막강한 군대를 보유하게 된 튜턴기사단은 위협받는 권력을 유지하기 위해 전쟁을 일으키기로 결심한다. 게다가 리투아니아가 넘보는 사모기티아 지역은 튜턴기사단이 리보니아 검의 형제기사단을 합병하면서 손에 넣은 전략적 요지로 결코 빼앗길 수 없는 땅이었다.

1409년 봄, 사모기티아에서 기사단의 통치에 대한 반란이 일어나자 폴란드와 리투아니아는 반란군을 지원하고 나섰다. 튜턴기사단은 폴란드 국왕 요가일라의 최후통첩을 무시하고 8월 국경을 넘어 폴란드 도브진 지역을 점령한다. 요가일라는 즉시 '전국민 무장' 선언을 하고 연합군을 형성해 기사단에게 선전포고를 한다. 이렇듯 신속하게 이루어진 예비전을 폴란드 역사는 '위대한 전쟁' 이라고 기록했다.

튜턴기사단은 독일과 프랑스 기사, 그리고 영국, 스위스 등 국가의 지원을 받아 엄격한 지휘 계통을 갖추고 풍부한 군량을 보유한 대군을 형성했다. 폴란드와 리투아니아도 러시아, 체코, 몽고타타르 등과 손을 잡았다. 그들은 군사작전을 구체적으로 세우고 막강한 세력을 자랑하는 연합군을 형성했다. 언제라도 전쟁을 벌일 수 있는 만반의 준비를 마친 양측은 모두 호시탐탐 기회만 엿보고 있었다.

▲ 그룬발드 전투는 중세 유럽역사상 가장 규모가 컸던 기사단 전쟁이었다. 이 전투로 튜턴기사단은 전멸 직전에 이르고 몰락의 길로 접어든다. 기사단에게는 재앙의 씨앗이었지만 동유럽 각국 사람들은 이 전투를 계기로 독립에 대한 용기를 얻었다.

운명을 건 결전

1410년 7월 초, 폴란드, 리투아니아, 러시아 연합군은 기사단 본부가 있는 마리엔부르크로 쳐들어가 중요한 거점들을 점령했다. 15일, 양측의 주력부대가 그룬발트에서 격돌한다. 기사단은 약 27,000명이었고 51기로 나뉘어 있었는데 우익과 좌익 그리고 총 16기로 된 후방지원부대로 구성돼 있었다. 이에 비해 연합군은 총 32,000명에 91개 중대로 구성돼 있었다. 오른편에는 리투아니아와 러시아군으로 구성된 10개 중대와 몽고타타르 기마병이 배치됐다. 그리고 왼편에는 폴란드 중대 42개와 러시아 중대 7개, 그리고 체코 중대 2개가 전쟁 준비를 마친 상태였다. 연합군의 진지 오른쪽과 후방은 습지와 강, 왼쪽에는 숲이 우거져 있어 전쟁을 치르기에 좋은 지역이었다. 이에 반해 기사단은 아래쪽에서 공격해 오는 적을 쉽게 막기 위해 높은 곳에 진을 쳤다.

전투가 시작되기 전, 튜턴기사단장 울리히 폰 융잉엔(Ulrich von Jungingen)은 폴란드 국왕에게 검 두 자루를 보낸다. 기사들끼리 정정당당하게 겨루자는 의미였다. 대포와 궁수들이 요지에 배치되었고 기사단의 대포가 일제히 불꽃을 뿜으면서 역사적인 전쟁이 시작되었다. 그런데 때마침 내린 폭우 때문에 대포는 힘 한 번 제대로 못 써보고 애물단지로 전락하고 말았다. 전쟁 초기에는 연합군이 밀리는 것처럼 보였다. 연합군의 공격 전략이 통하지 않았고 오른쪽 날개는 독일군에게 뚫려 대형이 흩어졌다. 중앙에 있던 폴란드 군대도 공격을 받았고 기사단의 군대가 정면에서 공격하기 시작했다. 이러한 쐐기형 전술은 기사단의 특기였다. 이 전략의 장점은 돌파력이 뛰어나고 쉽게 상대편 방어선을 찢어 적의 대부대를 한꺼번에 궤멸시킬 수 있다는 것이다. 그러나 중앙의 돌파력은 뛰어날지 몰라도 양쪽 날개에 대한 방어가 허술했다. 그래서 신속하게 방어선을 무너뜨리지 못하면 도리어 적군에게 양쪽 날개를 뜯길 가능성이 있었다. 그러므로 이 전술을 무너뜨리기 위해서는 양쪽 날개를 공략해야 했다.

여러 나라의 운명이 걸린 순간이었다. 그때 링귀니스 공작은 아군의 패색이 짙은 상황에서 목숨을 건 방어전을 펼쳐 기사단 왼쪽 날개의 병력을 묶어두는 데 성공한다. 이어서 폴란드 군대가 기사단의 오른쪽 날개를 무너뜨린다. 그 와중에 기사단장 울리히 폰 융잉엔이 전사하자 큰 혼란에 빠진 기사들은 뿔뿔이 흩어져 도망쳤다. 폴란드 군이 성공적으로 적을 격파하고 러시아군이 용기와 지혜를 발휘한 덕분에 리투아니아도 군대를 재정비하고 전세를 역전시킬 수 있었다. 여러 차례 치열한 전투를 벌인 끝에 기사단의 왼쪽 날개는 완전히 전멸했고 오른쪽 날개도 전세가 기울기 시작했다.

이번 전쟁은 모든 것을 걸고 벌이는 최후의 일전이었다. 그렇기 때문에 지칠 대로 지친 상황에서도 양측은 후방 군대까지 모조리 투입해 피비린내 나는 전쟁을 이어갔다. 위급한 상황에서 리투아니아와 러시아 지원군이 도착했고 기사단의 오른쪽 날개도 점차 힘을 잃고 쓰러졌다. 연합군은 전세를 몰아 마지막 남은 기사단을 공격했다. 그 결과 절반이 넘는 기사단원이 전사했고 지휘관들은 대부분 목숨을 잃었다. 그리하여 그룬발트 전투는 폴란드와 리투아니아군의 승리로 막을 내렸다. 그룬발트 전투는 연합군의 기민한 전투수행

능력을 여실히 보여주었고 힘을 합쳐 외부의 침략을 막으려는 동유럽 국가들의 굳은 의지를 보여준 전투였다. 그렇기 때문에 동유럽 사람들은 그룬발트 전투를 동유럽 민족과 국가가 단결하여 이 지역을 지켜낸 상징적 전투로 기억한다.

튜턴의 몰락

그룬발드 전투는 중세유럽 역사상 가장 규모가 컸던 기사단 전쟁이었다. 이 전투로 튜턴기사단은 전멸 직전에 이르고 몰락의 길로 접어든다. 기사단에게는 재앙의 씨앗이었지만, 동유럽 각국 사람들은 이 전투를 계기로 독립에 대한 용기를 얻었다. 뿐만 아니라 전투가 끝난 뒤 폴란드의 국제적 지위는 한껏

▲ 튜턴기사단

17세기 초에 그려진 이 그림은 13세기 터키군과 독일 튜턴기사단의 전쟁 장면을 그렸다. 그림 속에서 독일 튜턴기사단의 손에 튜턴십자가 문장이 그려진 깃발이 들려있음을 확인할 수 있다.

높아졌고 체코의 후스파 운동도 이에 힘입어 추진되었다. 승전보를 울린 연합군은 기사단의 영지로 향했다. 대부분의 성채는 자발적으로 항복했다. 7월 25일, 연합군은 마리엔부르크로 진격한다. 그러나 여러 가지 원인으로 성채를 함락시키지 못해 튜턴기사단의 마지막 숨을 끊는 데는 실패한다. 1411년, 양측은 토룬조약을 체결한다. 조약에 따라 튜턴기사단은 폴란드의 종주 지위를 인정하고 도브진 지역을 반환하고 리투아니아에게 사모기티아 지역을 돌려주어야 했다. 그러나 이들 지역을 제외한 동프로이센 지역은 계속 보유했으며 본부는 쾨니히스베르크로 옮겨야 했다. 이 밖에 기사단은 연합군에게 10만 그로시에 달하는 전쟁배상금을 지불해야 했다.

사실 독일의 간섭과 위협 때문에 연합군은 전투에서 승리하고도

그 성과를 충분히 이용하지 못했다. 토룬조약의 내용을 살펴보면 처참하게 패한 튜턴기사단에게 매우 관대한 편이었다. 그런데도 튜턴기사단은 조약의 내용을 성실히 이행하지 않고 배상금 지불을 거절했으며 영지를 반환하지 않았다. 이에 1414년과 1419년, 요가일라는 기사단을 상대로 두 번째 전쟁을 벌였고 그 결과 멜노조약을 맺고 나서야 리투아니아는 사모기티아 지역을 되찾을 수 있었다. 1466년, 폴란드는 150여 년 동안이나 빼앗겼던 동포메른과 쳄노 지역을 되찾아 발트해에서 출항할 수 있는 항구를 확보했다. 이후 튜턴기사단의 침략을 통한 정복 역사는 끝을 맺는다. 16세기 기사단은 점차 개신교로 변해갔고 단순한 종교단체의 성격만 남게 된다. 1809년, 유럽을 호령한 나폴레옹이 기사단을 해산시키면서 기사단원들은 갈 곳 잃은 신세로 전락한다. 1834년, 튜턴기사단은 전쟁터에서 의료구호활동을 펼치는 명예로운 기관으로 재탄생하면서 종교적 색채는 퇴색된다.

오늘날 로마의 번화가에서 여전히 튜턴기사단의 흔적을 찾아볼 수 있다. 12,000제곱미터밖에 되지 않는 건물은 튜턴기사단이 걸어온 험난하고 화려한 역사를 말해준다. 지금도 스웨덴, 덴마크, 핀란드, 노르웨이, 아이슬란드 등 북유럽국가의 국기에는 스칸디나비아 십자가 표시가 들어 있다. 이것은 튜턴기사단이 전통적으로 이어온 상징이다. 아마도 과거와 현재가 맞닿는 이런 부분들을 통해 역사가 전하는 옛 이야기를 끊임없이 되짚을 수 있는 것 같다.

영불 백년전쟁의 전설 성녀 잔 다르크

1337년부터 1453년까지는 영국과 프랑스 역사상 전쟁의 포화가 끊이지 않았던 시기였다. 한 번 시작된 전쟁으로 영불 양국은 거의 100년이 넘는 시간을 전쟁에 쏟아 부었다. 이 전쟁에서 우리는 전설적인 영웅 한 사람을 얻게 되는데 그가 바로 잔 다르크이다. '하느님이 보낸 메신저' 라 불린 그녀는 가장 암울하던 시대에 혜성처럼 나타나 프랑스인들이 100년 동안 줄곧 꿈꿔오던 바를 이뤄주었다. 잔 다르크는 전쟁터에 나설 때마다 빛나는 승리를 거두었고 대대손손 길이 이어질 영웅의 전설을 남겼다.

위태로운 전쟁 상황

영국과 프랑스 양국은 국경을 사이에 둔 이웃국가이자 오랫동안 서로 돕고 지낸 동맹국이었다. 양국 왕실 간의 결혼은 오랜 전통이었고 영국의 노르만 왕조(1066~1154)와 플랜태저넷 왕조는 프랑스의 봉건 영주가 세운 왕조였다. 그러나 복잡하게 얽힌 혼인관계는 그렇잖아도 골치 아픈 왕위계승 관계를 더 꼬이게 만들었다. 1328년, 프랑스 왕 샤를 4세가 아들을 남기지 않고 죽었기 때문에 왕위계승을 둘러싸고 왕실이 혼란에 빠진다. 이에 삼부회는 발루아가의 필리프를 천거해 왕위에 올리니 그가 바로 필리프 6세이다. 그러나 삼부회의 결정은 영국 왕 에드워드 3세의 불만을 샀다. 왜냐하면 그는 프랑스 선대왕인 필리프 4세의 외손자였기 때문이다. 그래서 혈통에 따라 왕위를 계승해야 한다고 강력하게 요구하고 나섰다. 그러나 삼부회는 여자는 왕위계승권자 자격이 없다는 이유로 이를 거절한다. 이것이 영국과 프랑스 간 백년전쟁의 도화선이 되었다. 도무지 결론이 나지 않는 왕위계승권 다툼도 갈등의 큰 축이었지만 한 치의 양보도 없는 영토분쟁 또한 양국 관계를 냉각시키는 요인이었다. 그리고 프랑스 북부의 플랑드르 지역은 모직물 공업이 매우 발달한 지역이어서 반드시 손에 넣어야 한다.

1337년, 여기저기서 마찰음이 끊이지 않던 양국 간에 정식으로 전쟁이 일어난다. 이것이 바로 유명한 '백년전쟁' 이다. 처음에는 프랑스에게 매우 불리했다. 영국은 막강한 해군력을 갖추고 있었지만 프랑스는 이에 한참 못 미쳤기

▼ **성녀 잔 다르크**
영국 침략자를 막기 위해 잔 다르크는 젊은 생명을 바쳤다. 그러나 그녀의 죽음은 프랑스 국민들의 각성을 촉구했고 이 덕분에 백년전쟁은 프랑스의 승리로 막을 내렸다.

▲ 시농 성의 잔 다르크

잔 다르크는 시농 성에 있는 프랑스 황태자 샤를을 찾아가 프랑스를 구할 수 있게 해달라고 간청한다.

때문이다. 1346년, 영국군은 영국해협의 편리한 교통과 새로 개발한 장궁을 이용해 소수의 병력만으로 크레시 전투에서 대승을 거두었다. 이 전투로 프랑스는 약 1,500명이나 되는 기사를 잃었지만 영국군은 겨우 기사 3명과 궁수 40명을 잃었을 뿐이다. 영국군 역사상 소수의 병력만으로 큰 전적을 거둔 위대한 승리로 기록된 이 전투는 영국과 프랑스 간의 전면전을 예고했다. 1356년, 프랑스 왕과 많은 귀족이 영국군의 포로로 잡혔다. 그 후, 프랑스 왕 샤를 5세는 전열을 가다듬고 전력을 강화해 잃었던 영토를 대부분 수복한다. 그러나 프랑스의 운은 그리 길지 않았다. 샤를 5세가 죽고 겨우 열두 살 밖에 안 된 샤를 6세(1380~1422)가 왕위에 올랐다. 그런데 샤를 6세는 선천적으로 유약했고 훗날에는 정신이상 증세까지 보였다. 결국 실권은 귀족들의 손으로 넘어갔고 귀족은 부르고뉴파와 아르마냐크파로 나뉘어 치열한 권력 투쟁을 벌였다.

이때 등극한 영국의 헨리 5세는 탁월한 군주였고 전쟁터에서 잔뼈가 굵은 군사 통수권자였다. 1415년, 헨리 5세는 대군을 이끌고 아쟁쿠르에서 프랑스 군대를 대파한다. 그리고 곧바로 파리와 프랑스 북부지역으로 진격해 전세를 뒤집었다. 막다른 골목에 몰린 프랑스는 영국의 기세에 눌려 어쩔 수 없이 불평등한 강화를 맺는다. 1420년, 영불 양국은 샤를 6세의 딸을 헨리 5세와 결혼시키고 헨리 5세 및 그 후손이 샤를 6세 사후 프랑스 왕위를 계승하기로 협약을 맺는다. 1422년 샤를 6세와 헨리 5세가 잇달아 세상을 떠나면서 헨리 5세와 샤를 6세의 딸이 낳은 만 한 살도 안된 아기가 왕위를 계승한다. 샤를 6세의 아들은 프랑스 남부로 물러날 수밖에 없었고 부르고

뉴파가 동부를 점령했다. 영국군의 진군은 계속됐고 프랑스 왕실은 극도로 위태로운 지경에 몰린다.

하느님이 보낸 사자

잔 다르크(Jeanne d'Arc, 1412~1431)는 1412년 프랑스 동북부 로렌과 샹파뉴 사이에 있는 동레미의 농가에서 태어난 '양치기 소녀'였다. 어려서부터 순진무구하고 낙천적이었던 잔 다르크는 부모형제들의 사랑을 듬뿍 받으며 자랐다. 그녀는 들판을 뛰어다니며 대자연이 주는 즐거움을 만끽하며 살았다. 그러나 즐겁고 행복한 삶은 그녀가 열 살이 되던 해에 일어난 잔인한 전쟁으로 끝나고 말았다. 어느 날, 잔 다르크는 교회에서 고해성사를 마치고 집으로 가고 있었다. 넓게 펼쳐진 농경지를 가로질러 숨이 턱에 차도록 뛰다가 털썩하고 풀밭에 드러누웠다. 그런데 갑자기 무시무시한 구름이 피어오르며 환영이 나타났다. 엄숙한 표정을 한 환영은 손가락으로 그녀를 가리키더니 곧 사라져버렸다. 잔 다르크 곁에는 번쩍번쩍 빛나는 날카로운 검 한 자루가 놓여있었다. 그 모습은 마치 교회에 높이 걸린 십자가 같았다. 잔 다르크는 너무 놀라 뒤도 안 돌아보고 집을 향해 뛰었다. 마을로 돌아와 보니 이미 영국군의 약탈로 엉망진창이 되어 있었다. 잔 다르크는 텅 빈 집안에서 목이 터져라 가족들의 이름을 불렀다. 잔 다르크의 목소리를 들은 언니 캐서린이 다급히 뛰어나왔다. 그러고는 자기가 숨어있던 좁은 나무문 사이로 동생을 밀어 넣었다. 이윽고 잔 다르크의 집 안에 영국군들이 몰려왔다. 그들은 값나가는 물건은 죄다 쓸어가고 심지어 두려움에 떨고 있는 캐서린까지 겁탈하려고 했다. 죽을힘을 다해 저항하던 캐서린은 영국군이 휘두른 칼에 목숨을 잃고 만다. 어린 잔 다르크는 언니가 자신을 대신해 죽어가는 비참한 모습을 지켜보아야 했다. 영국군이 떠난 뒤 잔 다르크는 피눈물을 흘리며 언니를 땅에 묻었다. 그리고 자신을 거두려는 친척 곁을 떠나 교회로 들어갔다. 잔 다르크는 신이 그녀에게 고통 받는 프랑스 민족을 구하라는 계시를 내렸으며 언니의 죽음을 통해 경고했다고 믿었다.

몇 년 뒤, 프랑스는 더 이상 물러설 곳이 없는 궁지에 몰린다. 영국군은 프랑스 남부의 군사적 요충지인 오를레앙을 포위했고 프랑스 왕실은 내일을 기약할 수 없는 위태로운 상황에 몰린다. 잔 다르

▲ **윈체스터 추기경으로부터 감옥에서 심문받고 있는 병든 잔 다르크**

19세기 폴 들라로슈(Paul Delaroche, 1797~1856)가 그린 〈윈체스터 추기경으로부터 감옥에서 심문받고 있는 병든 잔 다르크〉이다. 프랑스 군대를 이끌고 승전가를 울렸던 프랑스의 성녀 잔 다르크는 종교재판에서 이단으로 판결받고 화형에 처해진다. 그림에 나오는 그녀의 맑은 눈동자는 자신을 둘러싼 상황에 조금도 동요하지 않고 미래를 직시하고 있다. 오히려 그녀 곁에 있는 윈체스터 추기경은 이해할 수 없다는 듯 그녀를 바라보고 있다.

크는 또 한 번 환상을 보고 샤를 황태자를 만나러 먼 길을 떠난다. 황태자 앞에 선 잔 다르크는 자신이 프랑스를 구하라는 신의 명을 받고 보내진 사자라고 소개했다. 그녀는 황태자에게 자신이 본 장면을 들려주며 오를레앙의 군사 통수권을 자신에게 달라고 요청한다. 샤를은 반신반의하면서도 잔 다르크의 요구를 들어주었다. 절망에 빠진 많은 사람이 이미 그녀를 구세주로 여기고 있었고 군사들마저도 그녀를 위해 죽음을 각오했기 때문이다. 1429년, 갑옷을 걸친 잔 다르크는 오를레앙으로 향했다. 전쟁터에 나서기 전 군사들 앞에 서서 가슴 벅찬 연설을 한 뒤 말에 올랐다. 그리고 신의 의지를 상징하는 깃발과 금빛 찬란한 검을 높이 쳐들었다. 전쟁터로 향하는 잔 다르크는 이미 생사를 초월한 모습이었다. 잔 다르크가 직접 전투를 지휘하자 군사들의 사기는 전에 없이 불타올랐다. 정신력을 단단히 무장한 프랑스군은 용맹하게 영국군을 쳐부쉈다. 피 튀기는 전투 끝에 잔 다르크의 군대는 영국군을 오를레앙에서 몰아내는 데 성공한다. 패색이 짙던 프랑스는 잔 다르크의 출현으로 기적 같은 승리를 거두고 전세를 역전시켰다.

　오를레앙 전투에서의 승리를 계기로 승기는 프랑스 쪽으로 옮겨갔다. 이렇게 전세를 뒤엎는데 결정적인 역할을 한 인물이 바로 잔 다르크다. 당시 영국군 지휘관은 영국정부에 보내는 편지에서 영국군의 패전 원인에 대해 이렇게 적었다. '그들은 어떤 여자에 의지하고 있습니다. 그녀는 신비한 방법으로 전투를 이끌고 있습니다.', '성이 이미 함락되었습니다. 마치 신이 진격해 들어오는 것 같습니다.' 잔 다르크가 이끄는 프랑스군은 잇따른 전투를 모두 승리로 장식했고 프랑스 전국에 승전가가 울려 퍼졌다. 잔 다르크로부터 전해지는 승전보를 들으며 샤를 황태자는 랭스 대성당에서 대관식을 올리고 샤를 7세로 등극한다.

죽음도 막을 수 없는 양치기 소녀의 투쟁

왕위에 오른 샤를 7세는 현실에 안주하며 안락한 생활을 누리고 싶어 했다. 그래서 평화회담을 통해 파리를 수복하고 평화로운 시절로 돌아가고 싶었다. 게다가 영국과 전쟁을 치르면서 대중적 인기와 명성을 쌓은 잔 다르크는 권력욕에 불타는 샤를 7세에게 몹시 불편한 존재였다. 잔 다르크는 샤를 7세에게 전쟁을 계속할 수 있도록 지원을 요청했다. 하지만 이미 딴 마음을 품은 샤를 7세는 수시로 잔 다르크를 곤경에 빠뜨렸고 약속했던 지원군마저 보내지 않았다. 곤경에 빠진 잔 다르크는 독실한 신앙과 프랑스 국민에 대한 진심어린 애정의 힘으로 지지자들을 이끌고 힘든 전투를 계속해나갔다. 그러나 불행의 그림자는 어김없이 잔 다르크를 덮쳐왔다. 1430년, 콩피에뉴 전투는 극도로 힘든 전투였다. 5월 23일 새벽, 잔 다르크는 소수의 군사만 데리고 영국군을 공격했다. 그러나 객관적인 전투력이 열세였기 때문에 잔 다르크 군대는 콩피에뉴 성쪽으로 후퇴한다. 잔 다르크가 군대의 후미를 맡아 적의 추격을 끊었다. 그러나 콩피에뉴 성의 방어 지휘관은 영국군을 두려워한 나머지 잔 다르크가 성으로 들어오기도 전에 다리를 들어 올려 잔 다르크를 적의 수중에 떨어지게 만들었다. 이렇게 조국 프랑스를 구하기 위해 목숨을 바친 잔 다르크에게 돌아온 것은 같은 편의 배신이었다. 말에서 끌어내려진 잔 다르크는 끝까지 저항했지만 결국 부르고뉴파 귀족들에게 포로로 잡힌다.

잔 다르크가 포로로 잡혔다는 소식은 순식간에 프랑스 전역으로 퍼졌다. 군사고 국민들이고 할 것 없이 프랑스 국민들은 모두 헤어날 수 없는 슬픔에 빠졌다. 그들은 자발적으로 엄청난 액수의 석방금을 마련해 샤를 7세에게 전하며 부르고뉴파와 협상해 구세주 잔 다르크를 구해달라고 했다. 그러나 잔 다르크를 구하겠다는 굳은 약속과는 달리 샤를 7세는 석방금만 꿀꺽하고 입을 싹 닦아버렸다. 결국 비열한 부르고뉴파는 어마어마한 금화를 받고 잔 다르크를 영국에 팔아넘겼다. 그녀는 영국군이 주둔하는 루앙으로 이송된다. 1431년,

루앙의 피에르 주교 코숑(Pierre Cauchon)은 잔 다르크에 대한 재판을 주관한다. 영국군의 엄격한 감독 아래 교회는 권력에 굴복해 잔 다르크에게 혹독한 고문을 가하고 신앙고백을 유도한다. 그러나 잔 다르크는 죽어도 거짓자백을 하지 않았고 단호히 말했다. "나는 여기서 죽은 자들을 제외한 침략자들이 모두 프랑스에서 내쫓길 것이라고 확신한다!"

죽어서도 살아있는 '성녀'

자백을 받아내기는 글렀다고 생각한 영국군은 잔 다르크를 죽이기 위해 교회를 압박한다. 교회는 잔 다르크에게 이단이라는 죄를 뒤집어씌워 '마녀'라고 판결을 내린다. 영국군은 즉각 루앙광장 화형대에 장작을 가득 쌓고 잔 다르크를 산채로 불태워 죽였다. 잔 다르크의 화형 장면은 눈 뜨고 볼 수 없을 정도로 처참했다. 활활 타오른 불길은 잔 다르크의 발을 집어삼킨 뒤에 이내 얼굴까지 솟구쳐 올랐다. 불길이 얼마나 거센지 그녀를 묶어둔 쇠사슬마저 시뻘겋게 달아오를 지경이었다. 온몸이 불길에 휩싸인 잔 다르크는 이미 기력이 쇠진해 한 마디도 외칠 수 없었다. 손과 발은 불길 속에서 고통스러운 듯 꿈틀거렸지만 마지막 남은 힘을 짜내 하늘을 우러러 보았다. 세찬 불길도 신을 위해 희생하겠다는 그녀의 굳은 신념만은 꺾지 못했다. 그녀는 프랑스 국민에 대한 굳은 신념을 안고 그녀가 꿈꾸던 천국으로 떠났다. 당시 그녀의 나이 열아홉 살이었다.

잔 다르크의 영웅적인 일대기와 비참한 최후는 절망에 빠져 허덕이던 프랑스 국민에게 큰 정신적 충격을 주었다. 그리고 잔 다르크가 퍼뜨린 애국주의는 프랑스 국민의 민족의식을 일깨웠다. 그들은 하나로 똘똘 뭉쳐 영국군에 격렬히 저항했고 각지에서 벌어진 전투에서 잇달아 승리했다. 1435년 이후, 프랑스군은 극도로 열악한 환경에서도 결코 물러서지 않고 영국군을 무찔렀다. 오직 나라를 사랑하는 마음 하나로 뭉친 군사들은 그 어떤 어려움 속에서도 결코 포기하지 않고 영국군의 대포 앞에 몸을 던졌다. 잇따른 승리에 고무된 군사들은 성루에 꽂힌 영국군의 깃발을 베어 넘기고 프랑스의 깃발을 내걸었다. 그렇게 영국에 빼앗겼던 성들을 하나둘씩 되찾았다. 1453년, 백년전쟁이 드디어 종식되었다. 영국은 칼레 항을 제외한 모든 프랑스 영토에서 쫓겨났다. 백년 넘게 이어온 전쟁이 프랑스의 승리로 막을 내리는 순간이었다.

　승리를 거머쥔 프랑스 민중들은 결코 자신들의 영웅을 잊지 않았다. 그녀에 대한 사랑을 표현하기 위해 사람들은 잔 다르크를 '오를레앙의 소녀'라는 애칭으로 불렀다. 이후 여러 차례 조사를 벌인 끝에 1456년 6월 16일, 드디어 교회는 잔 다르크에게 씌웠던 이단 혐의를 철회하고 명예를 되찾아준다. 수 백 년이 지난 뒤 로마교황청은 정식으로 이 양치기소녀를 '성녀'로 시성한다. 이 덕분에 잔 다르크의 영웅적인 일대기는 세월이 흘러도 감동적인 이야기로 남게 되었다.

위대한 부흥 잃어버린 영토를 되찾기 위한 스페인의 분투

스페인은 특이한 운명을 가진 나라였다. 긴 시간 동안 스페인은 이민족의 지배를 받으며 굴곡진 세월을 견뎌야 했다. 그러나 바로 그 이민족 덕분에 스페인 곳곳에 지혜와 신앙, 문명 생활과 조국의식이 뿌리를 내릴 수 있었다. 이 때문에 스페인이 8세기부터 1479년 통일국가를 이룰 때까지 지속한 '레콩키스타(reconquista, 국토회복운동)'는 본능적으로 진행된 운동이었다고 할 수 있다. 국토를 회복한 스페인은 이민족을 학살하고 그들의 종교를 탄압하는 등 이슬람 문명을 몰아내기 위해 각종 야만적인 조치들을 취해 이후 스페인의 발전에 지대한 영향을 미쳤다.

역사를 거슬러 올라

기원전 3000년 경, 이베리아 반도에 지중해 연안의 토착민들이 이주해온다. 이후 민족대이동 시대에 켈트인과 바크스인이 피레네 산맥을 넘어 이베리아 반도로 이주해왔고 그곳에서 이전부터 살고 있던 이베로인들과 평화롭게 잘 지낸다. 얼마 뒤 모험심 강한 페니키아인들이 이곳에 와 무역을 하면서 그들의 신과 종교의식을 현지인들에게 소개했다. 기원전 7세기 무렵 그리스인도 스페인으로 건너와 미적 예술을 전파했다. 그러나 그들의 궁극적인 목적은 다른 데 있었다. 겉으로는 평화롭게 무역을 하는 척했지만 속내는 거점을 넓히는 것이었다. 무역을 하러 오던 페니키아인도 점점 그들과 한통속이 돼갔다. 로마제국이 출현한 뒤 스페인은 또 다른 주인을 맞이한다. 새로운 주인의 영향력은 엄청났다. 행정제도부터 법률, 언어, 예술, 경제, 종교에 이르기까지 로마는 거칠고 무식하던 스페인 사람에게 문명의 옷을 입혔다. 가톨릭은 등장과 동시에 스페인 곳곳에 퍼져 도시 전체를 가톨릭으로 물들였다. 4세기 무렵 가톨릭은 로마의 국교가 되었다. 스페인 교회는 이때부터 로마 주교의 관할권 안에 들어갔고 스페인과 로마 교회는 공동운명체가 된다.

세상에 일어나는 일은 늘 우리의 예상을 벗어난다. 5세기 초, 또 한 차례의 대규모 민족이동이 시작된

▼ **아라곤왕국의 페르난도 국왕**
스페인의 수많은 소왕국은 '국토회복운동'을 위해 혼인을 통해 연합국가를 형성했다. 페르난도도 그렇게 해서 연합국가의 왕이 된 인물이다.

다. 이미 기운이 다한 로마제국은 기세등등한 이민족의 공격을 막을 수가 없었고 스페인의 운명도 바람 앞의 촛불처럼 위태로웠다. 결국 484년, 이베리아 반도에 최초의 서고트 민족국가가 출현한다. 그러나 이 당시 스페인은 로마제국의 모든 체제를 마치 제 것처럼 자연스럽게 갖다 쓰고 있었기 때문에 30만 명에 이르는 서고트인은 결국, 로마에 동화된다. 589년, 서고트왕국의 통치자인 레카레도 (Recaredo) 왕이 가톨릭 세례를 받고 아리우스교에서 로마가톨릭으로 개종한다. 이로써 국가의 종교를 통일하고 국내통합을 실현한다.

　이후 스페인은 몰락의 길을 걷는다. 통치자들은 날마다 향락에 빠져 국정을 돌보지 않았고 정권은 주교와 세력이 큰 귀족들이 장악했다. 내란이 그치지 않았고 봉기가 발생해 왕조가 몰락할 날이 얼마 남지 않았음을 예고했다. 711년, 남쪽에서 무어인이 침략해왔다. 그들은 반년도 채 되지 않아 스페인의 대부분 지역을 장악했다. 이듬해 이슬람의 북아프리카 총독인 무사 이븐 누사이르(Musa ibn Nusayr)가 대군을 이끌고 정복전쟁을 시작해 이베리아 반도 대부분을 손에 넣는다. 그리하여 스페인은 아랍 우마이야 왕조의 일부로 편입된다.

　처음에 스페인은 다카스쿠스의 칼리파가 직접 통치했다. 그런데 756년 우마이야 왕조가 압바스 왕조에 의해 멸망하게 된다. 이때 우마이야 왕조의 왕자인 아브드 알라흐만 1세(Abd ar-Rahman, 731~788)가 스페인으로 도망쳐 후우마이야 왕조를 세우고 코르도바에 정착했다. 이곳은 '스페인의 비잔틴'이라고 불리는 도시로 성채, 궁전, 도서관, 교회, 이슬람 사원까지 없는 것이 없었다. 라흐만 1세는 자신을 칼리파라고 부르지 않았다. 그저 《코란》을 따르며 눈에 띄지 않게 생활했고 사치스럽고 방탕한 삶을 멀리했다. 그러나 10세기 라흐만 3세가 즉위하면서 자신을 칼리파라고 선포하고 스페인의 정치, 종교를 관장하기 시작한다. 이에 종교적 박해를 피해 가톨릭 신도들은 북쪽으로 도망친다. 그러나 얼마 뒤, 칼리파가 실권을 잃으면서 왕실 내부에 혼란이 발생하고 왕의 세력이 약화된다. 1031년, 칼리파가 폐위되고 이슬람 왕조도 역사 속으로 사라진다. 이후 23개의 독립 왕국으로 분열된 스페인은 1492년 마지막 소국이 멸망할 때까지 줄곧 분열돼 있었다.

▲ **카스티야왕국의 이사벨 여왕**
스페인 페르난도 국왕의 왕비로 카스티야왕국의 여왕이었다.

무어인이 스페인을 공략하면서 봉건제도는 더욱 공고해졌고 사회 각 계층의 계급의식이 분명해졌다. 뿐만 아니라 농경기술과 건축예술, 목축업, 의학, 수학 등 많은 새로운 문화가 전파된다. 무어인은 종교에 있어서는 관용적이었다. 가톨릭 신자들이 드러내놓고 활동만 하지 않으면 무엇을 하건 간섭하지 않았다. 그렇다 하더라도 이슬람과 가톨릭 사이에는 결코 건널 수 없는 강이 흘렀다. 아랍제국이 흔들리기 시작하자 가톨릭 세력이 반격을 준비했다. 이윽고 국토를 회복하기 위해 자그마치 7세기에 이르는 '레콩키스타(reconquista)'[15]을 시작한다.

국토 회복을 위한 대장정

이슬람 세력이 스페인까지 영토를 확장하자 북방의 아스투리아스 지역으로 물러난 서고트인은 가톨릭의 국토회복운동을 벌이며 북쪽으로 밀고 올라오는 이슬람 세력에 맞섰다. 펠라요(Pelayo, ?~737)는 군대를 이끌고 피레네 산맥에서 에브로 강 북쪽 연안까지 진격해 아스투리아스왕국의 영토를 넓혔다. 8세기부터 11세기에 이르는 300년 동안 카스티야, 나바라, 아라곤, 그리고 동북부의 카탈루냐까지 여러 독립 왕국이 나타났다. 이들 국가는 국토회복운동을 벌이면서 에브로 강을 둘러싸고 방어선을 구축했다.

이들 가톨릭 소왕국은 공동의 적을 몰아내기 위해 혼인을 통한 세력 강화를 꾀했다. 레온왕국[16]은 페르난도 1세 때 카스티야와 통일을 이뤄 이슬람제국이 분열하는 틈을 타 '국토회복운동'을 주도했다. 페르난도는 포르투갈 북부지역을 정복하고 그 지역에 있던 무어인을 내쫓았다. 페르난도가 죽은 뒤 통일왕국은 그의 세 아들에게 분할 상속되었다. 하나를 셋으로 나눴으니 형제간의 골육상잔은 피할 수 없는 운명이었다. 스페인의 민족영웅으로 추앙받는 엘시드(el cid), 즉 로드리고 디아스 데 비바르(Rodrigo Díaz de Vivar)도 이 당시 활동한 전설적 인물이다.

카스티야와 나바라가 영토 확장을 노리며 벌인 전투에서 엘시드는 카스티야를 위해 피 묻은 칼을 휘둘러 군사들의 사기를 드높였다. 그러나 결과적으로 카스티야의 산초 왕은 살해당했으며, 용맹하

---

15) 국토회복운동
16) 원래 아스투리아스 왕조

고 지략이 뛰어난 엘시드는 온 천하에 이름을 떨친다. 그는 산초 왕의 동생 알폰소에게 형의 죽음과 관련이 없음을 맹세하라고 요구했다. 알폰소가 자신의 결백을 맹세하자 엘시드는 그를 카스티야의 국왕으로 선포한다. 이후 엘시드는 어떤 때는 이슬람 군대를 위해, 또 어떤 때는 가톨릭을 위해 검을 휘두르며 전장을 누볐다. 1094년, 엘시드는 이슬람 세력을 물리치고 스페인에서 가장 번화한 도시인 발렌시아를 점령한다. 그는 성 안에 있던 왕과 군사들을 잔인하게 학살하고 이 부유한 도시를 손에 넣는다. 또한 이슬람 사원을 교회로 개축하고 종종 그곳에서 기도를 하거나 고해성사를 했다. 그가 살아있는 동안에는 그 어떤 이슬람 세력도 쉽사리 발렌시아를 공격하지 못했다. 엘시드는 1099년 죽을 때까지 '국토회복운동'에 참여한다.

12세기부터 13세기까지 스페인은 대규모 십자군운동을 전개한다. 아라곤의 국왕인 전쟁왕 알폰소 1세(Alfonso I)는 십자군을 이끌고 수많은 군사적 요충지를 점령하면서 그라나다로 진격했다. 그가 죽고 난 뒤 아라곤은 카탈루냐와 통일을 이룬다. 이후 이슬람 근본주의 광신자들로 이루어진 알모하드 왕조가 전쟁을 일으켜 스페인 국경 내에서 한 차례 승리를 거둔다. 그러나 이후 카스티야, 아라곤, 나바라왕국이 연합한 가톨릭 군대와 교황 인노켄티우스 3세가 보낸 유럽 십자군에게 패배한다. 1212년 7월 16일은 스페인 사람들에게 의미 깊은 날이다. 바로 라스 나바스 데 톨로사(Las Navas de Tolosa) 전투에서 이슬람 세력을 크게 물리치고 스페인 영토에서 몰아낸 날이기 때문이다. 13세기 말 경, 스페인의 국토회복운동은 거의 마무리 단계에 들어갔고 무어인은 이베리아 반도 남부 그라나다에 소수가 남아있을 뿐이었다.

민족국가의 성장

무어인과 오랫동안 싸우는 동안 작은 독립 국가들이 하나둘씩 생겨났다. 이에 대해 마르크스는 다음과 같이 분석했다. '스페인의 지방색이 강한 생활 방식, 각 성과 도시의 독립성, 복잡하게 얽힌 사회적 상황을 만들어낸 첫 번째 원인은 나라의 지리적 특징이다. 그러나 이후 각 성들이 무어인의 지배에서 벗어나기 위해 취한 방식에 따라 각기 다른 발전 궤적을 그리게 되었다.' 카스티야는 이베리아 반도에서 가장 중요한 나라였다. '국토회복운동'에서 승리를 거둔 뒤, 교회와 봉건 영주의 지위가 전에 없이 높아졌다. 전쟁을 이끌었던 기사들은 소귀족이 되었고 많은 농민이 농노에서 벗어나 자유를 얻었다. 이 밖에도 왕권을 튼튼히 하기 위해 입법과 법전 편찬에 관심을 쏟기 시작한다. 알폰소 10세는 로마법과 스페인의 관습법을 기초로 만든 법전이자 절대왕권을 구현한 《칠부전서》를 공포한다. 1230년, 합병과 분리를 반복하던 레온왕국과 카스티야왕국이 영구적인 통일을 이룬다. 아라곤왕국도 귀족 봉건영주의 세력이 확대되면서 독립성이 강화되었다. 1250년, 봉건영주들이 주관하는 국회가 설립돼 국왕을 폐위할 수 있는 권력도 손에 넣는다. 또한 국가의 상업, 수공업 경제도 차츰차츰 발전하면서 해외로 눈을 돌리게 된다.

중세 서유럽 도시들이 비약적인 성장을 이루던 그때, 하루가 다르게 성장하던 스페인 도시들도 전면에 나서기 시작한다. 그 중에서도 가장 눈에 띈 도시가 바르셀로나였다. 당시 바르셀로나는 세계 최고의 연해 무역도시였다. 이 시기 카스티야의 목축업도 눈부신 성장을 거두었다. 여기서 생산되는 엄청난 양의 양모는 플로렌스 지방에서 날개 돋친 듯 팔려나가 스페인의 주요 수출품이 되었다. 스페인의 독립 왕국들은 모두 상업이 발달해 시장이 번창했고 외국 상인들의 발길도 줄을 이었다. 각국의 무역선이 꼬리에 꼬리를 물고 주요 항구를 찾았다.

통일왕국의 꿈을 실현하다

사실 스페인은 오래전부터 통일왕국을 꿈꿨다. 카스티야와 아라곤왕국 모두 강력한 봉건전제 특권계층이 출현했고 농민에 대한 가혹한 수탈로 폭동과 봉기가 끊이지 않았다. 사회 계층 간의 갈등은 갈수록 봉합할 수 없는 지경으로 치달았다. 이에 통치자들은 이대로 가다가는 나라가 망하고 말 것이라는 불안에 휩싸인다. 그래서 봉건영주의 세력을 약화시키고 이슬람 세력을 이베리아 반도에서 완전히 몰아내기 위해 반드시 왕국을 통일해야 했다. 이 상황에서 1479년 아라곤의 페르난도 국왕과 카스티야의 이사벨 여왕이 결혼을 하면서 두 나라가 정식으로 통합돼 오랜 꿈을 실현한다. 탁월한 재주와 독실한 기독교 신앙을 가진 두 사람이 결합하자 스페인 역사에 큰 변화가 일어났다.

그러나 국왕과 여왕은 결혼 이후에도 동등한 지위를 유지해 두 왕국은 각기 다른 행정, 사법, 재정제도를 시행했다. 새로운 왕국을 세운 뒤, 그들은 곧바로 국토회복운동을 완수하기 위한 마지막 전투를 준비한다. 드디어 이슬람 세력의 마지막 보루인 그라나다를 향한 진격이 시작되었다. 스페인은 아름다운 '우리' 땅을 반드시 되찾겠다고 각오를 다졌다. 그라나다를 공략하며 많은 일이 일어났고 전쟁의 승기가 스페인 쪽으로 기울면서 양측은 비밀담판을 통해 여러 조항을 마련한다. 1492년 1월 2일, 그라나다 국왕인 보압딜이 수행원 50명을 이끌고 페르난도 국왕과 이사벨 여왕을 맞이하며 알람브라 궁전의 열쇠와 국왕의 인장을 바친다. 스페인 군대는 성내로 들어섰고 '그라나다를 가톨릭 신도 국왕에게 바친다'라고 선언했다. 이로써 8세기에 이르는 이슬람 세력의 통치가 막을 내리고 '국토회복운동'은 승리를 거둔다. 그라나다 창공에 가톨릭 신을 찬미하는 노랫소리가 울려 퍼졌다.

이슬람 국가가 멸망하면서 일부 사람들은 가톨릭으로 개종하기도 했다. 하지만 모하메드를 따르는 독실한 이슬람교도들에게 개종은 결코 쉬운 선택이 아니었다. 그래서 이사벨 여왕은 무어인을 축출하라는 명령을 내린다. 1478년, 가톨릭 혈통의 순결함을 회복하기 위해 신왕국은 종교재판소를 설립하고 모든 유태인을 내쫓는다. 이는 수많은 의사, 과학자, 철학자 등 우수한 인재도 내쫓는다는 의미였다. 혈통의 순수성을 되찾는다는 구호에는 스페인 사람들의 광적인 종교 신념이 녹아 있었다. 그 후 가톨릭은 스페인의 유일한 종교가 되었다.

정치와 종교가 통일되면서 스페인은 사회의 힘을 하나로 모아 왕국 발전에 튼튼한 기초를 마련한다. 그러나 이교도를 축출하면서 저지른 온갖 야만적인 행위는 이후 스페인의 장기적인 발전에 걸림돌이 된다.

▼ **그라나다 함락**
그라나다 국왕 보압딜은 페르난도와 이사벨에게 투항했다. 이로써 몇 세기에 걸쳐 실시된 스페인의 '국토회복운동'은 승리를 거둔다.

통치와 반항 교회와 이단의 투쟁

정통과 이단은 기독교가 발전하는 과정에서 동전의 양면처럼 존재했다. 교리를 정통과 다르게 해석하는 경우 이단이라 불렸다. 그러나 정통 교회가 벌인 잔혹한 탄압은 가톨릭의 어둡고 추악한 면모를 낱낱이 드러냈다. 정통 교회에 대한 이단의 반항은 16세기를 뜨겁게 달군 종교개혁운동을 알리는 나팔소리였다.

이단의 출현

6세기부터 기독교는 황금시대를 구가한다. 기독교는 유럽국가의 유일한 신앙이 되었다. 그러나 10세기로 들어서면서 기독교도 이른바 '이단'의 도전에 맞닥뜨린다. 그때부터 15세기까지 정통과 이단을 둘러싼 논쟁은 갈수록 치열해졌고 서양 기독교 사회는 매우 난처한 상황에 빠지게 된다.

기독교 역사상 이단은 기독교 정통 교리의 신학적 관점, 교리, 언어 및 행동을 위반한 것을 가리키며 이단과 이단혐의로 나뉜다. 사실 이단에 대한 논쟁은 2세기 무렵부터 있어왔다. 당시에는 유일신 사상을 고수하며 유일한 정통 교리를 믿고 이와 다른 신학적 관점과 교리를 이단으로 여겼다. 다시 말해 '이단'은 단순히 잘못된 교리 해석만을 이르는 말이었다. 그러나 중세에 이르러 이단은 기독교 신

▶ **고야의 〈종교재판소〉**
종교재판소는 가톨릭이 이단을 조사하고 심판하기 위해 13세기에 설립한 특수한 기관으로 이단재판소 또는 종교법정이라고도 불렸다. 종교재판소를 설립한 목적은 교회와 봉건주의에 반대하는 모든 행위, 행위자를 제압하기 위함이었다.

도가 삶 속에서 저지르는 잘못, 교회의 절기와 예절을 지키지 않는 모든 행위, 정통 교리를 의심하고 공격하는 언사 모두를 가리키는 말로 확대되었다.

한때 영광을 누리던 로마제국도 3세기에 이르러 쇠망의 길을 걷는다. 안팎으로 터져 나온 문제는 굳건하던 제국을 뿌리째 흔들어 결국 멸망에 이르게 한다. 유대교와 그리스문화가 섞여 탄생한 기독교는 멸망한 로마를 대신해 문명 전파의 사명을 이어받았다. 기독교는 전 세계에서 신약성경 읽는 소리가 울려 퍼지고 예수그리스도의 복음이 구석구석 전해지는 날을 꿈꿨다. 그러나 잔혹한 현실은 기독교의 단꿈을 산산조각 내버렸고 그들 앞에 펼쳐진 길은 고통스러운 가시밭길이었다. 영지주의, 아폴리나리우스주의, 군주신론, 아리우스주의, 네스토리우스파, 유키디안의 일성론, 도나투스주의, 펠라기우스주의 등 고대 기독교 이단은 모두 거만한 기독교 교회의 발아래 철저히 짓밟혔다. 서양 사회는 기독교를 제외한 종교는 발도 붙일 수 없는 종교 다양성의 불모지였다.

서유럽의 봉건 정치경제 체계가 강화될수록 도시 시민들은 새로운 세력군으로 활발하게 활동하면서 봉건영주와 부딪치기 시작한다. 상품화폐 경제와 교통이 발전하면서 각지의 교류는 갈수록 빈번해졌고 사람들도 사상적으로 각성을 하게 된다. 그 결과 서유럽 사회의 계층간 갈등도 덩달아 더 복잡해지고 첨예해졌다. 1054년 동서교회가 분열하면서 주교 서임권을 둘러싼 쟁탈전으로 정치세력과 종교 세력 간에 큰 충돌이 빚어진 바 있다. 그 후 교회는 봉건세력에 잠식되면서 조직이 느슨해졌고 교황청은 사치스럽고 방탕한 생활을 일삼았으며 부정부패의 온상이 된다. 이때 일부 깨어있는 신도들은 교회가 잘못돼가고 있다는 사실을 깨닫는다. 그래서 이를 바로잡기 위해 용감하게 나선다. 이른바 이단운동은 이렇게 시작된다. 1000년부터 1500년은 종교역사상 매우 특수한 시기였다. 기독교는 봉건통치의 견고한 성채이자 정신적 기둥으로 모든 것의 위에 군림한다. 만약 정통 교회와 로마교황이 수호하는 교리와 교회 규정에 이의를 제기한다면 이는 곧 자신이 이단이라고 만천하에 공표하는 것이나 다름없었다. 그러나 정통 교회라는 집단의 잔혹한 박해에도 이단은 목숨을 걸고 투쟁한다. 승리의 여신은 과연 정통 교회와 이단 중 어느 쪽을 향해 미소 지을까? 지배자와 반란자 사이의 피비린내 나는 혈전이 서서히 무르익어갔다.

'순결하고 청빈한 천국을 돌려다오'

'순결한 교회를 돌려다오!' 이는 프랑스 남부와 이탈리아 북부 지역에 있던 알비파(Albigenses)의 마음에서 우러나온 외침이었다. 알비파는 마니교적 이원론, 즉 선한 신과 악한 신이 존재한다는 이원론에 바탕을 둔 교리를 신봉했다. 그들의 교리에 따르면 그리스도는 신이 아니며 그와 성령은 모두 피조물일 뿐이고 인간이 사는 세상은 악의 신이 지배하며 교황이 바로 악마의 화신이다. 정신은 선하지만 물질은 악하므로 신의 임무는 인간을 죄악의 구렁텅이에서 해방시키는 것이다. 또한 교회권력과 복잡하고 자질구레한 기관과 의식에 반대했고 교회가 부를 쌓고 방탕하고 사치하는 것을 비난했으며 채식을 주장했다. 모든 성행위가 부정하다고 생각해 결혼 자체를 반대하기도 했다. 소박하고 금욕적인 삶으로 사회를 변화시키고 자신과 타인을 구원해야 한다고 주장했다. 그래서 그들을 '카타리파(Cathari)' [17]라고 부르기도 했다. 그들은 농민봉기에도 적극적으로 참가했으며 프랑스 남부에서는 로마교황청보다 더 강력한 영향력을 발휘했다. 그러나 모난 돌이 정 맞는다는 진리는 서양이라고 다를 바 없었다. 결국 지나치게 눈에 띄는 존재감은 피를 불렀다.

1179년, 교황 알렉산더 3세는 제3차 라테란 공의회를 소집해 알비파 이단자를 처단하겠다고 선포한다. 그리고 서유럽 각국에서 이단에 대한 폭력적 진압을 강화한다. 1184년, 교황 루시우스 3세와 신성로마제국 황제 프리드리히 1세는 이단교파 토벌을 목청껏 외쳤다. 곧이어 이단 반대 칙령을 발표하고 각지에 이단 종교재판소를 세우고 이단세력을 숙청하라고 명령한다. 1209년, 인노켄티우스 3세는 십자군을 동원해 알비파를 토벌한다. 십자군은 무자비하게 약탈과 학살을 자행했다. 교황의 특사는 "한 사람도 남기지 말고 모두 죽여라. 누가 신의 자식인지 판단하는 것은 신의 몫이다."라고 외쳤다. 1233년, 알비파는 치명적인 패배를 당한다. 남부의 풍요롭던 도시는 하루아침에 폐허로 변했고 찬란하게 꽃피웠던 프로방스 문화도 비참하게 짓밟혔다.

---

17) 순결한 사람들

12세기 상반기 동안 이탈리아의 이단운동은 브레시아의 아놀드 (Arnold of Brescia, 1110~1155)가 이끌었다. 이 '양의 탈을 쓴 늑대'들은 교회의 부패를 공격하다가 이탈리아에서 추방당했다. 그는 추기경단은 '도적떼'고 교황의 권위는 화형과 창칼로 지켜지는 것이라고 비난했다. 또한 무고한 사람들을 수탈해 자기 배를 불리는 교황은 사람들의 복종과 존경을 받을 자격이 없다고 직격탄을 날렸다. 아놀드의 지휘 아래 수많은 군중이 주교 추기경의 관저를 불태우고 주교를 구타했다. 그러나 아놀드의 마지막은 비참했다. 교황에게 붙잡힌 그는 형장의 형틀에 매달려 억울하게 죽임을 당했다. 아놀드를 죽이고도 잔인한 교황의 악행은 끝나지 않았다. 그는 사람들이 아놀드의 시신을 숭배할지도 모른다는 생각에 불에 태워 한 줌 재로 만들어 티베르 강에 뿌렸다. 티베르 강은 그의 죽음을 슬퍼하는 군중의 눈물을 받으며 세차게 흘렀다.

'순결하고 청빈한 천국을 돌려다오!' 분노에 찬 프랑스 발데스 (Petrus Valdes, 1140~1218)는 크게 외쳤다. 그는 소박한 삶을 살고 사도의 청빈한 정신을 실천해야 한다고 생각했다. 그래서 신혼 첫날 밤, 신부 곁을 떠나 순결하고 청빈한 천국으로 향하는 험난한 길을 선택한다. 존 위클리프(John Wycliff, 1324~1384)로 대표되는 영국의 '청빈한 사제들'은 청빈교회를 세웠다. 로마 교황청은 자신들의 영향권에서 벗어나 성경을 읽고 기도하는 영국교회에 분노했고 교황 그레고리우스 11세는 곧 그를 '이단'으로 규정했다. 사방팔방에서 다가오는 교황의 마수를 피해 위클리프는 루터워스(Lutterworth)의 교구로 숨어든다. 그리고 1384년 조용히 숨을 거둔다. 위클리프가 세상을 떠난 뒤 청빈한 사제들의 기도소리도 잦아든다.

죽음도 불사한 영웅

역사의 수레바퀴는 한 순간도 쉬지 않고 돌아갔다. 그리고 수레바퀴가 굴러가듯 성직자들의 탐욕도 갈수록 커졌다. 그들의 욕심은 모든 것을 빨아들이는 블랙홀 같았다. 14세기 상품경제가 발전하면서 가혹한 소작세 수탈에 저항하는 분위기가 들불처럼 번졌다. 그런데도 성직자와 봉건영주들의 수탈은 더하면 더했지 결코 줄어들지 않았다. 로마 교황청의 탐욕스러운 눈길은 곳곳에 은광이 세워진 체코로 향했다. 당시 프라하 대학 총장이자 이 대학을 졸업한 영웅이 용감하게 앞으로 나섰다. 탐욕스럽고 부끄러움을 모르는 가톨릭에 비난의 화살을 날린 그의 이름은 얀 후스(Jan Hus, 1372~1415)였다.

후스는 교구장 신분으로 위클리프의 사상을 전파하며 가톨릭교회의 부패와 탐욕을 통렬히 비판하고 교회 재산을 국가에 바쳐야 한다고 호소했다. 또한 면죄부 판매를 공개적으로 비난하며 '사제복을 입은 이리'에 단호히 맞서야 한다고 호소했다. 그리고 교회 개혁을 주장하고 교황의 절대권력을 부정했다. 1409년에는 프라하 대학 총장의 신분으로 대학칙령을 발표해 프라하 대학에서 독일인을 축출했다. 이로써 프라하 대학은 '후스운동'의 중심지가 된다. 1412년, 교황은 후스의 총장직을 박탈하고 프라하에서 강제추방한다. 그러나 후스는 그 어떤 방해공작에도 개의치 않고 과감하고 단호하게 행동에 나서 체코 남부 곳곳에 큰 발자국을 남겼다. 1414년, 콘스탄츠

▼ 종교재판 광경
페드로 베루게테(Pedro Berruguete, 1450~1504)가 그린 종교재판 광경

종교회의에서 후스는 끝까지 신념을 꺾지 않았다. 후스는 한 점 흐트러짐 없는 목소리로 선언했다. '나는 전능하신 주 하느님을 믿는다. 하느님을 위해 이런 모든 모욕을 참고 견디고 있다. 오늘 내가 하느님의 왕국에서 마시고자 했던 이 속죄의 술을 하느님은 결코 거두어들이지 않을 것이다. 진리의 복음을 이미 전파했으므로 이 자리에서 죽어도 기쁘게 받아들이겠다.' 죽음도 마다않고 복음을 전한 영웅은 찬송가를 부르며 담담하게 죽음을 맞이한다. 세찬 불길이 온 몸을 집어삼켰지만 얼굴엔 미소가 가득했다. 비참하게 죽어 한 줌의 재로 변했지만 후스는 체코인들의 마음속에서 영원한 생명을 얻었다. 후스가 죽고 난 후에도 체코인들은 계속해서 '후스운동'을 펼치며 라인 강에 뿌려진 영혼을 위로했다. 후스는 라인 강을 따라 흐르면서 의회의 의원들이 하나둘씩 창밖으로 내동댕이쳐지는 광경을 바라보았고 독일 귀족과 사제들이 꼴사나운 모습으로 줄행랑을 치는 모습도 지켜보았

다. 그러나 교회의 무자비함은 여기서 끝나지 않았다. 십자군의 구둣발은 끊임없이 체코 땅을 유린했고 '후스운동'의 계승자들은 십자군의 창칼 아래 억울한 죽임을 당한다.

유아독존

이단이라 불린 자들이 10세기부터 15세기까지 끊임없이 정통 기독교에 반기를 들었지만 기독교의 '유아독존' 식 태도는 바뀌지 않았다. 아무리 세차게 흔들어도 정통 교회의 입지는 탄탄하기만 했다. 오히려 조금이라도 이단의 냄새를 풍기면 여지없이 정통 교회의 철퇴를 맞았고 감히 정통에 맞서려한 죄를 값비싼 목숨으로 치러야 했다.

종교재판소는 이단의 공동묘지였다. 피비린내가 물씬 풍기는 이 잔악한 기관은 13세기에 제도적 틀을 갖추고 전 유럽으로 퍼져 나갔다. 종교재판소는 이단과 연관된 모든 세력을 뿌리 뽑으려 했다. 로마교회는 탁발수도회, 다른 말로 '작은 형제회'와 '도미니크 수도회'를 조종해 비밀리에 이단죄와 이단혐의를 심판했다. 보통 피고의 자백과 증인의 증언을 근거로 판결을 내렸다. 그러나 일단 이단으로 지목되면 결코 빠져나갈 수 없었다. 대개의 경우, 교회는 강제로 자백을 받아냈다. 피고가 이단죄를 시인하면 교회는 신도를 파문하고 재산을 몰수한 뒤 추방하거나 감금, 사형에 처했다. 그리고 이단이 가지고 있던 서적과 문헌 등을 모두 불살랐다. 몰수한 재산은 국가, 종교재판소 재판관 및 주교와 심판관이 나눠 가졌다. 피냄새를 풀풀 풍기는 종교재판소는 알비파를 역사 무대에서 퇴출시켰고 발도파(Waldenses)의 기세마저 꺾어 놓았다. 재판소는 교회가 이단을 제거하기 위해 휘두른 예리한 창검과 같았다. 그래서 재판소 근처에서는 언제나 피 냄새가 났고 잔인한 기운이 감돌았다.

교회가 이단의 저항을 잠재우는 데 활용한 또 다른 비밀병기는

▲ **이교도의 저서를 불태우는 장면**
이단에 대한 무자비한 탄압만으로도 다른 종교에 대한 기독교의 배타성과 무자비함을 충분히 느낄 수 있다. 이단이라는 판결이 내려지면 피고 자신의 목숨은 말할 것도 없고 그들의 저서 또한 불쏘시개 신세를 면치 못했다.

'십자군'이었다. 1095년, 교황 우르바누스 2세는 클레르몽 공의회를 소집한다. 이 자리에서 교황은 봉건영주들에게 같은 편끼리 다투지 말고 동방으로 가서 이교도와 싸워 '예수 그리스도의 거룩한 무덤'을 되찾고 성지 예루살렘을 구하자고 외쳤다. 우르바누스 2세는 예루살렘이 세상의 중심이며 젖과 꿀이 흐르는 이 땅 위의 천국이며 동방의 기독교도들이 우리의 도움을 기다린다는 감언이설을 늘어놓았다. 교황이 각본과 연출을 맡은 드라마에 출연한 수많은 십자군이 동방의 이교도를 처단하기 위해 힘차게 출발한다. 알비파의 비참한 최후, 한순간에 무너진 찬란했던 프로방스 문화, '후스운동'의 종결 등 이 모든 것은 교회가 벌인 십자군 원정의 '전적'이었다. 십자군은 로마교황청이 성전을 벌이는 데 동원된 전투마이자 이단을 처단하는 무기, 그리고 약탈을 자행하는 수단 그 이상도 이하도 아니었다.

10세기부터 15세기까지 이어진 정통 교회와 이단의 싸움, 그리고 정통 교회가 자행한 무자비한 탄압은 이후 유럽 사회에 지대한 영향을 미쳤다. 이단은 일종의 운동이자 교파였을 뿐, 결코 기독교 신앙을 부정하거나 의심하지 않았다. 오히려 정통이라 자부하는 교회의 높으신 귀족들보다 더 독실한 신도가 대부분이었다. 어찌됐든 정통에 반대하는 이단의 도전은 늘 실패로 끝났다. 그러나 '끝'은 '시작'의 다른 말이라고 했던가! 이단의 활동은 끝이 났지만 정통 교회는 두려움을 느끼기 시작했다. 결국 이단의 출현과 반항을 계기로 정통 교회는 자신을 되돌아보게 된다. 이 덕분에 부패와 탐욕에 물들어 가혹한 수탈을 자행하던 교회에 작지만 변화가 일어나기 시작한다. 그리고 이 변화는 16세기 전 유럽을 휩쓴 종교개혁을 잉태한다.

중세 문명 독특한 교회문화

중세 유럽을 이야기할 때 교회문화를 빼놓는다면 그야말로 앙꼬 없는 찐빵일 것이다. 중세 역사의 수레바퀴가 지나고 난 뒤 흙먼지마저 가라앉은 지금, 교회문화가 우리에게 남긴 것은 무엇일까? 하늘을 찌를 듯 우뚝 솟은 첨탑, 신비로운 베일에 싸인 수도회, 엄숙하고 장엄한 의식, 아름다운 성가, 포도주가 넘칠 듯 가득 담긴 술잔, 무교병을 담은 반짝이는 쟁반… 중세 교회가 우리에게 남긴 인상들이다. 그럼 이제 그 기묘한 역사의 품 안으로 들어가 보자.

다채로운 절기 예절과 의식

긴 중세 역사 속에서 교회신학은 유럽문화의 정신적 기둥이었다. 정치와 종교가 분리되고 2000년이 흐르는 동안 사람들의 삶은 점점 더 다채롭고 생기발랄해졌다. 서양문화와 사회풍속은 대부분 기독교와 떼려야 뗄 수 없는 관계가 있다. 그중에서도 크리스마스와 부활절은 신약에 나오는 예수탄생으로부터 비롯된 명절이다.

▼ 예수탄생
예수탄생 이야기는 많은 예술가에게 영감을 불어넣었고 그 덕분에 우리는 수많은 위대한 작품과 만날 수 있게 되었다.

크리스마스는 '그리스도탄신일'이라고도 부르는 기독교의 중요한 축일이다. 12월 25일을 예수의 탄생일로 보는 까닭을 살펴보면 태양과 연관이 있다. 그 날은 로마력으로 동지에 해당하는데 이날부터 북반구의 하루해가 길어지기 시작한다. 다시 말해 태양이 비추는 시간이 더 길어져 우리에게 전해지는 빛과 온기가 더 많아진다. 그런데 예수 그리스도가 바로 그 태양의 화신이므로 12월 25일이 탄생일이 된 것이다. 크리스마스 이브인 12월 24일, 기독교 신도들은 한 자리에 모여 주기도문을 외운다. '하늘에 계신 우리 아버지, 아버지의 이름을 거룩하게 하시며 아버지의 나라가 오게 하시며, 아버지의 뜻이 하늘에서와

▲ 예수의 기적

예수는 하느님의 뜻을 전도하기도 했지만 많은 기적을 일으키기도 했다. 복음서에서 전하는 예수가 행한 기적은 자연현상과 관련된 기적[18]과 병을 치료하고 악귀를 쫓는 기적 등 두 가지로 나뉜다. 기독교의 전통적인 관점에서 보면 예수는 하느님의 아들이기 때문에 기적을 행한다는 것은 예수가 신과 같은 능력을 갖고 있다는 것을 의미한다. 또한 죽은 사람을 살리고 병든 사람을 치료하는 행위는 하느님의 자애를 의미한다.

같이 땅에서도 이루어지게 하소서. 오늘 우리에게 일용할 양식을 주시고, 우리가 우리에게 잘못한 사람을 용서하여 준 것같이 우리 죄를 용서하여 주시고, 우리를 시험에 빠지지 않게 하시고 악에서 구하소서. 나라와 권능과 영광이 영원히 아버지의 것입니다. 아멘.'

크리스마스에는 여러 가지 축하 의식이 거행된다. 자정미사 때는 교회 안에서 예수 그리스도의 탄생을 재현한다. 나무로 된 아기 예수 상을 놓고 '아기 예수 맞이 의식'을 거행하는데 미리 준비한 말구유 모양의 틀에 정중하게 아기를 영접한다. 그러고 나면 새 생명의 탄생을 경축하는 노랫소리가 울려 퍼진다. 이날은 집집마다 찾아가 창문 밑에서 성탄송가를 부르며 '기쁜 소식'을 전한다. 그러면 집주인은 대문을 활짝 열고 사람들을 안으로 들게 해 잠시 쉬게 한다. 그런

18) 바람과 파도를 잠재우거나 죽은 사람을 되살리는 등

다음 그들과 함께 옆집을 찾아가 '기쁜 소식'을 전한다. 그러다보면 성탄송가를 부르는 무리는 점점 더 많아지고 날이 밝을 때가 되면 온 도시에 기쁜 소식이 전해진다. 크리스마스 미사를 볼 때는 예수 그리스도가 인류를 구원하기 위해 인간 세상에 내려온 데 감사하며 모두가 기뻐한다. 크리스마스는 종교적 축일이지만 종교를 떠나서 그 자체로 가장 성대한 명절이기도 하다. 성탄트리는 성탄절을 상징하는 각종 장신구를 탑 모양의 전나무에 장식해 만든다. 전나무는 추운 지대에서 자라고 사계절 푸르기 때문에 예수의 품격을 드러내는 데 안성맞춤이다. 전나무에 각종 방울 장식, 별 장식, 비단 장식이며 장난감, 선물 등을 매달아 명절 분위기를 한껏 돋우고 꼬마전구 불까지 밝히면 영락없는 성탄트리가 만들어진다. 전구에 불을 밝히는 이유는 하느님이 세상의 빛이라는 것을 알리기 위함이다. 성니콜라스의 화신이라고 알려진 산타클로스는 성탄전야에 어린이들에게 선물을 나눠준다고 알려져 있다. 빨갛게 상기된 뺨에 하얀 수염을 덥수룩하게 기른 산타클로스는 전 세계 아이들이 가장 좋아하는 인물이다.

부활절은 《성경·복음서》의 기록을 바탕으로 만든 명절이다. 기록에 따르면 예수는 십자가에 매달려 죽은 지 사흘[19]만에 부활했다고 한다. 그래서 기독교 신도들은 일요일에 기도하고 성경을 외우고 성가를 부르고 설교를 듣는다. 부활절은 매년 춘분 후의 최초 만월[20] 다음에 오는 첫 번째 일요일이다. 부활절에는 성대한 성지聖枝[21] 축성과 성지 행렬의 전례를 거행하고 예수가 마지막 만찬을 한 시간과 장소에서 미사를 올린다. 또한 골고다 언덕에서 예수를 추모하고 십자가에 경배를 올리는 등 예수가 겪은 고난의 순간을 기리는 행사를 거행한다. 훗날 사람들은 예수 무덤 옆에 있는 장명등에서 불씨를 받아 교회의 등불을 밝혔다. 신도들은 조심스러운 손길로 빨갛게 타오르는 촛불을 들고 예수 그리스도의 곁을 지키겠다는 간절한 뜻을 전한다.

주현절도 기독교의 중요한 명절 중 하나로 예수의 탄생, 세례, 기적[22]을 기념하기 위한 축일이다. 매년 1월 5일 저녁에 성수의식을

---

19) 일요일
20) 보름
21) 성스러운 나뭇가지
22) 물을 술로 변하게 하는 것

거행하는데 먼저 십자가에 물을 세 번 뿌린 뒤 꽃으로 장식된 쟁반에 내려놓는다. 의식에 참가한 사람들은 십자가에 입을 맞춘 뒤 성수를 몸에 뿌리고 한 모금 마신다. 의식이 끝나면 성수를 집으로 가져가 보관한다. 사순절은 수난절이라고도 한다. 예수가 40일 동안 금식했던 기적을 기념하기 위한 명절이다. 이 절기 동안에는 교회 제단에 꽃을 올리지 않고 신도들은 결혼식을 올릴 수 없으며 모든 오락을 삼간다. 이 밖에도 불을 환하게 밝히는 만성절, 한 해의 농사를 축하하는 사육제 등 많은 전통풍속도 기독교에서 그 기원을 찾을 수 있다.

지대한 영향을 끼친 소중한 유산

교회는 국경을 뛰어넘어 전 세계 어디에서나 그 모습을 찾을 수 있고 수천 년 동안 존재했다. 이 사실만으로도 충분히 놀라움을 자아낸다. 교회는 기본적으로 교구제 원칙을 따른다. 대주교구, 주교구, 지방교구 등 단계적으로 나눠 맡은 지역을 관할한다. 각 교구의 규율은 매우 엄격하고 명확하게 정해져 있다. 규정에 따르면 기혼 성직자는 임기 동안 부인과 별거해야 하며 아직 미혼이라면 결혼할 수 없다. 여성이 주교의 거주지에 들어갈 때는 반드시 사제 두 명과 함께 들어가야 하며 사제가 간음을 하면 평생 수도원에 갇혀 지내야 한다. 사제는 향락을 즐겨서는 안 되며 마음대로 교회 재산을 양도할 수 없다. 이 규정 덕분에 교회는 재산을 보호할 수 있었고 단결력을 강화할 수 있었다. 모든 사제는 반드시 상급 사제에게 복종해야 하고 대주교는 모든 기독교 세계의 정신적 수장인 교황에 복종해야 한다. 교황은 각지의 교회를 통해 권위를 보이고 세속 권력과 대항했다. 어떤 때는 죽이 맞아 잘 지내다가도 어떤 때는 원수처럼 서로를 미워했다. 또 한때는 세력의 균형을 이뤄 둘이서 세상을 쥐락펴락하다가도 둘 다 쇠락의 길을 걷기도 했다.

중세 교회는 엄청난 규모의 토지를 소유하고 있었다. 게다가 '십일조'까지 거둬 교회 창고는 나날이 풍성해졌다. 종교 세력의 힘이 커지면서 교회 증축에 관심이 쏠렸다. 이렇게 해서 세워진 교회는 종종 각지를 대표하는 건축물이 되었다. 중세의 조형예술은 비록 생기와 활력이 부족하지만 웅장함과 거룩함이 느껴진다. 노트르담 대성당은 고딕양식의 대표적 걸작이다. 로마식 토대 위에 높이 솟은

▲ 산타클로스
교회문화는 오랜 세월에 걸쳐 발전하면서 이미 전 세계에 퍼졌다. 매년 크리스마스가 되면 세계 각지의 사람들이 다양한 방식으로 이 날을 축하한다.

건축물은 위엄이 넘치고 웅장하다. 첨두형 아치 구조로 천장의 높이를 높였고 넓은 창문은 스테인드글라스를 이용해 화려함을 더했다. 성당 안팎은 예수, 성모마리아, 여러 현자를 소재로 한 조각상과 회화작품으로 장식해 종교적 신비감을 더했다. 여러 가지 중에서도 하늘을 향해 삐죽 솟은 첨탑과 스테인드글라스를 통해 쏟아지는 다양한 색깔의 빛줄기가 가장 눈길을 끈다. 이는 하느님에게 더 가까이 가려는 신도들의 소망과 영혼의 구원을 바라는 마음을 나타낸 것이다. 여기서 느껴지는 아름다움은 인간세계의 것이 아닌 것만 같았다. 유명하기로 치면 성소피아 대성당도 둘째가라면 서러울 정도다. 성소피아 대성당의 둥근 천장은 신의 최고권위를 상징함과 동시에 감싸 안은 듯한 구조로 인간을 보호하는 신의 모습을 표현했다.

오랜 세월 발전하면서 교회는 '모세십계'와 로마법, 그리고 다른 야만족의 법률을 결합해 자신만의 새로운 법을 만들었는데 그것이 바로 '교회법'이다. 교회법은 교회의 조직, 규율은 물론이거니와 이단에 대한 처벌, 신도가 일상생활에서 지켜야할 도덕규범에 이르기까지 다양한 분야에 걸쳐 법률을 제정했다. 수사는 규정에 따라 모두 검은 옷을 입어야 했고 매일 8시간 동안 성경을 외우고 6시간 동안 노동을 해야 했다. 또한 담백한 음식만 먹어야 했다. 수녀는 성찬과 성물을 만들고 전례를 준비하는 등 일상 사무를 담당하고 평생 독신을 지키며 신을 위해 헌신해야 한다. 이 밖에도 교회는 세속의 삶에 개입해 신도의 결혼을 주관하기 시작했다. 사제가 주관하다보니 결혼에 신성함이 더해졌고 책임감도 더해져 오랫동안 혼인관계를 유지했기 때문에 사회풍토를 정화하는 데 큰 도움이 되었다.

영혼을 위로하는 손길

중세 사람들은 긴 시간 빈곤에 허덕였다. 강력한 봉건영주는 가혹한 수탈과 억압으로 농민을 괴롭혔고 통일왕국을 이루지 못하고 여러 갈래로 찢어져 전란이 끊이지 않은 것도 농민의 고통을 가중시켰다. 배불리 먹지도 마음 편히 쉬지도 못하는 고통스러운 삶 속에서 농민이 기댈 곳은 종교밖에 없었다. 사람들은 현세의 고통에서 벗어나 내세에는 편안하고 행복한 삶을 살게 해달라고 기도했다. 종교는 어두컴컴한 삶을 밝혀주는 한 줄기 빛과 같았다. 교회는 외딴 농촌으로 찾아들어 도시와 농촌 간 문명을 교류하는 중요한 장소로 거듭났다. 교회 안에서는 모두가 평등했다. 교회에서 울려 퍼지는 음악소리는 사람들이 살면서 들을 수 있는 가장 아름다운 소리였다. 모두가 똑같이 하느님의 백성이었기 때문에 열심히 기도만 하면 누구라도 천국에 갈 수 있었다. 예수의 피와 살을 상징하는 포도주와 무교병은 배고픔과 죽음의 고통을 잊게 해주는 유일한 정신적 힘이었다.

그리스도 정신은 고난을 이기게 해주는 가장 강력한 무기였다. 중세인의 생활은 극도로 비참해 당장 내일도 기약할 수 없었다. 그래서 수많은 사제가 유럽 각지를 떠돌며 죽음에 이른 신도를 위해 임종예배를 올려주었다. 사제들은 사람들이 고통 없이 천국에 이를 수 있도록 기도했다. 죽음에 대한 두려움으로 어둠 속을 헤매던 사람들은 기독교 신앙을 만나면서 차츰 괴로움을 잊을 수 있었다. 단순히 십자가를 긋는 것만으로도 그들의 영혼은 안식을 찾았다. 지금 우리 곁에서 성가를 부르는 수녀들과 바삐 움직이는 신부, 장엄한 종교 활동 속에도 중세의 역사와 문화가 살아 숨 쉰다.

▶ 알브레히트 뒤러(Albrecht Dürer)의 〈성 삼위일체에 대한 경배〉
삼위일체는 성부, 성자, 성령이 하나라는 뜻이다. 성부 하느님이 성자 예수를 천국으로 데려갈 때, 왼쪽에는 성모 마리아가 순교자들을 이끌고 있고 오른쪽에는 성 요한과 남녀 선각자들이 있다. 아래쪽에 있는 사람들은 삼성을 조배하러 온 신도와 왕들이다.

108

Conquest and Expansion

제 2 장

동유럽의 불길

인류 문명의 걸작 찬란한 비잔틴 문명

이탈리아에서 그리스, 그리스에서 다시 터키에 이르는 광활한 땅에 찬란하게 빛나는 비잔틴 문명의 흔적이 남아있다. 로마제국이 쇠망할 때, 비잔틴 문명은 오히려 화려하게 피어났다. 이후 1000년이 넘는 기나긴 세월 동안 마치 어두컴컴한 바다에 우뚝 서있는 등대처럼 비잔틴 문명은 문명이 나아갈 길을 밝혀주었다.

비잔틴 문명, 그 가늠할 수 없는 깊이

비잔틴제국은 그리스 문화가 중심을 이룬 건국 초기부터 제국이 멸망할 때까지 1000년이 넘는 시간 동안 문명의 성취를 차곡차곡 쌓아왔다. 특이한 '이력' 덕분에 비잔틴제국은 매우 독특한 문화를 형성하게 된다. 고대 그리스로마 문명의 전통을 계승한 비잔틴은 그리스도교와 동방 문명의 정수까지 받아들였다. 그리하여 동서양의 특징이 고루 섞인 아름다운 혼혈아가 태어난다.

또 하나, 비잔틴의 경이로운 과학기술 수준도 다른 지역의 부러움을 샀다. 비잔틴은 그리스로마 시대의 문명을 온전하게 계승했고 다양한 학문 분야에서 차원이 다른 과학기술 실력을 뽐냈다. 비잔틴제국은 당시 동방의 맹주였던 고대중국과 한편으로는 사이좋게 교류하면서도 여러 분야에서 자웅을 겨뤘다. 또한 여러 제국들 틈바구니에서 살아남기 위해서는 더 강력한 나라로 거듭날 필요가 있었다. 그래서 세계의 흐름을 주도하는 국가이자 고대문명의 계승자로서 문화, 건축, 예술 등 각 분야에서 전대미문의 경지에 올라섰고 이를 주변국가에도 전파해 비잔틴 문명권을 형성했다. 서로마제국이 멸망하면서 꺼질 뻔했던 서양 문명의 횃불이 비잔틴제국으로 옮겨지면서 오늘날까지 이어지게 된 것이다.

고대문명을 계승하고 고전문화를 간직하다

로마제국이 동서로마로 갈라지면서 콘스탄티노플은 새로운 정치, 경제, 문화의 중심지로 부상했다. 콘스탄티노플은 고대문화를 보존하고 계승하는 데 많은 노력을 쏟았다. 먼저 모든 지중해 지역의 지식인과 인재들이 콘스탄티노플로 몰려들어 전 도시에 뛰어난 재주를 가진 이들이 넘쳐났다. 그들이 쏟아내는 눈부신 문화적 성과 덕분에 콘스탄티노플은 당시 유라시아 대륙에서 가장 주목받는 문화의 성지가 되었다. 둘째, 엄청난 양의 고전문헌과 진귀한 문물이 쏟아져 들어왔다. 이는 비잔틴 문명이 발전하는 데 필요한 물질을 무한정 공급해준 셈이었다. 게다가 비잔틴제국은 모

▲ 비잔틴제국 궁궐 유적

든 계층이 양질의 고전교육을 받을 수 있도록 완벽한 교육체계를 구축하기 위해 심혈을 기울였다. 이 역시 비잔틴제국이 고대문명을 보존하는 데 좋은 환경을 마련해 주었다. 비잔틴제국이 망해갈 때조차도 고전문화의 부흥을 바라던 많은 학자가 고전문화를 전파하기 위해 구슬땀을 흘렸다. 고전문화를 연구하던 외국인들은 박학다식한데다 인간적인 매력까지 갖춘 그들에게 빠져들었고 덕분에 고전문화를 지키고 연구하려는 학자들은 갈수록 늘어났다. 이처럼 비잔틴제국 사람들이 오랜 세월에 걸쳐 끊임없이 노력한 결과, 고대 그리스로마 시대의 찬란한 문화유산은 원형을 그대로 유지할 수 있었다.

비잔틴제국은 문화를 계승하는 데 그치지 않고 주변지역으로 전파하는 데도 공을 들였다. 비잔틴 문명은 이미 5세기 무렵부터 유럽으로 전해지기 시작했고 그 뒤로 여러 차례 문화 전파 열기가 고조된 바 있다. 비잔틴인은 고대 로마문화의 정통계승자로 자처했다. 단순히 '로마인'이라고 자청하는 데 그치지 않고 정치제도, 법률 등 로마문명의 우수한 부분을 적절히 참고했다. 여기에 자신들의 문화적 이념, 사회적 관념, 일상생활에서의 체험을 섞고 동양의 독특한 문화까지 흡수해 '비잔틴'만의 색깔을 창조했다. 예를 들어 서로마제국에서는 교황권이 황제의 권력보다 우위에 있었지만 비잔틴제국은 달랐다. 비잔틴은 교회개혁을 통해 군주전제정권의 지배를 받는

관료 제도를 구축해 스콜라철학의 제약에서 벗어났다. 황제가 국가의 통치권을 완벽하게 장악하는 형태는 동양 특유의 왕권지상주의를 그대로 보여준다.

고대 그리스로마 문화를 계승하는 데 있어 비잔틴문화는 두 가지 특징을 보인다. 하나는 있는 그대로의 고대문화를 계승한 것이 아니라 모든 문화를 체계적이고 전면적으로 받아들이면서 실용적인 것만을 선택해 집중적으로 배웠다. 전제군주제하의 관료제도도 그 중의 하나이다. 둘째, 고전문화의 정수를 흡수하면서 좋은 점만 선별적으로 배워 현실에 적용했다. 그리하여 비잔틴제국은 점차 남과 차별되는 완벽한 문화체계를 갖춰나갔다. 전통 문명의 표현형식도 비잔틴 시대를 거치면서 더욱 다양해졌고 선택과 집중을 통해 특색 있는 문화로 거듭났다. 예를 들어 모자이크는 비잔틴만의 독특한 예술 표현형식으로 오늘날까지도 예술분야에 많은 영향을 미치고 있다.

달라도 너무 다른 비잔틴 예술

비잔틴 예술은 문화를 계승하는 과정에서 여러 문화의 영향을 받았다. 그렇기 때문에 비잔틴 예술은 다른 나라와는 '달라도 너무 다른' 특징을 보인다. 먼저 비잔틴의 예술사상을 살펴보자. 비잔틴예술은 황제의 권위를 숭상하고 기독교 신학을 전파하는 역할을 맡았다. 즉 통치계층을 위해 봉사하는 예술이었다. 스타일면에서는 로마제국 말기의 예술과 동양예술이 결합된 형태로 동양적 분위기를 물씬 풍겼다. 그중에서도 가장 대표적인 것이 성소피아 성당의 둥근 천장과 내부 장식이다. 이는 모두 비잔틴제국 황제의 절대권위를 반영하고 있다.

기독교와 동양의 신비주의의 영향을 받은 탓에 비잔틴 문명은 매우 추상적인 특징을 보였다. 비잔틴의 예술가들은 외부 사물은 결코 예술의 본질을 담아낼 수 없다고 생각했다. 그들은 마음속 깊은 곳의 신성한 종교적 영감을 이끌어내기 위해 강렬한 종교적 감정을 드러내는 것이야말로 진정한 예술이라고 여겼다. 그래서 단순한 선과 단조로운 색상은 구체적이고 사실적인 형식보다 추상적이지만 본질을 담아내는 데는 오히려 더 유용했다. 따라서 비잔틴 문화가 낳은 예술품은 단순히 감상용으로 만든 격조 있는 작품이 아니었다. 예술품은 그저 매개물일 뿐, 예술가는 사람들이 작품을 통해 종교적 영

성소피아 성당

소피아는 그리스어로 '지혜'라는 뜻이다. 성소피아 대성당은 유스티니아누스 황제가 지혜의 신 소피아에게 바치기 위해 537년에 지은 성당이다. 성소피아 성당은 동방정교회의 왕실교회였을 뿐만 아니라 콘스탄티노플 주교의 거처이기도 했다. 현재 터키 이스탄불에 있다.

성소피아 대성당은 비잔틴 건축양식을 보여주는 대표적인 건축물로 소아시아인인 건축가 안테미우스와 수학자 이시도르가 설계했다. 전체 부지면적은 약 5,400제곱미터이고 전체적으로 직사각형 형태를 하고 있다. 둥근 천장은 지름이 33미터에 이르고 가장 높은 부분은 지상에서 55미터 높이에 위치한다. 높고 넓은 천장은 성당 분위기를 웅장하고 장엄하게 만든다. 성당의 창문은 실용성과 예술성의 조화를 고려해 설계했다. 크고 작은 창문들이 깔끔하게 배열돼 있어 채광효과를 충분히 낼 뿐만 아니라 신비로운 분위기마저 연출한다. 성소피아 성당은 세계 건축사에서 손꼽히는 걸작이다.

감을 받기를 바랐다. 이렇듯 고전주의 시대의 예술이 완벽한 아름다움을 추구했던 것과 달리 비잔틴 예술이 지향하는 가치는 종교에 있었다. 그래서 이 시기 비잔틴 예술작품은 대부분 종교에서 모티프를 찾았고 그중에는 종교적 인물을 소재로 삼은 경우가 적지 않았다. 한 예로 콘스탄티노플의 코라교회에 있는 모자이크화 〈마리아의 생애〉는 부드럽고 섬세한 색조로 독특한 인물의 이미지를 표현했다.

동서양을 넘나드는 역사적 영향력

중세 유럽에서 가장 긴 역사를 자랑하는 전제군주국가로서 비잔틴 문명은 오랫동안 깊은 영향을 미쳤다. 경제적으로 비잔틴제국은 유라시아 대륙에서 가장 중요한 상품의 집산지였다. 넓은 항구와 거대한 선박들 덕분에 비잔틴제국은 대외무역이 크게 발달했다. 이는 주변국가의 경제 발전에도 긍정적인 영향을 미쳤다. 정치와 종교에 있어서는 일부 동유럽 국가로 비잔틴 문명이 전파되면서 슬라브민족국가의 문명을 발달시켰다. 특히 동방정교회의 굳건한 수호자였던 러시아에 지대한 영향을 미쳤다. 러시아 국가 문장에 들어있는 황권을 상징하는 쌍두독수리는 러시아가 비잔틴 문명의 영향을 받았다는 사실을 보여주는 대표적인 예이다. 문화적으로도 비잔틴제국의 영향은 엄청났다. 강력한 문화의 힘은 주변국을 넘어 서유럽 문명에까지 많은 영향을 미쳤다. 특히 르네상스 운동에 절대적인 영향을 미쳤다. 비잔틴제국이 해체된 뒤 많은 지식인들이 운 좋게 재앙을 피한 많은 서적과 고전문명의 위대한 결실을 들고 이탈리아로 향했다. 이들은 그곳에서 자신의 이상과 재주를 펼치며 서양 부르주아 계급에게 사상적 충격을 전한다. 이는 이후 이탈리아가 르네상스 운동의 발상지이자 중심지가 되는 데 중요한 문화적 토양을 마련해주었다. 게다가 조반니 등은 콘스탄티노플과 펠로폰네소스 반도 등지에서 고대 그리스 문물과 서적을 수집한 바 있었다. 이러한 요소들이 복합적으로 작용해 이탈리아는 르네상스 운동이 일어나는 데 필요한 물질적 기초를 갖춘다. 엥겔스가 남긴 말에서 이 점을 잘 알 수 있다. '비잔틴제국이 멸망할 때 구해낸 수사본과 로마의 폐허 속에서 발굴한 고대 조각상은 서양의 눈앞에 새로운 세상을 펼쳐보였다. 바로 고대 그리스였다. 눈부시게 빛나는 고대 그리스의 등장에 중세의 유령은 자취를 감췄다. 이탈리아는 역사를 통틀어 예술의 최대 번영기를 맞이했

▶ 성소피아 대성당

다. 이러한 번영은 찬란했던 고전문화를 되비치는 것 같았다. 그리
고 그 뒤로 다시는 이렇게 빛나는 시기를 맞지 못했다.'

그 밖에도 비잔틴제국은 서로마제국이 멸망한 뒤 오랫동안 동서
양 문명의 충돌을 완화하는 역할을 맡아왔다. 지리적으로 매우 특수
한 위치에 있었기 때문에 수시로 쳐들어오는 동방의 강국들을 막는
중요한 임무를 맡아야 했다. 비잔틴제국이 온몸을 내던져 관문을 지
킨 덕분에 서유럽의 약소국들은 무사히 성장할 수 있었다. 또한 의
식적으로든 무의식적으로든 고전문화를 서유럽에 전파해 고대 그리
스와 후발 문명을 잇는 가교역할을 했다.

비잔틴제국이 1000년이 넘는 세월동안 쌓아올린 업적은 말 그대
로 '경이롭다'. 그러나 다른 모든 제국이 그러했듯, 그 역시 결국은
멸망의 길에 들어선다. 제국을 노리는 세력들이 1000년을 하루같이
끈질기게 공격해 비잔틴 곳곳을 피로 물들인 탓이다. 특히 십자군과
몽고 철기군의 공격은 1000년 제국에 치명상을 입혔다. 1453년, 오
스만 튀르크는 이미 기력을 쇠진한 비잔틴제국을 공격해 역사와 안
녕을 고하게 만든다.

그리하여 비잔틴제국은 역사에서 사라졌다. 하지만 비잔틴이 남
긴 풍부한 문화유산은 전 세계 곳곳으로 퍼져나가 아직까지도 많은
영향을 미치고 있고 후세의 찬사를 받고 있다.

키예프 지배 류리크 왕조의 흥망성쇠

> 그들은 '루시인'이었다. 북유럽에서, 동슬라브에서, 발트해 남부연안에서
> 왔다. … 그들은 북유럽인이자 슬라브인, 그리고 발트해 연안인이었다.

서사시와 같은 시작

역사 기록에 따르면 바랑족(Varangian)의 수장 류리크(Rurik)는 노
브고로드 귀족의 요청으로 862년 군대를 이끌고 노브고로드 성으로
들어가 반란을 잠재우고 류리크 왕조를 세운다. 류리크가 죽은 뒤
올레크[23]가 왕위를 계승한다. 올레크는 882년 키예프를 점령하고 수
도를 키예프로 옮긴다. 올레크는 신하들의 지지를 얻어 류리크 가문
의 계파를 합병하고 드네프르 강 유역에 사는 여러 슬라브 부족을
정복했다. 이로써 키프로스의 영토를 동쪽은 카르파티아 산맥, 서쪽
은 돈강, 북쪽은 발트해 남부연안, 남쪽은 흑해 북부연안까지 확장
해 거대한 키예프공국을 탄생시켰다. 새로운 왕국의 면적은 100만

◀ 키예프 성의 옛 성문인 금문

---

23) 류리크의 친척이라고 한다.

제곱킬로미터에 이르렀고 인구도 500만 명이나 되었다.

올레크의 호칭은 '대공'이었다. 그 뒤를 이은 키예프의 통치자들은 모두 이 호칭을 사용했다. 올레크는 키예프공국의 체제 기틀을 마련했고 후계자들은 선대 대공에게서 이어받은 체제의 부족한 부분을 손보고 다듬어 더 완벽하게 탈바꿈시켰다. 972년, 스비야토슬라프 대공 시기에 이르러서는 이미 국가체제며 지위가 확고히 다져진 상태였다. 그러나 스비야토슬라프 대공은 전쟁을 치르느라 공국을 비우는 시간이 많아 국가 사무는 그의 세 아들이 함께 맡고 있었다. 한 나라에 왕이 세 명이나 있는 셈이었으니 대공이 죽고 난 뒤 일어날 통치권 쟁탈전은 불 보듯 훤한 일이었다. 980년, 외국에서 데려온 용병과 현지인들의 지지 덕분에 막내아들 블라디미르가 형인 야로폴크를 제압하고 키예프공국의 지배자가 되었다.

신의 은총

대공의 자리에 오른 블라디미르는 여러 분야에서 선대 대공들의 정책을 이어받아 내란으로 흔들린 키예프공국의 권위를 다시 회복했다. 또한 국가 방어에 힘써 드네프르 강 지역에 성을 축조해 외적의 침입에 대비했다. 뿐만 아니라 수도 키예프와 남부 주요 도시들에 대한 경비도 강화해 혹시 모를 페체네그족(Pechenegs)의 기습에 대비했다. 이를 통해 루시인의 생명과 재산을 보호해 국민들의 신망을 한 몸에 받았다.

그러나 블라디미르가 위대한 통치자로 추앙받는 까닭을 이해하려면 비잔틴과의 관계를 살펴보아야 한다. 특히 블라디미르가 기독교로 개종하면서 중대한 변화가 일어났다. 988년, 키예프 대공 블라디미르는 갑자기 다신교 전통을 버리고 모든 신상을 파괴했다. 그리고 비잔틴 황제의 여동생인 안나 공주와 결혼하고 그리스정교로 개종한다. 또한 기독교를 루시인의 국교로 삼는다. 블라디미르는 키예프인 모두에게 드네프르 강에 뛰어들어 집단 세례를 받으라고 강요했다. 역사는 이를 두고 '루시 세례식'이라 불렀다. 블라디미르의 개혁조치는 여기서 그치지 않았다. 그는 각지에 성당과 수도원을 세우고 전국 곳곳에 사제를 보내 기독교를 전파했다. 블라디미르가 취한 여러 가지 종교조치는 루시 신흥귀족들의 이익에도 맞아떨어져 사회의 발전을 촉진했다. 또한 대공의 권력을 강화해 국가 통치권에 대한 인정과 복종의식을 강화시켰다. 블라디미르는 문자와 교육을 발전시키고 키예프공국과 비잔틴제국의 경제문화 교류를 강화했다. 이는 키예프공국의 문화, 풍습 및 발전에 커다란 영향을 미쳤다. 그리스정교를 받아들이면서 국제적 지위도 높아졌다. 이로써 키예프공국은 미개하던 옛 모습을 버리고 유럽 문명국가로 발돋움하게 된다.

왕자의 난이 불러온 비극

블라디미르는 형제들을 제압하고 대공의 자리에 올라 키예프공국 전 지역을 손에 넣었다. 그러나 그가 죽고 나자 공국 내부에 금이 가기 시작했다. 11세기 초, 봉지를 분배받아 각지를 다스리던 왕자들이 통치권을 빼앗기 위해 서로 죽고 죽이는 참극을 벌인다. 블라디미르의 맏아들 스뱌토폴크는 이 과정에서 세 동생을 잔인하게 죽여 '극악무도'하다는 악명을 얻었다. 그러나 형제들을 죽이면서까지 차지하려했던 대공의 자리는 얼마 못가 노브고로드를 다스리던 동생 야로슬라프에게 빼앗기고 만다. 결국 왕자의 난에서 마지막으로 승리를 거둔 사람은 야로슬라프였지만 이때 분열된 키예프공국은 1036년이 되어서야 다시 하나로 합쳐지게 된다.

키예프공국의 발전과 더불어 왕자와 제후들로 이루어진 지방봉건 세력의 힘도 커져갔다. 한때 정치권력의 중심지였던 키예프는 이제 지난날의 영광을 추억하는 처량한 신세가 된다. 야로슬라프가 아무리 뛰어난 업적을 세우더라도 이미 분열하기 시작한 왕국을 다시 통합하기에는 역부족이었다. 야로슬라프가 죽자 또 한 차례 피바람이 불었다. 12세기 중반, 공국은 여러 개로 쪼개졌고 루시인의 역사는 봉건제후들이 각축을 벌이는 시대로 들어섰다. 키예프 대공은 다른 영지에 아무런 정치적 영향력도 미치지 못했다. 각지에서 벌어지는 지배권 다툼으로 키예프공국의 국력은 점점 더 기울었다. 갈가리 찢긴 공국은 주변국들에게 침략의 빌미를 제공했다. 13세기, 동서양 국가들의 대대적인 침략이 시작되었지만 구심점을 잃은 공국은 대항할 여력이 없었다. 1240년, 키예프공국은 한때 화려하게 비상했던 위대한 도시의 그림자만 남긴 채 몽고의 지배를 받게 된다.

'루시 세례식'의 은총

988년, 키예프 대공 블라디미르는 비잔틴을 도와 반란을 평정한다. 이를 계기로 비잔틴 황제에게 황제의 여동생인 안나 공주를 아내로 달라고 한다. 비잔틴 황제는 '공주를 이교도에게 시집보낼 수는 없다. 키예프 대공은 먼저 동방정교회로 개종하라.'고 제안한다. 그래서 블라디미르 대공은 기독교 동방정교회의 교리를 받아들이겠고 선언하고 모든 신민을 데리고 드네프르 강에 뛰어들어 세례를 받는다. 러시아 역사상 이 사건을 '루시 세례식'이라고 불렀다.

'루시 세례식'은 러시아 역사상 가장 중요한 사건 중에 하나였다. 과거 러시아는 종교를 '허무한 것'이라고 여기거나 다신교 숭배의 전통이 있었다. 그러나 블라디미르의 개종을 계기로 동방정교회를 국교로 받아들이게 된다. 기독교를 국교로 선포한 것은 어떤 왕조나 정권의 성립 또는 멸망보다도 커다란 영향을 미쳤다. '루시 세례식' 이후 동방정교회는 정식으로 러시아 국교가 되었으며 러시아 민족의 발전과 더불어 슬라브족의 특징을 여실히 드러낸다.

틈바구니에서 살아남기 폴란드왕국의 성립

폴란드 민족은 어떤 어려움에도 굴복하지 않는 강인한 민족이다. 10세기
말, 피와 전쟁의 포화로 얼룩진 고통스런 시간을 보낸 끝에 아름다운 폴란
드 강산에 자신들의 국가를 세운다. 모든 전략적 요충지가 그러했듯 나라
가 세워지기까지 폴란드도 끊임없는 전쟁에 시달려야 했다. 내 나라를 갖
기까지 수차례 나라가 찢기고 전쟁에서 패배했지만 강인한 폴란드인들은
결코 운명 앞에 무릎 꿇지 않았다. 오히려 그럴수록 더 가슴을 펴고 용기를
내며 언젠가 다가올 건국의 날을 꿈꿨다.

역경을 딛고 나라를 세우다

호사다마라는 말이 있듯이 아름답고 풍요로운 땅을 가졌지만 그
로 인해 수많은 전란에 시달려야 했던 나라가 있다. 그 나라의 역사
를 더듬다보면 불운한 국민 생각에 안타깝고 서글퍼신다. 하지만 역
경 속에서도 결코 포기하지 않는 모습에서 희망과 믿음을 발견할 수
있다. 꿈에도 그릴 만큼 아름다운 그곳은 바로 폴란드다.

▼ 폴란드왕국의 개국 황제 미에
슈코 1세(Mieszko I)

폴란드는 슬라브어로 '평야' 또는 '평야에 있는 나라' 라는 뜻이
다. 세계지도를 펼쳐보면 유럽대륙의 중부 또는 중유럽 동북부 지역
에서 이 '평야에 있는 나라' 를 찾을 수 있다. 폴란드는 전략적으로
매우 중요한 위치에 있었기 때문에 유럽 열강들이 하나같이 군침을
흘렸다. 그래서 저마다 한 자락씩 잡아끄는 바람에 온 나라가 조각
조각 찢기는 불운을 겪는다. 그러나 평화와 민주, 자유를 사랑한 폴
란드인은 그 어떤 난관에도 좌절해서 주저앉지 않았다. 오히려 굳은
신념과 넘치는 열정, 그리고 새빨간 피를 쏟으며 전쟁터로 향했다.
그들은 한 마음 한 뜻으로 무기를 들고 일어나 폴란드를 수호했다.

폴란드인은 서슬라브 부족 중 하나이다. 원래는 서쪽으로 오데르
강, 동쪽으로 부크 강과 비스와 강 사이에 거주했다. 그러나 이후
북쪽으로 발트해, 남쪽으로 카르파티아 산맥까지 진출해 발자취를
남겼다.

폴란드는 9세기 말부터 10세기 초에 이르러서야 비로소 국가의
틀을 갖추기 시작했다. 다른 나라와 비교하면 국가성립 시기가 상대
적으로 늦은 편이었다. 약 9세기 중반, 폴란드 지역에 부족연맹체
두 개가 나타났다. 하나는 소폴란드(Małopolska) 부족연맹으로 비

슬라공국이라 불렸고 다른 하나는 대폴란드(Wielkopolska) 부족연맹으로 대폴란드공국이라 불렸다. 비슬라공국이 모라비아왕국의 침략으로 멸망한 뒤, 대폴란드공국은 자연스럽게 폴란드 통일의 역사적 사명을 지게 된다. 대폴란드공국은 바르타 강 중부에 있어 위치가 좋았다. 또한 수도 그니에즈노(Gniezno)는 튼튼한 방어시설을 갖추고 있어 그나마 독일과 체코 봉건영주들의 침입을 덜 받았다. 또한 비옥한 토지에서 풍부한 농작물을 거둬들여 윤택한 생활을 영위했다. 그래서 대폴란드공국의 미에슈코 1세는 시대의 흐름에 발맞춰 폴란드 대부분 지역을 통일하고 폴란드왕국을 세웠다.

미에슈코 1세는 통치기반을 다지고 신흥 봉건 제후의 요구를 만족시키며 폴란드의 국제적 지위를 높이고자 했다. 이를 위해 그는 체코 공주와 결혼해 체코와 인척관계를 맺고 기독교로 개종했다. 이후 미에슈코 1세는 전국적으로 기독교 개종을 추진하여 폴란드를 기독교 문명세계로 이끌었다.

'용감왕'의 시대

992년, 미에슈코 1세가 병으로 세상을 떠난다. 그런데 죽음을 앞두고 미에슈코 1세는 매우 어리석은 결정을 내린다. 바로 여러 아들에게 국가를 나누어준 것이다. 결국 미에슈코 1세의 숨이 끊어지자마자 형제간의 잔인한 골육상잔이 일어난다. 이 싸움은 맏아들 '용감왕' 볼레수아프(Bolesaw Chrobry)가 왕위를 이으면서 끝이 난다. 볼레스와프는 왕위에 오른 뒤 부왕의 유지를 이어받아 크라푸크와 산도미르를 비롯한 소폴란드 지역을 되찾았다. 이렇듯 볼레스와프가 아버지가 실현하지 못한 폴란드통일의 과업을 실현하면서 '용감왕'의 시대를 연다.

볼레스와프는 장검을 휘두르며 폴란드왕국의 영토를 넓히면서도 통치기반을 다지기 위해서는 평화로워야 한다는 진리를 깨닫는다. 그래서 볼레스

▼ **'용감왕' 기념비**
'용감왕' 볼레스와프는 왕위를 얻고 폴란드를 통일해 폴란드에 새로운 미래를 선사했다.

▲ **볼레스와프 1세**
볼레스와프 1세는 부친의 뜻을 이어받아 잃어버린 영토를 되찾고 폴란드를 통일시켰다. 그 덕분에 폴란드 역사상 가장 위대한 왕으로 영원히 추앙받게 되었다.

와프는 유연하고 변화무쌍한 외교정책을 추진한다. 먼저 독일에 대해서는 선린우호 정책을 펴 신성로마제국의 오토 3세와 평등우호 관계를 맺는다. 오토 3세는 볼레스와프에 대한 애정을 담아 그를 '형제이자 제국의 동료', '로마인의 친구이자 동맹자'라고 불렀다. 1025년, 오토 3세의 지지를 얻은 볼레스와프 1세는 드디어 꿈에도 그리던 왕위에 오른다.

폴란드와 독일의 우호관계는 오토 3세가 병사하면서 끝나고 만다. 독일의 새 황제 하인리히 2세는 야심만만한 사람이었다. 그는 폴란드에 대한 정복야욕을 조금도 숨기지 않았다. 그래서 루사티아와 마이센의 통치권을 둘러싸고 다시 갈등을 빚었다. 오랜 전쟁 끝에 결국 볼레스와프가 승리를 거두었고 패배한 하인리히 2세는 이 두 지역에 대한 통치권을 포기한다고 선언한다. '용감왕' 볼레스와프는 이번에도 용감하게 나서 폴란드의 독립과 주권을 지켜냈다.

당시 슬라브 국가 중 가장 강한 나라는 루시왕국이었다. 볼레스와프도 통치 초기에는 평화를 유지하기 위해 수시로 공물을 보냈다. 심지어 진심을 표현하기 위해 딸을 멀리 키예프로 시집보내기까지 했다.

볼레스와프 1세는 외교정책을 펼칠 때 당근과 채찍을 적절히 사용했다. 현명한 왕 덕분에 폴란드왕국은 영토가 날로 커져 루시왕국 다음 가는 강대국이 되었다. 볼레스와프 1세가 통치하는 동안 초기 폴란드왕국은 점차 세력을 키워 막강한 봉건왕국으로 나아간다.

그러나 안타깝게도 볼레스와프 1세는 왕관을 쓴 지 겨우 두 달 만에 세상을 떠나고 만다. '용감왕'이 떠나자 이제 막 걸음마를 뗀 폴란드왕국은 뿌리부터 흔들리기 시작한다. 통일을 이루기까지 오랜 세월 수많은 역경을 겪어야 했지만 공든 탑이 무너지는 것은 한 순간이었다. 결국 폴란드는 또 다시 나라가 찢어지는 아픔을 겪어야 했다.

봄날은 짧다

1037년, 아름다운 땅, 폴란드에서 대규모 농민봉기가 일어난다. 이 봉기는 들불처럼 전 폴란드 지역을 불태우더니 슐레지엔까지 번졌다. 폴란드 역사서는 당시 봉기에 대해 이렇게 기록하고 있다. '반란자들은 폭동을 일으켰고 주교와 신부에 반대했다. 그 중 일부는 칼에 찔려 죽는 고귀한 벌을 받았다. 그리고 일부는 어지럽게 날아오는 돌에 맞아 죽는 치욕스러운 벌을 받았다.'

폴란드 지역이 어지러운 전화에 휩싸이자 그 기회를 놓치지 않고 체코 대공이 군사를 이끌고 쳐들어왔다. 이때 체코의 침략을 곱지 않게 보는 사람이 있었으니 다름 아닌 이웃나라 독일의 하인리히 3세였다. 하인리히 3세는 체코가 막강해지는 꼴을 두고 볼 수 없었다. 게다가 폴란드에서 솟구친 반란의 불길이 엘베강과 발트해 연안의 슬라브족 거주지역까지 번질까봐 전전긍긍했다. 보다 못한 하인리히 3세는 결국 폴란드 봉건영주를 도와 농민봉기를 진압하고 체코를 압박해 폴란드에서 철군하게 만든다.

농민봉기가 잦아들 무렵, 봉기의 불길을 피해 국외로 도망쳤던 카지미에슈(Kazimierz) 1세가 돌아와 다시 왕위에 앉았다. 카지미에슈 1세는 왕국이 갈기갈기 찢긴 상황에서 찬란했던 지난날을 되찾으려면 자신만의 힘으로는 부족하다는 사실을 깨닫는다. 그래서 먼저 키예프 대공 야로슬라프에게 도움을 구한다. 폴란드 왕은 야로슬라프 대공의 여동생을 왕비로 맞아 폴란드와 인척관계를 맺는다. 이어서 하인리히 3세를 만나 폴란드와 체코의 어그러진 관계를 바로잡아 달라고 부탁한다. 하인리히 3세는 카지미에슈 1세가 내놓은 엄청난 금은보화에 넘어가 흔쾌히 부탁을 들어준다. 그로부터 얼마 후, 슐레지엔은 다시 폴란드왕국의 품으로 돌아온다.

카지미에슈 1세가 발품을 팔며 외교작전을 펼친 덕분에 폴란드는 다시 통일을 이룬다. 이로써 폴란드인들은 발 뻗고 편안히 잠들 수 있게 되었고 카지미에슈 1세도 '중흥왕'이라는 듣기 좋은 별호를 얻었다. 그러나 카지미에슈 1세가 눈을 감으면서 포근한 봄날도 끝나버렸다. 폴란드는 다시 포화 속으로 빠져든다. 사방팔방에서 폴란드 영토를 둘러싼 전쟁이 끊임없이 벌어졌지만 수많은 기사들의 희생에 힘입어 결국 볼레스와프 3세가 '짧은' 통일을 이룬다.

그러나 역시 볼레스와프 3세가 죽으면서 통일왕국도 봄날의 단꿈으로 끝나고 만다. 볼레스와프가 죽기 직전 장자계승제를 따르라고 했지만 권력에 눈이 먼 아들들이 아버지의 유언을 이행하지 않았기 때문이다. 하나뿐인 왕좌에 앉기 위해 왕자들은 지난날의 행복했던 시절을 깡그리 잊어버리고 지지 세력을 결집해 언제라도 형제들을 죽일 준비를 했다.

다사다난

13세기, 폴란드인은 매우 다사다난한 시간을 보냈다. 안으로는 왕위쟁탈전이 점입가경에 이르렀다. 그리고 밖으로는 프로이센과 몽고가 왕위를 두고 진흙탕 싸움을 벌이고 있는 왕자들의 우스운 짓거리를 주시하며 호시탐탐 침략할 기회만 엿보고 있었다. 그렇지 않아도 안팎으로 불안한 이때, 폴란드의 마조비아 공작 콘라트가 집안으로 늑대를 끌어들이는 어리석은 짓을 저지른다. 북방 변경지역의 프로이센과의 전투를 도와달라며 튜턴기사단을 불러들인 것이다. 하얀색 망토에 검은색 십자가 문장을 단 기사들이 사악한 이리떼처럼 폴란드 영토로 밀려왔다. 그러나 그때까지만 하더라도 폴란드인들은 튜턴기사단의 실체를 까맣게 모르고 있었다. 결국 기사단이 시뻘건 아가리를 벌리고 날카로운 이빨을 드러낸 뒤에야 큰 실수를 저질렀다는 사실을 깨달았지만 이미 엎질러진 물이었다.

몽고도 이 좋은 기회를 놓치지 않았다. 그들은 폴란드 내부가 혼란한 틈을 타 동남부 도시와 마을을 불 지르고 수많은 백성을 죽이고 포로로 삼았다. 그러나 폴란드인도 가만히 당하고만 있지 않았다. 야만스러운 몽고의 공격에 폴란드인은 목숨을 걸고 맞서 결국 그들의 침략을 막아냈다. 몽고인이 물러나자 폴란드 제후들은 백성의 뜻에 따라 다시 통일왕국을 실현하려 했다. 가장 먼저 통일을 시도한 자들은 대폴란드를 비롯한 몇몇 도시의 제후들이었다. 그러나 나라를 찢기는 손바닥 뒤집듯 쉬워도 합치기는 하늘과 땅을 붙이는 것보다 어려웠다. 결국 통일왕국을 만들려는 모든 시도는 실패로 돌아갔다.

이런 상황에서 1304년, 헝가리로 망명을 떠났던 난쟁이 블라디슬라프 1세[24]가 온갖 장애물을 뚫고 조용히 폴란드로 돌아온다. 그의

---

24) 재위 1314~1333

귀국은 캄캄한 어둠 속의 한 줄기 불빛처럼 고통의 나락을 헤매던 폴란드인에게 나아갈 방향을 일러주었다. 그러나 블라디슬라프 1세가 마주한 현실은 그리 녹록하지 않았다. 폴란드 내부에서는 권력가들과 도시귀족들이 입에 거품을 물고 통일에 반대했다. 외부적으로는 서쪽의 브란덴부르크와 북쪽의 튜턴기사단이 폴란드 영토를 야금야금 갉아먹고 있었다. 그리고 남쪽의 체코 국왕은 탐욕스러운 눈길로 폴란드 왕위를 노리고 있었다. 절망적인 상황이었지만 블라디슬라프는 결코 물러서지 않았다. 그는 자신을 따르는 국민과 함께라면 성공할 수 있다고 굳게 믿었다. 그래서 어떤 자리에서건 민심을 살뜰히 돌보는 다정한 지도자의 모습을 보였다. 다른 왕과는 전혀 다른 모습에 국민은 절대적인 지지를 보냈고 어느덧 국민의 마음속에 폴란드의 왕으로 굳건히 자리 잡았다.

소폴란드에서 입지를 굳힌 뒤, 블라디슬라프는 탁월한 외교적 수완을 발휘하기 시작했다. 지성이면 감천이라는 말이 있듯이 블라디슬라프는 노력한 대가로 헝가리와 리투아니아의 지지를 확보한다. 그들의 전폭적인 도움으로 블라디슬라프는 폴란드를 통일하고 통일된 조국에 '폴란드왕국'이라는 이름을 붙였다.

1320년의 어느 날 아침, 맑게 갠 하늘 사이로 찬란한 태양이 밝게 빛나고 있었다. 블라디슬라프는 동쪽에서 솟아오르는 태양을 바라보며 교회 안으로 들어갔다. 그곳에는 그니에즈노 대주교가 이른 새벽부터 그를 기다리고 있었다. 대관식이 시작되고 주교가 절대권력을 상징하는 왕관을 블라디슬라프의 머리에 씌워주었다. 블라디슬라프는 금빛 찬란한 왕관을 부드럽게 매만지며 기쁨의 미소를 지었다.

블라디슬라프가 죽은 뒤, 폴란드왕국은 또 다시 침략자들의 발아래 유린당한다. 그들의 마수에서 벗어나 다시 일어서는 길은 고통스러운 가시밭길이었지만 독립 국가를 향한 폴란드인의 굳은 의지는 언제나 폴란드의 앞날을 밝게 비춰주었다.

▼ '용감왕' 볼레스와프 조각상
볼레스와프 1세는 통일 폴란드 왕국의 첫 번째 왕이었다. 그래서 사람들은 '용감왕'과 '용감왕 시대'를 두고두고 회자한다.

'한 시대의 군주'의 쇠발굽

몽고제국의 부흥과 서방 원정

제프리 초서(Geoffrey Chaucer)는 《캔터베리 이야기》에서 이렇게 적었다. '이 고귀한 왕의 이름은 칭기즈칸이다. 그는 당대에 크게 이름을 날렸고 어느 지역 어느 곳에서도 만사에 이렇게 뛰어난 군주는 없었다.' 1162년에 태어난 칭기즈칸은 정복을 통해 세상에 그의 이름을 알렸고 사람들의 머릿속에 '칭기즈칸'이란 네 글자를 각인시켰다. 세계역사도 '칭기즈칸'의 출현과 더불어 큰 변화를 겪는다.

막 떠오르기 시작한 제국

칭기즈칸의 본명은 테무친이었다. 험난했던 어린 시절은 테무친을 강하게 단련시켰다. 마치 새로운 시대를 창조한 다른 왕들이 그랬듯이, 테무친도 필연적으로 그 길을 걸어야 했다. 여러 차례 생사의 고비를 겪었지만 그때마다 테무친은 보란 듯이 이겨냈다. 수시로 나타나는 새로운 난관은 오히려 테무친에게 앞으로 나아갈 힘을 주었다. 테무친은 주어진 운명에 순순히 따르지 않고 스스로 운명을 개척했다. 어쩌면 처음에 테무친이 꿈꿨던 삶도 다른 사람들과 별반

▼ 칭기즈칸이 말을 타면서 활을 쏘는 그림

다르지 않았을지도 모른다. 추위와 배고픔에 떨지 않고 강력한 부족에 들어가 아버지처럼 부족민 수십 명을 거느리고 초원에서 유목하며 사는 평범한 삶 말이다. 그러나 이런 아름다운 바람은 그의 아버지가 몽고 타타르족에게 독살당하면서 물거품이 되고 만다. 어린 테무친은 가족들을 먹여 살리면서 잔인한 운명과 싸워야 했다.

1178년, 열여섯 살의 소년 테무친은 일찍이 아버지가 그에게 짝 지워준 여자와 결혼했다. 만약 모든 일이 그의 뜻대로 됐다면, 그가 처음에 꿈꿨던 바가 이루어지기라도 했다면 그는 평범하게 살면서 가족과 그에게 충성하는 부족민을 위해 목숨을 아끼지 않았을 것이다. 그러나 운명의 신은 다시

한 번 그를 시험에 들게 했다. 테무친의 어머니는 그 옛날 그의 아버지 예수게이가 메르키트족에게서 빼앗아온 여자였다. 많은 세월이 흐른 뒤 메르키트족은 그때 일을 보복하기 위해 결혼한 지 얼마 안 된 테무친의 아내를 빼앗아간다. 비록 적들의 보복으로부터 목숨은 건졌지만 아내를 잃어버린 슬픔을 견딜 수 없었다. 결국 테무친은 사랑하는 아내를 되찾기 위해 어쩔 수 없이 한동안 떨어져 지냈던 잔인한 전쟁터로 되돌아간다. 그 한 번의 결정이 그의 인생을 송두리째 바꿔놓는다. 테무친은 아내를 빼앗아간 메르키트족을 철저하게 응징하고 아버지를 죽인 몽고 타타르족도 물리쳤다. 그리고 그를 적으로 여기거나 그가 적으로 여기는 모든 부족을 쓸

▲ **칭기즈칸 무덤(의관총) 벽화**
칭기즈칸 무덤 안 서쪽 복도에는 칭기즈칸이 평생 이룬 업적과 당시 몽고 부족의 사회상, 종교와 생활풍속을 생동감 넘치게 표현한 벽화가 그려져 있다.

어버렸다. 그리하여 몽고 타타르, 메르키트, 나이만족의 칸이 된다. 칭기즈칸은 '구르칸(Gur Khan)'[25]이나 '태양칸' 같이 케케묵은 칭호를 쓰고 싶지 않았다. 그래서 특별히 자신을 위해 '칭기즈칸'이라는 칭호를 골랐다. '칭기즈'는 몽고어로 '굳센, 강건한, 두려움을 모르는, 위대한' 등의 뜻이다. 칭기즈칸은 초원에서 자신을 위해 성대한 대관식을 준비했다. 물론 이 당시 어느 나라도 이제 막 통치자가 된 칭기즈칸이나 세계무대에 등장하지도 않은 젊은 나라 몽고에 관심을 두지 않았다. 칭기즈칸과 그의 나라는 바다 밑에서 이제 막 떠오르는 태양과 같이 밝고 새로웠지만 눈부시게 빛나지는 않았다. 그러나 언젠가는 하늘 한복판에 올라 차마 올려다볼 수도 없을 정도로 환하게 빛날 것이 틀림없었다. 칭기즈칸과 그가 세운 나라는 언제고 수평선 위로 둥실 떠오를 순간만을 고대하고 있었다. 그 순간이 오면 온 세상이 그들 앞에 무릎 꿇게 될 것이다.

---

25) 사해四海의 군주

드디어 움직인 정복의 말발굽

▲ 한 시대의 군주 칭기즈칸

1210년은 칭기즈칸이 초원의 지배자가 된 지 햇수로 네 번째 되는 해이자 몽고제국이 세워진 지 4년째 되는 해였다. 당시 칭기즈칸의 나이는 48세로 이미 무수한 업적을 쌓았고 만 천하에 이름을 떨치고 있었다. 이쯤 되면 보통사람들은 반평생을 전쟁터에서 고생했으니 이제 그만 남은 생을 편하게 보낼 때도 되었다고 생각하기 마련이다. 그러나 칭기즈칸 사전에 끝이란 단어는 없었다. 오직 시작만 있을 따름이었다. 여진족의 황제가 계속 자신을 받들 것을 요구했을 때 칭기즈칸은 침을 뱉어 거절의 뜻을 전했다. 그 순간 칭기즈칸은 다시는 그 어떤 사람에게도 고개를 숙이지 않을 것이며 그 누구의 노예도 되고 싶지 않다는 생각을 굳혔다. 그래서 자신이 복종시키고자 하는 적을 선제공격하기로 마음먹는다. 여진족이 세운 금나라는 주변 소수민족들이 필요로 하는 물자의 공급원을 자신의 지배하에 둠으로써 그들을 통치했다. 칭기즈칸 이전의 몽고 최고 지도자들도 이런 이유로 여진족 황제에게 복종을 맹세했다. 여진족은 새로운 칸인 칭기즈칸도 과거와 같은 주종관계를 유지해주길 바랐다. 초원 유목 민족을 계속해서 지배하기 위해서였다.

여진족의 황제는 칭기즈칸의 제국을 쟁반 위에 흩어진 모래와 같다고 비웃다가 정말로 큰코다치게 된다. 몽고인은 전쟁터에서 죽는 것을 결코 명예롭다고 생각하지 않았다. 명예는 오로지 승리한 자만이 누리는 것이었다. 전쟁터에 나설 때 그들의 목표는 오직 하나, 완전한 승리였다. 중요한 것은 결과, 과정은 중요하지 않기 때문에 어떤 수단으로 적을 무찌르든, 어떤 작전을 펼치든, 심지어 적의 공격을 어떻게 피하든 조금도 문제될 게 없었다. 1214년, 칭기즈칸이 궁궐을 완전히 포위하자 여진족 황제는 스스로 칭기즈칸의 신하임을 인정한다. 이로써 칭기즈칸은 거란족과 여진족의 최고 군주가 되었다. 그러나 칭기즈칸이 전리품을 가지고 몽고로 돌아가자마자 여진족은 그들의 협의를 저버리고 개봉으로 도망쳐 뭉개진 자존심을 되찾으려 했다. 칭기즈칸은 여진족의 행동을 반란이자 맹약에 대한 배신이라고 생각했다. 그래서 곧바로 군대를 이끌고 몇 개월 전 한 차례 휩쓸고 갔던 이 도시를 다시 점령했다. 두 번째로 개봉을 찾은 칭기즈칸은 반란의 대가를 톡톡히 치르게 한다. 모든 사람을 내쫓고 눈에 보이는 것은 모조리 불살라 지상에 존재하던 모든 것을 무無로 되돌린다.

여진족을 정복하고 엄청난 전리품을 획득한 채 돌아오면서 칭기즈칸은 자신의 나라도 상업을 발전시켜야겠다고 생각했다. 그래서 주변국가에 사절을 보내 정식으로 무역관계를 맺고 싶다는 뜻을 전했다. 그러나 호라즘은 몽고 사신을 죽이고 사신의 시체를 몽고로 돌려보내 칭기즈칸을 모욕했다. 그는 이러한 경솔한 조치가 전 세계에 피바람을 불러일으킬 줄은 꿈에도 몰랐다. 칭기즈칸은 수차례 기도를 올렸던 보르칸칼돈 산 정상에 올라 모자를 벗고 대지를 바라보며 앞으로 있을 원정을 위해 삼일동안 밤낮으로 기도를 올렸다. 그는 하늘을 향해 복수할 수 있는 힘을 내려달라고 빌었다. 이에 대해 하늘은 복수뿐만 아니라 세상을 바꿀 힘까지 선사한다.

칭기즈칸의 기마부대는 호라즘을 철저하게 짓밟았다. 건국된 지 12년밖에 안 된 젊은 제국뿐만 아니라 고대문명사회 전체를 지근지근 밟아버렸다. 아랍, 돌궐, 페르시아 등 13세기 이슬람 국가들은 모두 세상에서 가장 부유했고 세계 최고 수준의 문명을 자랑했다. 그렇기 때문에 몽고군의 침략으로 입은 피해는 다른 어떤 지역과도 비교할 수 없을 정도로 어마어마한 것이었다. 칭기즈칸은 몽고 기마부대를 이끌고 예고도 없이 호라즘의 도시를 습격했다. 10만에서 12만 5천 명을 헤아리는 엄청난 기마병이 갑자기 나타나자 호라즘은 극도의 혼란에 빠졌다. 그들은 투항한 적에게는 공평하게 대우해주었다. 목숨을 해치지 않았고 기본적인 권리를 제공했다. 그러나 반항하는 적에게는 가차 없이 철퇴를 가했다. 목숨을 빼앗는 것은 기본이었고 덤으로 거처까지 박살내버렸다. 일벌백계로 다스려 다른 적들에게도 경고 메시지를 보낸 셈이었다.

칭기즈칸의 염원

호라즘 침략은 칭기즈칸 서방 정복의 첫걸음일 뿐이었다. 잇따른 승리는 몽고제국에 엄청난 부를 안겨주었지만 칭기즈칸은 승리 속에 감춰진 위기를 보았다. 칭기즈칸의 자신의 제국이 끊임없는 정복전쟁을 통해서만 유지되는 치명적인 단점을 가지고 있다는 사실을 깨닫는다. 만약 단 한순간이라도 말발굽 소리가 멎는다면 친족들 사이의 계파갈등으로 제국의 안위가 위태로울 게 틀림없었다. 그보다 더 절박한 문제는 '사람' 이 변한 것이었다. 이미 전쟁을 통해 안정적으로, 마르지 않는 샘물처럼 생겨나는 진귀한 물건에 길들여져 소박하고 평범한 물건은 거들떠보지도 않았다. 바다는 메워도 인간의 욕심은 메울 수 없다고 했다. 부족민의 탐욕을 만족시키는 길은 새로운 지역을 정복하는 전쟁밖에 없었다.

칭기즈칸은 용병술에도 뛰어났지만 여론을 이용하는 데도 일가견이 있었다. 그는 단순히 무력만으로 적을 정복하려 하지 않았다. 왜냐하면 힘으로 정복하는 것보다 상대방의 두려움을 이용하는 것이 훨씬 일을 쉽게 만들어주었기 때문이다. 그래서 도시를 정복할 때마다 그곳에 살던 사람들을 다른 도시로 보내 자신들이 겪은 일을 소문내게 했다. 소문을 들은 사람들은 마치 자신이 직접 겪기라도 한 듯, 만난 적도 없는 몽고인을 극도로 두려워했다. 덕분에 몽고군은 전쟁을 치르기도 전에 심리전에서 이미 상대방을 제압할 수 있었다. 같은 시대 다른 문명국가들이 한 행위와 비교했을 때 몽고군은 잔인하고 흉악한 행위로만 두려움을 산 것이 아니었다. 몽고군은 다른 나라 군대와 달리 부자나 권력자라고 해서 자비를 베푸는 일이 결코 없었기 때문이다. 사람들이 정말로 두려워한 것은 귀신같이 치고 빠지는 전술과 백전백승의 전적이었다. 비록 전쟁을 치르면서 자신보다 더 막강한 적수와 맞닥뜨린 적도 있고 철옹성 같은 성을 공격해야 했던 적도 많았지만 언제나 승리의 여신은 몽고군 편이었다. 그렇기 때문에 적들은 몽고군이 나타났다는 소문만 들려도 두려움에 벌벌 떨었다.

이처럼 막강한 군대를 거느리고 칭기즈칸은 일생의 마지막 전쟁을 치르러 나선다. 그는 군대를 이끌고 서하를 공략해 남방 원정의 첫 번째 희생양으로 삼는다. 그러나 승리를 코앞에 둔 시점에 갑자기 세상을 떠나고 만다. 칭기즈칸은 결코 따라할 수 없는 위대한 업적을 남기고 떠나면서 생전에 이루지 못한 염원, 즉 더 넓은 세상을 정복하라는 유지를 남긴다.

새로운 발견, 새로운 정복

칭기즈칸이 죽은 뒤 셋째 아들 오고타이가 제국을 물려받는다. 몽고부족의 서방 원정도 새로운 칸의 즉위식 기간 동안 잠시 쉬게 된다. 몽고인들이 새로운 칸의 탄생을 축하하며 웃고 즐기는 동안 지난날 몽고에게 정복당한 신하국들이 다시 반란을 꾀하고 몽고에 바치는 조공을 중지한다. 새로 즉위한 오고타이칸은 몽고의 통치를 재확인시키기 위해 다시 출정을 준비한다. 새로운 전쟁을 통해 중앙아시아에 대한 몽고의 지배를 강화할 속셈이었다.

칭기즈칸이 호라즘을 공격했을 때 호라즘제국의 계승자 자랄 웃딘은 인도로 도망쳐 목숨을 건졌다. 오랜 세월 절치부심한 끝에 자랄 웃딘 왕자는 서이란의 주인이 되어 있었다. 그는 호라즘 왕실의 재건을 위해 많은 노력을 기울였다. 호라즘의 재건을 막기 위해 오고타이는 초르마칸에게 군사 3만을 내어주며 페르시아로 향하게 했다. 초르마칸은 자랄 웃딘이 미처 군대를 모으기도 전에 귀신같은 속도로 호라산 지방과 레이시를 거쳐 페르시아에 도착했다. 그 소식을 들은 자랄 웃딘은 깜짝 놀라 도망쳤고 도망치는 도중에 죽었다. 걱정거리를 제거했지만 초르마칸은 서둘러 군사를 돌리지 않고 소규모 병력을 떼어내 이란으로 보낸다. 그들은 메소포타미아 근처에

▼ **몽고군의 포로 압송 그림**
서역 미술의 특징이 그대로 드러나는 그림이다. 몽고군이 서방 원정 중 잡은 포로를 나무로 만든 칼을 씌워 압송하는 장면을 묘사했다. 이 그림은 페르시아 사학자 라시드의 《집사集史》에 실린 삽화로 현재 독일 베를린에 소장되어 있다.

▲ 칭기즈칸의 몽고 통일

1189년, 테무친은 몽고씨족연합의 맹주로 추대된다. 이후 차근차근 몽고 통일의 과업을 이뤄간다. 칭기즈칸은 십삼익 전투에서 자다란 부족의 자무카를 격파하고, 몽고 타타르를 토벌했으며 왕한과 나이만족 등을 정복해 결국 초원부족의 통일을 실현한다.

서 약탈을 자행하고 마라게를 점령했다. 그리고 늘 하던 것처럼 성 안의 사람들은 닥치는 대로 죽였다. 그 소식을 전해들은 주변도시 사람들은 자발적으로 투항하면서 몽고군을 달래기 위해 많은 물품을 내놓았다. 초르마칸이 돌아간 뒤 오고타이는 또 다른 귀족을 페르시아 몽고군 수장으로 보냈다. 그는 이곳에 부임한 기간 동안 코니아의 셀주크국을 침략해 몽고제국의 서방 원정에 크게 기여했다. 이번 정복으로 몽고제국의 영토는 동로마제국 근처까지 확장되었고 이를 계기로 몽고인들은 다음 상대는 강대국들이 즐비한 유럽이라는 사실을 깨닫게 되었다.

십수 년이 흐른 뒤, 아랄해 초원과 우랄산지를 통치하던 바투는 칭기즈칸 친족 대표들을 모아 오고타이칸의 명령으로 15만 대군을 이끌고 유럽정복에 나선다. 명목상 몽고군의 최고 지도자는 바투였지만 실제로 군대를 데리고 싸움을 하는 장수는 유럽에 가본 적이 있는 수부타이였다. 몽고인은 이 노장의 어렴풋한 기억과 풍부한 전쟁경험만 믿고 유럽정복을 시작했다.

5년에 걸친 유럽 원정은 몽고 군사력이 사상 최고조에 도달했다는 것을 의미했다. 15만 명이나 되는 몽고 원정군은 수부타이라는 초원의 노련한 사냥꾼이자 칭기즈칸을 따라 곳곳을 누비며 전쟁을 치른 용맹한 장수를 따라 거침없이 진군했다. 게다가 출중한 장수였던 칭기즈칸의 손자 몽케와 바투도 수부타이를 적극적으로 도와 전쟁을 수행했다. 이때의 몽고군은 이미 중국과 이슬람 지역의 최고의 기술과 군사지식을 습득해 막강한 힘을 갖추고 있었다. 키예프를 함락시키고 난 뒤, 이 막강한 군대에 대한 소문이 유럽 각지로 퍼져나갔다. 유럽인들은 몽고 기마병들에게 언제 공격당할지 모른다는 불안감과 끝 모를 두려움에 시달렸다. 유럽인들이 아직 그들의 정확한 정체를 두고 갑론을박을 벌이고 있을 때 몽고군은 이미 대초원을 가로질러 중앙아시아, 러시아, 우크라이나, 폴란드, 헝가리를 휩쓸었다. 1241년, 오고타이칸이 세상을 뜨면서 몽고의 서방 원정도 마침표를 찍는다. 이미 도나우 강을 건넜던 몽고군도 철군을 시작한다. 칭기즈칸의 손자들은 다음 대 칸에 오르기 위한 각축을 벌이기 위해 대외정복을 멈추고 조국으로 향하는 발걸음을 재촉한다. 몽고군의 유럽 원정은 5년 만에 막을 내렸지만 그 이후로 몇 세기동안 유럽민족의 이동에 영향을 주었다.

황금제국의 유산

칭기즈칸에서 그의 아들들, 그리고 손자들에 이르기까지 그들이 통치한 몽고제국은 세계에서 가장 넓은 영토를 자랑했다. 칭기즈칸의 친족은 초원에서 가장 존귀한 가족으로 여겨져 '황금씨족'이라 불렸다. 초원인들에게 황금은 왕권을 상징했다. 그러나 칭기즈칸은 제국의 모든 것이 끊임없는 정복전쟁을 통해 얻은 것임을 분명히 알고 있었다. 자손들이 칸 계승권을 둘러싸고 알력이 생기자 칭기즈칸은 더 넓은 지역에 각자의 제국을 건설하라고 조언했다. 그의 자손들은 칭기즈칸의 바람대로 중앙아시아, 유럽을 겨냥해 정복전쟁을 일으켰고 심지어 영국까지 사신을 파견해 지구 반대편에 있는 국가에게까지 두려움에 빠지게 만든다. 칭기즈칸의 손자인 쿠빌라이가 할아버지의 소원대로 전 중국을 통일한 뒤 몽고제국은 세계 역사상 가장 넓은 영토를 가진 나라가 되었다. 몽고제국이 차지한 영토를 보면 동아시아 전체를 비롯해 중앙아시아, 북아시아, 서아시아 대부분 지역, 동남아시아, 남아시아 일부 지역, 유럽 중부와 동부, 아프리카 북부까지 거의 전 지역이 포함되어 있었다.

칭기즈칸이 세운 몽고제국은 세계 역사상 마지막 부족국가였다. 그의 친족은 칭기즈칸 그 자신을 포함해 손자 쿠빌라이까지 몽고제국의 영토를 넓히는 데 평생을 바쳤다. 어느 누구도 칭기즈칸의 친

몽고마의 공로

전쟁터에서든 일상생활에서든 말은 몽고사람들이 가장 아끼는 재산이다. 칭기즈칸은 말에 대한 대우에 대해 엄격한 규정을 정한 바 있다. 중국 및 전 세계에서 비교적 오래된 마종 중 하나인 몽고마는 몽고제국의 건국에 크게 기여했다. 이 말은 내몽고 초원지대에서 나는 전형적인 초원마종이다. 몽고마는 유럽말이나 아랍말처럼 크진 않지만 사지가 튼튼하고 건장한 체격을 자랑한다. 달리는 속도는 그다지 빠르지 않지만 지구력이 뛰어나 장거리를 움직이는 데 적합하다. 이밖에도 몽고마는 신체능력이 탁월하고 적응력도 강해 넓은 지역에 풀어놓고 기르기에 안성맞춤이며 열악한 환경에서도 생존할 수 있다. 잘 길들여진 몽고마는 전쟁터에서도 놀라거나 당황하지 않고 매우 용맹하다. 그래서 예로부터 좋은 군마로 손꼽힌다. 이처럼 신체조건이 탁월한 말과 뛰어난 용마술이 있었기 때문에 몽고사람들이 그토록 훌륭한 전적을 거둘 수 있었다.

족이 세계에 미친 영향을 부인하지 못할 것이다. 몽고제국의 출현은 수천 년 동안 굳어진 국경의 장벽을 거둬냈다. 통일된 몽고제국 안에서 각종 문물과 지식, 사상이 자유롭게 오갔다. 제국은 중화문명을 비롯해 세계에서 가장 발달한 문명을 거침없이 빨아들였다. 그들은 세계정복을 꿈꿨지만 세계를 다스릴 수 있는 수단이 부족했다. 세상을 바꾸기 위해 노력했지만 세상도 그들을 바꿔놓았다. 누군가는 그들이 잔인하고 전 세계에 전쟁의 불길을 퍼뜨려 많은 사람에게 고통을 주었다고 원망한다. 또 다른 이들은 그들이 세상을 많이 변화시켰다고 높은 점수를 준다. 로마교황의 사절과 인도의 불교고승이 한 자리에 모여 허심탄회하게 이야기할 수 있었던 것도, 프랑스, 이탈리아, 중국의 장인이 함께 모여 작품을 만들 수 있었던 것도, 페르시아와 수마트라, 스리랑카 상인들이 만날 수 있었던 것도 모두 그들 덕분이라는 것이다. 누가 옳고 그른지 한 마디로 단정 지을 수는 없다. 지금도 많은 사람이 이에 대해 제각기 다른 견해를 갖고 있고 아마 앞으로도 쭉 그럴 것이다.

발칸 반도의 포화 세르비아왕국의 흥망성쇠

민족대이동의 도미노 효과로 세르비아인도 유럽 무대에 진출한다. 이때부터 그들의 험난한 국가수립 대장정이 시작된다. 1168년, 스테판 네마냐(Stephen Nemanja, 1114~1200)가 세르비아인들을 이끌고 네마냐 왕조를 세운다. 그 후 몇 대에 걸친 많은 사람의 노력으로 스테판 두샨(Stefan Uroš IV Dušan, 1331~1355) 시대에 이르러 왕조의 황금기를 맞이한다.

험난한 왕조 개창

세르비아인의 조상은 남슬라브족의 일파였다. 6세기부터 7세기까지 일어난 민족대이동의 도미노 효과로 많은 남슬라브족이 푸른 도나우 강을 건너 발칸 반도로 옮겨갔다. 그 지역에 살고 있던 토착민과 일리리아인(Illyrian)[26]과 섞이는 과정에서 세르비아인은 사바 강 중하류 이남 지역에서 아드리아해 일대까지 활동반경을 넓혔다.

약 8세기부터 9세기에 이르는 시기, 이 지역에 대공이 통치하는 국가가 나타나기 시작한다. 그러나 이 지역은 지리적으로 비잔틴제국과 불가리아왕국 사이에 있어 매우 긴 시간 동안 양국이 번갈아가면서 통치하는 9세기 말, 시메온 1세(Simeon, 864~927)가 통치하던 시기 제1차 불가리아왕국의 세력은 세르비아 동부지역까지 확장됐다. 그들은 제멋대로 약탈을 자행하고 온갖 극악무도한 짓을 저질렀기 때문에 세르비아인은 그들을 피해 정처 없이 떠도는 신세로 전락한다. 이들의 침략으로 현지 인구가 급감했고 생산량도 현저히 줄어들었다. 게다가 이런 상황이 자그마치 한 세기 내내 지속됐다. 10세기 후반 들어 세르비아인과 비잔틴제국이 동맹을 맺고 불가리아의 침략에 저항하면서 세르비아의 영토 대부분이 해방을 맞게 된다. 그로부터 얼마 후, 비잔틴제국이 제1차 불가리아왕국을 멸망시키면서 세르비아인들은 겨우 범의 아가리에서 빠져나와 한숨 돌리게 된다. 그러나 비잔틴제국 역시 '그 나물에 그 밥'이었다. 이리를 피하니 호랑이가 나타난다고 가련한 세르비아인은 비잔틴의 통치를 받게 된다.

이후 얼마동안 세르비아는 열강이 이권을 다투는 틈바구니에서

---

26) 발칸 반도 서쪽에 살던 원주민

이리 치이고 저리 치이는 신세를 면치 못한다. 당시 정국이 가장 혼란했던 곳은 역시 라슈카였다. 동로마제국이 배후에 숨어 이간질을 하고 온갖 수작을 부려 세르비아 대공들 사이를 갈라놓는 바람에 라슈카는 하루도 바람 잘 날이 없었다. 다행히 서부지역은 동로마제국으로부터 멀리 떨어져 있었기 때문에 서부의 대공들은 힘을 합쳐 동로마제국의 침략에 목숨을 건 항전을 계속했다. 역경에도 굴하지 않고 외적의 침략에 맞선 덕분에 세르비아의 독립과 주권을 지킬 수 있었다. 그들은 11세기 중기 기본적인 국가의 틀을 형성했고 보이슬라브가 초대 국왕이 되었다.

보이슬라브의 후계자인 미하일로 대공이 훗날 다시 라슈카를 정복하고 자신의 영토로 편입시킨다. 또한 교황 그레고리우스 7세로부터 왕관을 받고 가톨릭교회의 인정을 받아 합법적으로 왕이 된다. 미하일로 대공은 한때 세르비아인을 이끌고 불가리아와 비잔틴제국의 지배에서 벗어나 독립과 자유를 얻기도 했다.

그러나 나라를 세우는 일이 그렇게 쉬울 리가 없었다. 미하일로 대공의 후손들은 선조가 피땀 흘려 일군 성과를 잘 지키지 못했다. 결국 세르비아는 다시 분열되었고 세르비아 국민은 또 다시 고달픈 삶을 살아야 했다.

▼ 스테판 네마냐 1세
13세기, 스테판 네마냐 1세는 아들 네마냐 2세에게 왕위를 양도한다. 이후 네마냐 2세가 대관식을 갖고 왕위에 오르는데 이는 당시 여러 국가들이 세르비아를 인정했다는 의미이다.

황금기로 향하는 네마냐 왕조

12세기 헝가리와 비잔틴제국 사이에 발생한 수차례의 전쟁으로 세르비아는 노예상태에서 벗어나 독립을 쟁취할 수 있는 기회를 얻는다. 1168년, 라슈카 대공으로 즉위한 스테판 네마냐는 이 천재일우의 기회를 놓치지 않고 다른 지역의 대공들과 손을 잡는다. 그들은 비잔틴제국의 통치에 저항하며 민족의 독립과 자유를 되찾기 위해 싸웠다. 연합군은 순식간에 코소보 평원과 마케도니아 동부, 제타왕국과 모라비차 지역을 점령했고 결국 비잔틴제국으로부터 독립을 얻어낸다. 이때부터 규모는 엄청나지만 조직은 느슨한 독립국가 세르비아왕국이 탄생하고 네마냐 왕조의 200년 역사가 시작된다.

13세기부터 14세기까지 발칸 반도와 동유럽의 국제 형세에 큰 지각변동이 일어난다. 우선 제4차 십자군 원정군이 베네치아인의 지휘 아래 비잔틴 내부의 황위 쟁탈전을 틈타 1204년 콘스탄티노플을 점령한다. 또 세르비아의 이웃국가로 강력한 힘을 자랑하던 불가리아왕국도 이 시기 내우외환이 겹쳐 국력이 나날이 쇠잔해지고 있었다. 세르비아왕국은 하늘이 준 좋은 기회를 놓치지 않고 적극적인 외교 전략을 펼쳤다. 그리하여 양대 강국의 틈바구니에서도 용케 살아남았을 뿐만 아니라 점점 세력을 키워 황금기를 맞이한다.

13세기 전반기는 세르비아왕국이 독립국가로서 막 성장해가던 시기였다. 이때 스테판 네마냐 1세는 아들 스테판 네마냐 2세에게 왕위를 양도하고 수도원에 들어가 다시는 국정에 관여하지 않았다. 1217년, 네마냐 2세가 대관식을 갖고 왕위에 오른다. 이는 주변 국가들이 세르비아를 정식국가로 인정한다는 의미였으며 통치자의 국내 지위가 강화되고 위신이 높아졌다는 뜻이기도 했다. 당시의 관점으로 보면 정치적으로 독립한 국가는 자신만의 교회조직이 있어야 했다. 세르비아는 오랫동안 정치적 혼란을 겪은 뒤 오흐리드 대주교 관할구 교회의 지배를 받았다. 그래서 국왕의 동생이자 세르비아에서 오랫동안 거주하면서 형을 도와 정사를 처리하던 사바가 황제와 대주교가 머물던 니케아로 온다. 사바는 신속하게 관련된 일들을 처리하고 마침내 황제의 칙령을 얻어낸다. 칙령에 따르면 세르비아 국왕의 영토 안에서 독립적인 교회의 대주교구를 세울 수 있었다. 이때부터 세르비아는 정교합일 국가가 되었다.

14세기 초, 세르비아왕국은 한발 한발 전성기를 향해 나아간다. 지속적으로 영토를 확장한 끝에 스테판 우로슈 2세 통치시기에 이르러 세르비아 영토는 도나우 강과 사바 강 연안까지 넓혀졌다. 또 비잔틴의 수중에서 마케도니아 북부와 알바니아 북부도 빼앗았다. 스테판 우로슈 3세도 재위기간 동안 지속적으로 비잔틴과 불가리아로 영토를 확장했으나 양국의 완강한 저항에 부딪친다. 1330년 7월, 세르비아는 벨부즈드 전투에서 비잔틴과 불가리아의 연합군을 대파하고 불가리아제국의 차르 미하일 시스만을 살해한다. 이로써 세르비아는 불가리아의 군사위협에서 완전히 벗어났고 이후 황금기로 나아가는 발판을 마련한다.

시대의 명군 스테판 두샨

스테판 두샨의 통치 시기(1331~1355), 세르비아는 역사상 가장 화려한 시기를 맞이한다. 현명하고 용감하며 군주로서 갖춰야 할 자질을 두루 갖췄던 스테판 두샨은 왕위에 오르자마자 자신의 재능을 십분 발휘한다. 안으로는 계속해서 경제를 발전시키고, 밖으로는 과감한 외교정책을 펴 국력을 신장시켜 중세 세르비아제국의 황금기를 연다. 이 시기 세르비아는 군사적으로도 동유럽 발칸 반도에서 상대할 나라가 없었고 정치, 경제, 문화, 법률 등 다양한 분야에서 눈부신 업적을 쌓았다.

1331년, 스테판 두샨이 세르비아의 새 왕으로 등극한다. 그가 왕위에 오르고 얼마 지나지 않아 비잔틴제국에 내란이 발생한다. 그는 이 기회를 틈타 비잔틴제국 정벌을 시작하고 잇달아 마케도니아, 알바니아를 점령했으며 영토를 아드리아 해, 이오니아 해, 그리고 에게 해까지 넓혔다. 이로써 전체 발칸 반도 면적의 3분의 2에 해당하는 거대한 영토를 차지한다. 그 후로도 두샨은 정복의 고삐를 늦추지 않고 베네치아와 손잡고 콘스탄티노플을 공략할 계획을 세운다. 그러나 복잡한 국내문제로 실행에 옮기지는 못했다. 국내정국이 불안정해지자 두샨은 대외정복의 발길을 국내로 돌려 국내정치 안정에 힘을 쏟는다.

1346년 부활절, 세르비아 대주교는 스코페 성에서 스테판 두샨의 성대한 대관식을 갖고 그에게 '세르비아와 로마인의 황제'라는 명예로운 칭호를 내린다. 두샨은 제국의 수도를 라슈카에서 스코페로 옮기고 제국을 마케도니아와 그리스로 양분한다. 이후 알바니아는 그가 직접 다스렸고 세르비아 본토는 아들 우로슈에게 다스리게 하고 국왕의 칭호를 내린다. 이러한 조치들로 왕국내부의 단결과 정치적 독립성을 유지할 수 있었다. 그리하여 세르비아의 통제 아래 분봉 받은 공국들은 영토가 2배 이상 확장되고 정치적으로 독립된 대 세르비아왕국으로 거듭났다.

▼ 데차니 수도원 유화
데차니 수도원은 14세기 중기 세르비아왕 스테판 두샨이 세웠다. 이 수도원은 비잔틴시대의 유화를 완벽하게 보존하고 있는데 1,000명이 넘는 성인을 묘사한 이 유화는 거의 수도원 내부를 완전히 뒤덮고 있다. 아래 그림은 왕실 사람을 신격화하여 표현하고 있다.

스테판 두샨의 통치시기 세르비아의 경제도 눈부시게 발전한다. 이 시기 세르비아에서 가장 빠른 발전을 이룬 경제 분야는 수공업이었다. 그중에서도 광산 채굴의 발전이 두드러졌다. 세르비아는 풍부한 광산자원을 보유하고 있었기 때문에 스테판 두샨은 왕위에 오르자마자 대대적으로 광산채굴업을 발전시켰다. 심지어 대규모 해외노동자를 모집해 광산채굴에 투입시켰고 이로써 국가재정 수입을 확충했다.

문화 분야에서는 세르비아인이 비잔틴제국의 지배에서 벗어나 독립했기 때문에 비잔틴 문화의 영향력이 점차 약화되었다. 또한 나날이 활발해지는 대외무역으로 서양 문화와 풍습이 세르비아로 전해졌는데 문화의 황무지나 다름없던

▲ 스테판 두샨

세르비아로서는 가뭄의 단비처럼 반가운 일이었다. 문화에 굶주렸던 세르비아인들은 물 만난 고기마냥 기꺼이 서양 문화를 받아들였다. 그 결과 문학과 예술이 짧은 시간에 눈에 띄게 발전했고 통속문학도 유행하기 시작했다.

스테판 두샨의 빛나는 업적을 말할 때 빼놓을 수 없는 것이 바로 《두샨법전》 편찬이다. 1349년, 스테판 두샨은 새 수도 스코페에서 귀족회의를 연다. 세르비아 귀족과 황족들 간의 갈등을 해결하고 귀족과 교회의 지위와 권익을 수호하며 기존에 형성된 봉건질서를 공고히 하기 위해서였다. 바로 이 회의에서 《두샨법전》을 논의하고 통과시켰다. 1354년, 귀족에 대한 왕의 지배를 강화하고 왕의 지위와 권력을 수호하기 위해 기존의 법전을 보완한 수정본이 편찬된다.

종결자 우로슈 5세

법전 내용을 분석하다 보면 겉으로는 화려하게 보이던 세르비아 왕국 내부에도 계층 간 갈등과 사회갈등이 심각했음을 알 수 있다. 겉으로 드러난 갈등보다 안으로 곪은 갈등이 더 위태로운 법이다.

세르비아왕국의 쇠락은 이미 정해진 운명이었다. 게다가 화려한 외면도 알고 보면 끊임없는 정복전쟁으로 일군 성과였기에 각 지방이 중앙에서 이탈하는 것은 자연스러운 현상이었다. 스테판 두샨이 살아있을 때는 그나마 그 자신의 탁월한 카리스마로 통일왕국을 유지할 수 있었다. 그러나 1355년 그가 세상을 떠나자마자 세르비아 이곳저곳에서 파열음이 새어나온다. 그 틈을 놓치지 않고 헝가리가 침략해 들어와 세르비아 북부지역을 점령한다. 이어서 남부지역마저도 터키의 위협을 받게 된다. 1371년, 스테판 두샨의 아들 우로슈 5세가 죽으면서 200년 동안 세르비아 역사를 화려하게 장식했던 네마냐 왕조가 막을 내린다. 세르비아왕국도 왕조가 멸망하면서 함께 쇠락의 길을 걷는다.

네마냐 왕조가 멸망하면서 세르비아인의 삶에도 재앙이 닥친다. 그리하여 또 다시 민족독립을 쟁취하기 위한 기나긴 가시밭길에 오른다.

비열한 교회 체코 후스전쟁

중세 후기, 체코인들의 삶은 그야말로 불구덩이 속을 헤엄치는 것과 같았다. 독일 봉건영주와 가톨릭교회의 잔인한 수탈 속에서 언제 멈출지 모르는 숨을 헐떡이고 있었다. 후스는 고통 속에서 허우적거리는 사람들에게 창검을 들고 수탈자들을 향해 목숨을 건 항전을 개시하라고 촉구한다. 뜻밖의 사태가 발생하자 유럽의 봉건 통치자들은 너나 할 것 없이 두려움을 느꼈다. 결국 1415년 7월 6일, 그들은 후스에게 '이단'의 죄명을 씌워 형틀에 묶어 불을 지른다. 그러나 후스의 순교가 항전의 도화선이 될 줄 누가 알았을까!

고통 속에 신음하는 체코

체코와 독일은 지리적으로 바로 이웃해있다. 탐욕스러운 독일 봉건영주들은 풍요롭고 아름다운 체코에게서 눈을 떼지 못했다. 12세기경부터 독일의 성직자와 봉건귀족은 온갖 구실을 찾아 비옥한 체코 땅으로 밀려 들어왔다. 그들은 체코 국왕과 봉건영주와 결탁해 체코 국민을 노예처럼 부렸다. 이로 인해 체코인은 자기 나라에 살면서도 다른 나라 사람을 위해 죽도록 일하면서 생계를 유지해야 했다.

그 누구보다도 가증스러웠던 것은 가톨릭 신부들이었다. 그들은 부끄러운 줄도 모르고 온갖 종교의식(세례, 혼례, 장례 등)을 이유로 가난한 체코인을 속여 재물을 갈취했다. 고통뿐인 체코 땅에 태어나는 순간부터 숨이 끊어져 관 속에 들어가는 순간까지 신부와 사제들이 그들 곁에 딱 달라붙어 아무리 채워도 가득 차지 않는 탐욕스러운 아가리를 벌리고 있었다. 가난에 찌든 한 노파는 강도와 도둑에게 마지막 남은 동전 한 닢을 빼앗기지 않기 위해 머릿수건 안에 잘 감춰두었다. 하지만 돈 냄새라면 십리 밖에서도 맡을 수 있는 성직자들에게 노파의 잔꾀가 통할 리 없었다. 그 뿐만이 아니었다. 사치스럽고 부패한 생활을 유지하기 위해 막대한 돈이 필요했던 신부들은 폭력과 위협도 불사하면서 강제로 십일조를 거둬들였다.

수탈은 날로 심해졌고 세금은 하루가 다르게 늘어났다. 그와 더불어 체코인은 날마다 조금씩 더 절망하면서 괴로움에 몸부림쳤다. 그들이 살면서 느끼는 유일한 감정은 고통이었고 행복한 피안이며 즐

▲ 후스가 화형에 처해지는 장면

겁고 자유로운 아름다운 삶은 감히 상상할 수조차 없는 비현실적인 단어였다. 따라서 그들에게 삶은 죽음보다 더한 고통이었고 영원한 어둠 속을 헤매는 것이었다. 도망칠 곳 없는 궁지에 몰리면 쥐도 고양이를 무는 법이다. 결국 참다못한 체코인이 가슴을 후벼 파는 절규를 쏟아낸다. "하느님! 도대체 이 비참한 삶이 언제쯤 끝나는 것입니까?"

드디어 폭발한 체코인이 가장 먼저 복수의 칼을 휘두른 대상은 독일인이 지배하는 교회였다. 그들이 보기에는 교회야말로 자신들의 원수이고 이 모든 고통의 근원지였기 때문이다. 그래서 저마다 창검을 들고 혼자 또는 무리를 지어 거리로 나섰다. 그러고는 피아노 소리가 멈추지 않는 호화롭고 사치스러운 교회 안으로 뛰어 들어갔다. 날카로운 창검은 탐욕스러운 성직자들의 가슴을 꿰뚫었고 자신의 피와 눈물로 얼룩진 금은보화를 꺼내 고통받는 국민에게 뿌려주었다. 그리고 활활 타오르는 횃불을 증오스러운 악마들의 거처에 던졌다. 교회 안에서 들려오는 악마들의 비명 소리를 들으니 믿음과 저항할 힘이 생겼다. 체코인은 더 이상 두려워하지 않았다. 그들 앞에 놓인 길은 오직 '투쟁' 뿐이었다. 어차피 살아있어도 다른 사람이 시키는 대로 일하고 이리저리 끌려 다니는 개 같은 신세를 면치 못할 바에야 차라리 행복과 자유를 위해 싸워보기라도 하고 싶었다.

활활 타오르는 불더미 옆에는 언제나 '이 사람'의 그림자가 길게 드리워져 있었다. 어떤 때는 침착하게 농민들을 지휘하며 적들을 죽이다가 또 어떤 때는 높은 곳에 올라가 고함을 질렀다. "이제 창검을 들 때입니다. 폭력으로 교황을 응징합시다." 그가 바로 체코인의 영웅이자 체코의 전설적인 애국자, 사상가, 종교개혁가인 '얀 후스'였다.

나는 영웅이 아닙니다

1369년, 체코 남부 후시네츠의 가난한 농가에서 한 남자아이가 태어났다. 아름다운 자연풍광에 둘러싸인 마을이었지만 아이의 눈을 사로잡은 광경은 마을 사람들의 처참한 생활 모습이었다. 그는 조국 동포들의 고통스러운 신음소리를 들었다. 그래서 후스는 열심히 공부해서 더 많은 지식을 쌓아 체코인을 고통 속에서 건져주리라 다짐했다. 노력에는 응분의 대가가 있게 마련이다. 1391년, 후스는 우수한 성적으로 프라하대학 문학과에 합격했다. 대학에 입학한 뒤 후스는 학과공부에도 열심이었지만 종교와 관련된 지식이라면 무엇이라도 가리지 않고 습득했다. 왜냐하면 탐욕에 물든 신부들의 장엄하고 신성해 보이는 사제복을 찢어버리는 가장 좋은 방법은 교회 안으로 들어가 그들에게 익숙한 언어로 사제들의 거짓말을 까발리고 손에 든 창검으로 하느님의 정의를 수호하는 것이었기 때문이다.

그렇게 오랫동안 열심히 공부한 끝에 후스는 한 가지 진리를 깨달았다. '하느님은 인자하고, 탐욕을 부리지 않는다. 잔인하고 포악한 무리는 사제복을 입은 이리떼이고 탐욕스러운 무리 역시 양의 탈을 쓴 신부들이다.' 이와 같은 결론을 내린 뒤, 후스는 전국 각지를 떠돌아다니며 사제와 귀족들의 부패하고 타락한 모습을 남김없이 폭로하고 하느님의 정의를 알렸다. 그는 고통에 허덕이는 사람들을 향해 외쳤다. "하느님의 눈에는 가난하지만 도덕적인 농민이, 부유하지만 죄를 지은 주교보다 더 고귀하다."

1412년, 뻔뻔스럽고 탐욕스러운 교황은 타락하고 부패한 생활을 유지하기 위해 프라하로 사람을 보내 '면죄부'를 판매하려 했다. 그리고 부끄러움도 모르고 이렇게 말했다. "부모든지 어린아이든지 남녀 누구를 막론하고 도움을 받을 수 있다. 너희들의 넣는 돈이 이 궤짝에 들어가 '딸랑' 하는 소리가 나자마자, 불쌍한 영혼은 연옥에서부터 해방되어 뛰쳐나오게 되는 것이다." 당시 프라하대학 총장을 맡고 있던 후스는 교황의 사자가 쏟아내는 뻔뻔한 거짓말에 분노를 참을 수 없었다. 그는 냉담하게 외쳤다. "만약 정말로 하느님이 면죄부를 준다면 나야말로 한 보따리 사고 싶다. 그러나 안타깝게도 나는 진실한 가톨릭 신자이다. 죽는 한이 있어도 이 얇은 종이쪼가리가 내 죄를 씻어준다는 말을 믿을 수 없다."

그로부터 얼마 후, 프라하 대주교는 후스의 파문을 결정한다. 후스는 어쩔 수 없이 프라하를 떠나 보헤미아 남부로 갔다. 이곳에서 그는 외딴 농촌마을로 들어가 굶주리고 헐벗은 농민들을 만나 이후 발생할 대규모 후스전쟁의 씨앗을 심는다. 다만 여기서 짚고 넘어갈 것이 하나 있다. 후스는 교황을 수장으로 한 가톨릭교회의 부정부패를 통렬히 비판하고 고통스럽게 살아가는 노동자들을 동정했지만 결코 봉건제도를 없애야 한다고 주장하지는 않았다. 후스의 설교를 듣고 각성한 체코인들이 스스로 다음과 같은 결론을 내린다. '흡혈귀 같은 가톨릭교회도 사라져야 하지만 사람이 사람을 먹는 잔인하고 어두운 봉건제도도 함께 없어져야 한다.'

비록 후스의 혁명사상이 어느 정도 한계는 있었지만 그래도 유럽 봉건 통치자들의 두려움을 불러일으켰다. 그래서 후스는 그들에게 눈엣가시 같은 존재였다. 그러던 중 1414년, 유럽의 봉건 통치자들이 독일 남부 콘스탄츠에 모여 회의를 연다. 콘스탄츠 종교회의는 갈수록 세력이 강해지는 이단을 진압할 방법을 모색하기 위한 회의였다. 이 자리의 주요 쟁점 사항은 후스의 입을 막는 방법이었다. 이를 위해 회의참석자들은 '우호의 손길'을 내밀어 후스에게 회의에 출석할 것을 요구한다. 독일 황제 지그스문트는 가증스럽게도 후스의 '신변 안전'을 보장하기까지 했다.

함정임이 분명했지만, 후스는 하느님의 정의를 보이기 위해 범의 소굴로 뛰어든다. 그러나 결과는 보나마나였다. 후스가 콘스탄츠에 도착하자마자 그 뻔뻔한 무리들은 후스를 체포해 음습하고 냄새나는 지하감옥에 가둔다. 그러나 음침한 감옥도, 무거운 족쇄도 위대한 애국가의 신념을 바꾸지는 못했다. 후스의 목소리는 여전히 신념으로 가득 차 있었다. "《성경》이 나에게 보여준 진리를 수호하기 위해 나는 차라리 죽음을 택하겠다." 단호하게 타협을 거부하는 후스의 모습에서 회의 참석자들은 더 큰 두려움을 느꼈다. 그래서 서둘러 후스에게 '이단' 죄를 씌워 화형장의 형틀에 묶었다.

창검으로 '하느님의 정의'를 수호하다

후스가 죽자 비열한 봉건통치자들은 안심했다는 듯 한숨을 내쉬었다. 그들은 후스라는 '트러블메이커'만 제거하면 모든 일이 해결되고 천하가 다시 자신들의 품으로 들어올 것이라고 생각했다. 그러나 그들의 생각은 완전히 잘못된 것이었다. 설마 후스의 죽음이 체

▲ 후스가 화형에 처해지자 후스당
원들이 이끄는 후스전쟁이 일어
났다. 이 전쟁은 체코민족의 독
립을 위한 투쟁이었다.

코 하층민의 분노에 불을 붙일 것이라고는 차마 생각하지 못한 것이
다. 체코인은 가톨릭교회가 후스를 살해한 것은 체코인을 모욕한 것
이며 돌이킬 수 없는 큰 잘못이라고 생각했다. 그들은 소리 높여 외
쳤다. '창검을 들어 후스의 복수를 해 하느님의 정의를 수호할 것이
다. 우리의 피로 후스의 혁명사상을 채우고 이로서 아름다운 체코
땅에 싹틔우게 할 것이다.' 그렇게 타오른 복수의 불길은 체코 방방
곡곡으로 번져나갔다.

　1419년 7월 22일, 체코 군중은 《성경》의 전설에 따라 타보르 성 밑
에 몰려들었다. "타보르에서는 너와 나의 구분이 없이 모두가 평등
하게 소유한다. 그 누구도 사적으로는 어떤 것도 가질 수 없다!" 타
보르의 농민운동은 벼락처럼 온 체코 땅을 강타했다. 그리고 벼락이
친 뒤 천둥소리가 울리는 것처럼 가슴 속에 분노를 삭이던 체코인은

일시에 분노를 터뜨리며 후스전쟁의 막을 올렸다.

후스전쟁에 참가한 사람은 신분이 매우 다양했지만 기본적으로 타보르파와 우트라크파로 나뉘었다. 타보르파는 급진적 혁명노선을 추구했고 우트라크파는 비교적 온건한 편이었다. 우트라크파의 주요 목적은 봉기의 힘을 이용해 독일인이 점령한 교회재산을 빼앗고 체코민족의 교회를 세우는 것이었다. 비록 전쟁에 참가한 목표와 이상은 달랐지만 이 두 파는 후스전쟁 기간 동안 마찰 없이 잘 단결했다. 그들은 용감하고 지략까지 갖춘 퇴역 군인 얀 지스카(Jan Zizka of Trocnov)의 지휘를 받으며 체코와 독일 봉건영주들과 치열한 전투를 벌였다. 그들은 적들의 극렬한 반격을 잇달아 격파하고 발트해 연안과 그보다 더 먼 지역에 까지 승리의 깃발을 꽂았다.

그러나 승리의 함성이 커질수록 내부의 갈등도 커져갔다. 우트라크파가 독일 제후들과 결탁하는 바람에 리판 전투에서 타보르파는 치명적인 타격을 입고 대패한다. 리판 전투에서의 패배는 이번 대규모 농민전쟁의 비극적인 운명을 예고했다.

유럽 각국 봉건영주의 연합 공격으로 후스전쟁의 불길은 점점 잦아들었다. 하지만 후스전쟁은 역사적으로 매우 위대하면 깊은 의의를 가진 전쟁으로 기록되었다. 투쟁을 벌이면서 체코인들은 부패하고 탐욕스러운 교회를 비웃고 신부들의 뻔뻔스러운 행각을 폭로하기 위해 국민의 투지를 격려하고 용감한 혁명정신을 전파했다. 그들은 체코글로 된 격정적인 애국투쟁시를 쏟아냈다. 교회를 비판한 후스의 논문이 대표적인 작품이다. 더 중요한 사실은 이 전쟁을 통해 독일 침략세력에 큰 타격을 입혔고 이 시기 동안 신성로마제국의 지배에서 벗어나 체코민족의 독립적이고 자주적인 발전을 촉진했다는 점이다. 후스전쟁은 체코 역사상 가장 감동적인 영웅 서사시였다.

제국의 몰락 통곡하는 콘스탄티노플

천년고도 콘스탄티노플이 1453년 5월 29일에 함락되었다. 동서양을 잇는 '황금가교' 라고 불렸던 이 도시는 동로마제국의 영광스러운 날과 험난했던 날들을 모두 기억하고 있다. 제국을 지키기 위해 몸부림쳤지만 결국은 통곡하며 역사 속으로 사라진 도시, 동로마제국이 사라진 이 도시에 오스만 튀르크가 자리한다.

콘스탄티노플을 돌아보다

330년 5월 11일, 사람들이 기쁨에 들떠 새 수도의 완공을 축하하고 있다. 이곳은 콘스탄티누스 황제가 제국을 위해 심혈을 기울여 고르고 공사 과정을 직접 진두지휘한 도시였다. 사람들은 군주의 공덕을 기리기 위해 이 도시의 이름을 '콘스탄티노플', 즉 '콘스탄티누스의 도시' 라고 불렀다.

▼ 투르크제국의 술탄 메메드 2세
메메드 2세는 세계를 정복하고 싶었다. 메메드 2세의 정복야욕은 콘스탄티노플을 역사 속으로 사라지게 만든다.

사실 서양에서 콘스탄티노플처럼 오랫동안 제국의 수도로 화려한 길을 걸어온 도시는 찾아보기 힘들다. 기원전 7세기, 이곳은 그리스 도시국가의 식민지였다. '비잔티움' 은 콘스탄티노플의 라틴어 이름이었다. 콘스탄티누스 1세가 이곳을 제국의 수도로 정한 뒤, 천년 고도로서 오랫동안 사랑받는다. 훗날 오스만제국도 화려하고 웅장한 그 모습에 매료돼 이곳으로 수도를 옮길 정도였다. 사실 콘스탄티노플이 이토록 오랜 세월 빛나는 역사를 쓸 수 있었던 데는 절묘한 지리적 위치 덕분이었다. 콘스탄티노플은 보스포루시 해협 서안에 위치해 있다. 남쪽으로는 마르마라해가 연해있고 남북으로 좁지만 배가 다닐 수 있는 해협이 있다. 이는 양쪽에서 도시를 감싸 천연요새로 만들었다. 콘스탄티노플은 흑해와 에게 해, 지중해로 통할 뿐만 아니라 유럽과 아시아 대륙을 잇는 통로로 '황금 가교' 라 불릴 만 했다.

콘스탄티노플은 비잔틴제국의 중심으로 국가의 흥망성쇠가 모두 이곳에서 이루어졌다. 그러나 미인박

명이라는 말이 있듯이 천혜의 도시 콘스탄티노플은 수시로 외적의 침략에 시달려야 했다. 다행스럽게도 그때마다 뛰어난 군주가 나타나 위기에 빠진 도시를 구해낸 덕분에 콘스탄티노플은 천년의 세월을 이어올 수 있었다.

7세기 무렵, 아바르족과 페르시아의 연합군이 콘스탄티노플을 포위하고 공격하기 시작했다. 그러나 헤라클리우스 황제가 격렬하게 저항한 덕분에 위기에서 벗어날 수 있었다. 7세기 후반, 콘스탄티노플이 페르시아와의 전쟁에서 아직 완전히 회복되지 않은 틈을 타 아랍인과 불가리아인도 성을 공격했다. 한치 앞도 기약할 수 없는 위태로운 상황에서 레오 3세가 활약한 덕분에 콘스탄티노플을 지킬 수 있었다. 약 200년 동안 풍요로운 번영기를 거친 뒤, 콘스탄티노플은 또 다시 전란의 포화에 휩싸인다. 1071년 셀주크투르크는 소아시아에서 벌어진 만지케르트 전투에서 비잔틴의 주력군을 대파한다. 여세를 몰아 콘스탄티노플까지 점령하고자 도망치는 제국의 군사들을 추격한다. 수도가 위협받는 지경에 이르자 알렉시우스 1세는 서유럽에 도움을 요청한다. 이것이 제1차 십자군 원정의 시발점이 된다. 비록 소아시아의 영토는 회복했지만 이번에는 서유럽의 이리떼들이 군침을 흘렸다. 1204년, 호시탐탐 기회를 엿보던 서유럽이 드디어 마수를 뻗쳐왔다. 그들은 콘스탄티노플을 점령하고 무자비하게 짓밟았다. 1261년, 콘스탄티노플은 다시 비잔틴의 품으로 돌아왔지만 그 옛날의 도시는 이미 사라지고 없었고 비잔틴제국 역시 강력하던 옛 모습을 잃고 말았다. 복잡다단한 역사의 틈바구니에서 콘스탄티노플은 1453년까지 겨우 버틴 끝에 멸망한다.

비극의 서막

13세기, 떠오르는 별, 오스만 튀르크가 역사무대에 등장한다. 마땅히 상대할 만한 적수가 없었기 때문에 오스만 튀르크는 대대적인 정복전쟁을 벌였고 무서운 기세로 영토를 확장했다. 오스만과 오르한 부자가 이끄는 투르크인은 14세기 중엽에 이르자 소아시아 서북지역을 모두 장악해 제국의 기반을 다졌다. 이어서 즉위한 무라드 1세는 부친의 유업을 이어받아 영토 확장에 온 힘을 기울였다. 무라드 1세는 무자비한 공격을 퍼부어 순식간에 비잔틴제국의 핵심인 발칸지역을 점령한다. 이로써 콘스탄티노플은 사면초가에 놓인다.

이 당시 비잔틴제국의 국력은 극도로 약해진 상태였고 상대는 떠오르는 해처럼 거침없이 성장하고 있는 강대국이었다. 국운이 다한 비잔틴이 할 수 있는 일이라고는 콘스탄티노플 성문을 걸어 잠그고 기적이 일어나길 빌며 하루하루를 버티는 것뿐이었다. 누구라도 콘스탄티노플의 몰락을 점쳤을 이때, 비잔틴이 '어부지리' 하는 상황이 발생한다. 오스만 튀르크의 세력이 정점을 향해 치닫는 이 무렵, 중앙아시아에 동방의 정복자 티무르가 나타나 소아시아로 세력 확장을 꾀한 것이다. 1402년, 티무르의 군대와 오스만 튀르크군은 앙카라에서 만나 치열한 혈전을 벌인다. 그 결과 용맹하고 날랜 몽고 철기군이 오스만 튀르크군을 철저히 짓밟아 승리를 거둔다. 이렇게 티무르가 바예지드의 발길을 붙잡은 덕분에 콘스탄티노플은 절체절명의 위기에서 벗어날 수 있었다.

1453년 4월 6일, 콘스탄티노플에 대포소리가 울리고 연기가 자욱하게 피어올랐다. 결국 콘스탄티노플에 마지막 재앙이 닥친 것이다. 콘스탄티노플을 파괴한 장본인은 반세기 전에 제국 정복을 눈앞에 두고 발길을 돌려야 했던 오스만 튀르크였다. 당시 오스만 튀르크를 이끌던 인물은 박학다식하고 기운이 넘치던 술탄 메메드 2세였다. 그는 어려서부터 다양한 서적을 섭렵하고 높은 이상을 키워온 데다 군사전략과 외교전술에도 능했다. 메메드 2세는 술탄이 되자마자 적극적으로 콘스탄티노플 공략에 나선다.

메메드 2세는 한편으로는 외교 담판을 벌이면서 다른 한편으로는 군사행동을 준비했다. 그는 콘스탄티노플을 지원할 가능성이 있는 모든 국가와 협약을 맺어 비잔틴제국을 고립무원의 상태로 만든다. 그리고 엄청난 규모의 함대를 만들어 바다에서 콘스탄티노플을 봉쇄하고 대량의 군수물자를 준비했다. 특히 각종 포탄을 비축해 전쟁에 대비했다. 게다가 성을 공격할 때 쓰기 위해 많은 돈을 지불하고 당시 유명한 화포제작자를 초빙해 최대 구경의 대형 화포를 제작했다. 마지막으로 육군의 군사 작전까지 주도면밀하게 계획을 세웠다.

비잔틴 황제 콘스탄티누스 11세는 곧 전투가 벌어질 것에 대비해 방어 준비에 박차를 가했다. 그러나 문제는 턱없이 부족한 군사력이었다. 그는 또 다시 유럽 각국에 사절을 보내 원조를 요청했지만 별다른 효과를 거두지 못했다. 각국 통치자들은 비잔틴의 상황을 동정하며 입으로는 지원군을 보내기로 약속하고 실제 행동에 옮기지는 않았다. 결국 믿을 것은 자신뿐이라는 생각에 콘스탄티누스 11세는 공격받기 쉬운 서쪽과 남쪽 성벽을 강화하고 참호를 파고 제방을 쌓아 안팎으로 여러 겹의 성채를 보호할 수 있는 수단을 강구했다. 방어군 5,000명과 외국 지원군 2,000여 명을 각자 위치에 배치하고 26척의 선박은 모두 골드혼[27]해협 입구에 배치한 뒤 두꺼운 쇠사슬로 항구를 봉쇄했다. 콘스탄티노플은 워낙 지세가 험준한 곳에 위치해 있어 방어는 쉽고 공격하기는 어려운 난공불락의 요새였다. 비잔틴은 그 점에서 조금이나마 안도를 얻었다.

지는 해 콘스탄티노플

1453년 4월 6일, 메메드 2세는 성을 공격할 보병과 기병 10만여 명을 직접 이끌고 위풍당당하게 콘스탄티노플로 향했다. 오스만인은 먼저 육로로 진격했고 뒤이어 수많은 대포가 불을 뿜었다. 그러나 견고한 콘스탄티노플 성은 꿈쩍도 하지 않았다. 한 차례 포성이 지나간 뒤 군사들은 용감하게 성벽을 향해 돌격했다. 비잔틴인은 성채와 성벽 위에서 돌과 '그리스 불'[28]을 이용해 반격했고 그 결과, 오스만군은 심각한 타격을 입었다. 오스만군은 며칠 동안 모든 화력을 총동원해 성을 공략했지만 콘스탄티노플의 성문을 열지는 못했다. 이때 메메드 2세에게 좋은 수가 떠올랐다. 바로 성 안으로 들어갈 지하통로를 뚫는 것이었다. 메메드 2세는 생각한 바를 곧바로 행동에 옮겼다. 그러나 땅굴을 파는 도중, 비잔틴인에게 발각되는 바람에 실패하고 만다.

콘스탄티노플로 들어가는 길은 육지나 바다나 쉽지 않았다. 콘스탄티노플을 지원하러 온 제네바 전함 네 척이 오스만군의 봉쇄를 뚫고 마르마라해로 들어갔다. 이 소식을 들은 오스만 해군 지휘관이 곧바로 수십

▼ **콘스탄티노플 공략**
1453년, 투르크 술탄 메메드 2세는 오스만인을 이끌고 콘스탄티노플을 공략했다. 이로써 비잔틴제국의 해는 역사 속으로 저문다.

27) 일명 황금뿔
28) 황, 석유, 생석회 등을 혼합해서 만든 액체로 된 인화물질

148

척의 전함을 보내 제네바 전함을 공격한다. 그러나 적을 격파하기는
커녕 오히려 자기편 전함만 바다 속에 수장시키고 말았다. 제네바
전함 네 척은 오스만 해군의 손아귀에서 벗어나 무사히 골드혼에 도
착한다. 며칠 동안 전면전을 펼쳤지만 오스만군은 콘스탄티노플의
해안 진지를 무너뜨렸을 뿐, 성으로 들어가는 관문은 뚫지 못했다.

　메메드 2세와 장수들은 머리를 쥐어짜 가며 콘스탄티노플을 공략
할 방법을 고민했다. 그 결과, 골드혼 공략으로 의견을 모은다. 골드
혼은 방어력이 약하기 때문에 콘스탄티노플에서 그나마 공략해 볼만
한 곳이었다. 일단 그곳만 뚫는다면 콘스탄티노플은 앞뒤로 적을 맞
는 꼴이 되니 아무리 난공불락의 요새라도 더 이상 버틸 재간이 없다
는 결론이었다. 이제 문제는 두꺼운 쇠사슬로 봉쇄한 골드혼을 뚫는
방법이었다. 그런데 콘스탄티노플을 돕자고 왔던 제네바가 오히려
오스만군에게 결정적인 힌트를 제공한다. 제네바의 영향력 하에 있
는 갈라티아를 통하면 골드혼으로 들어갈 수 있었던 것이다. 여기에
생각이 미친 오스만 해군 지휘관은 곧 제네바 상인들과 협상을 진행
한다. 협상 결과, 오스만은 갈라티아에서 제네바 상인의 모든 특권
을 보호한다는 조건으로 골드혼으로 들어가는 길을 빌리는 데 성공
한다.

1453년 4월 22일 저녁, 오스만인은 전함 70척을 이끌고 골드혼의 쇠사슬을 에둘러 갈라티아 기슭에 접근했다. 메메드 2세는 직접 군사를 지휘해 나무판을 깐 뒤, 그 위로 전함을 미끄러뜨려 골드혼으로 들어갔다. 23일 동이 틀 무렵, 오스만군은 전함들을 이용해 부교를 만들고 포대를 쌓았다. 군사들은 포대 위에 올라 콘스탄티노플을 향해 병력과 화력을 집중시켰다. 생각지도 못한 적의 출현에 콘스탄티노플 군사들은 당황해서 어쩔 줄을 몰랐다. 다급한 김에 서남부에 배치했던 군사들을 보내 막으려 했지만 이것이 전세를 오스만 쪽으로 기울게 만든 결정적인 실책이었다. 서남부의 군사들이 빠지면 콘스탄티노플을 방어할 군사력이 크게 줄어들기 때문이었다. 제국의 몰락은 피할 수 없는 현실이었지만 콘스탄티노플 군사들은 여전히 포기하지 않고 완강하게 저항해 한 달 넘게 악전고투한다.

오스만군은 포탄을 끝없이 쏘아댔고 콘스탄티노플 성 안의 백성은 무너진 성을 보수하는 데 사력을 다했다. 그러나 열 번 찍어 안 넘어가는 나무 없다고 쉬지 않고 쏟아지는 포탄에 결국 성채에 커다란 구멍이 뚫리고 말았다. 이에 메메드 2세는 군사들의 사기를 돋우러 나선다. "용맹한 군사들이여, 독실한 무슬림들이여! 이미 성벽에 구멍을 뚫었다! 너희에게 웅장한 건물과 무수한 백성들이 있는 도시를 주마. 동로마의 수도이자 세계의 중심을 너희에게 줄 테니 마음껏 약탈해서 세상에서 가장 부유한 자들이 되라. 이제 너희들의 창끝에 횃불을 매달고 용감하게 성 안으로 돌격해라!" 강하고 사나운 적들이 맹렬히 달려들자 지칠 대로 지친 비잔틴은 완전히 무너지고 말았다. 콘스탄티누스 11세도 교전 중에 사망한다.

그 후 천년의 역사를 자랑하는 아름답고 웅장한 이 도시는 이민족의 손에 결딴이 난다. 오스만 군사들은 마음 내키는 대로 죽이고 불 지르고 약탈했다. 비잔틴 사람들은 노예로 전락했고 궁전은 한 줌 재로 변했다. 진귀한 예술품과 유물도 불에 타거나 약탈당했다. 무너지고 부서진 건물들은 하나같이 비참한 운명에 피눈물을 흘렸다. 이후 메메드 2세는 웅장한 기세를 자랑하던 성소피아 대성당을 이슬람 사원으로 개축한다. 또한 수도를 이곳으로 옮긴 뒤 이름을 '이스탄불'로 바꿨다. 오늘날에도 이 도시는 이스탄불이라 불리고 있다.

다시 오지 않는 천년제국

콘스탄티노플이 함락될 때 비잔틴제국도 수도와 운명을 같이했다. 서양 고대 문명을 태양에 비유한다면 비잔틴 문명은 달에 불과하지만 그래도 천년 동안 이어오면서 고대 문화유산을 지키고 지난날의 찬란했던 문명을 되살리기 위해 구슬땀을 흘린 점을 높이 사야한다. 서로마제국이 멸망한 뒤 서양은 걸음마부터 다시 시작해야 했지만 비잔틴은 고대 로마제국의 영광을 계승해 서양과는 출발선부터가 달랐다. 그렇기 때문에 11세기까지 비잔틴 문명은 서양 문명을 크게 앞질렀다. 서양은 몇 세기에 걸쳐 꾸준히 발전했다. 그러는 사이 여러 강대국이 출현하고 경제가 발전하고 사상이 확장돼 조금씩 생기를 되찾았다. 또한 십자군 원정을 통해 유럽이라는 지역에서 벗어나 세계로 걸어 나왔다. 동양의 오스만 튀르크도 서서히 세력을 키워 결국에는 강력한 실력자로 거듭났다. 그러나 비잔틴만은 찬란했던 과거의 그림자에 얽매여 옛 영광을 재현하는 데만 심취해 있었다.

유구한 전통을 지닌 제국이 무너지고 위대한 문명이 매장되자 사람들은 안타까운 탄식을 내뱉었다. 그리고 제국이 사라지고 난 뒤에야 '비잔틴제국이 이슬람 세력의 동진을 막는 최후의 보루였고 서양 기독교 문명의 성장을 돕는 든든한 바람막이였으며 훗날 동유럽 지역이 발전하는 데 비옥한 토양을 마련해주었다'는 사실을 깨닫는다.

이반 3세 통일 러시아의 기반을 다진 왕

이반 3세는 봉건제후가 할거하는 키예프 루시를 통일로 이끌었다. 그는 장님 아버지의 유언을 이어받아 아들을 위해 새로운 러시아제국을 세웠다. 그에 대해서는 평가가 분분하지만 '이반 대제'라고 불린 것처럼 자신에게 부여된 사명을 충실히 이행한 통치자였다.

루시 통일

이반 3세의 삶은 태어날 때부터 순탄하지 않았다. 그의 아버지 바실리 2세는 권력투쟁 과정에서 포로로 잡혀 두 눈을 잃었다. 어린 이반은 수도원에 숨어 다행히 목숨을 건졌다. 또한 킵차크한국의 속국이었던 모스크바공국은 다른 국가들이 군침을 흘리는 정복대상이기도 했다. 나라가 안팎으로 위태로운 상황에서 어린 이반은 장님이 된 아버지를 도와 나라를 다스렸다. 열두 살부터 군사를 이끌고 전장을 누볐으며 스물두 살에는 모스크바 대공의 자리를 계승했다. 어려서부터 통치 경험을 풍부하게 쌓았기 때문에 다른 왕들처럼 등극하자마자 왕권을 다지느라 정력을 허비할 필요가 없었다. 그래서 이반은 오래 전부터 계획해온 '루시 통일'을 착착 진행한다.

이반은 선조들의 덕을 톡톡히 보았다. 그의 할아버지와 아버지는 모스크바공국의 기반을 튼실하게 다져놓았다. 그래서 이반이 대공이 되었을 때 모스크바공국은 이미 여러 루시공국 사이에서 가장 강한 나라가 되어 있었다. 아버지의 뒤를 이어 대공이 된 이반 3세는 곧바로 영토 확장에 나선다. 첫 번째 합병 대상은 야로슬라블과 로스토프공국이었다. 어차피 이두 공국은 별다른 위협이 되지 못했기 때문에 시간을 두고 합병을 해도 큰 문제가 되지 않았다. 그러나 노브고로드공국은 이반 3세가 예전부터 손에 넣고 싶어 몸이 달았던 나라다. 이반은 이미 오래 전에 노브고로드공국을 정복할 계획을 세워두었다. 하지만 그는 신중한 성격이었으므로 서두르지 않았다. 노브고로드 내부에서 통치권자들의 분란이 일어나자 이반 3세는 당근과 채찍을 번갈아 사용하며 세번에 걸쳐 노브고로드공국을 합병했다. 이반은 먼저 채찍

▼ 이반 3세
모스크바 대공 이반 3세는 운이 좋은 통치자였다. 남과 달리 아버지가 뒤를 든든히 받쳐주는 상황에서 대외 확장을 추진했고 그 결과 탁월한 업적을 남겼다. 또한 야로슬라블, 노브고로드 등 루시공국을 통일했다.

을 휘둘렀다. 1471년, 이반 3세가 셀론 강 전투에서 노브고로드군을 격파했을 때 이미 노브고로드인은 이반 3세의 지배하에 들어갔다. 그들은 대공에서 복종할 것을 맹세하고 배상금을 지불했다. 1475년에 다시 노브고로드를 찾은 이반 3세는 자신에 반대하는 세력을 제거하고 백성들의 환심을 샀다. 노브고로드를 합병하기 위한 사전작업을 모두 마친 뒤, 1477년 드디어 정식으로 출병해 노브고로드를 합병한다. 이어 이반 3세는 노브고로드의 일부 세력은 반역죄로 처결하고 나머지는 추방한다. 또한 많은 귀족을 다른 지역으로 이주시켜 혹시 모를 재건의 움직임을 사전에 차단한다. 노브고로드를 합병하면서 모스크바공국의 영토는 북극해까지 확장된다.

▲ 이반 3세

1485년, 이반 3세는 오랜 적수였던 트벨리공국까지 통일한다. 이미 다른 공국들이 모두 이반 3세에게 무릎을 꿇은 뒤였기에 트벨리공국은 노브고로드공국보다도 순순히 항복했다. 이제 트벨리까지 합병하고 나니 남아있는 루시제후국은 겨우 몇몇에 불과했다. 그러나 그것만으로는 이반 3세의 영토 야욕을 채울 수 없었다. 이반 3세는 모든 키예프 지역은 마땅히 자신이 통치해야 한다고 생각했다. 이런 생각은 이반 3세의 대외정책과 국내통치에서 그대로 드러났다. 노브고로드와 트벨리를 통일한 이반 3세는 '마땅히 자신이 가져야 할 권리'를 갖기 위해 무력을 동원해 스몰렌스크와 폴로츠크의 일부 지역, 체르니코프-세베르스크의 대부분 지역을 모스크바 대공의 영지로 인정하라고 리투아니아를 압박한다. 뜻하던 바를 모두 이룬 이반 3세는 득의양양해져 스스로 '전 루시의 대군주'라고 자칭한다. 이로써 자신이 세운 공적을 증명할 셈이었다.

숙적의 정면충돌

러시아는 쿨리코보 전투에서 킵차크한국을 격파해 역사상 길이 남을 군사 업적을 세웠다. 그러나 힘겹게 승리를 거둔 것에 비해 이반 3세 때 몽골의 통치는 너무나 싱겁게 끝나버렸다. 쿨리코보 전투의 빛나는 전적으로 모스크바 대공은 상대적으로 독립적인 통치권을 얻었다. 하지만 여전히 대공위를 계승할 때 칸의 승인을 받아야 했고 킵차크한국에 주기적으로 공납을 바쳐야 하는 등 속국의 의무를 이행해야 했다. 이반 3세는 칸의 승인도 받지 않고 대공위를 계승했고 자신의 아버지와 마찬가지로 정기적으로 공납을 바치지도

않았다. 그나마 복종의 표시로 이따금씩 '선물'을 보낼 따름이었다.
그러나 국력이 커지자 이런 '선물'마저도 보내지 않았다. 나날이 커
지는 모스크바 대공의 힘과 명성은 자연히 몽골의 신경을 건드렸고
최후의 결전을 예고했다.

　1465년과 1472년, 일종의 '벌'을 주기 위해 몽골 원정군이 모스크
바로 진격했다. 하지만 두 번 다 모스크바공국의 변경지역에서 가로
막혀 별다른 소득 없이 끝이 났다. 1480년, 이반 3세는 더 이상 킵차
크한국에 복종하지 않겠다고 선언한다. 이에 격분한 아마드칸은 버
릇없는 이 루시인을 단단히 혼내주기로 결심한다. 아마드칸은 대군
을 이끌고 오카 강변에 이르러 모스크바를 칠 준비를 했다. 이 소식
을 들은 이반 3세는 맏아들을 보내 오카 강 지류인 우그라 강변에서
적을 맞을 준비를 시킨다. 양측은 오카 강을 경계로 11월까지 대치
했다. 그런데 몽골군은 양식과 건초가 떨어지고 두꺼운 의복도 없었
다. 게다가 약속했던 동맹국의 지원도 제때 이루어지지 않았다. 이
와 반대로 모스크바 군대는 봉읍 제후의 지원군을 얻은 데다 온 국
민이 몽골과의 결사 항전을 지지했다. 몽골군은 배고픔과 추위 때문
에 쉽사리 진격하지 못했다. 그러던 중에 아마드칸은 주둔지를 옮기
는 러시아군을 보고 기습공격이라 오인하여 재빨리 도망쳤고 이어
서 몽골군도 퇴각했다. 아마드칸은 러시아에서 옛 권위를 되찾고자
했지만 번번이 실패했고 얼마 뒤에 발생한 내란 중에 살해당한다.
이후 킵차크한국이 몇 개의 소국으로 분할되면서 몽골의 통치력은
더욱 약화된다. 1480년, 200년 가까운 몽골의 러시아 지배가 드디어

종지부를 찍는다.

권력 밑의 쌍두독수리

　국가를 통일하고 나자 중앙집권적인 통치제도가 필요해졌다. 이를 위해 먼저 모스크바 대공의 지위를 높이고 신성화하는 움직임이 시작되었다. 1472년, 이반 3세는 비잔틴의 공주 소피아와 결혼한다. 바티칸은 모스크바 대공과 비잔틴제국 마지막 황제인 콘스탄티누스 11세의 조카의 결혼을 주선한다. 그리하여 러시아를 교황의 지배하에 두고 반투르크 전선을 러시아까지 확대할 속셈이었다.

　그러나 콘스탄티누스 11세가 갑자기 죽으면서 바티칸의 계획도 물거품이 된다. 오히려 이반 3세는 비잔틴제국의 계승자로 자처하면서 모스크바 통치자로서의 지위를 더욱 공고히 했다. 그는 비잔틴의 쌍두독수리 문장을 자기 가문의 문장에 추가했다. 또한 비잔틴식의 복잡한 궁정의식을 도입했다. 이반 3세는 처음으로 '차르'라는 칭호를 사용했고 전제군주의 권력을 강화했으며 종교의식처럼 엄숙한 대관식을 치렀다. 1497년, 전 러시아에 통용되는 러시아 법전을 편찬해 공표했다. 《수제브니크(Sudebnik)》라고 불린 이 법전은 비잔틴의 쌍두독수리를 러시아의 국가 문장으로 삼고 러시아 옥새에 그 도안을 새겨 넣는다고 규정했다. 이로써 러시아는 정식으로 국가를 상징하는 문장을 갖게 된다.

국가의 기초를 다지다

　루시제후국을 통일하면서 모스크바 대공은 전 러시아의 유일한 군주가 되었다. 모든 통치 권력이 단 한 명에게 집중되는 초유의 상황이 발생하자 그에 맞는 새로운 제도가 필요해졌다. 그래서 이반 3세는 '모노마흐'의 황관을 쓰고 보석으로 장식된 왕좌에 앉아 그의 권위를 보여주면서 새로운 통치제도 제정에 착수한다.

　이반 3세는 국가의 군사력을 강화하기 위해 각 제후들이 독립적으로 지휘하던 친병대를 폐지하고 군인귀족이 중심이 된 대규모 상비군을 만들었다. 국가로부터 토지를 얻은 귀족이라면 반드시 대공의 요구에 따라 군역의 의무를 져야 했다. 또한 완전무장을 한 채 직접 전쟁에 참가해야 했다. 이와 같은 조치를 통해 모스크바 대공은 군대지휘권까지 손에 넣었다.

▲ 조서를 찢어버리는 이반 3세

15세기, 킵차크한국은 사신을 파견해 모스크바 대공에게 공납을 요구한다. 이때 킵차크한국은 이미 지난날의 강국이 아니었다. 당연히 이반 3세는 사신의 요구를 거절하고 사신이 보는 앞에서 조서를 찢어버린다. 이는 킵차크한국이 두 세기에 걸쳐 모스크바 대공국을 통치한 것이 끝났음을 말해주는 상징적인 사건이었다.

그러나 이반 3세의 최대 업적은 1497년 전 러시아에서 통용되는 법전인 〈수제브니크〉를 공표한 것이었다. 이 법전은 쌍두독수리를 러시아 상징물이라고 법률로 규정했다. 더 중요한 사실은 법전을 공표해 중앙집권적 통치체제를 확립하고 모스크바가 중심이 된 러시아 통일국가 행정기관을 정비했다는 점이다. 〈수제브니크〉는 신흥 지주계층의 의지를 충분히 반영했고 농노제 관계를 확립했으며 국가의 핵심세력인 봉건영주의 특권을 법률로 보장했다. 이는 러시아에서 농노제가 확립되었다는 것을 의미했다.

러시아 중앙집권국가는 대귀족의 지지를 얻어 건국되었기 때문에 이반 3세는 법전 편찬 초기부터 봉건귀족의 이익을 십분 고려했다. 그래서 농노제를 확립하는 것 외에도 귀족에게 특혜성 정책을 실시했다. 그 일환으로 국민에 대한 감시와 관리를 강화해 국민이 반항할 경우 국가가 진압할 수 있다고 명문화했다. 왕의 통치지위를 위협하는 대봉건귀족의 권력을 제한하는 한편, 보야르(Boyar)[29], 지주, 성직자의 재산을 보호하기 위해 이들의 재산을 위협하는 사람은 사형에 처한다는 법을 제정했다. 종교 분야에서는 교회에 특권을 주었다. 이리하여 이반 3세는 '진정한 동방정교 세계의 수장'으로 추앙받고 러시아제국은 동방정교 신앙의 보호자로 자리매김했다.

이반 3세는 통일러시아의 기반을 닦았다. 그는 유럽사회에 러시아의 존재를 알렸고 유럽인도 두려워하는 투르크 술탄에게 모스크바 공국 사람 특유의 거만한 말투를 들려줬다. 그리하여 처음으로 '전 민족을 대표하는 루시의 군주'라는 칭호를 듣게 된다.

---

29) 러시아 봉건귀족의 최상층

Conquest and Expansion

History of the World

제3장

아시아, 아프리카, 아메리카의 각축전

서아시아의 '쿠빌라이' 가잔칸의 개혁

유목민족은 농경민족을 무력으로 정복하면서 그들의 농경문명에 동화되었다. 만약 농경문명을 받아들이지 않으면 그 정권은 오래 갈 수 없었다. 1295년, 일한국 5대 칸 가이하투(Gaykhatu)가 신하들에게 살해당하는 사건이 발생한다. 이에 가이하투의 조카 가잔(Ghazan, 1271~1304)이 군사를 일으켜 반신들을 토벌하고 칸의 자리를 되찾는다. 그가 바로 그 이름도 유명한 가잔이다. 그러나 가잔이 다스릴 나라는 바람 앞의 촛불처럼 위태로운 상황에 놓여있었다.

사면초가에 빠진 국가

일한국의 통치자는 사치와 향락에 빠져 국민들의 고혈을 짜내 자신의 배를 채웠다. 온갖 명목으로 세금을 떼인 백성들은 겨우 20%의 수입만 손에 쥘 수 있었다. 쥐꼬리만 한 돈으로 가족들의 생계를 유지하려니 산 입에 거미줄 치는 날이 하루 이틀이 아니었다. 가혹한 수탈을 견디다 못한 백성은 정든 고향을 등지기 시작했고, 아무도 돌보지 않는 토지는 황무지로 변해갔다. 라시드 앗 딘(Rashid ad-Din)은 당시 상황을 이렇게 기록했다. '1295년 호라산, 중앙이란과 아제르바이잔 각지의 도시는 아직도 폐허로 남아있다. 경작할 수 있는 땅은 10분의 1에 불과하며 농경지의 10분의 9가 황무지로 변했다.'

궁지에 몰린 백성들은 최후의 발악으로 반란의 깃발을 들었다. 1265년, 파르스에서 반란이 일어났다. 1291년에는 루르족(Lurs)이 폭동을 일으켜 이스파한을 공략했다. 심지어 몽골유목민도 반란을 일으켜 관리들을 죽였다. 내부의 혼란으로 정국이 어지러운 때, 엎친 데 덮친 격으로 외부의 적들이 침략해왔다.

일한국과 킵차크한국은 아제르바이잔 지역을 차지하기 위해 형제국간의 분쟁도 마다하지 않았다. 심지어 킵차크한국은 일한국을 견제하기 위해 이집트의 맘루크 왕조와 동맹을 맺었다. 이로 인해 일한국의 북부와 서부 변경지역은 불안한 나날을 보내야 했다.

이렇듯 안팎으로 조용할 날이 없는 상황에서 가잔칸은 '개혁'만이 일한국을 살릴 수 있음을 깨닫는다.

대대적인 개혁

가잔은 칸이 되자마자 몽골인에게 이슬람교로 개종하라고 명령한다. 또 전국 각지의 가톨릭 교회와 유태인 회당, 불교 사원을 부수고 이슬람교를 국교로 선포한다. 무슬림 학자들을 왕궁으로 초빙해 관직을 맡겼고 타브리즈와 전국 각지에 이슬람 사원과 코란경문학교를 세웠다. 이러한 조치로 몽골인과 페르시아인 사이의 갈등의 골을 메우고 몽골 귀족과 이란 봉건제후 세력을 점진적으로 융합시켰다.

가잔칸은 세금 징수 청부제를 폐지하고 그 대신, 인구수와 토지에 따라 세금을 징수했다. 농민은 매년 춘분과 추분, 두 차례 수확하고 나서 약 4분의 1에서 3분의 1 수준을 세금으로 납부했다. 또한 도시 경제를 발전시키기 위해 상업세를 5%로 낮췄다. 황무지 개간을 장려하기 위한 조치도 잇따랐다. 정부는 농민들이 버려진 땅을 개간하면 1년 동안 세금을 면제해주고 이후 작황에 따라 세금을 감면해주겠다고 했다. 정부의 적극적인 지원책이 발표된 뒤, 주인 없이 버려져 있던 많은 땅들이 농경지로 탈바꿈했고 농업생산도 점차 늘어났다.

가잔칸은 금화와 은화 두 종류의 화폐를 찍고 동전 위에는 코란경문과 열두 이맘의 이름을 새기라고 명령했다. 화폐중량과 함량에 대해서도 엄격하게 규정해 은화 같은 경우 1디나르(dinar)의 중량이 3전이다. 또한 타브리즈의 도량형을 기준으로 전국의 도량형을 통일했다. 일한국의 교통 요지에는 역참이 부족했다. 원래 이들 역참은 교통의 편의를 제공할 목적으로 지어졌지만 그 수량이 절대적으로 부족하다보니 인근에 사는 백성들의 집을 역참으로 제공했다. 그런데 그나마도 공급이 많이 달려 백성들에게 큰 부담이 되었다. 그래서 가잔칸은 역참제도도 개혁한다. 새 제

▼ 백마를 탄 가잔칸

도에 따르면 각 역참에서 관리하는 말은 최대 15필을 넘을 수 없고 허가증을 가진 관리만이 역마를 이용할 수 있었다. 얼마 후에는 이 또한 폐지하고 관리들 스스로 말을 준비하고 이에 따른 경비를 정부가 부담하는 방식으로 바꾼다.

가잔칸 이전에는 군대에 식량을 보급하는 곳을 따로 두지 않고 전쟁 중에 약탈로 충당했다. 그러나 시리아 전쟁에서 패배하면서 전리품을 획득할 길이 막혀버렸다. 먹을 것이 부족해지자 굶주린 병사들과 귀족들이 갈등을 빚기 시작했다. 이에 갈등을 해소하고 군대의 전투력도 유지하기 위해 가잔칸은 토지개혁을 실시한다. 이에 따라 왕실과 교회의 토지를 제외한 모든 토지는 군사들에게 분봉하고 그 토지를 받은 군사는 국가에 세금을 납부하도록 했다.

오랜 전쟁을 겪으면서 수많은 몽골군사가 이란인의 노예로 전락했다. 가잔칸은 이들의 몸값을 지불하고 노예 신분에서 해방시킨 뒤 그들을 데려다 친위대로 삼고 다루가치가 지휘하게 했다. 이렇게 해서 탄생한 친위대는 가잔칸의 은혜에 감사하며 충성심을 불태웠다.

가잔칸의 개혁조치로 기울어가던 일한국은 다시 성장의 발판을 마련한다. 역사는 이에 대해 이렇게 기록했다. '과거와 지금의 장부를 비교해보면 과거 어느 때도 5년간 쓴 비단이 가잔칸 시대 한 해 동안 하사한 비단보다 많았던 적이 없었다. 예전에는 미리 세금을 책정해 징수했지만 지금은 국고에 언제나 1년 동안 쓸 곡식이 비축돼 있다.' 가잔칸이 통치하던 시기, 각 성과 주에 몽골장인이 출현해 활과 화살, 화살통, 검 등 무기를 만들었다. 라시드 앗 딘의 서신에는 일한국의 수출상품이 기재돼 있다. 여기에는 타브리즈의 단색 비단, 가죽, 쉬라드의 면직물, 아마와 가죽장화, 이스파한의 면포 등이 포함돼 있다.

가잔칸의 치세 동안 일한국은 최고의 전성기를 맞이한다. 그들은 강력한 국력을 바탕으로 이집트와 시리아를 공격했다. 심지어 영국, 프랑스, 로마교황청도 일한국과 왕래하고 싶어했다. 가잔칸의 개혁은 이란지역에서 유목생활을 하던 몽골인이 정착생활을 시작했고 더 나아가 현지 사회에 녹아들었다는 사실을 의미한다. 이후 몽골인 특유의 문화적 기질은 점점 사라진다.

황금기 불세출의 영웅 티무르의 손에서 펼쳐진 세상

천계를 다스리는 하느님이 한 분뿐이듯 인간 세상을 통치하는 황제도 오직
한 명이어야 한다. 온 세상을 통틀어 그 자격을 갖춘 사람은 오직 티무르뿐
이다.

중앙아시아 전쟁의 신

1336년, 티무르는 중앙아시아 케쉬(Kesh)[30]의 유목민 가정에서 태
어났다. 어려서부터 모험심이 강했던 티무르는 양을 훔치다 다리를
다쳐 '절름발이'라는 별명을 얻었다. 티무르는 배짱이 두둑하고 만
사에 꼼꼼한데다 지략까지 뛰어났다. 그 덕분에 티무르의 명성은 날
이 갈수록 높아졌고 스물네 살의 젊은 나이에 결국 부족의 수장이
되었다. 1370년, 티무르는 패권을 다투던 후사인을 죽이고 트란스옥
시아나를 손에 넣었다.

티무르는 평생 말 위에서 전쟁을 치르며 수많은 전쟁을 승리로 이
끌었다. 그리하여 반세기가 넘는 시간동안 흙먼지에 휩싸여있던 중
앙아시아의 정세를 안정시켰다. 호라즘, 이란, 인도, 아프가니스탄,
코카서스, 서아시아 등을 차례로 정복한 티무르는 광활한 땅을 아우
르는 티무르제국을 세웠다. 이토록 위대한 업적을 남긴 티무르와 견
줄 수 있는 영웅은 동서양을 아울러 칭기즈칸뿐일 것이다.

역사기록에 따르면 티무르는 전쟁터에서 늘 선봉에 설만큼 죽음
을 두려워하지 않았다고 한다. 한 예로, 킵차크한국과의 전투 중에
있었던 일이다. 티무르는 '부하들이 따를 수 없을 정도로 쏜살같이
말을 내달려 여러 차례 적의 수중에 떨어졌다'고 한다. 과연 용장
중의 용장이라 할 만하다. 장수가 목숨을 내놓고 싸우는데 저 혼자
살고자 몸을 사리는 부하가 있을 리 만무했다. 사기가 충만한 티무
르 군대 앞에 적들은 하나둘 무릎을 꿇었다.

전쟁을 치를 때는 죽음도 두려워하지 않는 기개가 필요하다. 그러
나 그보다 중요한 것이 적을 무찌를 수 있는 탁월한 군사전술이다.
군대를 이끄는 장수로서 티무르는 신중함과 결단력을 두루 갖추고
있었다. 그래서 정복전쟁에 나서기 전, 그 지역의 풍토와 적의 풍습

---

30) 현 샤흐리사브스

에 대해 조사하고 연구했다. 티무르는 명나라를 침략할 기회를 호시탐탐 엿보면서도 겉으로는 명나라에 공물을 바치고 황제국으로 섬겼다. 그래야만 명나라 왕실에 손쉽게 밀정을 심을 수 있고 황제의 의심을 피할 수 있기 때문이었다. 지피지기면 백전백승이라 했다. 티무르는 정복전쟁에 나설 때마다 현지의 풍토에 훤한 사람을 길잡이로 삼았다. 또한 부대마다 정찰조를 따로 둬 적의 동태를 은밀히 살피게 했다.

티무르의 군사전술은 종잡을 수 없을 만큼 변화무쌍했다. 동 차가타이한국을 무너뜨리기 위해 타쉬아리기 지역에서 벌인 전투에서는 화공으로 적군을 몰아내고 연기로 도시를 정복했다. 1402년, 오스만제국의 군대와 공방전을 벌일 때는 적군이 지쳐 경계를 늦추기를 기다렸다가 기습을 감행했다. 허를 찔린 적은 단번에 궤멸했고 티무르는 앙카라 전투를 대승으로 이끌었다. 티무르의 박월한 군사전술은 인도 원정에서 또 한 번 빛났다. 인도의 코끼리 군대와 대치한 상황에서 티무르는 특이한 전술을 구상해냈다. 그는 군영을 에둘러 깊은 구덩이를 파고 물소 떼를 쇠갈고리와 작살로 된 기둥에 매어놓았다. 적들의 공격을 효과적으로 무산시킬 기가 막힌 장애물이었다. 전투가 벌어지자 티무르는 낙타 등에 올려놓은 건초에 불을 붙이라고 했다. 군사들이 불을 붙이자 이내 사막의 뙤약볕보다 뜨거운 열기가 낙타 등에 내리꽂혔다. 고통에 몸부림치던 낙타들은 코끼리 부대를 향해 돌진했다. 생각지도 못한 공격에 혼비백산한 인도코끼리들은 사방으로 도망치기 바빴다. 결국, 티무르는 제대로 된 전투를 치르지 않고도 대승을 거두었다.

티무르는 몽골군의 전술 특징을 연구해 보다 뛰어난 진세를 생각해냈다. 그는 전 군대가 마치 한 몸과 같아 적들의 공격에도 결코 흩어지지 않는 진세를 고안했다. 이 진세는 지휘 효과와 기동력을 극대화시키는 데 탁월한 효과를 보였다. 또한 기마병에 편중된 몽골군의 단점을 보완하기 위해 대규모 보병을 모집했다. 그 결과 보병과 기마병의 장점을 고루 갖춘 강력한 군대가 탄생했다. 그 뿐만이 아니었다. 티무르는 전투를 치르는 군사 외에 따로 공병부대를 모집했다. 공병부대는 강을 만나면 다리를 놓고 산이 나타나면 행군로를 뚫었다. 그 덕분에 군사들은 부담 없이 전투에만 전념할 수 있었다. 티무르는 서릿발처럼 매서웠고 상벌을 분명히 따지는 지도자였다. 전투가 끝나

▲ 티무르는 평생 말 위에서 전쟁을 치르며 수많은 전쟁을 승리로 이끌었다. 그리하여 반세기가 넘는 시간동안 흙먼지에 휩싸여있던 중앙아시아의 정세를 안정시켰다. 호라즘, 이란, 인도, 아프가니스탄, 코카서스, 서아시아 등을 차례로 정복한 티무르는 광활한 땅에 걸쳐 티무르제국을 세웠다.

면 언제나 공과에 따라 공정하게 상벌을 내렸다. 한편으론 군령장 제도를 실시해 군사들의 사기를 높였다. 이런 탁월한 군사전술을 적절히 활용한 덕분에 티무르는 '전투에서 단 한 번도 진 적이 없는 영웅'이자 수많은 정복 전쟁 끝에 중앙아시아를 통일한 정복군주가 되었다. 피에 굶주린 티무르가 지나간 길에는 '사람의 머리를 차곡차곡 쌓아올린 피라미드'가 쌓였다. 그 어떤 장애물도 용납하지 않는 티무르제국의 거침없는 발걸음에 주변국들은 몸서리쳤다.

현명한 군주

티무르는 호전적인 정복자였지만 단순히 용맹하기만 한 무장이 아니었다. 평생 각지를 떠돌며 전쟁을 치르면서 티무르는 문무를 두루 갖추고 견문을 넓혔다. 그는 자신의 경험을 바탕으로 인재의 중요성을 깊이 깨닫고 있었다. 그래서 전쟁을 치른 뒤에는 현지의 유능한 장인과 학자, 과학자들을 사마르칸트로 데려왔다. 티무르는 그들이 티무르제국을 위해 힘쓰도록 융숭히 대접했다.

티무르는 자신의 통치기반을 강화하기 위해 몽골의 옛 귀족들을 탄압했다. 먼저 그들의 채읍采邑[31]을 빼앗고 일반 평민들에게 그 땅을 팔아 자신을 따르는 세력을 길렀다. 또한 이슬람 율법을 본떠 새로운 법을 제정해 옛 귀족세력을 축출하고 새로운 지주세력의 이익을 보호했다. 티무르는 공정하고 엄격하게 법을 집행했고 부정한 행위를 결코 눈감아주지 않았다. 부정부패를 일삼다 발각된 사마르칸트 성의 성주는 대중 앞에서 교수형에 처해졌다. 티무르는 출정할 때마다 법관을 대동해 군대가 지나는 길에서 만나는 백성들의 억울한 사정을 처리해주었다. 투기를 한 장사꾼이든 고기가격을 올려 판 도축업자든 죄인들은 하나같이 엄벌에 처해졌다. 그 덕분에 티무르의 치세동안 사마르칸트의 백성들은 안락한 삶을 누릴 수 있었다.

티무르는 나라를 부유하게 하는 데도 힘을 쏟았다. 혼란스럽던 중앙아시아는 통일과 더불어 점차 안정을 찾아갔다. 전쟁으로 황폐해진 땅에 다시금 농작물이 자라면서 농업경제가 살아나기 시작했다. 그러나 끊임없는 전쟁으로 땅을 일궈야할 청년들이 전쟁터로 가야했기 때문에 노동력이 부족했다. 그래서 전쟁을 마치고 돌아오는 티무르의 군대에는 언제나 한 무리의 이민자들이 섞여있었다. 그렇게 모여든 사람들이 어림잡아 10여 만 명에 이르렀다. 이들은 중앙아시아에 새로운 보금자리를 잡고 티무르제국을 일구는 데 힘을 보탰다. 그리하여 티무르제국에는 '보리와 포도 등 각종 과일류가 넘쳐났고 토실토실 살이 오른 가축들이 가득했다.'

국고를 채우기 위해 티무르는 세수를 정비하고 부패한 관리를 엄벌에 처했다. 유목부족도 예외는 아니어서 쿠르드인은 '매년 티무르에게 낙타 3천 마리를 바치고 양 만 5천 마리를 세금으로 납부' 해야 했다. 국고가 가득 차자 티무르는 학교를 짓고 수리공사를 시작했다. 또한 인도로 가는 통상로를 닦고 대외무역을 추진했으며 중국과도 무역을 실시하여 남북을 오가는 많은 상인들이 사마르칸트로 모여들었다.

티무르는 언제나 칭기즈칸의 후예를 자처하며 명나라를 무너뜨리고 멸망한 원나라를 다시 계승하고자 했다. 1404년 겨울, 큰 병을 앓고 몸을 추스른 지 얼마 안 된 티무르가 130만 대군을 모아 직접 명나라를 치기 위해 출정한다. 그러나 원정 도중 병으로 쓰러져 한 많은 생을 마감한다.

---

31) 토지와 가호

한 시대를 풍미한 대제국 오스만 튀르크

오스만인은 중국과 뗄레야 뗄 수 없는 관계다. 바로 오스만인의 선조가 중국 수당 시대 서북지역을 호령한 돌궐인이었기 때문이다. 유목민족이었던 그들은 초원을 찾아 떠돌아다녔다. 13세기 초 몽골대군이 중앙아시아에 침입해 오스만인을 몰아냈다. 삶의 터전을 빼앗긴 오스만인은 어쩔 수 없이 서쪽으로 향했고 아나톨리아에 도착해 룸셀주크에 귀순한다. 13세기 말, 룸셀주크가 붕괴되면서 여러 개의 소국이 생겨났고 오스만도 독립해 독자적인 부족국가를 이룩한다. 이로써 오스만은 독립국가로서 첫 발을 내딛는다.

유럽의 강적

오스만 1세가 죽은 뒤 그의 아들 오르한 1세(Orhan I, 1284~1359)가 즉위한다. 오르한은 오스만제국의 진정한 건설자였다. 그의 치세 동안 국가기관이 차츰 제 모습을 찾아갔고 국가의 영토도 빠르게 확장되었다. 그는 상비군과 근위대를 조직했다. 국가 행정기관을 빠짐없이 갖췄고 디완(diwan)[32]을 구성하고 비지르(Vizir)[33]를 임명했다. 중앙정부는 각지에 행정관과 군사장관, 교법관을 파견해 지방정부에 대해 통제를 강화했다. 오르한 1세 때부터 오스만의 통치자들은 '술탄'이라는 칭호를 사용하고 이슬람을 국교로 삼았다.

오스만 튀르크 역사상 오르한처럼 문과 무를 겸비한 술탄은 매우 드물었다. 그는 내정을 다스리는 데도 일가견이 있었지만 영토를 확장하는 일도 소홀히 하지 않았다. 이 당시 안에서부터 무너지기 시작한 룸셀주크는 제 한 몸 건사하기도 어려운 상태였다. 그렇기 때문에 용맹하고 전투에 능한 오스만군에게 룸셀주크는 사실 한 주먹거리도 안 됐다. 결국 몇 번 싸우지도 않는데 룸셀주크의 영토는 오스만인의 차지가 된다. 이어서 오르한이 점찍은 나라는 동로마, 바로 비잔틴제국이었다. 이미 국운이 다한 천년왕국 비잔틴은 멸망을 코앞에 두고 있었다. 여기저기서 밀리고 치이느라 온몸은 상처투성이였고 늙고 병든 몸으로 겨우 버티고 있었

▼ 오르한 1세
오르한 1세 때부터 오스만의 통치자들은 '술탄'이라는 칭호를 사용하고 이슬람을 국교로 삼았다.

---

32) 최고정책결정기관
33) 오스만 터키에서 사용, '재상'이라는 뜻

▲ 콘스탄티노플을 포위하고 공격하는 오스만 군대

1453년, 오스만의 술탄 메메드 2세가 15만 대군과 전함 300척을 이끌고 직접 콘스탄티노플 정복에 나선다. 이리하여 천년 제국 비잔틴은 역사 속으로 사라진다.

다. 그런 비잔틴을 승승장구하고 있는 오스만이 노리고 있었으니 비잔틴의 멸망은 예정된 일이나 다름없었다. 1331년, 오스만 군대는 비잔틴 황제에게 중상을 입히고 니케아를 점령한 뒤 수도를 이곳으로 옮긴다. 이어서 오스만군은 니코메디아와 앙카라 등도 함락시키고 비잔틴 세력을 소아시아로 쫓아낸다. 1349년, 비잔틴의 정국이 혼란에 빠지자 오르한은 군사를 이끌고 다르다넬스 해협을 건너 발칸 반도 트라키아로 출병한다. 이로써 오스만인은 처음으로 유럽대륙에 발을 디디게 된다.

무라드 1세(Murad I, 1360~1389)는 아버지 오르한 1세의 유지를 이어받아 계속해서 동유럽으로 영토 확장을 꾀한다. 이때 동유럽의 상황은 오스만에게 매우 유리하게 전개되고 있었다. 비잔틴제국은 이미 내리막길을 걷고 있어 콘스탄티노플과 그 주변지역을 제외하면 비잔틴의 영향은 매우 제한적이었다. 발칸 반도의 강대국 세르비아는 붕괴 직전이었고 불가리아는 1330년 세르비아에게 패한 뒤 다시 일어서지 못하고 있는 실정이었다.

무라드 1세는 술탄에 오르자마자 동로마제국의 아드리아노폴리스를 점령했다. 이어서 서트라키아, 마케도니아, 소피아 등 공격하는 지역마다 개선가를 울렸다. 1389년, 코소보 전투에서는 불가리아, 세르비아, 헝가리 등 삼국연합군을 완파해 유럽의 간담을 서늘하게 만든다. 바람 앞의 등불 신세가 된 비잔틴을 구하기 위해 유럽 각국은 십자군을 조직해 오스만군을 발칸 반도에서 몰아내려 했다. 1396년, 오스만군은 이번에도 헝가리, 프랑스, 독일 등 유럽국가의 연합군을 격파했고 만 명에 가까운 십자군을 포로로 잡아 대부분을 학살했다. 오스만군과의 전투에서 연거푸 패배의 쓴 잔을 들이킨 유럽은 발칸 반도가 오스만의 수중에 떨어지는 모습을 손 놓고 지켜볼 수밖에 없었다. 이가 없으면 잇몸이 시린 법이다. 콘스탄티노플은 풀 한 포기 없는 허허벌판에 홀로 내버려져 멀지 않은 멸망의 날을 기다려야 했다.

1453년, 오스만의 술탄 메메드 2세가 15만 대군과 전함 300척을 이끌고 친히 콘스탄티노플 정복에 나선다. 콘스탄티노플은 삼면이 바다로 둘러싸여 있고 지형이 험준해 공략하기 어려운 천혜의 요새였다. 서쪽 성벽은 전설적인 3중 성벽으로 성 밖에 깊은 참호가 파여 있었다. 성벽 위에 보루가 빽빽이 늘어서 있어 방어가 튼튼했다. 해상공격을 막기 위해 성 북쪽의 골드혼 만 입구는 특별히 고안된 쇠사슬로 단단히 봉쇄했다. 또한 만일의 사태에 대비해 골드혼 북쪽의 갈라티아 지역에서는 제네바인이 방어성을 구축하고 있었다. 과연 난공불락의 요새라는 말이 무색하지 않게 메메드 2세의 군대가 아무리 공격해도 콘스탄티노플은 꿈쩍도 하지 않았다. 정공법이 통하지 않자 오스만은 방법을 바꿔 좀 '야비한' 수법을 쓰기로 한다. 그들은 제네바인을 매수해 갈라티아를 통해 공략하기로 한다. 먼저 갈라티아 뒤쪽 육지에서 나무판자를 깔아 길을 만든 뒤 그 위에 기름을 뿌려 배를 끌고 갈 수 있게 만들었다. 그렇게 골드혼으로 들어간 뒤 물 위에 부교를 세워 바다와 육지 양쪽에서 콘스탄티노플을 공격했다. 그리하여 5월 29일, 드디어 콘스탄티노플이 함락되었다. 이후 메메드 2세는 콘스탄티노플로 천도하고 수도 이름을 이스탄불로 고치고 성소피아 대성당을 이슬람 사원으로 개축한다.

이슬람 세계의 패자

오스만제국의 대군은 유럽 동남부를 정복한 데 만족하지 않고 중앙아시아, 서아시아, 북아프리카에 있는 나라들을 닥치는 대로 유린했다. 모든 이슬람 국가가 막강한 오스만제국 앞에 무릎을 꿇었다.

15세기 초, 오스만제국은 이란 사파비 왕조와 이집트 맘루크 왕조를 격파하고 칼리파를 포로로 잡는다. 이후 칼리파의 칭호를 양보받아 오스만의 술탄이 칼리파까지 겸하게 된다. 이때 오스만은 이미 아랍 세계의 핵심 지역을 모두 차지했다. 이슬람교의 성지 메카의 샤리프도 어쩔 수 없이 복종의 표시로 오스만에게 무릎을 꿇고 많은 이슬람교 성물을 바친다.

술탄 술레이만(Suleiman, 1520~1566)의 통치기에 오스만제국은 전성기를 맞이한다. 술레이만은 자그마치 46년 동안 오스만 튀르크를 다스리면서 13차례 전쟁을 일으켰고 이라크, 레바논, 헤자즈, 예멘 등을 정복한다. 그는 동남유럽지역에 군사장관과 이슬람교 법관, 전

▲ 레판토 해전

1571년, 오스만제국의 해군은
레판토 해전에서 스페인과 베네
치아의 연합군에게 패배해 지중
해에 대한 제해권을 상실한다.
이때부터 오스만제국은 몰락의
길을 걷는다.

도사 등을 파견해 이슬람교의 영향력을 확대했다. 뿐만 아니라 술레
이만은 오스만제국의 제해권을 확보했다. 1538년, 그리스 서부 해상
에서 오스만제국의 함대와 스페인 등 국가의 연합함대 사이에 전투
가 벌어졌다. 당시 오스만의 함대는 겨우 150척뿐이었지만 대군을 맞
아 싸우면서도 오스만군은 두려워하지 않았다. 결국 오스만군은 자
신보다 두 배나 많은 연합군의 함대를 격파했다. 게다가 베네치아의
영토를 할양받고 배상금으로 30만 두카토(Ducats)까지 받아 챙겼다.

오스만은 유럽과 아시아, 아프리카를 넘나드는 대제국을 건설했
으며 비잔틴의 많은 유산을 물려받았고 아랍제국이 분열한 뒤 독자
적으로 활동하던 이슬람 세계를 변화시켰다.

제국의 토대

오스만제국이 그토록 강성할 수 있었던 데는 여러 가지 원인이 있
겠지만 완벽한 군사제도를 바탕으로 만들어진 무적군대가 가장 큰
역할을 했다. 오스만군은 시파히 기병대와 예니체리 군대로 구성되
었다. 군대 내 규율이 엄격했고 좋은 대우를 받았으며 막강한 전투

력을 자랑했다. 그 중에서도 예니체리는 매우 독특한 조직이었다. 상비 보병군대인 예니체리는 1360년대 초에 만들어졌는데 무라드 1세가 전쟁포로 중에 1,000명을 선발해 만든 군대였다. 군대가 생겨난 과정이나 대원들의 출신으로 볼 때 예니체리는 당시 이슬람 국가에서 성행하던 노예군대 중 하나라고 볼 수 있다. 예니체리의 규율은 특히나 엄격해 군사들은 반드시 병영 내에서 의식주를 해결해야 했으며 상관의 명령에 무조건 복종해야 했다. 군사들의 하루는 훈련과 전투로 채워졌고 저마다 좋은 장비를 지급받았다. 그들은 온갖 고생을 마다않고 제국이 정복전쟁에 나설 때마다 앞장서 큰 공을 세웠다. 오스만제국의 군대는 당시 세계에서 가장 뛰어난 실전부대이자 처음으로 전투에서 산탄총과 대포를 사용한 군대였다. 콘스탄티노플을 공략할 때 오스만 군대는 사냥용 총을 사용하기 시작했다. 오스만 기병은 무거운 갑옷을 입지 않아 기동성과 속도 면에서 적을 압도했다. 또한 전쟁 중에 활과 단검을 사용했는데 그 수행 방식이 몽골기병과 비슷했다. 포위 공격과 기습 공격도 뛰어났다. 제국의 술탄들은 모두 뛰어난 군사 지도자였다. 지혜와 용기를 모두 갖춘 그들은 정세를 정확히 판단하는 통찰력과 공격 시기를 정하는 결단력까지 갖추고 있었다. 게다가 필요한 경우 외교적 수단도 동원했다. 결국 당근과 채찍을 적절히 사용한 덕분에 백전백승의 놀라운 전적을 남길 수 있었다.

오스만제국이 강성할 수 있었던 또 다른 요인으로 여러 가지 보상제도를 꼽을 수 있다. 특히 눈에 띄는 부분이 토지제도이다. 오스만 튀르크제국 영토의 80%는 국가 소유였다. 국가 토지는 보통 하스(Hass), 지아메트(Zeamet/Ziamet), 티마르(Timar) 등 세 가지로 나뉜다. 하스는 당연히 왕족의 영지와 정부 관료의 식읍이었다. 그러나 지아메트와 티마르는 군역을 지는 조건으로 군공이 있고 정복전쟁에 참가하는 군인에게 하사하는 땅이었다. 보통 소득이 2만 악체(Akce)[34] 미만인 토지를 티마르라 하고 소득이 2만 악체 이상 10만 악체 이하인 땅은 지아메트라고 불렀다. 군공에 따라 토지를 분배해주는 제도는 많은 청년들을 전쟁터로 불러 모았다. 군인이 되려는 사람들의 발길이 끊이지 않았기 때문에 제국은 연이은 전쟁에도 풍부한 군사자원을 확보할 수 있었다.

---

34) 오스만 시대의 은본위 화폐

상업과 문화의 르네상스 시대

오스만인은 군사를 다루는 기술도 탁월했지만 비즈니스 능력도 그에 못지않았다. 오스만은 유럽과 아시아를 잇는 징검다리로서의 역할을 충분히 발휘해 대외무역과 국경무역을 적극적으로 장려했다. 이로써 오스만제국은 세계적인 상품중개지역으로 이름을 떨치게 된다. 동양에서 온 도자기와 향신료, 비단은 이곳을 거쳐 서유럽 각국으로 전해졌고 서유럽의 모직물 등도 오스만을 거쳐 동양 각국으로 보내졌다. 제국은 중개무역을 통해 가만히 앉은 채 세계 각지의 금은보화를 긁어모았다. 또한 활발한 대외무역은 국내 도시경제를 발전시켰다. 그 중에서도 수공업의 발전은 눈부셨다. 이스탄불, 다마스쿠스, 바그다드, 카이로 등 도시는 유명한 수공업도시가 되었다.

16세기, 오스만제국은 문화의 황금기를 맞이한다. 오스만문화에 가장 많은 영향을 미친 것은 이슬람교였지만 비잔틴문화의 영향도 무시할 수 없었다. 콘스탄티노플에 있는 성소피아 대성당은 비잔틴문화를 대표하는 걸작으로 넓고 웅장하다는 느낌이 든다. 그 중에서도 4개의 대지주 위에 안정적으로 올려놓은 둥근 돔은 비잔틴 예술의 극치로 보는 이의 탄성을 자아낸다. 콘스탄티노플을 함락시킨 오스만인은 '동양과 서양, 과거와 미래의 결합'을 의미하는 이 오래된 건축물을 부수지 않았다. 대신 성당 바깥의 네 귀퉁이에 4기의 첨탑을 추가해 이슬람 특색이 묻어나는 모스크로 개축한다.

그러나 술레이만 1세가 죽자 오스만제국도 내리막길을 걷는다. 지방 봉건귀족들의 세력다툼이 갈수록 격화되고 토지의 빈익빈부익부 현상이 두드러졌다. 농민들은 무거운 세금과 부역으로 허리가 휘다 못해 골병이 들 지경이었다. 그 와중에 국가재정은 바닥을 드러낸 지 오래였다. 계층 간의 갈등과 민족갈등의 골은 갈수록 깊어져 농민봉기와 교파봉기가 잇달아 열 번 이상 일어났다. 16세기부터 17세기까지 이어진 젤랄운동(Jelali-Revolts)은 제국의 통치기반을 뿌리째 흔들 정도로 심각한 영향을 미쳤다.

1571년, 오스만제국의 해군은 레판토 해전에서 스페인과 베네치아의 연합군에게 패배해 지중해에 대한 제해권을 상실한다. 안이고 밖이고 흙먼지에 휩싸이면서 오스만제국은 몰락과 분열의 길을 걷는다.

500년 항쟁사 이집트의 독립전쟁

내 발꿈치를 멈추고 내 앞에서 어른거리는 적을 경멸하고 죽음의 문을 연
다. 나는 황금의 무기를 가져왔으므로 어둠을 뚫고 지나갈 것이다.

《사자의 서》

1000년부터 1500년까지 이집트는 파티마 왕조, 아이유브 왕조, 맘
루크 왕조를 거친다. 이 500년 동안 셀주크투르크, 십자군, 몽골이
차례로 이집트를 침략했다. 침략자들은 수시로 이집트 국경을 넘었
고 한때 이집트의 심장까지 진격하기도 했다. 이 세 왕조는 조국의
독립을 위해 침략자들과 목숨을 건 전투를 벌이며 감동적인 항쟁사
를 써내려갔다.

망해가던 왕조 파티마의 항쟁

909년, 이집트에 파티마 왕조가 들어선다. 973년 파티마 왕조는
수도를 카이로로 옮긴다. 이때부터 이집트는 파티마 왕조의 중심지
가 되었다. 1000년 이후 시리아, 마그레브, 시실리와 아랍 반도 등
지가 파티마 왕조의 지배에서 벗어나면서 파티마 왕조는 단순한 이
집트 왕조로 남게 된다.

1054년부터 나일 강에 연달아 7년 동안 가뭄이 든다. 흉작이 거듭
되면서 카이로에 굶어죽는 자들이 속출한다. 1068년, 전국적으로 전
염병이 돌면서 거의 모든 집에서 사망자가 나올 정도로 심각한 피해
를 입는다. 파티마 왕조의 군대는 주로 투르크 노예로 구성되어 있
었는데 이들을 일컬어 맘루크(Mamluk)라고 했다. 이때 파티마 왕조
맘루크 군대의 우두머리가 갈수록 강한 힘을 갖게 되자 통치 집단
내부에서 잡음이 끊이지 않았다. 한때 전성기를 구가하던 파티마 왕
조는 안팎으로 불안정한 상황에서 쇠락해간다.

1070년, 셀주크투르크인이 서아시아를 침공해 호시탐탐 파티마
왕조를 노렸다. 1073년, 시리아 북쪽의 함단 왕조가 이집트를 침략
한다. 파죽지세로 밀고 들어온 함단 왕조는 나일 강 삼각주를 점령
하고 카이로까지 진격한다. 다행히 투르크인이 반란을 일으켜 함단

왕을 살해하는 바람에 이집트는 어부지리로 위기에서 벗어난다.

1074년, 군총사령관인 바드르 알 자말리를 시리아 전선에서 불러들여 와지르[35]를 맡긴다. 그때부터 바드르 감독하의 '이집트 재건'이 시작된다. 바드르는 가장 먼저 빼앗긴 알렉산드리아를 되찾았다. 이어서 오랫동안 카이로에서 횡포를 부린 맘루크를 진압하고 사단을 일으킨 악질분자들을 처단한다. 이로써 카이로는 다시 평온을 되찾는다. 그 후 바드르는 10여년 동안 셀주크를 칠 날이 오길 기다리며 국력을 키운다. 그리고 1090년, 마침내 셀주크인이 빼앗아갔던 시리아 북방 영토를 되찾고 셀주크에게 위협받던 상황을 타파한다.

11세기 말, 유럽 십자군 동방 원정의 서막이 오르고 파티마 왕조는 그 첫 번째 희생양이 된다. 1099년, 파티마 왕조는 예루살렘에서 십자군에게 패배한다. 십자군은 이 성에 있던 무슬림과 유태인을 잔인하게 학살한다. 1163년, 예루살렘왕국은 이집트 와지르 이븐 루지크(ibn Tala Ruzzik)에게 카이로에 십자군을 주둔시킬 수 있게 해달라고 요구한다. 이 소식을 들은 시리아 장기 왕조는 서둘러 살리딘(Saladin, 1137~1193)을 파견한다. 살라딘은 대군을 이끌고 이집트로 가 이븐 루지크를 죽이고 샤와르(Shawar)를 새로운 와지르로 임명한다. 그런데 샤와르는 예루살렘왕국과 몰래 결탁해 장기 왕조에 대항한다. 살라딘은 십자군이 이집트로 향하는 틈을 타 예루살렘에 맹공을 퍼부어 십자군이 이집트에서 철군하게 만든다. 1167년, 양측은 이집트를 침략하지 않겠다는 내용의 협정을 맺는다.

그러나 예루살렘왕국은 약속을 어기고 이집트를 침략해 살인을 무자비하게 저지르고 약탈과 방화를 일삼는다. 살라딘은 다시 이집트로 출병해 십자군을 몰아내고 카이로를 지켜낸다. 그리고 샤와르가 암살당한 뒤 이집트 정권을 장악한다. 1171년, 살라딘은 무슬림이 파티마 왕조 칼리파에게 했던 축복을 거두고 아이유브 왕조를 개창한다. 이로써 파티마 왕조는 역사무대에서 사라진다.

십자군이 넘지 못한 최후의 보루 아이유브 왕조

12세기 중반 이후, 이슬람 세계는 역사상 가장 비참했던 시기로 들어선다. 바그다드 압바스 왕조는 셀주크인의 노예로 전락해 이름

---

35) 총리

▲ 수에즈 운하
아름다운 수에즈 운하는 찬란한
이집트 문명을 곁에서 지켜봤
다. 또한 이집트인들의 눈물겨
운 항쟁도 지켜봤다.

뿐인 왕조가 된다. 스페인에서도 우마이야 왕조가 무너진 뒤 여러
이슬람 왕조가 생겼다 사라졌다를 반복했다. 그나마도 가톨릭의 격
렬한 국토회복운동에 부딪쳐 앞일을 기약할 수 없는 상황이었다. 유
일하게 이집트 아이유브 왕조만이 굳건히 버티며 이슬람 세계의 존
엄을 지키고 있었다.

　1187년, 살라딘은 군대를 이끌고 예루살렘왕국을 공략한다. 7월,
살라딘은 갈릴리 호 근처의 티베리아스에서 십자군의 진지를 포위
한 뒤 주변의 관목숲에 불을 지르라고 명령한다. 무더운 날씨 속에
매운 연기와 뜨거운 불길이 다가오자 당황한 십자군은 물길이 있는
곳으로 가려 했다. 그러나 살라딘이 이미 물길을 끊어놓은 상태였기
때문에 수많은 십자군이 갈증 속에 죽어갔다. 이튿날, 십자군이 포
위를 뚫었지만 살라딘은 기마병이 도망가도록 내버려두었다. 그런
다음 남아있는 보병을 모조리 에워싸 단번에 몰살시킨다. 더 이상
전투를 지속할 수 없었던 예루살렘은 어쩔 수 없이 투항한다. 살라
딘은 이어 지중해 동부 연안에 있는 여러 도시와 요새를 공략한다.

그리하여 1189년에 이르렀을 때, 지중해에 남아있는 십자군 도시는 겨우 3곳뿐이었다.

교황 우르바누스 3세가 죽은 뒤, 독일과 프랑스, 영국 등은 실패를 인정하지 않고 제3차 십자군 원정을 일으킨다. 1191년, 아크레에 도착한 십자군은 아크레와 외부를 단절시키고 2년 가까이 맹공을 퍼붓는다. 그렇게 아크레를 함락시킨 십자군은 곧바로 예루살렘으로 쳐들어간다. 살라딘은 적들을 유인해 깊숙한 곳으로 끌어들인다. 그리고 이집트군의 방어망을 단단히 구축한 뒤 모든 물길과 초원을 없애버린다. 물과 건초를 얻지 못한 십자군은 사기가 급격히 저하돼 예루살렘 공략을 포기한다.

1192년, 살라딘은 십자군과 조약을 맺어 십자군에게 팔레스타인 연해지역을 넘겨주고 성지순례자와 상인의 성지 방문을 허락한다. 이 조약으로 예루살렘을 수복하려던 제3차 십자군 원정군의 야심도 수포로 돌아간다.

1193년, 살라딘이 죽고 왕위를 둘러싼 '왕자의 난'이 발생해 정권이 불안해진다. 이 틈을 타서 키프로스 왕은 1219년 제5차 십자군을 조직해 이집트를 침공한다. 그런데 행군노선을 잘못 짜는 바람에 범

▶ 십자군 원정

종교적 광기에 사로잡힌 십자군은 무서운 기세로 동방세계를 침략한다. 이에 이집트인은 민족의 영웅 살라딘을 따라 목숨을 건 항쟁에 나서 조국의 독립을 지켜냈다.

람한 나일 강에 기마병이 빠져버려 상당한 병력을 잃고 만다. 거기에 군사들의 사기도 급감해 곧 이집트에서 쫓겨난다.

그런데도 서유럽 봉건제후들은 포기를 몰랐다. 1248년, 프랑스 왕 루이 9세는 제7차 십자군을 이끌고 이집트를 침략한다. 이때는 순조롭게 나일 강 삼각주를 지나 카이로로 진격한다. 맘루크 군대의 우두머리 바이바르스(Baybars)는 군대를 데리고 카이로 밖으로 나와 성을 에워쌌다. 십자군 기사들의 강점은 기동력인데 중무장을 한 상태에서 좁고 구불구불한 카이로 거리를 지나려니 기동력을 살릴 수가 없었다. 그때 맘루크 군대가 성 안으로 밀려들어와 십자군을 공격하기 시작했다. 카이로 시민들도 힘을 보태 십자군에게 돌을 던지거나 밧줄로 말 다리를 걸어 넘어뜨렸다. 결국 멋모르고 카이로 시내로 뛰어든 십자군은 모조리 몰살당한다. 얼마 후 새 술탄 투란샤(Turanshah)가 카이로에 도착해 나일 강을 봉쇄하라고 명령한다. 그리하여 프랑스 전함 32척을 사로잡고 십자군의 보급로를 끊었다. 루이 9세는 밤새 강을 건너 도망쳤지만 부교를 부수지 않고 그대로 남겨두는 치명적인 실수를 하고 만다. 결국 뒤쫓아 온 이집트군에 붙잡혀 포로가 된다. 우두머리를 잃은 십자군은 반항 한 번 못해보고 이집트군에 붙잡힌다.

1250년, 투란샤가 살해당하고 계모 샤자르 알 두르가 권력을 잡는다. 그러나 이집트를 다스릴 역량이 부족했던 샤자르는 맘루크 군사령관 알−무이즈 아이벡(Al-Muizz Aybak)과 결혼하고 이후 아이벡이 술탄의 자리에 오른다. 이로써 이집트는 맘루크 왕조 시대를 열게 된다.

몽골 철기군을 가로막다

칭기즈칸이 몽골의 초원민족을 통일한 뒤 몽골 기마병은 동서남북을 가리지 않고 원정에 나서 백전백승의 놀라운 전적을 올린다. 몽골은 세 차례 서방 원정에 나섰는데 지나는 곳마다 승전보를 울려 중앙아시아, 서아시아 국가들을 차례로 함락시키고 유럽과 아프리카까지 진격한다. 빠른 몽골 기병에 비해 유럽 기사는 무거운 갑옷을 걸쳐 느리고 둔했다. 당연히 상대가 될 수 없었다. 그렇지만 맘루크 왕조는 몽골 기병을 여러 차례 격파하고 몽골 세력을 유프라테스 강 동쪽으로 쫓아내 이집트인의 강한 의지를 보여줬다.

1258년, 훌라구칸이 이끄는 몽골군이 바그다드를 함락시켰다. 이어서 1260년에는 시리아까지 점령하고 이집트를 덮쳐왔다. 그러나 이집트에 도착하기 전 형 몽케가 죽었다는 소식이 전해진다. 훌리구는 군사를 돌려 몽골로 돌아가면서 장수 키트부카(Kitbuqa)에게 군사 2만 5천 명을 주며 다마스쿠스에 주둔시킨다.

이집트 술탄 쿠투즈는 이 틈을 타서 12만 대군을 데리고 북상해 키트부카와 결전을 벌인다. 쿠투즈는 아인잘루트 근처 계곡에 함정을 팠다. 먼저 중갑기병부대 5만 명을 계곡 깊은 곳에 배치했다. 그리고 기동성이 뛰어난 기병 7만 명을 양쪽 산에 매복시켜 거대한 U자형으로 진을 짰다. 그러고는 몽골군을 유인해 계곡 입구까지 끌어들인다. 키트부카는 이집트군의 실력을 얕봐 스스로 범의 아가리로 뛰어든다. 몽골 기병이 함정으로 들어오자 산 양쪽에 미리 매복시켜둔 이집트 기병들이 쏜살같이 달려들었다. 선봉이 중갑기병부대와 싸우느라 정신이 없는데 느닷없이 측면공격까지 받게 되자 몽골군은 옴짝달싹 못하는 신세가 된다. 쿠투즈는 계속해서 '반드시 이겨라!'를 외쳐대며 직접 말을 몰고 적진으로 뛰어들었다. 이에 고무된 이집트 군사들도 용감하게 달려들며 몽골 기병들과 치열한 접전을 벌였다. 그러던 중 몽골군 장수 키트부카가 빗발치는 화살에 맞아 벌집이 된다. 지휘관이 죽자 군사들은 저마다 살길을 찾아 뿔뿔이 흩어져 도망쳤다. 이집트 군사들은 도망치는 적을 뒤쫓아 몽골군을 완전히 무찌른다.

아인잘루트 전투는 역사적으로 의미가 큰 전쟁이었다. 이 전쟁으로 몽골군의 불패신화가 깨졌고 이집트는 조국을 수호했다. 또한 아프리카로 들어가는 관문으로서 그가 몽골군의 거침없는 확장을 막아준 덕분에 아프리카는 무사할 수 있었다.

1281년, 몽골 일한국이 8만 6천 군사를 데리고 시리아를 침공해 맘루크 왕조의 5만 군사와 홈즈에서 전투를 벌였다. 전투 초기, 몽골군대는 이집트군의 왼쪽을 집중 공격했다. 이집트군은 투항하는 것처럼 상대방을 안심시킨 뒤 오른쪽 병력으로 몽골군에게 맹공을 퍼부었다. 몽골군은 완전히 무너져 죽을힘을 다해 도망쳤다. 그러나 유프라테스 강을 건너다가 강에 빠져 죽는 자가 속출해 결국 엄청난 사상자가 발생했다. 1303년, 일한국의 가잔칸은 쿠틀루크(Qutlugh-Shah) 장군을 보내 군사 5만을 데리고 시리아를 공격하게 한다. 양쪽 군대는 수파르 초원에서 격전을 벌였다. 그러나 필승을 다짐한 이집트군의 사기는 몽골군을 압도해 결국 이번에도 이집트가 승리한다. 패배한 몽골군은 무기도 버린 채 줄행랑을 쳤고 가잔칸은 분을 참지 못하고 화병으로 죽는다.

몽골 일한국은 두 차례 전쟁에서 모두 패하자 사기가 크게 떨어져 다시는 유프라테스 강을 넘지 못했다. 맘루크 군대의 총사령관은 카이로로 돌아와 성안 곳곳에 불을 밝히고 화려하게 장식했다. 카이로에는 기쁨이 흘러넘쳤고 이집트 각지의 사람들이 카이로로 몰려들어 이 전쟁영웅을 맞이했다. 이후 이집트는 100년 동안 평화로운 시절을 보내며 안정적으로 번영한다.

1400년, 몽골인 티무르가 회오리 바람처럼 서아시아를 휩쓸며 적들을 차례로 제압한다. 1401년, 다마스쿠스를 함락시킨 티무르는 남쪽을 정벌하기 위해 이집트로 진격했다. 이집트 칼리파는 다급히 군사를 보내 티무르군과 전투를 벌인다. 그러나 선봉부대가 시리아로 들어가자마자 적에게 대패한 뒤 다시는 군사를 파견하지 않았다. 1404년, 티무르는 동쪽의 명나라를 치기 위해 서아시아에서 군사를 철수시킨다. 이로써 이집트는 피비린내 나는 전쟁을 피할 수 있었다. 몽골의 위협이 사라졌고 오스만 튀르크는 아직 대제국으로 성장하지 못했기에 이집트는 짧지만 달콤한 평화를 맞이한다.

이 시기 이집트의 500년 역사를 돌이켜보면 침략과 저항으로 가득하다. 이집트인은 죽기를 각오하고 힘을 합쳐 적을 몰아내 민족의 독립을 지켜냈다. 이는 이집트인의 민족의식이 형성되기 시작했음을 의미한다. 이때부터 생겨난 민족의식은 근대 이집트가 격렬한 반제국 · 반식민주의 투쟁을 전개하는 밑거름이 되었다.

노동자들의 지옥 인도 델리 술탄국의 통치

델리 술탄 왕조의 시인 아미르 쿠스루(Amir Khusrau)는 탄식을 내뱉는다.
"국왕의 왕관에 박힌 보석 한 알 한 알은 모두 가난한 농민의 눈물 속에 뿌려진 핏방울이 뭉친 것이다."

델리 술탄 시대는 인도역사상 대립과 갈등이 가장 심했던 시기다. 민족 갈등, 종교 갈등, 계층 갈등이 실타래처럼 복잡하게 얽혀있는 탓에 어디서부터 손을 대야 할지 알 수가 없었다. 술탄은 종교를 탄압하여 이교도를 개종시키려 했다. 또 각종 명목의 세금을 징수해 하층민의 삶을 도탄에 빠뜨렸다. 몽골과 투르크가 걸핏하면 침략해 왔지만 국가의 역량을 결집하는 데는 별다른 도움이 되지 않았다. 오히려 국가 내부의 권력투쟁만 심화시켰을 뿐이다. 이 모든 갈등은 노동자들의 어깨에 무거운 짐을 지웠다.

이교도 핍박으로 점철된 3백년

델리 술탄 왕조는 이슬람교를 국교로 삼았고 모든 술탄은 이슬람 법전에 따라 힌두교도를 이슬람교로 개종시키려고 필사의 노력을 다했다. 델리 술탄 왕조가 통치한 320년 동안(1206~1526), 무려 5개 왕조와 32명의 술탄이 출현했지만 하나같이 힌두교에 대한 차별정책을 실시했다.

술탄은 '칼'과 '불'로 이교도를 다스려 320년 동안 힌두교도의 피눈물이 마를 날이 없었다. 국민의 대부분을 차지하는 힌두교도를 개종시키기 위해 술탄은 온갖 방법을 다 동원했다. 법률을 제정해 힌두교도의 경제생활, 정치권리 및 종교신앙의 자유에 불공평한 대우와 제약을 가해 힌두교도의 사회적 지위를 격하시켰다.

법률상, 이교도 성인 남성은 무조건 인두세를 납부해야 했는데 그렇게 하면 생명과 재산을 보호받고 병역도 면제됐다. 다시 말해 만약 세금을 내지 않으면 생명을 위협받는다는 뜻이었다. 만약 힌두교도가 성지순례를 희망하면 일정한 액수의 세금을 내 정부의 허락을 받아야 했다. 힌두교도와 관련된 분쟁이 발생하더라도 법정은 이슬람법에 따라 처리했다. 그뿐만이 아니었다. 술탄은 전쟁을 구실로 힌두교 사원을 파괴하고 사원재산을 약탈했으며 심지어 힌두교 사원을 이슬람 사원으로 개축하기도 했다. 힌두교도가 새 사원을 지으려면 이슬람 사원이 없는 곳에 지어야 했다. 이처럼 델리 술탄 왕조의 힌두교 탄압은 전방위적으로 실시되었다.

로디 왕조의 술탄 시칸다르는 여러 차례 힌두교 사원을 파괴하라고 명령했다. 또 도축업자에게는 저울 대신 부서진 석상조각을 사용하게 했다. 힌두교도는 수염도 못 깎고 규정된 강가에서 목욕도 할 수 없었다. 투그라크 왕조의 술탄 피루즈 샤(Firuz Shah)는 너무도 당당하게 외쳤다. "나는 나의 이교도 신하들이 선지적인 종교를 받아들이길 바라며 개종하면 인두세를 면제해줄 것이다."

흥하든 망하든 백성에게는 고통뿐

전쟁이 터지든 태평성대가 오든 델리의 술탄과 귀족들은 한결같이 '흥청망청' 즐기며 살았다. 술탄의 궁궐에는 노예가 가득했다. 피루즈 샤는 무려 4만 명이나 되는 노예를 부렸다. 이 밖에도 수많은 무녀와 악사 등을 거느렸다. 왕족과 귀족들도 왕궁의 사치스러운 생활을 따르며 향락을 즐겼다. 역사 기록에 따르면 당시 왕족들의 집은 술탄의 왕궁에 버금 갈 정도로 호화로웠다고 한다.

▼ 인도화가 라자 라비 바르마 (Raja Ravi Varma)가 그린 인도여성

인구 대부분을 차지하는 힌두교도와 보통 무슬림은 아무런 권리도 없었기 때문에 힌두교도의 삶은 고통과 슬픔으로 얼룩졌다. 그들은 엄청난 농지세와 수공업세를 부담해야 했고 인두세를 비롯해 각종 명목의 세금에 시달렸다. 술탄은 통치를 강화하기 위해 도시를 새로 짓고 개축하는 데 열을 올렸는데 이 모든 비용은 농민과 수공업자 같은 하층민들을 쥐어짜 마련했다. 그런데도 엄청난 지출을 감당할 길이 없어 마련한 고육지책이 대용화폐를 발행하는 것이었다. 그러나 이는 곧 인플레이션을 불러왔고 위조화폐가 범람했다. 도시 하층민의 원망과 고통스러운 신음소리가 온 도시에 가득 했다. 정부는 어쩔 수 없이 국고의 금은을 털어 다시 구리동전으로 바꾸었고 국고를 털어 물가

를 안정시켰다. 그러나 텅 빈 국고를 채우기 위해 정부가 어떻게 행동했을지는 안 봐도 훤한 일이었다. 정부는 예전처럼 새로운 세금을 징수해 자신의 실수로 빚어진 문제를 하층민에게 떠넘겼다.

델리 술탄은 몽골의 잇단 침략과 국내 귀족들의 심심찮은 반란을 제압하기 위해 어마어마한 규모의 상비군을 유지하고 있었다. 할지(khalji) 왕조의 알라우딘(Alauddin) 치세에는 기마병만 47만 5천 명에 달했고 여기에 보병과 코끼리 군대까지 합치면 그 수는 상상을 초월했다. 이렇게 엄청난 규모의 군대를 먹이고 입히기 위해 술탄은 농민들의 수입의 절반 이상을 거둬들였다. 술탄은 주택세, 관개세, 목장세 등 온갖 명목을 갖다 붙여 세금을 징수했다. 그렇게 여기저기에서 세금을 떼이고 나면 농민 손에 남는 것은 소득의 20%에 불과했다. 투그라크(Tughluq) 왕조 시기, 한때 세금 수가 29가지에 이른 적도 있었다. 술탄은 세금징수에 들어가는 비용을 줄이기 위해 세금징수 청구 제도를 실시했다. 각 지역의 세금징수관은 발품을 파는 만큼 더 많은 수입을 거둘 수 있었다. 이렇게 해서 세금징수관은 탐욕스런 배를 불렸고 백성들의 고통은 극한에 이르렀다.

델리 술탄의 여러 왕조는 모두 침략과 대외정복에 몰두했다. 13세기 말부터 14세기 초까지 몽골군이 7번이나 델리 술탄 왕조를 침략했으나 그때마다 패배한 채 돌아갔다. 1397년, 티무르가 직접 기병 9만 2천 명을 데리고 인더스 강을 건넜다. 전쟁의 신 티무르를 막을 자는 어디에도 없었다. 티무르의 군대는 거침없이 진격해 델리까지 폐허로 만들었다. 델리는 죽음의 도시로 변했고 두 달 동안 개미 새끼 한 마리도 보이지 않았다. 그러나 개구리 올챙이 적 생각 못한다더니 외적의 침략에서 벗어나기만 하면 주변 소국을 침략했다. 사이드(Sayyid) 왕조와 로디(Lodi) 왕조는 외적의 침략을 막고 영토를 확장하는 것 말고는 아무런 관심이 없었다. 고통받는 국민들에게는 외세의 침략을 막기 위한 전쟁이든 다른 나라를 침략하는 전쟁이든 고통스럽기는 매한가지였다. 전쟁이 끝나면 언제나 가혹한 세금 수탈이 이어졌고 가족들과 헤어지거나 영영 이별하는 일이 반복되었다.

1526년, 칭기즈칸의 후예 바부르(Babur)가 로디 왕조의 내란을 틈타 침략해 로디 왕조를 멸망시켰다. 그렇게 백성들의 원망을 뒤로하고 인도 델리 술탄 왕조는 역사 속으로 사라진다.

한반도의 중앙집권화 한반도 고려 왕조의 흥망성쇠

고려 왕조는 한반도의 삼국 시대를 끝내고 천하를 통일한 뒤 강력한 중앙
전제집권통치를 시작한다. 그러나 양반귀족들의 갈등의 골은 깊어만 갔고
노비는 대규모 봉기를 일으켰으며 몽골의 침략까지 더해져 고려왕국 곳곳
에서 고통의 신음소리가 터져 나왔다.

기본제도

918년, 태봉의 장군 왕건이 정변을 일으켜 태봉 국왕 궁예를 죽인
다. 이후 왕위에 올라 도읍을 개경으로 정하고 국호를 '고려'라 정
해 고려 왕조를 세운다. 당시 한반도에서는 고려, 후백제, 신라 삼국
이 각축을 벌이고 있었다. 이후 십여 년 동안 전쟁을 치르면서 935
년에는 신라를, 그리고 그 이듬해에는 후백제를 차례로 무너뜨린다.
이로써 고려는 한반도에 통일 왕조를 세운다.

고려는 신라와 태봉의 옛 제도를 계승하는 한편 당과 송의 정치제
도를 모방해 새로운 봉건집권 통치체제를 마련한다. 고려는 중앙 삼
성육부제를 실시한다. 문하성이 국가의 여러 사무를 관장하고 국왕
에게 간언과 자문을 하는 역할을 했다. 상서성은 전국 관리를 관리
해 아래로 이부, 호부, 예부, 병부, 형부, 공부 등 육부를 두었다. 삼
사는 전국의 회계를 관리했다. 이 밖에도 어사대를 두어 정치의 잘
못을 논하고 관리들의 비리를 감찰했다. 한림원은 문서를 담당했으
며 중추원은 군사사무를 처리했다. 최고 정무기관인 도병마사[36]는
이품 이상 문무고관으로 구성돼 왕을 도와 중요한 국가사무를 처리
했다. 군사 분야에서는 부병제를 실시해 20세 이상 양인장정을 모집
해 병역을 지게 했다. 군대는 중앙과 지방에 나눠 두었고 중앙정부
직속 정규군은 이군과 육위로 약 5만 명이 있었으며 지방 상비군은
약 10만 명이었다. 그 밖에 서북과 동북 변방지역의 군사 요충지에
병마사를 두었다.

나라를 통일한 고려 왕조는 전국 토지를 조사해 경작지와 산림을
등록해 장부로 엮었다. 고려가 실시한 주요 토지 정책은 '전시과'와

---

36) 이후 도평의사사로 개칭

공전제였다. 기본적으로 토지는 국가가 소유한 '공전'이었다. 976년에 실시된 '전시과'는 사실 공전제 하의 귀족관료의 식읍제도였다. 고려는 문관과 무관을 신분에 따라 몇 개의 등급(품)으로 나누었다. 그리고 등급에 따라 서로 다른 토지와 임야를 나눠주었다. 지방호족에게도 경작지를 나눠줘 민심을 구슬렸고, 군역을 지는 병사들에게도 경작지를 분배했다. 문무관원과 지방호족, 부병이 획득한 전시는 사전이라고 불렸지만 직접적으로 지배하거나 경영할 수 없었고 평생 '수조권'만 가졌다. 또한 수조권은 국가가 일률적으로 규정하고 만약 경작지를 분배받은 사람이 죽으면 그가 가졌던 전시는 모두 국가에 환속되었으므로 세습할 수 없었다. 이 밖에도 개국공신과 투항한 지방호족, 5품 이상 문무관원에게 하사하는 공음전시과가 있었다. 이런 전시는 자손에게 물려줄 수 있었다. 또 하나 공해전시과를 마련해 국가기관인 압택, 궁원, 백사, 주, 관, 역 등에 분급하여 경비를 충당하게 했다.

경제 문화의 발전

오랜 전쟁을 마치고 나라를 통일했지만 국토는 이미 황폐해졌고 백성들은 고단한 삶에 지쳐있었다. 고려 왕조는 서둘러 국가의 분위기를 쇄신할 조치를 취한다. 먼저 요역과 세금을 감면하고 노비를 양민으로 환속시켰으며 고리대금을 제한하는 등 갈등을 해소할 유화정책을 통해 사회질서를 안정시킨다. 또 황무지 개간과 경작지와 가축 보호를 장려하며 누에치기를 권장하고 의창을 설치해 가난한 백성을 구제하는 등의 조치를 통해 전란으로 파괴된 농업을 회복시켰다. 이때 많은 황무지가 개간돼 국고 수입을 늘리는 데 단단히 한몫 한다.

농업의 발전은 수공업과 상업의 번영을 불러왔다. 그러나 이 시기 상업과 수공업은 기본적으로 '관영'이었다. 고려 왕실은 여러 가지 장려정책을 취하면서도 엄격한 감시와 통제를 잊지 않았다.

정부는 수도 개경에 군기감, 중상서, 장치서, 도염서 등 정부기관을 설치해 온갖 수공업생산을 담당하게 했고 그곳에서 생산하는 물품들은 모두 왕실과 귀족들이 사용했다. 개경뿐 아니라 지방수공업

▲ 노래와 춤이 뛰어났던 고려 여성

도 괄목할 만한 성장을 이룬다. 비단방직, 철, 동, 도자기, 문방사우, 칠기 등의 물품은 전문장인이 관부의 감독 하에 제조했으며 백성도 자체 생산할 수 있었다. 그러나 생산한 물품은 반드시 상공 또는 별공 등의 이름으로 국가에 납부해야 했다.

고려 시대 상업은 정부의 공납무역 중심으로 발전했다. 각지의 수공업품과 대량의 농산품은 세금과 공납품으로 개경과 각지 행정중심지로 보내진 뒤 다시 정부나 허가 받은 상인들을 통해 국제무역에 쓰였다. 개경은 전국 최대의 시장이었으며 정부는 특별히 개경 안에 '대시좌우장랑'을 설치해 각지에서 거둬들인 공납품의 대리판매를 맡겼다. 송나라는 고려의 주요 무역상대국이었다. 고려는 송나라에서 비단과 도자기, 한약재, 향신료, 서적, 종이, 문구, 악기 등을 수입했고 인삼, 잣, 모피, 금, 은, 동, 유황, 화문석, 부채 등을 수출했다. 이 밖에도 고려는 거란, 여진, 심지어 페르시아와도 무역거래를 했다. 개경을 비롯한 대도시에 집시를 두었고 각 지방 행정중심에도 향시를 발달시켰다. 이곳에서는 주로 생활필수품을 거래했다. 관영 상공업자 외에 촌락을 돌아다니며 장사를 하는 행상들도 있었지만 이런 개인적인 상업 활동은 정부의 엄격한 통제를 받았다.

원래 고려의 거래수단은 쌀과 직물이었다. 그런데 대외무역이 발달하면서 고려도 유통수단으로 금속화폐 사용을 시도한다. 그리고 996년 처음으로 철전을 사용하기 시작했다. 1097년, 고려는 화폐발행을 담당하는 관청인 주전관을 설치한다. 그리고 '삼한통보', '동국통보', '해동통보' 등 세 가지 화폐를 주조한다. 그러나 고려의 상품생산이 그다지 발달하지 않은 탓에 11세기 후반에 가서야 전국적으로 화폐가 사용되기 시작한다.

고려는 유학을 제창하고 과거를 발달시켰으며 평양에 학교를 세워 양반귀족의 자녀들에게 유학을 가르쳤다. 또한 개경에 국가최고 학부인 국자감을 설치한다. 고려조정은 청연각과 서경수서원을 설립해 전문적으로 도서를 수집하고 보관하는 일을 맡겼다. 이 밖에 비서성을 설립해 각종 서적을 편찬하고 출판하는 일을 관장하게 했다. 11세기 초에 조정은 학자들을 모아 역대 사서를 편찬하게 한다. 그리하여 《해동삼국사》, 《구삼국사》 등 사서가 편찬되었다. 이 시기에 김부식이 쓴 기전체 사서 《삼국사기》는 오늘날까지 남아있는 한반도 최초의 역사서이다. 인쇄술은 더 크게 발전한다. 11세기 60여

고려청자

고려청자는 고려 왕조의 대표적 도자기로 색상은 주로 매자청, 애엽청, 분청, 천청, 월백 등이 있었다. 그 중 비취색이 가장 아름다웠다. 고려청자는 청아하고 우아한 매력이 있었고 가볍고 얇았으며 종종 모란, 연꽃, 당초, 대나무, 새 등의 도안을 새겼다. 도안을 새기는 방법은 매우 다양했다. 대부분 음각과 양각, 투각 등 각종 조각기법을 충분히 활용했고 독특한 장식법인 상감기법을 이용해 아름다움의 극치를 선보였다. 이런 청자는 매우 수준 높은 제작기술을 필요로 했고 화려하고 정교한데다 매우 비쌌기 때문에 쉽게 볼 수 없는 진귀한 보물이었다. 그래서 오랫동안 많은 애호가들의 사랑을 받았으며 신분이 높은 귀족에게만 진상되었다.

년에 걸쳐 엄청난 물자를 투입한 끝에 《대장경》(6천여권) 인쇄를 완성한다. 그러나 이 경서는 몽고가 침략했을 때 불타 없어진다. 몇 년 뒤, 고려 왕실은 《대장경》을 다시 인쇄한다. 이것이 현존하는 《대장경》(《팔만대장경》이라고도 함)이다. 이 두 《대장경》은 고려의 뛰어난 인쇄술을 보여주고 있다. 이 밖에도 고려 시대 한민족은 세계 최초로 금속활자 인쇄본을 만들었다.

무인통치

고려 왕조는 유학을 제창해 과거제를 강화했다. 삼성육부의 관원들은 모두 문관으로 채워졌고 '문반'이라 불렸다. 이군육위의 고위급 장수들은 '무반'이라 불렸다. 고려 초기 군사귀족세력이 지나치게 세력을 확장해 중앙정권을 위협하지 못하도록 고려 왕실은 문반과 무반에 대한 차별을 실시했다. 그러나 무반을 누르려던 목적을 이루기는커녕 문반과 무반의 갈등만 키우는 꼴이 돼 결국 무혈참극을 불러온다. 1170년 8월, 의종이 보현원에서 열리는 연회에 참석하는 동안 호위를 맡은 정중부와 이의방 등의 무장이 군사정변을 일으켜 수행하던 문신들을 죽여버린다. 이어서 개경으로 돌아온 뒤에는 온 성을 피로 물들이고 의종을 폐위한 뒤 거제도로 유배 보낸다. 이후 명종이 즉위했고 역사는 이를 '경인난'이라고 기록했다. 1173년, 병마사 김보당이 다시 쿠데타를 일으켜 정중부를 제거하려던 계획이 실패로 돌아간 뒤, 정중부는 보복의 의미로 또 다시 문반들을 학살한다. 이를 '계사난'이라고 부른다. '경인'·'계사의 난'을 겪은 뒤 고려왕은 무반들의 꼭두각시가 되었고 고려는 무신들의 장기통치시대로 접어든다. 그러나 권력에 대한 집착은 같은 무신들 사이에도 갈등의 씨앗을 뿌려 고려정국은 혼란에 빠진다.

내우외환

무신들이 권력을 잡은 뒤, 왕실, 양반귀족, 지방토호와 불교 사원은 아무 거리낌 없이 토지를 소유하기 시작했다. 이로써 토지사유제가 빠르게 발전했고 전시과와 공전제는 완전히 무너진다. 많은 토지가 사유화되면서 조정이 거둬들이는 세금은 나날이 줄어든다. 재정적 어려움을 극복하기 위해 조정은 더욱 가혹하게 농민들을 수탈했다. 경작지를 잃고 파산한 농민들은 천민이나 관노 또는 사노로 전락했고 많은 농민과 수공업 장인들도 무거운 요역과 세금을 피해 도망친다. 게다가 천재지변도 잇따라 발생해 더 이상 물러설 곳이 없었던 사람들은 결국 봉기를 일으킨다. 이때 발생한 농민봉기의 불길은 전국으로 번져 역사상 두 번째 대규모 농민봉기로 발전한다. 고려는 한 치 앞도 내다볼 수 없는 안개 속으로 빠져든다. 가장 심각한 문제는 만신창이가 된 고려 왕실이었다. 이 와중에 몽고대군이 살기등등하게 밀려오자 고려 왕실은 어쩔 수 없이 강화도로 옮겨간다. 1258년, 고려 왕실에 정변이 발생해 고종이 몽고군에 투항한다. 이후 몽고는 개경에 '정동행성'을 설치하고 다루가치를 총독으로 보내 고려국정과 공납품 착취를 감독하게 한다. 또한 고려왕을 몽고 공주와 강제로 혼인시키고 왕자를 볼모로 잡아뒀다가 왕이 죽으면 고려로 돌려보내 왕위를 잇게 했다. 그 뒤 고려는 일본 침략을 위한 교두보로 전락해 몽고가 요구하는 대로 군사, 장인, 군량, 선박 등을 제공해야 했다. 왕실이 그 지경이니 백성들의 삶이 얼마나 곤궁했을지 미루어 짐작할 수 있다. 내우외환이 연거푸 발생한 탓에 백성들은 이미 삶의 희망을 놓아버린 상태였다. 원나라가 멸망한 뒤에야 고려는 한 숨 돌리게 된다. 그러나 대외전쟁으로 무장의 세력이 강화돼 1392년, 고려는 대권을 장악한 무장 이성계에 의해 멸망한다.

◀ 조선의 성문
1392년, 고려는 정권을 장악한 이성계로 인해 멸망한다. 이성계는 오늘날 한국의 '국보 1호' 남대문을 세웠다.

사무라이 정치의 분리와 합체 일본 막부 통치

일본에서 새로 일어나던 무사계급은 고상하고 나태하며 사치와 향락에 빠져있던 일본 헤이안조에 소박하고 굳건한 풍조를 몰고 왔다. 막부의 권위 아래 천황과 조정은 점점 정교하고 아름다운 장식품이 되어갔다. 그리고 무인들이 수백 년에 걸쳐 정치를 장악하면서 무사도로 대표되는 사무라이 정신과 문화가 생겨났다.

사무라이의 탄생

▼ **미나모토노 요리토모**(1147~1199)
일본 가마쿠라 막부를 연 초대 장군이다. 헤이안 시대 말기의 무장인 미나모토노 요시토모(1123~1160)의 아들로 무가정치를 창시했다.

천황이 천하의 실권을 쥐고 있든 꼭두각시 노릇만 하든 그가 태양신 아마테라스 오미카미의 적통으로서 정통 계승자라는 사실은 의심할 나위가 없었다. 사무라이라는 신흥세력은 세상에 등장하자마자 일본 사회의 핵심 세력으로 성장했다. 그러면서 천황을 비롯해 조정은 정교하고 아름다운 장식품으로 전락한다. 지난날의 영광과 권력을 잃은 천황일족은 자신을 낮추고 사무라이가 시키는 대로 따를 수밖에 없었다. 이때부터 일본 정치는 사무라이가 쥐락펴락하게 된다. 그렇게 한 세기가 흐르는 동안 무사도라는 이름으로 잘 알려진 사무라이 정신과 문화는 유구한 세월을 거치면서 일본 곳곳에 침투해 일본인의 정신을 지배하게 된다.

사무라이는 후지와라 시대의 장원에서 나타났다. 당시 헤이안조의 귀족들은 여전히 나태하고 사치스러운 삶에 빠져 있었고 조정의 각종 정무는 이미 빈껍데기만 남은 의식으로 변해버렸다. 선대에게서 물려받은 의식을 금과옥조로 여기고 모든 의식의 최고 기준으로 삼았다. 국가조직은 알맹이가 빠진 껍데기로 변했고 무관조직도 와해됐다. 토지 병탄[37]이 전사회적으로 크게 성행해 백성들도 토지와 함께

37) 남의 재물이나 다른 나라의 영토를 한데 아울러서 제 것으로 만듦

병탄돼 개인 소유가 되어갔다. 일본 각지에 장원이 생겼고 장원은 묘슈가 점유했다. 그들은 계속해서 장원을 지배하기 위해 장원 세력을 키웠다. 각 묘슈는 사적인 무사조직을 만들어 무사단이라고 불렀다. 그들은 명확한 주종관계를 맺고 있었다. 각 지역에서 무가세력이 생겨났고 그들은 점차 막강한 실력을 갖춘 지방호족을 중심으로 연합해 지역색이 두드러지는 대규모 무사단을 형성했다. 그리하여 무가세력은 순식간에 힘을 키웠다.

　원정 시대부터 사무라이는 지방에서 중앙으로 활동범위를 넓힌다. 뛰어난 실력을 갖춘 사무라이는 중앙에서 지금의 군사령관, 경찰과 같은 직무를 맡으며 정치적 발언권을 키워간다. 이 시대에 가장 활발하게 활동했던 무사 가문은 겐지와 헤이시였다. 겐지와 헤이시는 중앙으로 진출한 뒤 차츰 자신의 세력을 심었다. 이 과정에서 두 세력 간의 갈등은 불 보듯 빤한 일이었다. 겐지와 헤이시는 황실과 귀족들의 환심을 사기위해 백방으로 노력했다. 하지만 중앙 귀족들이 볼 때 그들은 무지하고 야만스러운 촌뜨기에 불과했기 때문에 콧방귀도 뀌지 않았다. 겐지의 세력이 정점에 도달했을 때조차 조정에서의 지위는 그다지 높지 않았고 그가 조정에 들어오는 것에 귀족들은 불쾌감을 감추지 않았다. 이때 무가세력은 막강한 실력을 갖고 있었지만 정치적으로는 황실의 지배를 받았다. 그러나 교토에서 '호겐의 난'이 발생한 뒤 큰 변화가 일어난다. '호겐의 난'은 귀족들 간의 권력을 둘러싼 쟁탈전이었다. 이 과정에서 군사를 가진 무가세력은 조정의 내란을 평정하는 데 큰 도움이 되었다. 헤이시는 이 기회를 이용해 후지와라를 대신해 조정의 대권을 쥐고 무가정치의 문을 연다. 헤이시는 무가 출신이었지만 황실의 정치적 전통을 동경했다. 그래서 헤이시 일족 중 다수가 성격이나 교양에 있어 황실을 닮으려 무지하게 애를 썼고 그 과정에서 무가세력만의 특징을 잃어갔다. 무가세력과 황실에 한 발씩 걸치고 있었던 탓에 헤이시는 양쪽 모두에게 신용을 잃고 만다. 결국, 얼마 지나지 않아 헤이시 세력은 힘을 잃고 헤이시의 수장 다이라노 기요모리마저 양쪽에서 공격을 받던 중 세상을 떠난다. 헤이시의 전제정권은 짧게 끝나고 말았지만 무가세력이 더 이상 황실의 앞잡이나 구차한 꼭두각시 노릇은 하지 않겠다는 의지를 만천하에 알렸다. 무가세력은 갈수록 강력해지고 지위도 높아져 이미 황실과 견줄 수 있는, 아니 그를 좌지우

헤이시 이야기

일본 중세의 걸출한 장편 역사전쟁소설 《헤이시 이야기》는 《헤이시 비파곡》이라고도 부른다. 처음에 장님예술가가 비파 반주에 맞춰 책3권의 내용을 노래로 들려주었다. 훗날 전해지는 과정에서 계속 내용이 수정되고 추가되면서 마지막에는 13권으로 늘어난다. 《헤이시 이야기》는 주로 헤이시 일족의 이야기를 서술하고 있다. 1권부터 6권까지는 헤이시 일족이 천하를 주름잡던 영광스럽고 화려하던 시대를 묘사했고 7권부터 13권까지는 겐지와 헤이시 두 무사집단 사이의 권력투쟁을 그리고 있다. 《헤이시 이야기》는 헤이시의 성장부터 몰락에 이르는 내용을 소재로 삼았다. 정치무대에 오른 무사집단이 점차 황실귀족에 동화돼 결국은 강한 세력을 가진 지방 무사집단에 합쳐지는 역사를 예술적으로 재현했다.

지할 정도의 실력을 갖추게 되었다.

황실과 무가의 대립

헤이시 세력을 쓸어버린 것은 다름 아닌 오랜 숙적인 겐지였다. 정권을 손에 쥔 미나모토노 요리토모는 헤이시와 달랐다. 그는 무사로서의 정체성이 매우 분명한 인물이었다. 그래서 무가세력의 기반을 더욱 공고하게 다져 완전한 무가 정치를 실현하려고 했다. 미나모토노 요리토모는 무가세력의 기틀을 잡으려면 가장 먼저 일족을 통제해야 한다고 생각했다. 그래서 자기 일족을 각지로 보내 현지 슈고[38]와 지토[39]로 삼았다. 무가세력은 각지의 슈고를 통해 전국의 반대세력을 제압하고 지토를 통해 전국에 대한 징수권을 행사했다. 일본 각지에 퍼진 겐지 일족은 사실상 조정의 중앙기관이 해야 할 일을 대신 처리하고 있었다. 미나모토노 요리토모가 국가의 요직을 하나씩 장악하면서 무가의 통치체제 또한 황실의 정치기관에 깊숙이 침투했다. 미나모토노 요리토모는 우대장과 세이이다이 쇼군[40]이 된 뒤, 가마쿠라에 막부를 세웠다. 막부는 무가정치의 중앙행정기관으로 이때부터 천하를 호령하는 권력을 쥐게 된다. 미나모토노 요리토모로부터 시작된 무가정치는 이미 천하의 대권을 장악하고 있었지만 황실을 부정하지 않았다. 그들은 무가의 전통과 본분을 엄격히 지키고 행동거지와 말 속에서 늘 조정에 대한 공경을 드러냈다. 이 점은 높이 평가할 만하다.

미나모토노 요리토모가 죽은 뒤 막부 안에서 지배권을 둘러싼 치열한 내분이 발생한다. 조정은 이것이 막부를 뒤엎을 절호의 기회라고 생각해 조큐의 난을 일으킨다. 그 당시에 막부는 내분을 비롯한 여러 가지 요인으로 몹시 혼란스럽고 쇠약해져 있었다. 그러나 이 무가 정치기관을 지지하는 근본은 뿌리 깊은 나무처럼 조금도 동요하지 않고 질서정연하게 운행되고 있었다. 막부군은 파죽지세로 조정군을 몰아붙여 단 한 달 만에 승리를 거머쥔다. 승자가 된 막부는 과거 조정에 보인 공경과 숭배의 태도를 모두 버리고 여태까지 당한 것을 되갚아주었다. 먼저 고토바, 준토쿠, 쓰치미카도 세 상황을 유

---

38) 군사 및 반란 진압 등을 맡은 관리
39) 토지관리 · 연공 징수 등을 맡은 관리
40) 오랑캐를 정벌하는 대장군

폐시키고 추교 천황을 폐위시켰다. 이로부터 막부의 실권은 미나모토노 요리토모 아내의 친정인 호죠 가문이 쥐게 된다. 조큐의 난을 계기로 무가정치는 여러모로 놀라운 발전을 이루게 된다. 막부정권은 이미 그 누구도 상대할 수 없을 정도로 막강해져 은연중에 황실을 대신하려는 믿음과 야심을 내비쳤다. 이후 원나라 군대가 침입할 때까지 막부정치는 황금기에 들어선다.

　물론 막부 통치시기에도 막부와 황실은 계속해서 갈등을 빚었고 심할 때는 일촉즉발의 상황까지 가기도 했다. 가마쿠라 막부는 고다이고 천황에 의해 멸망한다. 이후 고다이고 천황은 의욕적으로 '겐무중흥建武中興'을 추진했지만 2년 동안 온갖 노력을 기울이고도 실패하고 만다. 사실 조정이 가마쿠라 막부를 무너뜨릴 수 있었던 것도 따지고 보면 무가의 힘 덕분이었다. 이 당시 모든 힘은 무가의 수중에 들어간 상태였고 황실이 독점하던 권력 역시 무가계층에 점차 잠식되었다. 이로 볼 때 대세는 이미 '무가'로 기운 상태였다. 비록 가마쿠라 막부는 멸망했지만 그를 대신해 권력을 쥔 것 역시 막부였다. 간판만 가마쿠라 막부에서 무로마치 막부로 바뀌었을 뿐, 실권은 아시카가 다카우지가 쥐고 있었고 한 번 땅에 떨어진 황실의 권위는 회복되지 않았다. 고다이고 천황은 무가가 모든 권력을 쥐고 흔드는 상황이 몹시 못마땅했다. 하지만 할 수 있는 일이 없었기 때문에 정통 신분을 상징하는 3가지 '신기'를 가지고 교토를 탈출하여 남쪽으로 도망가 요시노 지역에 조정을 세웠다. 이후 아시카가 다카우지는 고묘 천황을 옹립하여 요시노 조정[41]과 다카우지의 교토 조정[42]이 서로 대립하는 국면이 형성되었다. 그러

▼ 막부 무사들의 내분을 그린 그림
일본 막부 시대에 무사의 지위는 매우 중요했다. 따라서 각 파 무사들 간의 권력 다툼은 물론이고 같은 막부 내부에서도 무사들 간의 다툼을 쉽게 볼 수 있었다.

41) 남조
42) 북조

나 황실문화의 영향을 많이 받은 아시카가 다카우지는 정통황제가 가진 권위는 그 무엇으로도 대체할 수 없으며 무력으로 모든 문제를 해결할 수 없다는 사실을 깨닫는다. 그래서 남과 북이 대치하던 상황은 양측이 화해하면서 끝을 맺는다. 비록 그렇더라도 황실의 나약함과 무능함은 이미 만천하에 드러난 지 오래였다. 예를 들어 장군 아시카가 요시미쓰가 죽은 뒤 조정은 그에게 '태상천황'이라는 시호를 내린다. 이것은 황실정치권력이 극히 미약했다는 것을 잘 보여주는 사례다.

비록 황실이 정치에서는 무가와 다툴 힘이 없었지만 문화에 있어서는 전통적 우위를 바탕으로 무가 문화에 침투하고 깊은 영향을 줬다. 예를 들어 무로마치 막부 시기 무가는 정치, 생활 등의 분야에서 황실을 따라하는 데 몰두해 황실에 가장 가까운 무가 문화라는 평을 받았다. 막부 역시 황실조정처럼 의식과 관례에 얽매이기 시작했다. '겐무중흥' 당시 추진한 '황실과 무가의 통일' 방침도 여기에 한 몫 거들었다. 그리하여 소박하고 간결함을 추구하던 무가의 생활태도는 아시카가 쇼군에게서는 거의 찾아볼 수 없게 된다.

폭풍처럼 일어난 하극상

무로마치 막부는 각지의 슈고와 무장의 힘을 빌려 세워졌다. 이에 보답하기 위해 무로마치 막부는 그들의 세력을 키워주는 정책을 실시했다. 심지어 슈고와 무장이 세력을 확장하기 위해 도를 넘는 행동을 해도 막부는 그저 내버려둘 따름이었다. 그렇게 오랜 시간이 흐르자 이들 슈고와 무장들은 세력도 막강해졌고 더불어 성정도 거칠어졌다. 그러면서 자연스럽게 정치적 야심도 커져갔다. 그러나 이에 대항할 막부의 통치기반은 오히려 갈수록 약해졌다. 그렇기 때문에 상황이 자신에게 불리하게 돌아가는 것을 보면서도 손 놓고 구경만 할 수밖에, 다른 방도가 없었다. 무로마치 막부 제8대 쇼군 아시카가 요시마사가 통치하던 시기에 여러 가지 요인이 뒤엉켜 오닌의 난이 발생한다. 이 난으로 일본전국은 몇 년 동안 동란에 휘말렸고 무로마치 막부와 슈고 다이묘의 세력 모두 급격히 쇠약해진다. 한때 중앙정권이었던 막부는 거의 기나이[43]의 지방정권으로 몰락한다.

---

43) 나라의 서울에 가까운 주변 구역

각지의 슈고가 잇달아 반란을 일으킨 가
운데 막부 무장들 사이의 투쟁도 갈수록
치열해져 그렇지 않아도 골골거리던 막
부의 목을 죄었다. 그 옛날 천하를 주름
잡던 기세는 온데간데없고 숨이 끊어지
기 직전의 비참한 몰골만 남았다. 각지의
슈고 다이묘는 더 이상 막부에 공납품을
올리지 않았다. 쇼군의 이름은 유명무실
해져 결국 권신들에게 이리저리 끌려 다
니는 꼭두각시로 전락한다. 그리하여 어
지러운 시대의 질곡을 함께 했던 무로마
치 막부는 오다 노부나가에 의해 멸망한
다. 막부에게는 거만하고 횡포하게 굴던
슈고 다이묘도 자신의 영지에서는 가신
들에게 밀리는 실정이었다. 어떤 가신들

▲ 막부 사무라이

헤이안 시대, 칸무 천황은 정권
을 다지기 위해 무사를 등용한
다. 사무라이는 충성스럽고 용
감하며 탁월한 전사였다. 그들
의 이러한 정신은 점차 일본의
무사도를 형성했다.

은 다이묘를 죽이고 자신이 그 자리를 차지하기도 했다. 또한 사무
라이들도 밑에서부터 치고 올라오는 하급무사들에게 밀려 힘을 못
쓰고 있었다. 당시 무가사회에서는 하급무사들이 새롭게 발호하고
있었다. 원래의 지방토호, 무사, 심지어 평민들의 세력이 점차 강성
해져 각자의 세력을 구축했다. 이들은 과거 막부가 임명하던 슈고
다이묘를 대신해 '센고쿠 다이묘'가 되었다. 그래서 사람들은 '오닌
의 난'을 시작으로 일본이 뜨거운 피가 솟구치는 센고쿠 시대로 접
어들었다고 본다. 폭풍처럼 밀어닥친 하극상은 갈수록 심해졌다. 하
극상으로 권력을 쥔 세력들은 새로운 가치관을 가지고 계속 기존의
권력자들에게 도전하면서 그들의 자리를 잠식해갔다. 과거의 사회
질서는 이미 완전히 붕괴됐다. 전국은 이미 전란의 소용돌이로 빠져
들었고 흙먼지가 휘날리고 피비린내가 진동을 하는 시대가 서서히
막을 연다.

뒤에 난 뿔이 우뚝하다 서아프리카의 말리왕국

1324년부터 1326년까지 말리왕국의 만사 무사(Mansa Musa)는 성지순례에 나선다. 500명의 노예들이 각자 6파운드의 황금지팡이를 들고 황제의 앞길을 열었고 황금 300파운드씩을 짊어진 낙타 100마리가 그 뒤를 따랐다. 그 외에도 식량과 의복을 짊어진 낙타들이 순례길을 함께 했다. 수 킬로미터에 이르는 낙타행렬은 태양이 작열하는 사하라 사막을 가로질러 성지 메카로 향했다.

떠오르는 제국

8세기부터 16세기 사이 서아프리카에는 말리왕국과 가나왕국, 그리고 송가이왕국이 나타났다. 그들은 오랫동안 서아프리카의 여러 부족과 주변 왕국을 통치하며 서아프리카의 패자가 되었다. 이 세 왕국 중에서 가장 눈부시게 빛났던 나라는 말리왕국이었다. 당시 아랍국가와 유럽국가들은 모두 말리의 눈부심에 눈이 멀 지경이었다. 유럽인들은 놀랍도록 부유한 말리 국왕을 '금광의 왕'이라고 부를 정도였다.

말리는 원래 가나의 지배를 받는 속국으로 나이저 강과 바코예 강 상류에 위치한 나라였다. 만딩고족 말링케 일족이 다스렸다. '말리'라는 단어는 만딩고족 언어로 '주인 또는 왕이 사는 곳'이라는 뜻으로 훗날 국가이름이 되었다. 역사에 기록된 첫 번째 왕은 11세기의 바라오넨다나로 그는 국내 금광 생산을 독점하고 황금을 이용해 서아프리카 무역을 장악하면서 국력을 키웠다. 1054년 알모라비드가 가나를 침략한 틈을 타 말리왕국도 독립국가가 된다.

1224년, 말리왕국은 수만구루(Sumanguru)가 이끄는 강력한 수수족에게 정복당한다. 운 좋게 살아남은 순디아타(Sundiata) 왕자는 만딩고족을 결집해 수수

▼ 통북투 천문학 수고

족에게 저항의 깃발을 든다. 1235년 키리나(Kirina) 전투에서 만딩고족과 수수족은 격전을 벌였다. 순디아타는 전투 중 수수족의 왕 수만구루를 죽이고 얼마 후 수수족을 정복했다. 1240년, 가나왕국이 멸망하고 세네갈에서 나이저 강 중류에 이르는 지방이 모두 말리의 영토로 편입된다. 이로서 말리왕국의 초기 모습이 잡힌다.

만사 무사(Mansa Musa, 1307~1332) 통치 시기, 말리왕국은 영토를 넓히기 위해 엄청난 돈을 들여 아랍마를 사들여 철기

▲ 말리왕국의 번영으로 무역이 발전한다. 그들의 무역은 사하라 사막을 통해 이루어졌기 때문에 낙타는 자연히 가장 주된 교통 수단이 되었다.

1만의 기동부대를 만든다. 또 보병 9만 명을 확보했다. 새로운 영토 확장 전쟁을 통해 말리왕국의 영토는 역사상 최대 규모로 확장된다. 남으로는 적도삼림지대, 북으로는 사하라 사막까지 확장했다. 서로는 대서양에 이르렀고 동으로는 하우사 지역[44]에 달했다. 그리하여 서아프리카 역사상 가나보다도 강력한 제국을 형성했다. 만사 무사는 지역에 따라 다르게 통치했다. 산카라니 강 연안 부락에서는 이원적인 통치제도를 도입해 지방행정은 총독이 관리하되 일부지역과 도시에서는 원래의 통치제도로 다스렸다. 말리에 대한 공납에 있어서는 종속관계를 유지했다. 1352년 이후 반세기 동안 송가이왕국이 말리에 공물을 바쳤다. 또 사하라의 관문인 왈라타(Oualata)와 타가자(Taghaza)도 말리제국에 공물을 진상했다.

이때 말리제국은 사방에 속국을 거느렸고 나라 안에 사람과 금, 동, 소금 등이 넘쳐났으며 육로와 수로 교통이 발달했다. 이 모두가 말리제국의 번영을 일구는 자양분이 되었다.

더 이상의 화려함은 없다

말리왕국은 지리적으로 아주 좋은 자리를 차지하고 있었다. 남쪽의 황금광산과 북쪽 사하라 소금광산, 구리광산을 잇는 교통의 요지로 지리적 이점을 이용해 많은 이득을 거두었다. 말리의 주요도시는

44) 지금의 나이지리아 변경지역

나이저 강 연안에 지어졌고 편리한 운하를 통해 각지 상선이 이곳으로 모여들었다. 젠네(Djenne)가 바로 편리한 운하를 통해 북아프리카의 화물과 남부의 황금, 콜라나무 씨앗을 중개무역해 번영한 도시였다. 통북투(Tombouctou)는 중부 사하라 지역 통상로 근처에 있어 중부 사하라와 서부 사하라 상단이 모여들었고 외국상인들이 거리를 가득 메웠다.

'로마는 하루아침에 이루어지지 않았다.' 몇 대에 걸쳐 수많은 사람이 피땀을 흘린 결과 로마제국의 번영을 일굴 수 있었다. 왕위에 오른 순디아타(1230~1255)는 국가를 다스리는 데 온 힘을 쏟았다. 이에 힘입어 식량과 황금 생산량이 비약적으로 증가했고 대외무역도 눈부시게 발전한다. 말리의 식량은 북방 유목민을 먹여 살렸고 대량의 면제품, 황금이 북아프리카로 옮겨졌다. 만사 무사 왕의 통치 시기에는 통북투, 가오(Gao) 등 도시들이 크게 번영했다. 이집트, 마그레브의 아랍상단이 황동, 소금, 베네치아 진주, 유럽과 다마스쿠스의 검 등을 낙타에 싣고 와 노예와 황금으로 교환했다. 말리 시장에서는 교환수단으로 많은 양의 조개화폐 '콰혹'과 구리주괴를 사용했다.

그렇다면 과거 말리의 대외무역 규모는 어느 정도였을까? 1400년, 아하가르 산맥을 넘어 사하라를 가로질렀던 상단의 낙타 수는 적어도 만 2천 마리가 넘었다. 그리고 이 길은 사하라를 넘을 때 상단이 이용한 주요 통상로 6개 중 한 개에 불과하다. 비록 상단이 사하라를 넘을 때 이용한 길이 서로 달랐고 반드시 말리를 거쳐 간 것도 아니지만 이것만으로도 당시의 무역 규모를 어느 정도 짐작해볼 수 있다.

제국은 전리품과 공납품, 그리고 국경통과 상품세를 통해 엄청난 황금을 긁어모았다. 부를 과시하는 것이 목적인지 성지순례가 목적인지 분명치 않았던 만사 무사의 메카행은 카이로의 인플레이션을 불러와 황금가격이 폭락했다. 이로 인해 카이로의 경제는 심각한 위기에 빠졌고 몇 년이 흐른 뒤에야 겨우 어둠 속에서 빠져나올 수 있었다. 과거 유럽인들은 서아프리카를 그저 미개하고 야만스럽고 아무것도 없는 버려진 땅으로 여겼다. 그러나 만사 무사의 성지순례 소식을 전해 듣고 나서 그를 '금광의 왕'이라고 부르며 부러워했다. 또한 1339년에 제작된 한 지도에는 특별히 말리제국의 이름과 위치를 기록하기도 했다.

오직 알라

  역사 기록에 따르면 말리왕국은 건국 초기부터 이슬람교를 믿었다고 한다. 그 자신이 무슬림이었던 초대 국왕 바라오넨다나는 메카로 성지순례를 떠나 술탄의 칭호를 얻었다. 이후 왕국의 통치자는 메카로 성지순례를 떠나는 것이 관례로 굳어졌다. 국왕 무사위는 1212년에 처음으로 메카를 찾은 뒤 이후로도 두 번이나 더 성지순례를 떠나 엄청난 돈을 썼다.

  만사 무사는 1324년부터 1325년까지 역사상 다시없을 엄청난 규모의 성지순례를 떠난다. 전하는 바에 따르면 500명의 노예들이 각자 6파운드의 황금지팡이를 들고 황제의 앞길을 열었고 황금 300파운드씩을 짊어진 낙타 100마리가 그 뒤를 따랐다. 그 외에도 식량과 의복을 짊어진 낙타들이 순례길을 함께 했다. 수 킬로미터에 이르는 낙타행렬은 태양이 작열하는 사하라 사막을 가로질러 성지 메카로 향했다. 사치의 끝을 보여준 이 성지순례를 마치고 나서 만사 무사는 에스파냐 남부 출신의 건축가를 초빙한다. 유럽에서 온 건축가는 알라에 대한 독실한 신앙을 보이려는 만사 무사의 바람에 따라 통북투의 대형 토목공사를 맡아 웅장한 이슬람 사원을 짓는다. 이때부터 서아프리카 건축에 마그레브 양식이 곁들여진다.

  만사 무사는 이슬람교 포교에 힘써 말리왕국에 이슬람교의 전통을 심는다. 말리를 방문했던 이븐 바투타는 방문 당시 겪은 바에 대해 이렇게 썼다. '무슬림의 지도자는 이미 궁전 안에서 기도를 하고 있었고 신하들과 백성들도 함께 기도하고 있었다. 술탄은 언제나 정해진 시간에, 집단으로 기도를 올렸다. 자녀들도 기도활동에 참여시키기 위해 체벌을 가하기도 했다. 예배일에는 조금만 늦어도 빈자리를 찾을 수가 없었다. 그날 그들은 모두 새하얗고 아름다운 옷을 입어 신에 대한 절대적인 믿음을 표현했다.'

  또 부러움에 겨운 말투로 이렇게 적었다. '말리 사람들은 거의 부당한 행동을 하지 않는다. 그들은 불의에 대해 치를 떨 정도로 혐오감을 느낀다. 여행자와 백성 모두 강도와 폭행을 염려할 필요가 없다.' '그들은 자신들의 나라에서 죽은 백인들의 재산은 한 푼도 건드리지 않았다.' 만사 무사는 왕국의 백성들을 알라 곁으로 데려갔고 알라는 그에게 선량하고 정의로운 백성을 내려주었다. 이슬람교가 국민을 교화하는 데 큰 역할을 했다는 점은 높이 사야 한다.

이슬람교가 말리왕국에서 큰 발전을 이룬 것은 모두 만사 무사의 선견지명 덕분이었다. 건국 초기, 이슬람교는 이미 북아프리카와 사하라 사막 통상로에서 뿌리를 내렸다. 만약 서아프리카와 북아프리카 사이의 무역을 통제하고 거기서 부를 얻으려면 당연히 이슬람교를 믿어야 했다. 또한 왕국에는 다양한 부락과 씨족이 어울려 살아 문화와 풍속이 상당히 달랐다. 이슬람교는 씨족과 부락을 뛰어넘는 종교로서 강력한 유대관계를 형성해 그들을 하나의 공동체로 단단히 묶어 왕국의 단결을 강화했다.

이슬람교를 신봉한 결과, 말리왕국은 일석삼조의 효과를 보았다. 첫째, 대외무역을 촉진했다. 둘째, 왕국의 통치기반을 공고히 했다. 셋째, 국민을 교화시켰다. 14세기 중반 말리제국은 완전한 이슬람 국가로 거듭난다.

서아프리카 학자의 성지

번영한 도시경제는 학문이 발달하기 좋은 환경을 마련해주었다. 통치자가 제공한 물질적 지원 수많은 무슬림 학자들을 끌어 모았다. 그들은 니아니, 젠네, 통북투, 가오 같은 정치, 경제 중심지로 몰려들어《코란》, 천문학, 의학을 연구했다.

통북투는 말리왕국의 경제, 정치, 문화의 중심이었다. 도시 안에 있는 상코레 사원은 유명한 무슬림 세계의 대학이다. 이집트와 모로코 학자들의 발길도 끊이지 않았던 이 대학은 배움에 목마른 자들을 위해 이슬람교를 포교하고 학문을 가르쳤으며 궁금증을 풀어주었다. 이 대학은 수많은 흑인학자들을 배출했고 적잖은 백인학자들도 천리를 마다 않고 이 대학을 찾았다. 이들 흑인학자들은 말리의 교육 사업을 위해 몸을 아끼지 않았고 아랍어를 할 줄 아는 수많은 교사를 배출해 말리에 아랍문화를 전파했다. 또한 말리 국왕은 이집트로 많은 학생들을 유학 보내 이슬람세계의 선진문화를 배워오도록 했다.

말리는 바르바리에서 수입한 필사본에 대한 수요가 엄청났다. 이로 인해 전문적으로 책을 팔러 다니는 사람이 출현했다. 통북투의 도서관에는 수를 헤아릴 수 없을 정도로 많은 서적과 문헌, 원고들이 쌓여 있었다. 도서관은 언제나 배움을 구하는 자들로 북적거렸다. 16세기 초의 인물 레오 아프리카누스(Leo Africanus)는 이렇게 말했다. '통북투에는 수많은 법관과 의사, 전도사가 있다. 그들은 국왕에게서 많은 보수를 받았고 국왕은 박학다식한 학자들을 매우 존경했다.'

말리왕국의 붕괴

100년이 넘는 긴 시간동안 빛나는 시절을 보낸 말리는 1337년 만사 무사가 죽고 나서부터 쇠락의 길을 걷는다. 말리왕국은 많은 부족왕국이 느슨하게 결합된 연합체였다. 따라서 일단 중앙의 통치권이 약해져 지방의 속국과 부족들이 움직이기 시작하면 왕국의 기반은 흔들릴 수밖에 없었다.

15세기부터 통치계급 사이에 내분과 정변이 잇따랐고 외적의 침입도 끊이지 않으면서 왕국의 앞날에 짙은 먹구름이 낀다. 1433년, 통북투와 왈라타가 투아레그족에게 점령당했다. 1450년, 모시왕국도 반란을 일으켜 독립한다. 왕국의 내일을 기약할 수 없는 상황에서 포르투갈이 아프리카 식민지 건설에 발 벗고 나선다. 말리는 포르투갈과 손을 잡고 반란을 진압하려고 했지만 포르투갈은 말리의 상황을 잘 모른다는 이유로 거절한다. 1546년, 송가이족이 말리수도를 공격하면서 말리는 회복할 수 없는 타격을 입는다. 이후 말리왕국은 서아프리카의 보잘 것 없는 소국으로 몰락해 1660년 세구의 침략으로 멸망한다.

▼ **통북투의 책시장**
통북투는 말리왕국의 정치, 경제, 문화의 중심지로 곳곳에서 평화롭고 행복하게 살아가는 광경을 볼 수 있었다.

아메리카의 빛나는 보석 찬란한 잉카 문명

화려하고 웅장한 쿠스코, 남아메리카를 꿰뚫는 제국의 길, 입이 떡 벌어지는 두개골 절개 수술, 토마토와 코코아의 고향… 이것이 바로 잉카 문명이다. 16세기 이전까지 잉카제국은 유럽, 아시아, 아프리카 문명과 완전히 단절된 채 남아메리카에 홀로 떨어져 있었다. 그런데도 믿을 수 없을 정도로 훌륭한 잉카 문명을 남겼다.

▼ **삭사이와망(Sacsayhuamán) 유적**

잉카제국의 모든 것은 의문투성이다. 황금과 보물에 관한 전설은 이 거대한 회색 바위들을 황금빛으로 채색했다. 잉카제국의 수도였던 쿠스코의 성채였던 삭사이와망 유적이다.

아메리카의 로마 잉카제국

잉카부족은 원래 티티카카 호수 근처에서 살았다. 10세기부터 그들은 북쪽으로 이동하며 정복전쟁을 벌인다. 13세기, 잉카부족은 페

루의 쿠스코 골짜기 근처에 자리를 잡는다. 15세기 초, 잉카부족은 안데스 지역의 강국으로 거듭난다. 잉카제국의 전성기에는 인구가 1,000만 명에 달했고 국토의 연면적이 4,800킬로미터에 이르러 당시 최대의 인디언 국가를 형성했다.

'아메리카의 로마'는 현대인들이 잉카제국에 붙여준 명예로운 호칭이다. 잉카제국의 행정기관은 매우 잘 갖춰져 있어 세상의 놀라움을 샀다. 잉카사회를 이루는 기본 단위는 아이유라고 불리는 씨족공동체로 이들은 정치, 경제, 종교를 공유했다. 잉카제국은 각 지방의 토지를 태양신에게 제사를 지내고 신전에 바칠 작물을 경작하는 '태양전', 왕실소유의 '잉카전', 그리고 아이유의 공유지인 '아이유전' 등 세 개로 나누었다. 농민은 태양전, 잉카전, 아이유전의 순서로 농사를 지어야 했다. 모든 노동은 강제로 이루어졌으며 노예를 이용해 경작을 할 수도 있었다.

잉카제국은 초기 노예제 국가였다. 잉카 왕은 '태양의 아들'이라고 불리며 정치, 군사, 종교의 전권을 장악했다. 또한 순수한 혈통을 보존하기 위해 잉카 왕은 자신의 누이와 결혼해야 했고 이들 사이에 낳은 자식이 다음 대 잉카가 되었다. 잉카귀족과 평민은 쉽게 구별할 수 있었다. 귀족은 특별한 복장과 머리모양을 하고 있었고 커다란 황금 귀고리를 찼다.

▲ **개구리 모양의 주전자**
잉카인은 금, 은, 구리, 납, 주석 등으로 여러 가지 아름답고 정교한 장식품과 그릇을 만들었다. 잉카인이 만든 모직물과 도자기는 종류도 다양하고 매우 아름다운데다 정교하기 이를 데 없었다. 가끔 황금색 선이나 화려한 깃털을 끼워 넣었고 다채롭고 풍부한 도안을 그렸다.

눈부신 문화업적과 과학성과

잉카제국은 세계 농업문명의 요람 중에 하나였다. 잉카인은 옥수수, 감자 등의 주요 곡물을 비롯해 호박, 토마토, 코코아, 파파야, 파인애플, 땅콩 등 40가지 작물을 재배했다. 이 작물들은 15세기 후반부터 다른 대륙으로 전해진다.

잉카제국의 수도 쿠스코는 해발 3,000미터 이상의 고원 분지에 건설되었지만 놀랍도록 완벽한 급수체계를 갖추고 있어 복잡하게 얽힌 수로가 도시를 가로질렀다. 도시 중심에는 큰 광장이 있어 각종 종교의식과 집회를 거행했다. 웅장함과 화려함을 자랑하는 태양신전은 칼로 찔러도 안 들어갈 정도로 돌을 촘촘히 쌓아 만들었다. 위쪽은 황금과 보석으로 장식해 태양빛이 내리쬐면 찬란하게 빛을 뿜어냈다. '황금정원' 안의 꽃과 나무, 새들은 모두 금은보화로 만들어 온 정원을 금빛으로 가득 채웠다.

잉카인이 의학 분야에서 거둔 성취는 말문이 막힐 정도다. 잉카인들은 당시 세계 최고 수준의 두개골 절개 수술을 할 때 날카롭기 그지없는 T자 형 구리칼을 사용했다. 시체를 보존하기 위해 미라 제작 방법도 배웠다. 또한 잉카인은 금계납, 토근, 배초향 등 다양한 약초에 대해 알고 있었다.

잉카인은 수도 쿠스코에 5개의 천문대를 세웠다. 오랜 관측을 통해 잉카인은 지구의 운행주기가 365일 6시간이라는 사실을 밝혀내이에 따라 태양력을 제정했다. 잉카인은 태양력 말고 음력도 사용했는데 달의 운행을 관측한 결과를 토대로 1년에 음력은 354일임을 알아낸다.

잉카인은 문자가 없는 대신 끈의 매듭을 이용해 사실을 기록하는 '키푸(quipu)'가 있었다. 매듭을 엮는 방법은 매우 독특했다. 굵은 끈 위에 여러 가지 색깔의 가는 끈을 매고 가는 끈 위에 다시 원래의 굵은 끈으로부터 거리가 각기 다른 매듭을 맸다. 매듭의 형태와 위치로 숫자를 기록했고 색깔로 사물을 구분했다. 광대한 영토를 다스렸던 잉카제국 안에는 다양한 민족이 살고 있었다. 그렇기 때문에 제국의 단결력을 강화하기 위해 전국적으로 '케추아(Quechua)'어를 공용어로 사용했다.

부지런하고 지혜로운 잉카인은 기적이라고 밖에 할 수 없는 눈부신 잉카 문명을 창조해 인류 문명의 발전에 크게 기여했다. 16세기 초, 스페인의 침략자들이 잉카제국으로 쳐들어온다. 그들은 독립적으로 발전하던 잉카를 쇠락과 멸망으로 몰아넣었다.

제 4 장

신항로 개척

동서양 교류의 사자 마르코 폴로

동서양을 막론하고 마르코 폴로의 이름을 모르는 사람은 없을 것이다. 그가
머나먼 동양을 풍요롭고 번화한 이 땅위의 천국으로 묘사한 이후 많은 사람
이 자나 깨나 '동양' 생각을 떨치지 못했다. 그 후 수많은 모험가들이 돛을
펼치고 새로운 항로를 찾는 기나긴 여정에 올랐다. 금빛 찬란한 황금과 눈
부신 보석들… 아무리 힘든 여정도 그것만 생각하면 이겨낼 수 있었다.

어린 시절의 오색찬란한 꿈

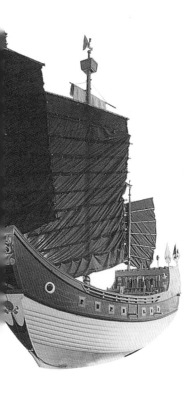

마르코 폴로(Marco Polo, 1254~1324)는 이탈리아 베네치아에서 무
역상의 아들로 태어났다. 그의 아버지와 숙부는 모두 야심만만한 무
역상이었다. 그가 살던 시대는 동서양의 문화가 활발히 교류하던 시
대였다. 13세기, 몽골제국의 말발굽이 한바탕 흙먼지를 일으킨 뒤
유라시아대륙을 넘나드는 칸의 제국이 세워졌다. 그리하여 한때 끊
겼던 유라시아대륙의 통행로가 다시 뚫려 예전의 활력을 되찾았다.
베네치아는 동서양의 무역을 잇는 가교였다. 각국 사신과 상인들이
끊임없이 이 도시를 찾았고 온갖 상품들이 외지인의 눈길을 잡아끌
었다. 마르코 폴로의 아버지 니콜로 폴로와 숙부 마페오 폴로도 그
들 중에 한 명이었다. 그들은 과거 쿠빌라이칸을 알현하고 당시 서
양 각국과 로마교황청의 상황을 소개한 바 있다. 동양을 호령하던
쿠빌라이칸은 그들의 이야기에 큰 관심을 보였고 가톨릭에 대해 깊
은 흥미를 느꼈다. 그래서 교황에게 전하는 친서를 주며 중국에 선
교사를 파견해줄 것을 요청했다. 또한 그들에게 예루살렘에 가 약으
로 쓸 성유를 구해다주라고 부탁하며 특별히 칸의 지시가 쓰인 금패
를 하사했다. 거기에는 다음과 같은 내용이 있었다. '사자가 지나는
지역에서는 말과 보호자 등 그가 필요로 하는 모든 것을 제공하라.'
쿠빌라이칸의 특별한 보호 덕분에 그들은 각지의 역참을 아무 탈 없
이 지날 수 있었다.
마르코 폴로의 아버지와 숙부는 역참을 지날 때마다 현지인들의
따뜻한 환대를 받았다. 집으로 돌아온 그들은 어린 마르코 폴로에게
동양을 여행하면서 보고들은 신기한 이야기와 따뜻한 환대에 대해
이야기해주었다. 어린 마르코는 아버지가 여행에서 가지고 돌아온

장난감들을 무척 좋아했다. 특이하게 생긴 물건들은 어린아이의 호기심을 자극했고 커다란 즐거움을 선사했기 때문에 마르코 폴로는 한시도 손에서 떼지 않았다. 그러나 그보다 더 흥미로웠던 것은 아버지가 들려준 수풀이 우거진 아름다운 숲, 파는 곳마다 온갖 보석이 나오는 땅, 향기로운 과일냄새가 진동하는 과수원, 몽골의 대칸이 지내는 금은보화로 장식된 화려한 오르두(Ordu)⁴⁵⁾였다. 어린 마르코 폴로는 마음속으로 다짐했다. '아버지와 숙부가 다녀오신 머나먼 땅이 그토록 아름답고 풍요롭다니 틀림없이 재미있고 신기한 것들이 가득할 거야. 어쩌면 황금과 보석이 발에 차일 정도로 많을지도 몰라. 언젠가 기필코 가고 말테야.'

▼ 타타르 복장을 입은 마르코 폴로

동양으로 가는 길은 험난한 가시밭길

1271년, 드디어 기회가 찾아왔다. 교황이 마르코 폴로의 아버지와 숙부에게 교황의 답신과 선물을 가지고 동양의 쿠빌라이칸에게 전해주라고 부탁한 것이다. 그들은 예루살렘에서 가져온 성유와 그들을 도와줄 사람들을 데리고 원나라로 출발했다. 당시 열일곱 살이던 마르코 폴로도 아버지를 졸라 사절단의 일원으로 참가한다. 꿈에도 그리던 동양으로 향하는 발걸음은 가볍고 기운찼다.

그러나 동양으로 가는 길은 생각했던 것보다 훨씬 힘들고 길었다. 먼저 베네치아에서 지중해로 들어가 거센 파도가 치는 흑해를 건너야 했다. 강을 두 개나 지난 뒤 바그다드 옛 성에 도착한 뒤 다시 호르무즈 해협을 지나야만 원나라에 도착할 수 있었다. 그러나 바그다드에 도착하기도 전에 강도에게 붙잡히고 말았다. 마르코 폴로 부자와 숙부는 겨우 강도의 손아귀에서 도망쳐 뱃길이 아닌 육로를 이용해 중국에 가기로 한다. 하지만 육로는 뱃길보다 더

45) 장막 궁전

▲ 《동방견문록》 삽화

마르코 폴로는 자신이 동방에서
보고들은 사실을 엮어 《동방견
문록》을 쓴다. 이 책은 전 세계
에 중국이라는 신비로운 나라를
소개했다. 이를 계기로 유럽인
은 동양에 대해 일종의 동경심
을 갖게 된다.

험난했다. 산 넘고 물 건너 호르무즈에서 동쪽으로 향했고 황량한
이란 사막을 거친 뒤 험준한 파미르 고원을 지났다. 배고픔과 질병
이 사정없이 괴롭혔고 강도와 짐승의 공격도 피해야 했다. 마르코
폴로도 이 여정에서 큰 병에 걸려 생사의 위기를 겪었지만 그런데도
동양에 가겠다는 뜻은 굽히지 않았다. 결국 지금의 신강위구르 지역
에 도착한 마르코 폴로 일행은 타클라마칸 사막을 지나고 돈황 지역
을 거쳐 번화한 원나라 도읍지[46]에 도착한다.

쿠빌라이칸은 사자가 돌아왔다는 소식을 듣고 문무백관을 데리고
직접 일행을 맞이하러 가 성대한 연회를 베푼다. 마르코 폴로 부자
가 교황의 답신과 성유를 전하자 쿠빌라이칸은 기쁨을 감추지 못했
다. 마르코 폴로의 아버지는 쿠빌라이칸에게 아들을 소개했다. 젊고
총명한 마르코 폴로는 몽골어와 아랍어, 쿠르크어 등 각종 언어를

46) 지금의 베이징

열심히 배워 쿠빌라이칸의 총애를 받았다. 칸은 그에게 관직을 하사해 궁에 머무를 수 있게 하고 밖으로 나갈 때도 데리고 다녔다. 훗날 마르코 폴로는 혼자서도 여행할 수 있는 특권을 얻어 중국의 산천을 두루 둘러본다. 그리하여 내몽고, 산서, 섬서, 사천, 운남, 강소, 복건 등지에 발자국을 남겼다. 또한 마르코 폴로는 미얀마, 베트남, 수마트라, 필리핀 등지를 사신 자격으로 방문한다. 그는 이렇게 여러 지역을 방문하면서 각지의 풍속과 인심, 지형, 특산물, 무역, 잡다한 일에서부터 왕정에서 발생한 일과 같은 큰일까지 상세하게 관찰한 뒤 원나라에 돌아가 황제에게 보고했다. 신하들은 그에게 '마르코 폴로 각하' 라는 존칭을 사용했다.

눈 깜짝할 사이 17년이나 흘렀다. 쿠빌라이칸은 마르코 폴로 일행이 떠나는 것을 원치 않았지만 마르코 폴로의 향수병은 갈수록 깊어졌다. 1286년, 일한국에서 사신이 와 쿠빌라이칸에게 청혼을 한다. 쿠빌라이칸은 어여쁜 코카친 공주를 멀리 페르시아로 시집보내기로 한다. 그러나 험난한 육로로 공주를 보낼 수는 없는 노릇이었다. 2년 뒤 마르코 폴로가 동남아시아 여행에서 돌아오자 사신은 좋은 수를 떠올렸다. 그는 마르코 폴로가 뱃길을 잘 아니 그에게 페르시아까지 호송을 맡겨달라고 부탁한다. 쿠빌라이칸은 난색을 표하며 쉽사리 결정을 내리지 못했다. 그러나 마르코 폴로의 간곡한 부탁에 결국 허락한다. 칸은 마르코 폴로 일행을 위해 성대한 연회를 베풀었고 14척의 선박과 유럽 각국에 보낼 국서를 준비했다. 이밖에도 엄청난 양의 선물과 일용품, 그리고 600명의 수행원을 딸려 보냈다.

바닷길이라고 쉽지는 않았다. 마르코 폴로 일행이 페르시아에 닿았을 때, 남아있는 인원은 겨우 18명뿐이었다. 공주는 마르코 폴로 일행에 깊이 감사하며 그들에게 금패를 하사한다. 마르코 폴로 일행은 원나라로 돌아가는 길에 쿠빌라이칸이 죽었다는 소식을 듣고 매우 슬퍼한다. 당시 마흔 세 살이던 마르코 폴로는 중국으로 돌아가려던 계획을 바꿔 26년 동안이나 가보지 못한 베네치아로 향한다. 이로써 마르코 폴로 일생일대의 여행이 장대한 막을 내린다.

유럽을 강타한 동방견문록

마르코 폴로가 고향에 돌아왔다는 소식에 온 베네치아가 술렁였다. 사람들은 소년의 모습은 온데간데없고 어느덧 중년이 되어 돌아온 그를 알아보지 못했다. 그러나 모습이 바뀌어도 활기 넘치는 성격은 여전했고 산전수전 다 겪은 그의 얼굴에는 보통 사람에게서는 볼 수 없는 강인함과 넉넉함이 가득했다.

마르코 폴로가 동양에서 가져온 보물은 가치를 매길 수 없을 정도로 진귀한 것들이었다. 그러나 마르코 폴로는 그것들을 과감하게 베네치아에 기증했다. 고향에 돌아온 뒤 마르코 폴로는 주변사람들에게 자신이 동방에게 겪었던 일들에 대해 이야기해주었다. 그곳에서 보고들은 기이한 이야기들과 북적거리는 시장, 풍요롭고 번영한 도시에 대해 이야기했다. 그리고 동방의 뛰어난 양잠술, 소금제조법, 주조법, 건축공예 등에 대해서도 소개하며 사람들에게 중국에 가볼 것을 권했다. 1298년 베네치아와 제노바 사이에 전쟁이 일어나자 마르코 폴로도 전쟁에 참가했다가 포로로 잡혀 제노바 감옥에 갇힌다. 단조롭고 무미건조한 감옥생활은 마르코 폴로에게 지옥과도 같았다. 그는 답답하고 괴로운 마음을 달래기 위해 다른 포로들에게 동양에서 겪었던 이야기를 들려준다. 그때 마르코 폴로의 이야기를 듣던 사람 중에 루스티첼로(Rusticello)라는 소설가가 끼어 있었다. 그가 마르코 폴로에게 중국 여행기를 소설로 엮어보자고 제안하자 마르코 폴로는 흔쾌히 동의한다. 그리하여 마르코 폴로가 들려준 이야기를 루스티첼로가 기록해《동방견문록》또는《마르코 폴로 여행기》라고 불리는 세기의 여행기가 탄생한다.

《동방견문록》은 온갖 분야에 대해 기록했다. 총 4권 중에서 1권에는 마르코 폴로 일행이 1275년까지 동방을 여행하면서 보고들은 바를 기록했다. 2권은 원나라 초의 사회생활, 궁전건축, 축제예의, 역사적 명승지, 그리고 쿠빌라이칸 시대의 뛰어난 정치적 업적에 대해 높이 평가했다. 3권은 중앙아시아, 서아시아, 동남아시아 및 아프리카 남부의 풍토와 인심에 대해 서술했다. 그리고 마지막 4권은 몽골 칭기즈칸의 후예들 간의 전쟁과 아시아 북부의 역사에 대해 기록했다.

《동방견문록》을 통해 유럽인들은 풍부한 지리적 상식을 쌓았고 생동감 넘치는 묘사를 통해 신비한 동양에 대해 더 많은 사실을 알게 되었다. 이 책이 출간되자 신기하고 역동적인 이야기에 매료된 사람들이 앞 다퉈 읽기 시작했다. 수개월이 지난 뒤《동방견문록》은 이탈리아 전역에서 가장 흔하게 볼 수 있는 서적이 되었다. 마르코 폴로가 생존해 있는 동안 이 책은 유럽의 각종 언어로 번역돼 각국에 전해져 세계 최고의 책이라는 평을 받았다. 견문록은 지도학의 발전에도 크게 기여해 초기 '세계지도'의 제작에 밑거름이 되었다. 마르코 폴로의 여행기는 세계지리에 관한 오래된 편견을 고쳐주었다. 그리하여 1375년 카탈루니아 지도(Catalan Atlas), 1410년의 버가(De Virga) 지도, 1459년의 마우로(Fra Mauro) 지도, 1538년의 메르카토르(Mercator) 지도 등 훗날 제작될 새로운 세계지도 제작에 큰 도움이 된다.

견문록은 처음으로 중국을 체계적으로 서양에 소개한 저서였다. 총 82장에서 중국의 기본적인 상황과 무궁무진한 부, 번영하고 부유한 도시, 편리한 교통상황, 아름답고 화려한 비단, 웅장하고 장엄한 궁전, 세계 최고 수준의 예악문화 등에 대해 자세하고 아름답게 서술했다. 기록할 시간이 많지 않았고 기억도 가물가물했던 터라 마르코 폴로는 이 견문록이 자신이 겪었던 일을 완벽하게 기록하지 못했다고 생각했다. 그래서 죽기 전에 유감스러운 듯 이런 말을 남겼다. "내가 중국에서 보고들은 바를 절반도 채 기록하지 못했다." 마르코 폴로가 중국에서 얼마나 많은 것을 보고 듣고 경험하고 느꼈을지 짐작할 수 있는 말이다.

신항로 개척의 문을 열다

견문록을 통해 유럽은 새로운 시대를 맞이했다. 이는 15세기 유럽 항해 역사 발전에 크게 기여했다. 콜럼버스, 바스코 다 가마, 아벨 타스만 등 많은 탐험가들이 《동방견문록》을 읽고 중국, 인도, 일본 등 동방 국가들의 풍족함과 문명을 동경했다. 마르코 폴로가 동양에서 가져온 진귀한 보석 자체가 살아있는 증거였다. 이런 보석들은 사람들의 입을 거치면서 점점 더 부풀려졌고 나중에 가서는 동양을 온통 황금으로 가득 찬 천국으로 묘사하기에 이르렀다. 이는 동양 정벌에 대한 욕망과 벼락부자가 되려는 탐험가들의 야심을 자극했다. 이밖에도 견문록은 항해가에게 유용한 항로 정보를 제공했다. 콜럼버스도 이 책을 진지하게 연구한 뒤 각각의 항목에 대해 자세한 주해를 달아 훗날 신대륙을 발견하는 데 중요한 자료로 활용했다. 마르코 폴로가 죽은 뒤로도 그의 영향을 받은 많은 사람이 동서양 문화의 교류와 발전을 위해 힘썼다. 그리고 마르코 폴로 역시 《동방견문록》을 통해 역사에 길이 이름을 남겼다.

추악한 제국의 역사 초기 식민 침략

무슬림 전쟁터를 누비며 흙먼지를 날리던 포르투갈 왕자는 지리학과 항해 전략에 심취해 호화롭고 편안한 궁전을 떠나 평범한 가장으로서의 역할을 버리고 당시 영웅들이라면 거들떠도 보지 않던 '항해사업'에 몸을 던졌다. 하지만 사실 토지가 척박하고 자원이 부족한 포르투갈을 구원할 유일한 길은 '바다' 뿐이었다.《지리학 안내(Gegraphik hyphgsis)》, 항해지도 한 장, 채워지지 않는 욕심은 유럽의 소국 포르투갈을 역사무대로 올려놓았고 이로써 인류역사의 새로운 시대가 열린다.

시대의 요구에 발맞춰 대외확장의 포문을 열다

리스본의 유명한 제국광장에는 배 모양의 항해기념비가 세워져 있다. 이 기념비는 포르투갈이 해상제국으로 발돋움한 역사를 증명하고 있다. 1960년, 포르투갈 정부는 포르투갈이 발전하는 데 결정적인 역할을 한 '항해가 엔리케' 서거 500주년을 맞아 이 기념비를 세웠다. 기념비에는 이런 글귀가 쓰여 있다. '엔리케와 해상항로를 발견한 영웅에게 바친다.' 그 말 그대로 포르투갈이 해상정복사업에 박차를 가하게 된 데는 엔리케의 공이 컸다. 그 덕분에 가난하고 낙후됐던 포르투갈은 역사상 처음으로 전 세계에 걸쳐 식민지를 세운 제국이 되었다.

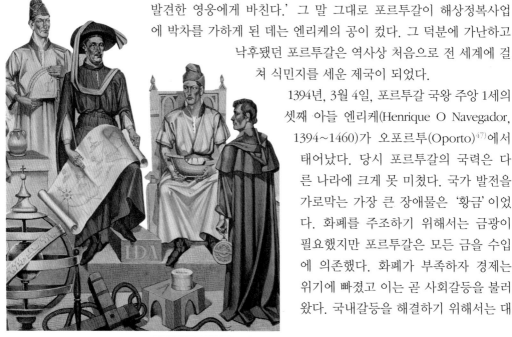

▼ 엔리케 왕자와 지도제작자가 사그레스(Sagres)에서 항해 사업에 대해 토론하고 있다.

1394년, 3월 4일, 포르투갈 국왕 주앙 1세의 셋째 아들 엔리케(Henrique O Navegador, 1394~1460)가 오포르투(Oporto)[47]에서 태어났다. 당시 포르투갈의 국력은 다른 나라에 크게 못 미쳤다. 국가 발전을 가로막는 가장 큰 장애물은 '황금'이었다. 화폐를 주조하기 위해서는 금광이 필요했지만 포르투갈은 모든 금을 수입에 의존했다. 화폐가 부족하자 경제는 위기에 빠졌고 이는 곧 사회갈등을 불러왔다. 국내갈등을 해결하기 위해서는 대

47) 포르투

외확장을 통해 경제 위기를 타국에 전가시키는 수밖에 없었다. 그러나 포르투갈의 이웃국가인 스페인은 결코 약소국 포르투갈의 상대가 아니었다. 포르투갈이 스페인을 침략한다는 것은 그야말로 계란으로 바위 치는 격이자 잠자는 사자의 코털을 뽑는 어리석은 짓이었다. 결국 포르투갈은 반대쪽으로 눈을 돌린다. 그리고 눈앞에 펼쳐진 망망대해에서 살길을 도모한다.

1415년, 엔리케 왕자는 부친을 따라 전쟁에 나서 지브롤터 해협 남쪽 해안에 있는 세우타(Ceuta)를 점령한다. 이는 근대 유럽의 첫 번째 해외식민지였다. 입으로는 이교도 해적을 토벌하기 위한 전쟁이라고 선전했지만 사실 포르투갈 국왕의

진정한 목적은 '황금'을 확보하는 것이었다. 엔리케 왕자는 전쟁 중에 큰 공을 세워 이름을 높였고 덤으로 어마어마한 전리품도 약탈했다. 명예와 부에 맛을 들인 포르투갈은 더욱 적극적으로 식민지 확장을 실시한다.

세우타에서 포르투갈로 돌아온 뒤 엔리케 왕자는 육지에서의 정복전쟁보다 '항해사업'에 빠져들기 시작했다. 그는 아프리카 서북부를 탐험할 준비를 하며 바다 건너로 시선을 돌린다. 엔리케 왕자는 선박 개선에 열을 올렸고 이탈리아에서 많은 항해 전문가를 초빙하기도 했다. 1420년 경, 엔리케는 사그레스에 천문대와 항해학교를 설립해 포르투갈을 위해 헌신할 항해 전문가들을 양성했다. 또한 엔리케 왕자는 당시 성전기사단[48]의 남은 무리들이 만든 그리스도 기사단의 대장을 맡고 있었다. 그는 기사단의 1년 예산을 털어 바다를 건널 탐험대를 꾸렸다.

엔리케는 전설 속의 기독교 흑인왕국, 즉 프레스터 존(Prester John)[49]왕국을 찾아 그들과 함께 북아프리카의 무슬림 세력을 축출

48) 이미 교황에 의해 해산된 상태였다.
49) 사제왕 요한

하고자 했다. 무슬림 전쟁 포로에게서 통북투는 온통 황금으로 도배돼 있고 흑인왕국은 오래전부터 상아와 노예, 황금을 이용해 아랍의 물건과 소금을 사들였다는 정보를 얻은 엔리케는 더욱 열정적으로 항해사업을 추진한다. 그리하여 신비의 왕국, 황금의 천국을 찾는 용서받지 못할 식민사업이 시작된다.

군대를 이끌고 죄악의 문을 열다

1418년, 엔리케는 자르쿠와 테이세이라를 아프리카로 파견해 700 제곱킬로미터에 이르는 무인도를 발견한다. 엔리케는 이곳을 마데이라 제도라고 이름 짓고 이곳을 발견한 자에게 영지로 분봉한다. 분봉 받은 신하는 이민자들을 모집해 이 섬에 거처를 마련한 뒤 원시삼림을 불태우고 고구마, 백포도를 대량으로 재배해 포도주를 빚는다. 이후 달콤한 마데이라산 포도주는 세계적인 명주로 이름을 떨친다. 마데이라 제도는 포르투갈이 처음으로 개간을 통해 일군 해외 식민지였다.

엔리케의 원래 목표는 단순히 아프리카였고 동쪽으로 세력을 넓힐 생각은 해본 적도 없었다. 1428년, 엔리케의 형인 페드로 왕자는 유럽을 여행하고 돌아오면서 마르코 폴로 여행기 사본을 가져왔다. 책 속에 묘사된 동양은 황금이 지천에 널린 천국이었고 이는 다시 한 번 엔리케의 욕망을 자극한다. 결국 그는 아프리카를 돌아 인도로 가는 새 항로를 찾기로 결정한다. 1431년, 엔리케는 카브랄(Pedro Cabral)을 보내 아조레스 제도를 발견한 뒤 예전에 그랬던 것처럼 국민을 이주시켜 땅을 개간한다. 이로써 아조레스 제도는 포르투갈이 두 번째로 건설한 개간형 식민지가 되었다.

계속해서 남쪽으로 항해하던 중 포르투갈 선박은 보자도르 곶에서 발목이 잡힌다. 미신을 믿는 선원들은 이곳이 바로 세상의 끝이라고 생각했다. 그러나 '세상의 끝' 조차 엔리케 왕자의 황금에 대한 욕망을 잠재울 수는 없었다. 1434년, 드디어 질 이아네스(Gil Eanes) 선장이 '세상의 끝'을 넘어 전설 속의 '악마의 바다'로 들어간다. 1435년, 탐험가가 보자도르 곶 남쪽에서 사람과 낙타의 흔적을 발견했다. 엔리케 왕자는 '토착민을 몇 명 잡아오라'고 명령한다. 1441년, 곤살베스가 검은 아프리카에서 처음으로 흑인들을 잡아왔다. 그중 두 명은 거액의 몸값을 받고 아프리카로 돌려보냈지만 나머지 10

명은 유럽으로 데려가 고가에 팔아넘겼다. 이로써 죄악으로 물든 흑인노예 무역이 시작된다. 이후 탐험가들은 황금뿐만 아니라 흑인노예를 잡기 위해 항해에 나섰다. 흑인노예는 인구가 적은 지역의 부족한 노동력을 메우는 데도 쓰였고 대서양 여러 섬들의 고구마 농장으로 보내져 노동력을 착취당했다. 흑인노예는 유럽시장에서 날개 돋친 듯 팔려나가 단순히 잡아오는 것만으로는 수요를 만족시킬 수 없었다. 그래서 1448년 블랑코 곶 만곡부의 아르긴 섬에 노예무역 중개지와 상관을 마련하고 이슬람 상인들에게서 내륙에서 팔려온 노예를 사들였다.

포르투갈인은 더 많은 흑인노예를 잡기 위해 온갖 수단을 총동원했다. 심지어 잡혀온 흑인들을 '세뇌'시켜 고향에 가서 노예 4명만 데려오면 풀어주겠다고 꼬드겼다. 이 역시 포르투갈이 노예를 얻는 중요한 방법이 되었다. 노예시장의 규모가 갈수록 커지자 새로운 노예를 확보하기 위해 더 남쪽으로 내려간다.

80여 년 동안 바다를 누비며 끊임없이 노력한 덕분에 포르투갈 함대는 드디어 동양에 도착해 동방 항로를 개척했다. 그들은 후추, 말

▼ 노예시장
좁은 방 한 칸에 갇힌 한 무리의 흑인노예들이 팔리기만 기다리고 있다. 그들 중에는 어린아이들도 적지 않았다.

린 생강, 루비 등 인도 특산물을 닥치는 대로 구입했다. 이후 포르투갈은 모잠비크, 몸바사, 브라질 등에도 식민지를 건설해 포르투갈 식민제국의 전성기를 맞이한다. 사촌이 땅을 사도 배가 아픈데 하물며 미운 오리 새끼였던 포르투갈이 백조로 변했으니 유럽 각국이 시샘할 만도 했다. 그중에서도 이웃나라 스페인은 질투로 몸져누울 지경이었다. 약소국이던 포르투갈이 남하를 계속하며 엄청난 이윤을 거머쥐는 꼴을 맥 놓고 바라 봐야만 했기 때문이다. 바로 그때 포르투갈이 스페인에 천재일우의 기회를 제공한다. 바로 콜럼버스를 보낸 것이다.

제국으로 가는 특급열차에 오르다

어째서 포르투갈은 그 좋은 기회를 스페인에게 양보했을까? 어이없게도 그 이유는 콜럼버스의 계산에 착오가 있었기 때문이다. 똑똑한 포르투갈인은 정확한 결과를 계산해냈고 콜럼버스의 계획이 실현 가능성이 없다고 판단해 지원을 거절했다. 1492년, 혜안을 가졌던 스페인 왕비가 국왕을 설득해 콜럼버스를 지원한다. 이로써 스페인의 북아메리카 식민역사가 시작된다.

콜럼버스는 아시아로 가는 가장 가까운 길은 서쪽에 있는 대서양을 건너는 것이라고 생각했다. 그래서 배 세 척을 이끌고 스페인의 팔로스 항을 출발해 서쪽으로 항로를 잡아 인도와 중국까지 갈 계획을 세웠다. 이 과정에서 인도는 찾지 못했지만 신대륙을 발견했다. 그리고 이곳에 첫 번째 영구적인 식민지인 산토 도밍고(Santo Domingo)를 건설한다. 이를 시작으로 스페인은 아메리카대륙에서 피비린내가 진동하는 식민 약탈 활동을 벌였다.

서인도제도에 성공적으로 식민지를 건설한 뒤 이제는 아메리카대륙으로 확장을 시도한다. 그리하여 페루와 멕시코에서 동양에 버금가는 금은보화를 발견한다. 1519년, 스페인의 식민지배자들은 황금이 넘치는 천국 아즈텍제국으로 진격한다. 적들이 밀려오자 아즈텍 왕 목테주마 2세(Moctezuma II)는 순진하다 못해 어리석은 결정을 내린다. 그는 웃는 낮에 침 못 뱉는다고 생각해 침입자들에게 많은 황금과 각종 선물을 보냈다. 하지만 왕의 생각은 완전히 빗나갔다. 오히려 황금에 눈이 먼 정복자들의 정복욕을 부채질했을 뿐이다. 1532년, 프란시스코 피사로(Francisco Pizarro)는 군대를 이끌고 페루로 진격한 뒤 브라질을 제외한 전 남미대륙을 침략한다. 남아메리카에는 정말로 금은보화가 지천으로 널려있었다. 멕시코지역의 은 생산량은 전 세계의 3분의 1을 차지했고 50%는 페루에서 생산됐다. 통계에 따르면 1521년부터 1544년까지 스페인이 라틴아메리카에서 가져온 황금은 연평균 2,900킬로그램이었고 은은 무려 3만 7백킬로그램이었다고 한다. 스페인의 악행은 금은보화를 약탈하는 데만 그치지 않았다. 그들은 원주민을 강제로 동원해 금광과 은광에서 채굴을 시키고 고구마를 심게 하는 등 노동력을 착취했다. 잔혹한 수탈로 원주민수는 급격히 줄어들어 1492년 20만 명에서 30만 명 정도였던 아이티 원주민은 1542년 겨우 2,000명만 남게 된다. 노동력을 보충하기 위해 그들은 다시 아프리카로 발을 돌려 흑인노예를 수입하기 시작했고 추악한 흑인 노예제도는 아메리카까지 이어졌다.

스페인과 포르투갈은 약탈과 흑인 노예 판매, 고구마 재배 등의 식민지 경영을 통해 엄청난 부를 쌓았고 순식간에 유럽 강국으로 거듭난다. 포르투갈과 스페인의 번영은 아프리카인과 아메리카인의 피눈물로 일군 것이었다.

◀ **포르투갈 리스본에 세워진 항해기념비**

1960년, 항해가 헨리(엔리케) 서거 500주년을 기념하기 위해 세운 기념비이다. 마치 거대한 배가 돛대를 펼치고 있는 형상으로 헨리와 다른 선원들의 모습도 조각돼 있다. 뱃머리에 서 있는 사람이 헨리왕자이다.

대항해의 전주곡 서유럽 항해지식과 조선기술의 발전

15세기 이전에는 어느 누구도 맞은편에 육지가 보이지 않는 바다로 항해를 나서지 않았다. 망망대해에서 침몰당하는 것은 암초나 얕은 해안에 부딪쳐 좌초되는 것과는 비교도 안 될 만큼 두려운 일이기 때문이다. 그러나 항해 지식이 쌓이고 조선술도 발전하면서 그것도 옛말이 되었다. 사람들은 이제 새로운 시대로 나아가고 있었다.

남북이 손잡아 조선술의 발전을 이끌다

▼ 대복선大福船
백조라고도 부른다. 명나라 때 남해수군이 사용한 주요 전함으로 대항해 전기의 선박 제조기술을 보여준다.

일을 잘 하려면 먼저 연장부터 잘 손질해야 한다. 항해지식이 쌓이고 선박제조 기술이 발달하면서 대항해 시대를 맞이할 기본적인 준비를 마친다. 15세기 이전 남유럽과 북유럽은 각자 독립적으로 조선 기술을 발전시켰다. 그러나 미지의 세계에 대해 탐험 욕구가 불타기 시작하면서 지중해 연안의 선박건조상들은 남북 범선의 장점을 흡수해 빠르고 바람과 파도에 잘 견디는 범선 제조에 공을 들였다.

15세기, 북유럽 방식의 돛대 설치기술, 즉 주돛대, 고정 선창과 남유럽의 선체 구조기술, 즉 편평하게 선박 마루를 잇는 기술과 갑판 등의 장점을 모두 살린 선박이 건조되었다. 이렇게 해서 탄생한 캐랙(carrack)선은 베네치아, 제네바, 그리고 스페인 등에서 처음으로 출현한다. 이런 종류의 배는 선체가 깊고 넓으며 선미가 높았다. 또한 선수루50)가 높고 선체가 전체적으로 매끈했으며 길이는 24~27미터 정도였다. 옆에서 본 모습은 과거 북방선과 비슷해 부드러운 호를 그렸다. 배의 고정타는 과거의 사이드키가 아닌 조종하기 편리한 중심타를 장착했다.

캐랙선은 처음에는 1본 마스크51)였으나 점점 3본 마스트52)로 형태가 변한다. 이 세 돛대는 선수루상의 앞 돛대(fore mast), 선체 중앙의 주 돛대

---

50) 배의 앞머리에 있는 선루
51) 돛대가 하나
52) 돛대 세 개

▲ 미국범선
대항해 시대와 지리대발견 시대
를 거치면서 세계의 판도에 큰
변화가 생긴다. 이를 계기로 낙
후돼 있던 항해술도 비약적인
발전을 이룬다.

(main mast), 선미루상의 뒷 돛대(mizzen mast)로 나뉜다. 처음에는
앞 돛대에 커다란 삼각돛을 달았으나 나중에는 선수루에 횡범인 사
각 돛을 달았다. 이 때문에 선수루가 약간 뒤로 옮겨지면서 높이가
높아졌다. 이밖에 선수 앞쪽 가름대(bow spirit) 밑에도 선수 돛 스피
릿 세일(spirit sail)이 달려있었다. 완벽한 형태의 캐럭선은 1416년
영국에서 처음으로 모습을 드러낸 그라스디유(Grace Dieu)다. 총길
이 55미터, 1,400톤급, 3개의 돛대를 갖춘 이 캐럭선은 16세기에서
18세기 대형범선 시대 선박의 기본적인 모델이 된다.

▲ 스페인인이 아메리카대륙에서
금은보화를 운반할 때 사용한
4본 마스트

항해술이 발전하면서 해적들도
물 만난 고기처럼 날뛰기 시작
했다. 캐러비안 지역의 해적은
국적도 다양했다. 영국, 프랑스
를 비롯해 네덜란드 해적까지
기승을 부렸다. 이들이 노리는
것은 단 하나, 신대륙에서 마르
지 않는 금광을 캐내 벼락부자
가 된 스페인인과 금은보화를
싣고 아메리카대륙을 출발해 스
페인으로 가는 화물선이었다.

큰 돛대는 무거운 무게 탓에 돛을 올리거나 내릴 때 많은 사람이
필요했다. 만약 폭풍우라도 만나게 되면 문제는 더 심각했다. 큰 돛
대로 인해 여러 차례 곤란을 겪은 경험 많은 선장은 작은 돛을 이용
하기 시작한다. 큰 범선의 메인돛대는 돛을 세 개 달았는데 하부에
는 메인세일(main sail)이, 중간에는 톱세일(top sail), 상부에는 톱갤
런트세일(topgallant sail)을 달았다. 그러나 나중에는 모든 돛대에 사
각 돛을 달았고 돛대가 4개인 선박도 출현한다. 이 경우 세 개의 돛
대를 설치하되 앞 돛대에는 사각 돛을, 주 돛대와 뒷 돛대에는 삼각
돛을 달았다.

또한 항해속도를 높이기 위해 돛을 접는 방법도 발명되었다. 과거
에는 강풍이 불면 돛을 거둬 돛의 면적을 줄였지만 훗날 작은 깃발

같은 것을 여러 개 사용하면서부터 그럴 필요가 없어졌다. 바람이 작아 돛의 면적을 넓혀야 할 때는 좁은 천을 돛에 매면 됐기 때문에 간단하고 편리했다.

또 하나 주목해야 할 변화가 있다. 바로 범선의 톤수가 해마다 늘었다는 것이다. 1500년 이전의 300년 동안 유럽 선박의 톤수는 평균 4배 이상 커졌다. 1450년 경, 베네치아에서는 200톤급만 넘어도 이미 대형 선박에 속했다. 그러나 뒤이어 나타난 코그(cog)선은 400톤급이라도 보통 크기에 불과했다. 엄청난 규모의 범선은 보급품을 싣기에 적당했고 이로 인해 원양항해가 가능해졌다.

15세기 이후 유럽 일부 선박이 화포를 싣기 시작했다. 1490년, 영국왕 헨리 7세가 건조한 캐랙선은 225문의 소형 화포를 설치했다. 이 시기 탑재한 화포는 크기가 작았지만 그래도 어느 정도의 살상력은 있었기 때문에 선박의 자위능력을 높이는 기능을 했다. 해적들도 화포가 두려워 함부로 선박을 약탈하지 못했다.

항해술, 미래로 나아가다

중세 지중해 상선은 대부분 연안지역만 항해할 뿐, 먼 바다로 나가지는 않았다. 항해기기가 발달하지 않은 시대에 무턱대고 바다로 나갔다가는 망망대해를 떠돌다가 풍랑을 만나 물귀신이 되기 십상이었기 때문이다. 그러나 이런 상황에 변화가 일어났다.

1409년 프톨레마이오스의 《지리학(Geographike Hyphegesis)》이 라틴어로 번역됐다. 지구가 둥글다는 학설은 유럽사회를 충격에 몰아넣었다. 1477년, 피렌체의 지리학자 토스카넬리(Paolo Toscanelli dal Pozzo, 1397~1482)는 지구구형설에 입각해 세계지도를 그렸다. 그는 중국과 인도를 대서양의 맞은편에 그렸다. 다시 말해 계속해서 서쪽으로 항해하면 동양에 닿을 수 있다는 의미였다. 콜럼버스는 지구가 둥글다는 학설의 열렬한 신봉자였다. 1492년, 콜럼버스는 스페인 범선 3척을 이끌고 팔로스 항을 출발했다. 그리고 서쪽으로 항해를 계속한 끝에 결국 신대륙을 발견한다.

물론 이미 오래전에 중국에서 나침반이 전해졌지만 유감스럽게도 유럽인들은 나침반을 잘 활용하지 않았다. 나침반의 바늘이 언제나 남쪽을 향하는 이유를 규명할 수 없었기 때문이다. 그래서 이렇게 획기적인 발명품을 가까이 두고도 이를 항해에 이용하는 사람들은

▶ **여러 개의 돛대에 매달린 종범**
길이 20미터, 120톤급 선박으로
메인 돛대가 앞쪽으로 기울어져
있다. 선박의 유일한 선창은 선
미에 위치해 있고 선두는 깔끔
하다. 돛대 하부의 통나무는 사
방으로 움직일 수 있다.

간덩이가 부은 몇몇 선장에 불과했다. 수백 년에 걸쳐 여러 사람들
의 검증을 거친 끝에 전 유럽에서 나침반이 활용되기 시작했다. 바
다로 나가는 선장들은 하나 같이 나침반을 손에 꼭 쥐고 있었다. 나
침반만 있으면 비가 오든 안개가 끼든 방향을 잃을 염려가 없었다.
다시 말해 어떤 날씨에도 항해가 가능해졌다는 뜻이다. 이제 먼 바
다를 지나 대륙 저편으로 건너가는 것도 더 이상 꿈이 아니었다. 또
한 나침반은 최단거리 항로를 일러줘 항해 여정을 줄이는 데도 큰
도움이 되었다.

이 밖에 아스트롤라베(astrolabe)[53]는 당시 더욱 선진적이었던 항
해기기였다. 1485년, 포르투갈인은 아스트롤라베를 사용하기 시작
했다. 이것은 경도를 확인하기 위해 꼭 필요했다. 콜럼버스도 항해
를 나설 때면 이 항해기기를 가지고 갔다. 아스트롤라베는 구리로
만들었고 원반 형태를 띠고 있다. 위쪽에는 걸기 편하도록 작은 고
리가 있었다. 원반 가운데에는 조준기가 달린 지방규指方規[54]가 부착

---

53) 별의 위치, 시각, 경위도 등을 관측하기 위한 천문기계
54) 방위를 가리키는 자

돼 있다. 이 조준기는 원판을 돌아 360도 회전할 수 있다. 양 끝에 작은 구멍이 하나씩 있는데 원판을 수직으로 세우고 고리를 매단 뒤 천천히 팔을 움직여 위쪽 구멍과 아래쪽 구멍에서 동시에 햇빛을 볼 수 있을 때 조준기 상의 원판이 가리키는 각이 바로 별의 각도이다. 이 방법을 통해 선박의 위치를 확인할 수 있다.

이 뿐만 아니라 다른 항해기기도 잇따라 이용됐다. 예를 들어 선박의 항해속도를 측량할 수 있는 '물시계'를 이용해 선박의 운행거리를 계측했다. 항해방향을 체계적으로 기록하기 위해 만든 삼각함수도 있었다.

15세기, 유럽의 신식 범선은 이미 대서양의 높고 거친 파도를 견딜 수 있을 만큼 튼튼했다. 또한 거대한 규모의 보급선에 몇 달 동안 쓸 수 있는 물과 식량을 충분히 실을 수 있었다. 게다가 선박에 탑재하는 화포의 위력도 갈수록 강해져 온갖 나쁜 짓을 저지르던 해적들도 함부로 날뛰지 못했다. 이렇듯 새로운 항로를 발견하기 위한 조건들이 하나둘씩 착착 갖춰졌다. 이 시대 유럽인들이 선박 건조와 항해술 등에서 거둔 성취는 유럽인이 오랫동안 꿈꿔오던 원양 탐험을 현실로 바꿔준 일등공신이었다. 1487년, 바르톨로뮤 디아스는 희망봉을 지났고 그로부터 5년 뒤 콜럼버스는 대서양을 건너 아메리카대륙에 도착한다. 이로써 유럽은 대항해 시대로 들어선다.

지리대발견의 서막 바르톨로뮤 디아스가 발견한 희망봉

지리대발견은 1500년을 전후로 전개된다. 인류에게 엄청난 변혁을 몰고 온 지리대발견의 선봉에 선 사람이 바로 바르톨로뮤 디아스였다. 독립적으로 흩어져있던 인류문명은 지리대발견을 계기로 서로 교류하고 섞이기 시작한다. 이에 가장 크게 공헌한 사람은 단연코 바르톨로뮤 디아스였다.

항해를 위한 만반의 준비

▼ 중세 세계지도
알 이드리시는 고대 그리스 천문학자 프톨레마이오스의 묘사대로 세계지도를 그린다. 지도 중에 인도와 동아프리카지역은 제대로 그리지 않았지만 중국의 해안선은 비교적 정확하게 그렸다. 보통 지도는 위쪽이 북쪽이고 아래쪽이 남쪽인 데 반해 이 지도는 위쪽이 남쪽이고 아래쪽이 북쪽이다.

아프리카대륙 서남부 끝에 있던 '폭풍의 곶'은 바람이 세고 파도가 거칠어 언제나 수십 미터 높이의 거대한 파도가 솟구쳤다. 이곳은 대서양과 인도양이 만나는 곳으로 유럽에서 아시아로 가려면 반드시 이곳을 지나야 했다. 이 험난한 곳을 정복하기 위해 서유럽의 뛰어난 항해가들이 줄을 이었다. 숱한 항해가들이 패배의 쓴 잔을 마신 이곳에서 처음으로 성공의 깃발을 높이 든 이가 바로 바르톨로뮤 디아스다. 이로써 악명 높은 '폭풍의 곶'은 행운과 희망을 전하는 '희망봉'으로 거듭난다.

1500년 전후, 유럽의 항해가들은 새로운 항로를 개척하러 나선다. 이 시기에 항해활동이 전성기를 맞이한 것은 여러 가지 사회적 요인이 복합적으로 작용한 탓이다. 일단 오스만 튀르크제국이 발호하면서 유럽과 동양을 잇는 통상로가 일부 끊기게 된다. 또한 동양을 황금이 넘쳐나는 천국으로 여긴 항해가들은 동양으로 가는 해상항로를 개척하기 위해 의지를 불태운다. 포르투갈은 기회를 선점하기 위해 적극적으로 탐험대를 꾸려 바다로 나선다.

1481년, 야심만만한 포르투갈 국왕 주앙 2세가 즉위한다. 그의 적극적인 후원으로 포르투갈은 역사상 가장 화려한 탐험 시대로 들어선다. 포르투갈은 이 탐험을 통해 아프리카대륙을 돌아 인도와 직접 무역할 수 있는 항로를 개척하고자 했다. 1487년, 주앙 2세는 탐험대를 파견한다. 해상항로 쪽 탐험대를 이끌 대장으로 뽑힌 사람은 겨우 서른일곱 살 밖에 안 된 바르톨로뮤 디아스였다. 디아스는 당시 그다지 유명하지 않았지만 국왕은 그를 경험도 풍부하고 믿을만한 선장이라고 생각했다.

바르톨로뮤 디아스(Bartolomeu Dias, 1450년경~1500)는 포르투갈 귀족 집안에서 태어났다. 소년 시절 디아스는 마르코 폴로와 같은 탐험가들의 여행기를 탐독했다. 먼 바다로 탐험을 떠나는 영웅들의 이야기에 매료된 디아스는 항해사업에 몸을 던지기로 결심한다. 학교에서 수업을 받던 디아스는 수시로 선생님에서 항해탐험에 관한 지식을 물었다. 그러나 연로한 선생님은 디아스의 질문들에 제대로 답해주지 못했다. 하지만 선생님은 디아스를 격려하며 대자연과 선박 건조, 항해술에 대해 스스로 더 많은 지식을 쌓으라고 충고했다. 강렬한 호기심과 용기만으로는 훌륭한 항해가가 될 수 없었다. 이를 위해서는 뛰어나 항해술이 뒷받침돼야 했다.

스무 살 때 디아스는 드디어 항해에 첫 발을 디딘다. 그는 지중해와 리스본 사이를 오가는 상선의 선원으로 일한다.

한 번은 지중해 밖의 만에서 폭풍우를 만났다. 집채만 한 파도가 상선을 집어삼킬 듯 덮쳐왔다. 엎친 데 덮친 격으로 갑자기 돛대 하나가 부러지면서 그 위에 돛이 걸리고 말았다. 순식간에 배는 방향을 잃고 기우뚱 거렸다. 거친 파도가 몰아쳐 '이대로 죽겠구나' 싶은 순간, 디아스가 도끼를 들고 침착하게 부러진 돛대를 타고 올라갔다. 그리고 한데 엉겨있는 돛을 있는 힘껏 내리쳐 돛대에 걸려있던 찢어진 돛을 거둬냈다. 디아스의 용기 있는 행동 덕분에 배에 타고 있던 사람들은 모두 무사할 수 있었다. 이런 경험을 통해 디아스는 풍부한 지식과 경력을 쌓는다. 그는 직업 항해가가 갖춰야 할 경험과 지혜, 용기, 임기응변 능력 등을 모두 갖춘 전문가로 거듭난다.

1476년, 화려한 경력을 자랑하는 질 이아네스가 이끄는 선단이 남쪽 항로를 통해 아프리카 탐험에 나선다. 선단은 큰 선박 두 척과 작은 선박 두 척으로 이루어졌다. 당시 스물여섯 살이던 디아스도 운 좋게 이 선단의 선원이 된다. 질 이아네스는 포르투갈 항해왕자 엔리케의 숭배자였다. 게다가 엔리케 왕자를 직접 만나 항해에 관한 가르침을 받은 적도 있었다. 항해 도중 질 이아네스는 디아스에게 종종 엔리케 왕자가 이룬 많은 항해 업적에 대해 이야기해줬다. 그는 별다른 뜻 없이 한 이야기였지만 듣는 디아스는 큰 감명을 받았

'디아스가 가장 용감해'

항해가가 되겠다는 꿈을 이루기 위해 어린 디아스는 열심히 수영을 배웠다. 그러던 어느 날 한 친구가 디아스를 달팽이보다 느리다고 비웃었다. 자존심이 상한 디아스는 곧바로 수영 대결을 신청한다. 두 사람은 곳곳에 암초가 솟아 있는 해안가 절벽으로 간다. 두 사람을 몸을 날려 바다로 뛰어들었다. 그리고 파도를 헤치며 깊은 바다로 헤엄쳤다. 그런데 갑자기 날카로운 비명소리가 들려왔다. 디아스의 친구가 파도에 휩쓸린 것이었다. 공교롭게도 디아스도 암초에 부딪치는 바람에 팔을 다치고 만다. 시뻘건 피가 멈추지 않고 흘러나왔다. 그런데 저쪽에서 친구의 팔이 수면 위로 불쑥 솟아오르는 게 보였다. 디아스는 그대로 몸을 날려 친구의 팔을 잡고 수면 밖으로 끌어낸 뒤 해안 쪽으로 헤엄쳤다. 그 자리에 있던 친구들은 디아스가 위험을 무릅쓰고 친구를 구하는 것을 보고 감격에 겨워 외쳤다. "디아스, 너 정말 용감하다. 파도가 치는데도 친구를 구하러 뛰어들다니, 넌 정말 최고야!" 이처럼 어려서부터 용감하고 침착했던 디아스는 모두의 기대를 저버리지 않고 항해역사상 보기 드문 성과를 거둔다.

다. 이때부터 디아스는 엔리케 왕자와 같은 뛰어난 항해가가 되겠다고 결심한다. 향후 포르투갈의 항해 사업을 이끌 뛰어난 지도자가 탄생하는 순간이었다.

노력 끝에 값진 보상, 희망봉에 닿다

포르투갈 국왕 주앙 2세는 전폭적인 지원에 힘입어 디아스는 원양 항해를 떠나기 위해 열 달 동안 만반의 준비를 한다. 국왕이 내린 50톤급 가벼운 범선 두 척 외에 선단은 식량을 운반하는 보급선 한 척을 추가했다. 탐험 중에 보급선 한 척을 추가로 마련해 항해 기간을 늘렸다. 훗날 많은 항해가들이 디아스가 최초로 시도한 이 방법을 따라한다.

1487년 8월, 디아스는 그의 형과 오랜 친구 네 명과 함께 리스본에서 돛을 올리고 항해에 나선다. 이번 항해의 목적은 간단명료했다. 기존의 지도에 표시되지 않은 지역을 지나 최대한 멀리까지 항해를 떠나 아프리카대륙의 최남단을 발견하는 것이었다.

3개월 뒤, 디아스 일행은 오늘날의 앙골라 해안에 닿았다. 항해 속도를 높이기 위해 디아스는 보급선에 실린 물품을 범선 두 척에 나눠싣고 보급선을 해안에 남겨둔 채 선원 9명에게 지키게 했다. 선단은 계속 남쪽으로 항해해 계획보다 빨리 남회귀선을 지난다. 디아스는 지금의 나미비아 뤼데리츠만에 최초의 석주를 세웠다. 지금도 이 석주의 일부가 남아 바람을 맞으며 자리를 지키고 있다.

디아스는 선단을 이끌고 항해를 계속했다. 그런데 남위 33° 지역에서 그만 폭풍우를 만나 디아스가 지휘하던 선박 두 척을 남쪽으로 밀어내고 만다. 바다가 잠잠해진 뒤 디아스는 재빨리 뱃머리를 동쪽으로 돌렸다. 그렇게 며칠이 지났는데도 아프리카대륙 해안은 나타날 기미를 보이지 않았다. 디아스는 아무래도 이미 아프리카대륙 최남단을 지난 것 같다는 생각이 들었다. 그래서 과감하게 뱃머리를 북쪽으로 틀었다. 과연 디아스의 예상이 적중했다. 이삼일이 지나자 디아스 일행 앞에 해안선이 나타났다. 육지에 올라 마실 물을 보충한 뒤 디아스의 선단은 다시 동쪽 알고아(Algoa) 만에 도착했다. 이 시점에서 디아스 일행은 이미 아프리카의 남해안을 넘어 인도양에 진입한다.

그런데 한 차례 폭풍우가 지나자 이번에는 더 큰 해일이 밀려왔다. 오랜 항해에 지칠 대로 지친 선원들이 회항을 요구한 것이다. 게다가 식량도 부족했기 때문에 디아스는 어쩔 수 없이 회항을 결정하게 된다. 회항하기 전 디아스는 이 황량한 곳, 다시 말해 알고아 만에 두 번째 석주를 세운다. 남아프리카 해안을 따라 회항하던 중 디아스는 예전에 폭풍우를 만났던 지역에서 바다 쪽으로 튀어나온 곳을 발견한다. 이곳은 깎아지른 절벽이 삐죽삐죽 솟아있었다. 디아스와 선원들은 이곳에 상륙해 세 번째 석주를 세우고 이 곳을 '폭풍의 곳'이라고 이름 붙인다. 디아스가 항해 도중 세운 석주 세 개는 포르투갈왕국의 통치권을 상징하는 '수호신'이었다. 따라서 이곳에 석주를 세웠다는 것은 포르투갈이 이미 이곳을 자신의 해외영토로 생각한다는 뜻이었다. 그런데 재미있게도 디아스는 '폭풍의 곳'이 아프리카대륙의 최남단이라고 생각했지만 사실은 아니었다. 진짜 최남단은 이미 예전에 가본 적이 있는 아굴라스 곳(Cape Agulhas)이었다.

1488년 12월, 디아스 일행은 드디어 리스본으로 돌아온다. 귀국후 디아스는 서둘러 항해경과 보고서를 작성했고 상세한 해도를 그렸다. 이는 모두 향후 바스코 다 가마의 항해에 큰 도움이 된다.

비록 인도항로를 개척하지는 못했지만 국왕은 디아스를 따뜻하게 맞아주었다. 주앙 2세는 하루 빨리 인도로 가는 항로를 개척하고자 했다. 그래서 디아스가 해도에 표시한 '폭풍의 곳'을 '희망봉'이라고 고쳤다. 이 이름에는 포르투갈에게 아름다운 희망을 가져오길 바라는 염원이 담겨있었다. 이로써 인류 문명사와 항해사에 디아스와 희망봉이라는 이름이 함께 기록된다.

못 다 이룬 꿈을 계승하다

역사상 '디아스'라는 이름을 확실히 남긴 이번 항해는 수많은 성과를 거두었다. 1년 4개월에 걸친 항해를 하며 왕복 2만 킬로미터 이상을 항해했다. 디아스는 이전 사람들이 보유하고 있던 항해거리를 단번에 위도를 13 눈금이나 확장했다. 또한 선단은 아프리카 남부해안을 도는 쾌거를 이룩했다. 항해 도중 디아스의 선단은 2,500 킬로미터에 이르는 해안선을 발견했다. 디아스는 포르투갈 국왕에게 아프리카 남부해안을 정확하게 묘사한 해도를 바쳤고 이는 훗날 항해가들에게 큰 도움이 된다. 이번 항해는 포르투갈에서 인도, 서유럽 지중해에서 동양으로 가는 새 항로를 개척하는 데 탄탄한 기초를 다졌다.

하지만 안타깝게도 포르투갈 국왕은 디아스가 개척한 대항해 시대의 서막을 이어가지 못했다. 국왕은 인도항로를 개척하기 위해 많은 준비를 하면서도 디아스가 거둔 성과에 대해서는 철저히 비밀에 부쳤다. 혹시 모를 외부의 개입을 염려한 탓이었다. 1495년 주앙 2세가 부종병에 걸려 사망한다. 국왕이 죽은 뒤 여러 가지 원인으로 디아스가 희망봉을 발견한 뒤 한참이 지나서야 포르투갈은 인도항로 개척을 실현한다.

물론 선원들이 디아스를 압박해 회항하지 않았더라면 이미 희망봉을 지난 디아스는 틀림없이 인도를 향해 계속 나아갔을 것이다. 이번 항해를 기록한 주앙 데 바로스(Joao de Barros)는 이렇게 말했다. "디아스는 회항할 때 몹시 괴로워하고 슬픔을 감추지 못했다. 마치 사랑하는 자식을 영원히 다른 곳에 떨어뜨려 놓고 오는 사람 같았다." 디아스는 평생 온갖 역경을 겪었고 희망봉의 성난 파도를

▼ 희망봉
포르투갈 항해가 디아스는 포르투갈로 돌아오는 길에 이곳을 발견한다. 이리하여 그의 이름과 희망봉은 인류역사에 영원히 남게 된다.

몸으로 맞기도 했다. 그러나 꿈에도 바라던 인도항로 개척에는 실패했다. 항해가로서 이는 디아스에게 평생의 한으로 남았을 것이다.

디아스는 자신의 꿈을 실현하기 위해 1500년 또다시 돛을 세우고 출항한다. 3월 9일, 디아스와 카브랄은 엄청난 규모의 함대를 이끌고 인도로 떠난다. 이번 선단은 규모부터 남달랐다. 범선이 총 13척 동원되었고 탑승 선원만 1,200명이었는데 이는 당시 포르투갈 총인구의 1000분의 1에 해당하는 엄청난 숫자였다. 그러나 이번 항해는 끝내 비극으로 마무리되고 만다. 선단이 희망봉 부근 해역을 지날 때 무시무시한 폭풍우에 휩쓸리고 만 것이다. 갑자기 밀어닥친 집채만 한 파도는 거대한 범선 네 척을 종이배처럼 뒤집어버렸다. 배에 타고 있던 모든 사람이 물에 빠져 죽었고 대항해가 디아스도 불운을 피하지 못했다. 항해사상 빛나는 별 하나가 지는 순간이었다.

디아스는 자신의 생명을 바쳐 용감하게 자연을 정복하는 인류의 도전정신을 보여줬다. 훗날 많은 탐험가들이 그 무엇도 두려워하지 않는 디아스의 용맹성을 이어받아 끊임없이 새로운 역사를 써나갔다. 비록 디아스는 세상을 떠났지만 그가 개척한 항해사업은 후발주자들에 의해 전성기를 맞이한다. 그리하여 항해사의 빛나는 업적들이 하나둘씩 이룩된다.

황금은 놀라운 물건이다! 콜럼버스의 항해

황금은 놀라운 물건이다! 그것을 가진 자는 자기가 원하는 모든 물건을 지배할 수 있다. 그 위에 황금은 영혼을 천국에 가게 할 수도 있다.

콜럼버스

15세기 전후, 상품경제가 발전하고 무역이 확대되면서 서유럽에 자본주의 경제가 싹트기 시작했다. 황금이 화폐로서의 중요성을 인정받으면서 황금에 대한 갈망으로 유럽의 상인, 봉건영주, 항해가는 모두 불나방처럼 항해사업에 뛰어든다. 그들은 '향신료가 넘쳐나고 황금이 도처에 깔린' 동방으로 가는 항로를 개척하기 위해 나선다.

동방의 유혹

마르코 폴로의 《동방견문록》이 유럽에게 크게 유행한 뒤 유럽인들은 동방을 황금으로 도배된 천국쯤으로 생각했다. 그래서 당시 유럽인들은 동방에 가서 크게 한몫 벌려는 생각에 빠져있었다. 콜럼버

▼ **콜럼버스**
15세기 이탈리아 항해가로 신대륙을 발견해 세계항해사에 이름을 남긴다.

스는 《동방견문록》을 읽고 나서 부유한 중국과 인도를 동경하게 된다. 콜럼버스가 가장 관심을 가진 부분은 일본에 대한 묘사였다. '황금으로 가득 찬 일본국은 황금으로 왕궁을 짓고 궁궐 안에 난 길과 마룻바닥에는 4센티미터 두께의 황금 벽돌이 깔려있다. 심지어 창문틀까지 죄다 금으로 만들었다. 그리고 가는 곳마다 장밋빛으로 빛나는 진주를 채집할 수 있다. 사람들은 죽은 사람의 입속에 진주 한 알을 넣어준다.'

당시 '지구는 둥글다'는 학설이 유럽을 뜨겁게 달궜다. 이 학설의 열렬한 신봉자였던 콜럼버스는 야심만만하게 탐험계획을 세운다. 그는 서유럽에서 출발해서 서쪽으로 계속 항해해 결국 동양에 있는 중

국, 일본 및 인도에 도착할 계획이었다. 콜럼버스는 각 국을 다니며 설득 작전을 펼친다. 먼저 영국과 포르투갈 국왕의 원조를 요청하지만 거절당하고 만다. 사람들은 콜럼버스를 희대의 사기꾼이라고 비난하기도 했고 어떤 관리는 이렇게 묻기도 했다. "만약 지구가 둥글어서 서쪽으로 항해하다보면 동양에 도착하고 동양을 거쳐 계속 서쪽으로 항해하면 출발지로 돌아올 수 있겠군요. 그렇다

▲ 산살바도르에 도착한 콜럼버스
콜럼버스는 바하마 제도(Bahamas) 산살바도르(San Salvador) 섬에 도달했다. 그는 선원들에게 섬에 스페인 국기를 꽂으라고 시키고 이 섬이 스페인령임을 선언한다.

면 지구를 반쯤 돌았을 때부터는 지구의 아래쪽에서부터 위쪽으로 기어 올라와야 한다는 소리인데 과연 배가 지구를 거꾸로 거슬러 오를 수 있을까요?" 콜럼버스는 말문이 막혀 대꾸하지 못했다.

기독교 신자였던 콜럼버스는 기독교 전파에도 적극적이었다. 그는 신항로 개척이 '하느님이 유일하게 그에게만 내린 은혜이며 하느님이 자신에게 이뤄주라고 부탁한 임무'라고 생각했다. 또한 오스만 튀르크제국이 발호한 뒤 전통적인 동서양 교통로가 막히면서 서양 국가들은 동방의 물건, 황금, 향료 등에 목말라 있었다. 그래서 서유럽 각국은 동양으로 가는 신항로를 하루 빨리 개척하고자 했다.

1486년, 이미 여기저기서 거절당한 콜럼버스가 스페인왕국을 찾아온다. 그는 스페인의 국왕 페르난도 2세와 왕비 이사벨을 설득해 지원을 받을 생각이었다. 국왕과 왕비 앞에 선 콜럼버스는 동양을 황금이 지천에 깔려있고 신비롭고 매력적인 지상의 낙원으로 묘사했다. 이는 왕비 이사벨의 마음을 움직였고 결국 왕비가 국왕을 설득해 개인 돈을 털어 콜럼버스의 항해계획을 지원하기로 한다.

1492년 8월 3일, 콜럼버스는 선원 87명과 함께 출발한다. 이들은 이번 항해에 참가한다는 조건으로 특별히 사면된 죄인들이었다. 이 밖에 아랍어를 할 줄 아는 언어학자 한 명도 동행했다. 당시 유럽인들은 모든 언어는 아랍어에서 파생했다고 생각했기 때문에 중국 황

제와 만나면 이 언어학자를 통역사로 삼아 의사소통을 할 셈이었다. 그들은 백여 톤급 범선 세 척에 나눠 타고 인도 왕과 중국 황제에게 보내는 국서를 들고 스페인 팔로스 항을 출발해 서쪽으로 항해를 시작한다. 콜럼버스는 동양에 대한 동경과 황금에 대한 욕망을 가지고 대서양을 넘어 '동방'으로 향하는 항해길에 오른다.

희망의 항해

두 달이 무심하게 흘러갔다. 콜럼버스와 선원들은 고기잡이배 몇 척을 보았을 뿐 시퍼런 바다 말고는 아무 것도 발견하지 못했다. 수염이 덥수룩하게 자라고 옷이 닳아 해질 때까지 배 위에서 빈둥거려야 했던 선원들은 점점 인내심의 바닥을 보이기 시작했다. 결국 참지 못하고 폭발한 선원들은 거칠게 소란을 피웠고 일부 선원들은 콜럼버스를 바다에 던져버리고 스페인으로 돌아가려고까지 했다. 탐험대의 분위기가 뒤숭숭해지자 콜럼버스는 자신에게 사흘만 더 시간을 달라고 부탁한다. 만약 사흘 안에 육지가 나타나지 않으면 뱃

▼ **황금을 찾아 나서다**
15세기 말, 콜럼버스는 아메리카인디언을 길잡이로 삼은 원정대를 보내 황금을 찾아 나섰다.

머리를 스페인으로 돌리겠다고 했다.

다들 절망에 빠질 때쯤, 한 선원이 멀리 바다와 육지가 만나는 곳을 발견한다. 처음에는 깨알만해 보이던 그곳에 가까이 다가갈수록 기쁨은 커졌다. 드디어 육지를 발견했기 때문이다. 콜럼버스는 곧바로 선원들을 모아 이곳을 스페인의 영토로 삼는다고 선언한다. 콜럼버스는 빨간색 총독복을 입고 선장 두 명은 각각 국왕과 왕후를 대표하는 녹색깃발을 들고 육지에 내려 이제 막 세운 나무장대 위에 깃발을 올렸다. 뒤이어 콜럼버스와 선원들은 기쁨의 눈물을 흘리며 바닥에 꿇어앉아 흙을 어루만지며 신에게 감사했다.

콜럼버스는 이 섬을 산살바도르[55]라고 명명했다. 콜럼버스는 이미 인도에 도착했다고 생각해 원주민을 '인디안'이라고 불렀다. 콜럼버스는 원주민을 통해 이 섬의 남쪽에 엄청난 황금을 가진 국왕이 있으며 비슷한 섬들이 남쪽과 서쪽에도 여러 곳 있다는 정보를 얻게 된다. 당시 지도첩에는 가상으로 추가한 부분들이 많았다. 사람들은 아시아 동쪽 바다에는 일본을 포함한 많은 섬들이 퍼져 있다고 생각했다. 그래서 콜럼버스는 서쪽과 남쪽에 있다는 이 '보물섬'들을 찾아 나선다.

그러나 바하마 제도 곳곳을 뒤졌지만 황금으로 가득한 섬 따위는 없었다. 인디언의 전설에 따라 그들은 계속 남쪽으로 항해를 계속해 쿠바라고 불리는 섬에 도착했다. 쿠바에 도착한 콜럼버스는 황금 한 덩이를 원주민에게 보여주었다. 그러자 원주민들은 내륙의 한 지점을 가리키며 말했다. "쿠바나칸(Cubanacan)." "쿠바나칸?" "…칸이라고? 혹시 쿠빌라이칸?" 콜럼버스는 그들이 말하는 사람이 중국의 대칸이었던 쿠빌라이라고 생각해 자신이 중국에 도착했다고 확신한다.

그러나 그곳은 당연히 중국이 아니었고 황금이 가득한 보물섬도 아니었다. 비록 황금은 발견하지 못했지만 콜럼버스는 그곳 원주민들의 특이한 습관을 발견한다. 그들은 토바코스(tobacos)라는 잎을 말아 콧구멍에 넣은 뒤 잎이 탈 때 뿜어내는 연기를 들이마셨다. 콜럼버스는 이 식물이 금보다 비싼 값에 팔릴 것이라고 예상했다. 이것이 바로 담배다.

12월 20일, 콜럼버스 일행은 히스파니올라(Hispaniola) 섬에 닻을

---
55) 구세주의 섬

내린다. 이방인들의 방문에 원주민들은 기쁜 마음으로 황금장신구를 선물했다. 콜럼버스는 한 추장에게서 섬에 황금이 가득 묻힌 시바오(Cibao)라는 곳에 대해 듣게 된다. 이 말을 들은 콜럼버스는 이 섬이 중국 동쪽 해안에 있는 일본국이라는 생각을 굳힌다.

콜럼버스는 40명에게 일본의 금광을 캐도록 한 뒤 섬 안의 각종 특산물과 엄청난 양의 황금, 그리고 인디안 6명을 데리고 1493년 1월 4일 닻을 올려 스페인으로 돌아간다. 두 달 뒤, 콜럼버스는 스페인에 도착한다. 그리고 4월 중순 입궁해 장군에 임명되고 융숭한 대접을 받는다. 생각보다 훨씬 후한 대접에 콜럼버스는 의기양양해졌다. 이를 계기로 콜럼버스는 한 시대를 풍미한 영웅이 된다.

이후 콜럼버스는 세 차례나 더 서쪽으로 항해를 떠나 자메이카, 푸에르토리코, 도미니카 등의 섬에 도달한다. 콜럼버스의 일기에 이런 글이 있다. '나는 황금과 향신료가 날 가능성이 있는 곳이라면 어디라도 찾아다녔다.…' 그러나 유감스럽게도 콜럼버스는 목적을 이루지 못했다.

콜럼버스는 동방으로 가는 항로도 찾지 못했고 그가 말하던 황금이 지천으로 널린 곳도 발견하지 못했다. 게다가 식민지에서 원주민을 협박하고 그들의 황금을 훔치고 강제노동을 시켜 원주민과 스페인 식민통치자 사이에 마찰이 끊이지 않았다. 이에 심기가 불편해진 스페인 국왕은 콜럼버스를 냉대한다. 1502년, 스페인 왕실은 네 번째 탐험대를 보냈고 이들이 스페인으로 돌아왔을 때 콜럼버스는 국왕의 신임을 잃게 된다. 1506년 5월, 왕의 총애를 잃은 콜럼버스는 낙담과 빈곤 속에서 초라하게 죽는다. 콜럼버스는 죽기 직전까지도 자기가 간 곳이 아시아라고 믿었다.

콜럼버스는 신항로를 개척하면서 풍요로운 동양에는 도달하지 못했지만 운이 좋게 아메리카대륙을 발견한다. 그의 성공은 다른 유럽 탐험가들의 모험심을 자극해 서유럽 각국에서 바다를 건널 탐험대를 꾸렸다. 이로써 인류는 지리대발견 시대를 맞이한다. 1522년, 마젤란이 최초로 세계일주에 성공하면서 동방으로 가는 항로를 찾아낸다. 비록 쓸쓸히 죽었지만 콜럼버스도 마젤란의 성공에 조금쯤 위로를 받았을 것이다.

콜럼버스가 가보지 못한 보물섬은 훗날 다른 식민통치자들에 의해 발견된다. 스페인인은 콜럼버스가 갔던 곳에 엄청난 식민제국을

향신료의 강한 향에 미혹되나

서양인이 갖고 싶어 안달하는 향신료를 구하기 위해 콜럼버스는 '동방'으로 향한다. 그러나 평생을 찾아다니고도 끝내 향신료를 찾아내지 못했다. 콜럼버스는 세 번째 항해에서 돌아올 때 수많은 전리품을 가지고 왔다. 그 중에는 매우 중요한 향신료인 '계피'도 포함돼 있었다. 계피는 다른 어떤 전리품보다 주목을 받았다. 심지어 같이 가져온 황금조차도 계피 앞에서는 빛을 잃을 지경이었다. 그러나 계피나무 껍질을 본 사람들은 너나할 것 없이 의구심이 들었다. 생긴 것은 계피나무 껍질과 꼭같이 생겼는데 이상하게도 냄새가 고약했기 때문이다. 그래서 사람들은 틀림없이 운반하는 도중 계피가 상한 것이라고 생각했다. 콜럼버스는 한 번도 계피나무를 본 적이 없었기 때문에 자기가 가지고 돌아온 것이 보통 나무껍질이라는 사실을 몰랐다. 콜럼버스의 항해 목적 중 하나가 향신료를 찾는 것이었기 때문에 이 점만 놓고 보면 콜럼버스의 항해는 실패한 것이었다. 콜럼버스는 자기 머릿속에서 풍기는 짙은 향신료 냄새에 중독돼 평생 헤어나지 못했다. 운명의 신은 어쩌면 이리도 잔인한 것인지!

건설한다. 식민통치자들은 중남미 대륙에서 수단과 방법을 가리지 않고 황금을 약탈한다. 이때 양을 헤아릴 수 없는 엄청난 황금이 아메리카대륙에서 스페인으로 옮겨졌다. 16세기 말, 스페인이 아메리카에서 채굴한 귀금속 양은 전 세계 생산량의 83%에 달했다.

이후 이탈리아 출신 아메리고 베스푸치가 콜럼버스가 갔던 곳은 아시아가 아니라 새로운 땅이라는 사실을 밝혀냈다. 그래서 사람들은 그의 이름을 따서 아메리카대륙이라고 불렸다. 콜럼버스의 서인도항로 개척을 시작으로 대항해 시대의 막이 오른다. 이는 세계 역사의 발전 방향을 바꿀 정도로 엄청난 변화를 가져온다. 이리하여 해외무역 노선이 지중해에서 대서양 연안으로 옮겨온다. 그때부터 서양은 중세 암흑기에서 벗어나 파죽지세로 발전해 세계의 중심으로 나아간다.

어리석은 '임시방편' '교황자오선' 설정

5세기 전, 스페인과 포르투갈은 신대륙 영토 경계를 둘러싸고 조용할 날이 없자 두 나라를 중재하기 위해 교황이 나선다. 그는 세계지도의 한가운데 펜을 대더니 일필휘지로 금을 그었다. 그리하여 스페인은 아메리카대륙을 얻고 포르투갈은 동반구를 점령하게 된다.

교황의 편애, 그리고 말 타니 경마 잡히고픈 스페인

15세기 초, 이베리아 반도의 두 국가는 신항로를 찾아 나선다. 포르투갈 선단은 아프리카 서해안을 따라 남하하면서 아프리카를 에둘러 가면 풍요로운 동방에 도착할 수 있을 것이라고 생각했다. 콜럼버스는 또 다른 쪽 길을 개척한다. 스페인의 지원을 등에 업고 그는 선단을 이끌고 서쪽으로 항해를 한다. 그 역시 서쪽으로 계속 가다보면 언젠가는 동양에 닿게 될 거라고 굳게 믿었다. 두 나라가 개척한 항로는 정반대 방향이었기 때문에 상식적으로 생각하면 충돌이 생길 일이 없었다. 그런데도 두 나라 사이에 갈등이 생겼다.

1493년, 콜럼버스는 신대륙에서 스페인으로 돌아온다. 포르투갈 리스본을 거치는 김에 주앙 국왕을 찾아가 득의양양한 태도로 자신이 '일본'[56]을 발견했다고 자랑했다. 그런데 주앙의 대답에 콜럼버스는 아연실색한다. 콜럼버스가 대서양 서쪽에서 발견한 신대륙이 스페인이 아니라 포르투갈 영토라고 주장했기 때문이다.

주앙 왕이 영 생뚱맞게 억지를 부리는 것은 아니었다. 1481년, 포르투갈과 스페인 양국은 〈알카소바스 조약〉을 맺어 포르투갈 국왕의 주권에 '카나리아 제도 이남과 기니 서쪽 및 그 근처에서 향후 발견하거나 획득하는 모든 섬'을 포함시켰다. 당황한 콜럼버스는 서둘러 왕궁을 나와 그길로 스페인 국왕 페르난도와 이사벨 왕비에게 편지를 띄운다. 주앙 왕은 이미 콜럼버스가 발견한 신대륙에 보낼 탐험대를 마련해두었다. 스페인이 어렵사리 손에 넣은 결실을 가로채려는 의도가 분명했다.

콜럼버스의 편지를 받은 스페인 왕과 왕비도 놀라기는 마찬가지였다. 두 사람은 머리를 맞대고 고민한 끝에 좋은 수를 생각해낸다.

---

56) 그는 자신이 도달한 곳이 동양인 줄로 안다.

'교황' 알렉산데르 6세에게 도움을 요청하는 것이었다. 당시 유럽의 국제법에 따르면 교황은 교황령에 속하지 않는 모든 영토의 주권의 귀속에 대해 결정할 수 있는 권한이 있었다. 게다가 교황과 스페인 국왕의 사적인 관계도 국왕 부부의 결정에 영향을 미쳤다. 교황은 스페인 아라곤왕국 출신으로 과거 교황의 자리를 놓고 쟁탈전을 벌이면서 스페인 국왕의 도움을 받은 적이 있었다.

국왕부부의 예상대로 교황은 스페인 편에 섰다. 1493년 5월, 교황은 〈자오선을 경계로 영토를 나눈다〉는 제하의 교서를 내려 선언한다. '참회자 크리스토퍼 콜럼버스가 이미 인도까지 항해했고 또 먼 곳에서 섬들을 발견했다. 이에 본 교황은 스페인 국왕부부와 그 계승자가 사절을 파견해 발견한 모든 섬과 육지 중 교황의 지배를 받는 곳이 아니라면 스페인 국왕과 그 계승자가 주권을 행사한다고 결정한다.'

얼마 후 교황은 일부 내용을 추가해 또 교서를 내린다. '남극부터 북극까지, 이미 잘 알려진 아조레스 제도와 카보베르데 제도의 모든 지점의 서쪽과 남쪽 100리그[57] 지점에 자오선을 긋고 이 선을 경계로 서쪽에서 발견하는 모든 땅은 기독교의 군주가 아닌 스페인 국왕의 영토임을 확인한다.'

교황이 든든한 뒷배가 되어주자 스페인의 영토욕심은 밑 빠진 독처럼 아무리 채워도 끝이 없었다. 교황에게 다시 교서를 내려 영토 경계선을 재설정해달라고 요청한 뒤, 스페인은 과거 교황이 인정했던 아프리카대륙 안 포르투갈의 주권을 모두 부정한다. 이리하여 포르투갈이 아프리카대륙에서 소유한 영토는 모로코 도시와 상 조르지 다 미나, 아르긴 섬 등 일부 지역으로 축소된다. 이 밖에 이 교서는 포르투갈의 향후 동방 원정에 제동을 걸 의도를 담고 있었다. 결국 교황의 불공평한 결정으로 스페인은 포르투갈의 세력범위에 침투한다.

강경한 주앙, 결국 흡족한 새 조약을 이끌어내다

포르투갈 국왕 주앙은 이 소식을 듣고 분노로 이성을 잃을 지경이었다. 식민지와 신항로 개척은 포르투갈이 지난 100년 동안 모진 시

---

57) 1리그는 약 3마일

련을 이겨내고 거둔 값진 성과였다. 그것을 한순간에 빼앗기게 생겼으니 왕이 분노한 것도 당연했다. 주앙 왕은 틀림없이 스페인이 중간에 농간을 부린 것이라고 생각해 교황이 아닌 스페인 국왕부부에게 직접 따지기로 한다.

포르투갈 국왕 주앙은 막강한 해군을 무기로 스페인 국왕에게 교서 내용을 원래대로 수정하라고 강경하게 요구한다. 스페인 국왕부부는 포르투갈 왕이 홧김에 함대를 보내 신대륙으로 가는 항로를 끊을까봐 염려스러웠다. 그래서 결국 타협하는 길을 선택한다. 교황의 중재로 스페인과 포르투갈 양국은 다시 〈토르데시야스 조약〉을 체결한다. 이 조약은 카보베르데 제도 서쪽 370리그[58] 지역에서 북극부터 남극까지 직선을 그어 세계를 둘로 쪼개 자오선 동쪽은 포르투갈령, 자오선 서쪽은 스페인령으로 규정했다. 이것이 바로 역사상 가장 어리석은 조치 랭킹에서 수위를 다투는 '교황자오선' 이나.

스페인 국왕부부는 이 조약에 흔쾌히 동의했다. 이 조약대로라면 브라질을 포르투갈에게 넘겨주는 작은 희생의 대가로 콜럼버스가 발견한 신대륙을 스페인령으로 귀속시키고 양국 간의 전쟁도 피할 수 있어 일석이조의 효과가 있기 때문이었다. 리스본에 있던 포르투갈 국왕 주앙도 담판을 진행한 특사에게 큰 상을 내렸다. 이 조약으로 포르투갈이 지난 100년 동안 아프리카대륙 서부연안 탐험으로 얻은 이익을 지켜냈기 때문에 결국은 포르투갈이 승리한 것으로 여겼기 때문이다. 양국 모두 새로운 조약 결과에 만족하며 이후 100년 동안 조약 내용을 성실히 따른다.

포르투갈과 스페인은 교황의 중재로 교황자오선을 경계로 각자의 세력범위를 확정한다. 그러나 인위적으로 나눈 이 분계선은 다른 국가들의 영토야욕까지 막지는 못했다. 포르투갈과 스페인이 세상의 패자로 자처하며 신대륙을 놓고 아옹다옹 다퉜지만 그것은 어디까지나 머지않아 깰 '일장춘몽' 이었다. 더 많은 신항로가 개척되면서 갈수록 많은 나라들이 신세계를 찾아 나섰기 때문이다.

▼ 교황 알렉산데르 6세
1493년, 교황 알렉산데르 6세는 교서를 발표해 포르투갈과 스페인의 식민지 영토분계선을 확정한다. 이를 '교황자오선' 이라고 부른다.

ALEXANDER·VI·PONT·MAX~

---

58) 약 1,500킬로미터

보라, 지구는 둥글다 마젤란의 세계일주

인류는 지난 세월동안 지구의 모양을 두고 갑론을박을 벌여왔다. 도대체 지구는 둥글까 아니면 네모날까? 대항해 시대 인류는 골디우스의 매듭처럼 풀리지 않는 이 수수께끼로 고민에 빠졌다. '지구는 둥글다'는 학설을 믿는 많은 항해가가 지리대발견 시대 놀라운 업적을 거두면서 '지구는 둥글다'는 학설을 증명하는 듯도 했다. 그러나 그것은 추측일 뿐, 그 누구도 지구가 둥글다는 확실한 증거를 내놓지 못했다. 그러나 마젤란의 세계일주로 정말 지구가 둥글다는 사실이 입증된다.

마젤란과 세계일주

1519년 3월 18일, 마젤란(Ferdinand Magellan, 1480~1521)은 스페인 국왕 카를로스 1세를 만난다. 그는 아프리카가 아닌 남미 대륙을 돌아 향료 제도에 이르는 길이 틀림없이 있을 거라며 입술이 부르트도록 국왕을 설득한다. 그러면서 국왕에게 자신이 구상한 항로를 표시한 지구본을 바친다. 그러나 정작 국왕이 마음을 움직인 이유는 다른 데 있었다. 포르투갈이 찾았다는 향료 제도가 교황자오선 서쪽인 스페인의 영토에 위치해 있어 반드시 서인도항로를 통해 향료 제도를 찾아야 했고 또한 그 과정에서 포르투갈의 의심을 피해야 했다. 카를로스 1세는 결국 마젤란의 의견을 받아들여 세계일주를 지원하기로 약속한다. 이리하여 서인도항로를 통해 향료 제도로 가는 항로 개척이 시작된다.

여러 차례 거래를 한 끝에 3월 22일 마젤란과 카를로스 1세의 대표는 다음과 같은 내용에 합의한다. '국왕이 모든 항해 비용을 지불하고 마젤란은 그가 발견한 땅에서 거둔 수입의 20분의 1을 얻는다. 만약 항해 도중 6개 이상의 섬을 발견하면 이 6개를 제외한 섬 중에서 2개 섬의 소유권을 갖고 그곳에서 난 수입의 5분의 1을 가진다.' 이리하여 마젤란은 돈 한 푼 들이지 않고 세계일주 계획을 실현할 수 있게 된다. 마젤란이 세계일주를 위해 쓴 돈은 얼마 되지 않았다. 부서지기 직전의 낡은 배 다섯 척과 고철이나 다름없는 장비뿐이었기 때문이다. 게다가 선원은 고작 265명에 불과했고 통제하기 여간 까다로운 게 아니었다. 왜냐하면 이탈리아, 포르투갈,

▼ **항해가 마젤란**
마젤란의 세계일주는 지구가 둥글다는 사실을 입증했다. 이는 세계 항해사상 기념비적인 사건이었다.

▲ 마젤란 탐험대

▲ 1520년 10월, 마젤란 탐험대는 비르헤네스 곶(Cape Virgins)을 지나 태평양으로 들어가는 해협 입구에 도착한다. 이곳이 훗날의 '마젤란 해협'이다. 남아메리카대륙과 티에라델푸에고[59] 섬 사이에 위치해 있고 길이 550킬로미터, 넓이 3.3~32킬로미터에 이른다.

프랑스, 영국, 독일 등 유럽 각 나라 출신이 섞여있는 '모래알 조직'의 전형이었기 때문이다. 이런 어려운 여건에서 시작한 항해였으니 처음부터 까딱 잘못하면 실패한다는 배수진을 친 셈이나 다름없었다. 전 세계를 일주하는 항해였기에 그 어떤 항해보다 시간이 오래 걸릴 것은 당연한 일이었다. 그래서 사람들은 마젤란의 세계일주에 못미더운 시선을 보내며 그의 선단을 '떠다니는 관'이라고 불렀다. 항구를 출발한 지 이틀 뒤, 마젤란은 유서를 작성했다. 이번 항해가 순탄치 않을 것이며 최악의 경우 목숨을 잃을 수도 있다는 것을 예상하고 마음의 준비를 한 셈이었다.

1519년, 9월 20일, 마젤란이 이끄는 탐험대는 산 루카르 데바라메다 항을 출항했다. 1520년 3월 말, 마젤란 선단은 파타고니아 남부에 있는 산 훌리안 항구에 도착했다. 이때 남반구는 강풍과 폭설이 몰아치는 혹독한 겨울로 접어든 시점이었다. 길고 긴 겨울에 대비하

---

59) 불의 땅

기 위해 마젤란은 선원들이 먹을 식량을 제한하기로 결정한다. 이 조치에 선원들은 강한 불만을 표출했다. 일부 스페인 선장은 반란을 선동해 마젤란이 타고 있는 본선을 향해 대포를 조준했다. 목숨이 위태로웠지만 마젤란은 침착하고 냉정하게 대응했다. 먼저 반란 주동자들과 담판을 하는 척 했다. 그는 선단 사무장과 보안관에게 무기를 감춘 선원 다섯 명을 딸려 '빅토리아'호로 보내 선장 멘도사에게 본선으로 와 협상을 하자고 전한다. 멘도사가 담판 요청을 거절하자 보안관은 멘도사가 방심한 틈을 타 단칼에 죽여버린다. 마젤란은 동생 두아르테 바르보사를 빅토리아 호 선장으로 보낸다. 마젤란의 갑작스러운 반격에 상황이 역전되자 '산안토니오'호는 바다로 도망치려 했다. 그러나 이미 그럴 것을 예상한 마젤란은 유리한 위치를 선점하고 반란을 일으킨 범선을 향해 포탄을 발사했다. 이에 산안토니오 호에 타고 있던 선원들은 반란을 일으킨 지휘관을 결박하고 마젤란에게 목숨을 구걸했다. 또 다른 범선 '콘셉시온 호'의 상황도 마찬가지였다. 이렇게 한 차례 폭풍우가 지나고 탐험대는 평온을 되찾는다. 마젤란은 반란을 일으킨 주동자들을 용서하지 않았다. 그는 다른 주동자들의 목은 베고 산안토니오 호의 선장 카르타헤나는 파타고니아에 홀로 남겨두고 떠난다. 그리고 반란에 참여했던 선원 40여 명은 일손이 부족하다는 이유로 살려준다.

마젤란 해협을 발견하다.

마젤란 일행은 산 훌리안 항구에서 5개월 동안 머무른다. 어느 날, 체격이 건장한 원주민이 해안 언덕에 나타났다. 덩치가 얼마나 큰지 유럽인이 옆에 서면 허리 언저리에나 겨우 닿을까말까 했다. 그래서 마젤란은 그들에게 '파타고니아인(Patagonia)'[60]이란 이름을 붙여줬다. 파타고니아인은 유럽에서 온 손님을 따뜻하게 맞아주었다. 그들은 노래하고 춤추기도 하고 모래를 자신들의 머리 위에 뿌리기도 했다. 그들의 신뢰를 얻기 위해 마젤란은 선원들에게 갑판에 올라 그들처럼 노래하고 춤추라고 지시했다. 파타고니아인의 호감을 얻고 난 뒤에는 그들 중 두 사람을 꾀어내 족쇄를 채웠다. 살아있는 표본으로 스페인 국왕에게 바칠 셈이었던 것이다.

---

[60] 발이 큰 민족

10월, 산타크루즈 강 하구에서 '산티아고' 호가 해안을 정탐하던 중 암초에 부딪쳐 침몰한다. 그러나 다행히 선원 한 명이 죽은 것을 빼고는 모두 무사했다. 18일, 선박 세 척이 파타고니아 해안을 따라 계속 남쪽으로 항해한다. 이때 마젤란은 선장들에게 이곳에서부터 대서양에서 태평양으로 들어가는 해협을 찾을 것이라고 선언한다. 남위 34°에서 52° 사이는 그 누구도 가본 적이 없는 구간이었다. 이곳에는 4,000킬로미터에 달하는 해안선이 펼쳐져 있다. 마젤란은 이곳에서 블랑카 만과 산 마티아스 만을 비롯한 모든 해안을 발견한다. 사흘 뒤, 1520년 10월 21일, 마젤란의 선단은 드디어 남위 52° 지점에서 서쪽으로 향하는 넓은 해협 입구를 발견한다. 냉정한 마젤란은 먼저 산안토니오 호와 콘셉시온 호를 보내 태평양으로 향하는 출구가 있는지 확인하게 한다. 그날 밤, 엄청난 폭풍이 밀어닥쳐 이틀 동안 지속됐다. 구불구불한 해협 안에서 길을 찾다가 악천후로 인해 절벽이나 암석에라도 부딪치면 모든 것이 끝장이었다. 생사의 갈림길에 선 마젤란 일행은 좁은 해협 하나를 발견한다. 이 해협은 구불구불하고 무척 길었다. 게다가 넓어졌다 좁아지기를 반복했고 곳곳에 작은 섬과 암초들이 즐비했다. 해협을 빠져나가자 엄청나게 큰 항구가 나타났다. 이에 정찰에 나섰던 두 선박은 이미 태평양을 발견한 줄로 알고 서둘러 돌아가 마젤란에게 보고한다.

그러나 사실 태평양으로 향하는 해협을 발견하기까지는 이후로도 많은 시간이 흘러야 했다. 마젤란은 정찰대가 일러준 방향대로 남쪽을 향해 항해했다. 며칠 동안 수많은 넓은 항구를 거친 뒤에야 동남쪽과 서남쪽으로 갈라진 수로 두 줄기를 발견한다. 마젤란은 산안토니오 호와 콘셉시온 호를 동남쪽으로 보내고 또 다른 작은 배를 서남쪽으로 보냈다. 3일 뒤 작은 선박이 돌아와 곶과 대양을 발견했다고 보고했다. 마젤란은 드디어 대서양과 태평양을 잇는 해협을 발견했다는 생각에 기쁨의 눈물을 흘리며 이곳을 '희망의 곶'[61]이라고 불렀다. 1520년 11월 28일, 마젤란의 선단은 해협 서쪽 출구를 빠져나갔다. 그러자 순식간에 끝이 보이지 않는 수평선이 눈앞에 펼쳐진다. 배에 타고 있던 사람들은 뛸 듯이 기뻐했다. 서유럽인이 20여 년을 찾아 헤맨 곳을 드디어 발견했기 때문이었다. 마젤란은 11월 1일 모든 성인들의 날(All Saints Day)에 통과했기 때문에 이곳을 '모든

---

61) 지금의 필라르 곶

성자들의 해협'(Estrecho de Todos Los Santos)이라고 이름 붙였다. 그러나 훗날 마젤란의 공로를 기리는 뜻에서 '마젤란 해협'이라 바꿔 부르게 된다.

마젤란의 죽음

1520년 11월 28일부터 1521년 3월 초까지 마젤란 선단은 이 망망대해를 항해한다. 마젤란은 항해 도중 폭풍우 한 번 일지 않고 잔잔한 바다에 '태평양'이라는 이름을 붙여준다. 그러나 그들은 태평양이 그렇게 넓을 줄은 꿈에도 몰랐다. 태평양에 들어선 지 꼬박 석 달이 지났지만 육지는커녕 해안선조차 구경하지 못했다. 물과 식량이 바닥을 드러낸 마당에 채소를 바라는 건 사치였다. 영양이 부족한 탓에 선원들은 대부분 괴혈병에 시달렸다. 엄청난 식욕을 자랑하던 파타고니아인 두 명은 배고픔을 못 이겨 벌써 죽은 지 오래였다.

3월 6일, 드디어 서쪽에 사람의 흔적이 느껴지는 섬 세 개가 나타났다.[62] 마젤란 일행의 선박에 작은 배 수십여 척이 다가왔다. 배에 타고 있던 원주민들은 그들에게 식량과 물을 공급하면서 선박 뒤에 매어놓은 작은 배를 훔쳐갔다. 몹시 화가 난 마젤란은 이 섬을 라드로네스(Ladrones), 즉 '도둑의 섬'이라고 불렀다. 마젤란은 무장한 병사들을 데리고 그 중 한 섬에 상륙해 원주민의 움막을 덮쳤다. 그리고 닭이며 돼지 등 가축과 그 밖에 필요한 것들을 훔치고 원주민 7명을 죽인 뒤 움막에 불을 질렀다. 그리고 돌아오는 길에 그들이 훔쳐간 작은 배를 되찾아왔다. 괴혈병과 영양실조로 죽어가는 선원들을 살리기 위해서였다.

8일, 마젤란 선단은 마리아나 제도를 떠나 16일 오늘날의 필리핀 제도 동쪽 사마르 섬 남단에 위치한 호몬혼(Homonhon) 섬에 도착해 열흘 동안 머문 뒤 떠난다. 27일, 세부섬에 도착한 마젤란은 원주민들을 기독교로 개종시키려 한다. 이 섬들에 있는 소왕국을 기독교 왕국으로 변모시키고 스페인의 식민지로 삼기 위해서였다. 마젤란은 무력으로 그들을 제압하려고 했다. 4월 26일, 마젤란은 '동맹국을 지원한다'는 미명 아래 총포를 놓을 줄 아는 병사 60명을 데리고 막탄 섬을 공격한다. 그리고 온 섬을 피로 물들인 끝에 이 섬을

---

62) 현재 태평양 서부 마리아나 제도

정복한다. 그리고 당시 스페인 국왕 펠리페 2세의 이름을 따서 이곳을 '필리핀'이라고 불렀다. 오늘날 우리가 잘 알고 있는 필리핀이라는 이름은 이로부터 유래했다.

그러나 이어서 전개된 현지 원주민과의 전투 중 마젤란 부대는 현지인들에게 포위당한다. 원주민들은 마젤란 일행의 허벅지에 독침을 쏜 뒤 활과 돌덩이, 창을 들고 달려들었다. 마젤란도 이 전투에서 죽게 된다. 1521년 11월 8일, 처음에 5척으로 출발했으나 결국에는 2척으로 준 선박을 이끌고 탐험대는 드디어 그렇게도 바라던 몰루카(Molucca) 즉 향료 제도(Spice Islands)에 도착한다. 스페인으로 돌아올 때는 '빅토리아 호'만 인도양에서 아프리카 해안을 거쳐 희망봉을 지나 북상했다. 일행은 총 9,000킬로미터가 넘는 항로를 거친 끝에 1522년 9월 6일, 드디어 스페인의 항구로 돌아왔다. 스페인으로 살아 돌아온 선원은 고작 18명뿐이었다.

▲ 마젤란과 원주민의 전쟁
마젤란의 세계일주는 유럽식민지 정복운동과 궤를 같이 한다. 그러나 마젤란은 원주민과의 교전 중 목숨을 잃는다.

스페인은 이 항해를 통해 부와 명예, 두 마리 토끼를 모두 잡는다. 포르투갈은 스페인에게서 향료 제도의 귀속권을 얻기 위해 엄청난 금전적 대가를 치러야 했다. 엄격히 말해 마젤란이 세계일주를 한 것은 아니지만 사람들은 여전히 최초로 세계일주를 마친 사람 하면 마젤란을 꼽는다. 그리하여 마젤란의 항해는 항해사상 영원히 기억될 쾌거로 기록됐다.

서유럽에서 인도로 가는 항로의 개척자

바스코 다 가마

바스코 다 가마는 굳은 의지와 용기로 유럽 항해 사업의 한계를 극복하고 포르투갈이 100년 동안 손꼽아 기다리던 신항로 개척에 성공한다. 그리하여 역사상 가장 유명한 항해가로 이름을 빛낸다. 그러나 항해사에는 큰 업적을 남겼을지 몰라도 신항로 개척을 완수하자마자 사나운 이리처럼 교활하고 잔인한 본성을 드러냈다. 탐욕의 불길이 하늘 높이 솟구쳤고 시뻘건 피로 물든 바다 위에 조국 포르투갈을 위한 빛나는 황금제국을 건설했다.

바다의 유혹

1460년, 바스코 다 가마(Vasco da Gama, 1460~1524)는 포르투갈 남서쪽 해안가 시네스(Sines)에서 태어났다. 어린 시절부터 바다는 다 가마의 가장 친한 친구였다. 바다는 꿈이자 희망이었고 그의 가족들이 가장 사랑하면서도 가장 증오하는 곳이기도 했다. 다 가마의 가족은 포르투갈의 유명한 항해가 집안이었다. 그런 환경의 영향으로 다 가마와 그의 형제들은 어려서부터 각종 해양 지식과 기술을 습득했다. 자연스럽게 바다와 가까워진 다 가마는 일찍부터 항해에 대해 큰 관심을 보였다. 열 살도 되기 전부터 장기 항해 계획을 세울 정도였다. 그러나 성인이 될 때까지 바다로 탐험을 떠나 아시아로 가는 신항로를 개척할 꿈같은 기회는 찾아오지 않았다. 귀족신분이었기 때문에 다 가마는 계속 궁정에서 일해야 했다. 그러나 날마다 반복되는 자질구레한 궁정사무에 갈수록 지쳐갔다. 드넓은 바다는 끊임없이 파도를 일으키며 다 가마에게 어서 오라고 손짓했다. 다 가마는 다른 형제들처럼 돛을 올리고 파도가 몰아치는 바다로 나가 빛나는 모험으로 가득한 인생을 살고 싶었다. 드디어 행운의 신이 불타는 열정을 가진 다 가마에게 손을 내밀었다. 그러나 사실 다 가마가 꿈꾸는 해양사업이라는 것은 포르투갈이 200년 동안 야심만만하게 추진한 식민사업의 다른 말이었을 뿐이다. 《동방견문록》에 묘사된 황금이 지천으로 깔린 동양, 정교하고 값비싼 동양의 상품들은 유럽인의 욕망에 불을 붙였다. 그런데 당시 유럽인은 '동양' 하면 제일 먼저 인도를 떠올렸다. 다 가마의 아버지는 국왕의 명으로 인도

▼ 항해가 바스코 다 가마

▲ **국왕의 축복을 받다**
1497년 7월, 포르투갈 원정대장
다 가마는 인도로 떠나기 전 국
왕의 축복을 받는다.

항로를 개척하는 임무를 맡은 적이 있다. 항해가 디아스가 이끄는
포르투갈 탐험대가 희망봉을 발견하자 포르투갈 국왕은 이에 크게
고무된다. 인도로 가는 길이 보이는 듯했기 때문이다. 그러나 다 가
마의 아버지는 큰 꿈을 이루기도 전에 허무하게 세상을 뜨고 만다.
이리하여 신항로 개척의 사명은 아들인 다 가마에게 이어진다. 1497
년 7월 8일, 다 가마는 범선 네 척을 이끌고 리스본을 떠나 인도로
향한다. 인도항로 개척에 나선 다 가마의 머릿속에는 온통 황금과
인도에 대한 정복욕뿐이었다.

꿈을 이루기 위한 여정

다 가마의 선단은 희망봉을 향해 출발했다. 이번에 그들은 아프리
카 해안선을 따라 항해하지 않고 아예 대서양을 똑바로 남하한다.
이 항로는 더 효율적이고 빨랐지만 뛰어난 항해술이 뒷받침해주지
않으면 엄두도 못 낼 험난한 길이었다. 선단은 망망대해에서 자그마
치 93일 동안 육지를 보지 못한 채 항해를 계속한다. 이런 열악한 환
경은 선원들에게 큰 심리적 부담으로 작용했다. 게다가 희망봉과 이
웃한 세인트헬레나 만에 도달했을 때 디아스 선단으로부터 희망봉
의 무시무시한 위력을 전해들은 선원들은 리스본으로 회항할 것을
요구한다. 그러나 인도항로 개척에 대한 다 가마의 의지는 그 무엇
도 꺾을 수 없었다. 그는 잔혹한 수단으로 소동을 잠재우고 인도에

도착하기 전에는 결코 돌아가지 않겠다고 선언한다. 다 가마의 강한 의지에 힘입어 선단은 계속해서 목적지를 향해 항해한다. 크리스마스이브, 선단은 무사히 희망봉을 지나 서인도양의 아프리카대륙 동해안에 진입한다. 그러나 여기서부터는 그 어떤 유럽인도 와본 적이 없는 해역이었다. 이곳에 대한 항해 기록이 하나도 없었기 때문에 다 가마의 진정한 항해는 여기서부터 시작되었다고 할 수 있다.

1497년 크리스마스 날, 다 가마는 근처에서 높이 솟아오른 해안선을 발견한다. 그는 이 일대에 나탈[63]이라는 이름을 붙였다. 선단은 계속 북쪽으로 향했다. 거센 모잠비크 해류를 거슬러 오르며 중간에 무슬림이 장악하고 있는 도시 몇 군데에서 머무르기도 했다. 4월 1일, 현재의 케냐(Kenya) 몸바사(Mombasa) 항구에 도착한다. 현지 추장은 이 서양인들이 그들과 해상무역 주도권을 다투려는 줄 알고 그들을 냉대했다. 그러나 4월 14일, 다 가마의 선단이 말린디 항구로 들어오자 말린디 추장은 몸바사 추장과 달리 극진히 환대한다. 왜냐하면 숙적 몸바사 추장에 대항하기 위한 동맹군이 필요했기 때문이다. 말린디에서 다 가마는 훌륭한 길 안내인을 찾게 된다. 그가 바로 유명한 아랍 항해가 아마드 이븐 마지드(Amad ibn Majid)였다. 이 아랍인 덕분에 다 가마는 인정하기 싫은 사실을 알게 된다. 바로 포르투갈인이 수백 년에 걸쳐 쌓은 항해기술이 아랍인들에게는 어린애 장난 정도 밖에 안 된다는 것이었다. 다 가마의 선단은 이븐 마지드가 잘 알고 있는 항로를 따라 인도양 계절풍을 타고 순조롭게 인도양을 건너 인도 남부 최대의 항구였던 캘리컷에 도착한다. 이때는 다 가마가 포르투갈을 떠난 지 약 열 달이 지났을 때였다. 흥미롭게도 반세기 전 중국의 항해가 정화의 원정대도 이곳에 정박한 적이 있었다. 그러나 정화 원정대와 다 가마 원정대가 역사에 남긴 영향은 전혀 달랐다. 정화의 원정대에 비하면 다 가마 일행은 뻔뻔하기 이를 데 없는 사기꾼이자 날강도였다.

캘리컷이 부유하고 번영한 도시임에는 틀림없었지만 인도에서는 조금 외딴 곳이라는 점 또한 부인할 수 없었다. 그러나 캘리컷에서 본 것만으로도 포르투갈에서 온 이 촌뜨기들과 가난뱅이들은 벌어진 입을 다물 수 없었다. 《동방견문록》에서 묘사한 신비롭고 풍요로운 동방 세계가 처음으로 유럽인들 앞에 펼쳐진 순간이었다. 다

---

[63] 포르투갈어로 '성탄절'이라는 뜻, 오늘날 남아프리카공화국의 나탈주의 명칭도 여기서 유래했다.

다 가마가 이끄는 선단이 캘리컷 항구에 도착하는 모습을 묘사했다.

가마 일행은 잠시도 지체하지 않고 후추, 육두구, 정향, 생강, 수정, 루비 등을 닥치는 대로 사들여 캘리컷의 물가를 끌어올렸다. 그러나 주머니 사정이 여의치 않았던 탓에 구매하는 과정에서 무력을 동원하기도 했다. 겉으로는 정정당당하게 사들이는 척하면서 뒤로는 온갖 위협과 추악한 짓도 마다하지 않았다. 갑자기 나타난 포르투갈인이 현지 사람들이 사용하는 물건을 깡그리 사들이면서 캘리컷인이 쓸 물건이 동나버렸다. 이는 현지 주민들의 생활에 엄청난 불편을 끼쳤다. 외교적으로도 다 가마의 행태는 불쾌하기 짝이 없었다. 그가 캘리컷을 다스리는 토후 자모린(Zamorin)에게 보낸 선물은 형편없는 싸구려들이었기 때문이다. 온갖 진귀한 보물을 보아온 자모린은 다 가마의 선물에 코웃음 쳤다. 처음에는 실망하고 비웃었을 뿐이지만 갈수록 분노가 치밀었다. 게다가 예전에 인도양 무역 항로를 장악하고 있는 이슬람 상인들과 교류하면서 이들 '비열한 상인'들의 치졸한 수법에 치를 떨던 터였다. 이런 그가 순순히 다 가마와 통상협정을 맺을 리 없었다. 1498년 8월 29일, 다 가마 선단은 각종 향료와 육두구, 보석 등 진귀한 화물을 배에 한가득 싣고 캘리컷을 떠났다. 그중에 향료만으로도 다 가마는 항해에 든 비용의 60배에 이르는 이윤을 얻었다.

그러나 포르투갈로 돌아가는 여정도 올 때만큼이나 험난했다. 먼저 현지 해군의 추격에 놀란 가슴을 달래느라 한참을 고생한데다 괴혈병에 걸린 선원들이 하나둘씩 죽어나갔다. 그 중에는 다 가마의 동생도 포함되어 있었다. 결국 안전하게 리스본으로 돌아온 배는 단두 척 뿐이었고 운 좋게 살아남은 선원도 겨우 몇 명에 불과했다. 그러나 포르투갈 국왕과 다 가마는 이번 항해를 역대 최고로 성공한 항해로 꼽았다. 이제 포르투갈이 황금과 패권을 거머쥘 날이 멀지 않았기 때문이었다.

채울 수 없는 욕망

6개월이 흐른 뒤, 포르투갈 국왕은 또 다른 탐험대를 인도로 보냈고 이들은 향료를 가득 싣고 포르투갈로 돌아왔다. 그러나 포르투갈 선원 몇 사람이 캘리컷에서 죽임을 당하는 사건이 일어난다. 인도양의 해상 패권을 장악하기 위해 1502년 2월, 다 가마는 캘리컷을 징벌하겠다는 명목으로 인도로 향한다. 이번에 그는 20척의 함선으로 구성된 대규모 함대를 이끌고 출발했다. 이 과정에서 다 가마는 먼저 킬와의 통치자 아미르 이브라임을 협박해 포르투갈에 공납하고 복종하라고 강요한다. 이어서 아라비아 반도에서 아랍 상인들이 얻던 이권도 침해하기 시작한다. 다 가마는 아랍 선박 한 척을 나포해 배에 타고 있던 400여 명을 잔인하게 불태워 죽였다. 이 점은 다 가마가 어떤 인물이었는지 가감 없이 보여준다. 그는 뛰어난 항해가였지만 또한 잔인하고 추악한 식민 강도였다. 캘리컷에 도착한 다 가마는 자모린에게 모든 아랍인을 추방하라는 야만스러운 요구를 한다. 자모린을 압박하기 위해 다 가마는 인도 어부 38명을 무참히 살해하거나 불구로 만들고 도시를 폭격하라고 지시한다. 자모린은 다 가마의 악행에 분노했지만 무력으로 상대가 안 됐기 때문에 그저 시키는 대로 따를 수밖에 없었다. 이어서 다 가마는 아랍 함대와 전투를 치러 상대를 격파한다. 1503년 2월, 다 가마는 캘리컷에서 약탈한 귀중품을 가득 싣고 포르투갈로 돌아온다. 돌아오는 중 다 가마는 동아프리카에 포르투갈 식민지를 건설하기도 했다. 리스본에 돌아온 다 가마는 또 다시 엄청난 재산을 손에 넣었다. 게다가 왕으로부터 큰 상까지 받아 명예와 부를 한꺼번에 손에 쥔다. 1524년, 국왕은 다 가마를 '인도양의 제독'으로 임명한다. 같은 해 4월, 다 가마는 세 번째로 인도를 찾는다. 그러나 과거와 달리 이번에는 포르투갈령 인도 제독으로 부임한 것이었다. 이때 포르투갈은 무력을 동원해 인도에 대한 통제를 강화한다. 동양의 상아, 향료, 황금이 끊임없이 리스본으로 흘러들었다. 리스본의 국제적 지위도 수직상승해 순식간에 서유럽의 해외무역거점으로 성장한다. 각국의 상인, 전도사, 모험가들이 물밀듯이 밀려와 동방의 황금을 탐했다. 1524년 12월, 다 가마는 중병을 얻어 인도 코친에서 죽었다.

▶ 길 안내인을 납치하다

1490년대, 포르투갈 항해가 바
스코 다 가마는 아프리카 모잠
비크 술탄에게 그들이 인도양을
건널 수 있게 안내해줄 수로 안
내인 두 명을 보내달라고 요청
한다. 그러나 이 술탄은 기독교
도를 믿지 않았다. 다 가마는 결
국 수로 안내인을 납치한다.

　　신항로가 개척되면서 인도에서 유럽으로 가는 육지무역은 점차
지난날의 영화 속으로 사라진다. 새로 뚫린 항로를 통해 유럽 식민
통치자들이 동방국가들에 대한 잔인한 식민경영을 추진한다. 이때
수많은 동양의 보물이 마르지 않고 흐르는 강물처럼 서양으로 흘러
갔다. 100여 년에 걸친 끈질긴 탐험 끝에 포르투갈은 학살과 약탈을
통해 신항로를 장악했고 이로써 가난하고 소외됐던 지난날을 잊고
단숨에 유럽에서 가장 부유한 나라로 거듭났다. 또한 동 대서양, 서
태평양, 전 인도양 및 그 연안지역의 무역과 식민 경영권을 확보한
다. 이리하여 지구의 절반에 걸쳐 건설된 포르투갈 식민제국이 모습
을 드러낸다. 이 모든 것이 다 가마의 신항로 개척에서 비롯되었다.

Conquest and Expansion

제 5 장

문명의 외침

고전문화의 귀환 이탈리아 르네상스

지난날 로마제국의 중심이었던 이탈리아의 별처럼 빛나는 대가들은 바로 이곳에서 찬란한 고전 문예를 창조했다. 그로부터 1000년의 세월이 흐른 뒤 다시 한 번 이탈리아에서 지난날의 빛을 보게 된다. 비록 고대 그리스로마의 옷을 입고 그 시대의 도구를 썼지만 이 풍요로운 문화적 토양에서 펼쳐 보인 것은 그들만의 새로운 문예였다.

눈부신 새 시대

르네상스는 14세기 말, 이탈리아 주요 도시에서 일어나기 시작해 16세기 서유럽을 휩쓴 문학, 예술, 건축, 자연과학 등 각 분야에 걸친 사상문화운동이다. 당시 새로 출현한 부르주아계급은 그리스로마 고전문화를 부흥시킨다는 구실로 새로운 사상과 문화 해방운동을 펼쳤다. 이로 인해 새로운 과학 예술의 시대를 맞이하게 된다. 이 시기 유럽에는 각 분야의 뛰어난 인재들이 활발히 활동하면서 인류 역사에 길이 남을 위대한 업적을 많이 남겼다. 오늘날 유럽의 역사도 이때부터 시작되었다고 할 수 있다. 르네상스가 가장 먼저 이탈리아에서 일어난 것은 결코 우연이 아니었다. 여기에는 깊은 역사적 인과관계가 작용했다. 이탈리아는 당시 유럽에서 가장 먼저 자본주의의 싹이 텄던 곳이다. 사회계층, 사상관념은 물론이고 물질적 조건도 상당한 발전을 이룬 상태였다. 게다가 풍부한 역사문화유산과 천혜의 지리조건을 갖추고 있었다. 뿐만 아니라 다른 지역과 다른 특수한 정치적 환경 등이 르네상스의 발흥지로 손색이 없게 만들었다.

고대 로마제국의 중심지인 이탈리아에는 많은 고대 그리스로마의 문화유적이 남아있다. 또한 그리스어와 라틴어로 쓰인 많은 고서들이 남아 고대 그리스와 고대 로마가 문화 분야에서 이룬 눈부신 업적을 전해주고 있다. 이런 것들은 이탈리아인들이 조국의 역사와 문화에 대해 깊이 생각해볼 계기를 마련해주었다. 이런 눈에 보이는 역사유산 말고도 고대 그리스와 로마가 남긴 정신유산이야말로 이탈리아의 문예 발전에 비옥한 토양을 마련해주었다. 고대 그리스는 민주정치와 인문주의 정신을 남겼다. 시민들은 의정활동에 적극적으로 참여했고 함께 나라를 지켰으며 관리들을 감찰해 나라 곳곳이 생기가 넘쳤다. 고대 그리스의 인문주의 정신은 이성과 미美, 자유에 대한 탐구를 멈추지 않았다. 그들은 낙관적인 태도로 용감하게 현실에서 맞닥뜨리는 비극을 직시했고 절대 굴하지 않는 대항정신으로 인성의 자유를 추구했다. 고대 로마가 남긴 가장 귀한 유산은 법률이다. 로마법은 오늘날 세계 대다수 국가의 법률의 토대가 되었다. 로마법은 소유권, 채권, 혼인 및 가정, 범죄와 형벌 등 온갖 분야를 총망라하고 있다. 이는 훗날 유럽의 많은 자본주의 국가들의 법률, 특히 민법의 발전에 지대한 공헌을 한다.

서유럽 도시의 발전

11세기, 유럽 상품경제가 발전하면서 많은 도시들이 잇달아 생겨났다. 그 중에서도 이탈리아에서 이런 현상이 두드러졌다. 인구가 늘어나고 도시규모가 커지면서 도시의 엄청난 수요는 농촌지역을 시장으로 끌어들였다. 십자군 원정 역시 따지고 보면 동서양의 교류를 촉진했다. 이탈리아 상인들은 백인 노예를 비잔틴제국과 일부 중동국가로 운반했고 다시 콘스탄티노플과 아랍국가에서 후추와 비단, 도자기 같은 동방의 사치품을 사들여 서유럽 봉건영주에게 팔았다. 서유럽은 반드시 자신이 가진 물건으로 교환을 했기 때문에 서유럽의 양모와 방직산업의 발전을 불러왔고 이는 유럽 사회의 구조를 바꾸는 데 영향을 미쳤다.

서유럽 도시들은 뒤늦게 발전한 감이 없지 않지만 발전 속도만큼은 따라올 자가 없었고 신흥시민계층이 생겨나기 시작했다. 시민계층은 봉건영주와 도시귀족에 대항했다. 베네치아와 제네바, 피렌체 등 이탈리아 중북부 도시들은 독립된 도시공화국을 건설하기도 했다. 시민들은 선거를 통해 시의회를 구성하고 그들은 최고권력기관으로서 정책을 제정하고 화폐를 주조했다. 상인들은 상인조합을 형성하고 수공업자들도 조합을 만들어 자신의 이익을 보호했다. 시민계층은 도시자치를 쟁취하기 위해 많은 활동을 펼쳤다. 시민과 국왕이 손을 잡고 봉건영주가 할거하는 데 대항했고 이로써 서유럽의 자본주의 경제는 큰 걸림돌 없이 빠르게 발전하게 된다. 1378년, 피렌체에서 발생한 치옴피(Ciompi)[64]의 난은 최초의 프롤레타리아 봉기였다.

---

[64] 양모를 빗질하는 공정을 담당하는 하급 노동자

▲ 피렌체 도시공화국

찬란한 문화를 지닌 피렌체는
최초로 자본주의의 싹을 틔운
곳이자 새로운 사상과 새로운
문화의 해방운동인 '르네상스'
가 일어난 곳이다.

상업, 전광석화처럼 발전하다

이탈리아는 지중해 중부에 위치해 있어 동서양 교류의 가교 역할
을 해왔다. 당시는 아직 신항로가 개척되지 않은 때였다. 그래서 동
양의 상인들은 교역품을 중동지역으로 옮긴 뒤 다시 지중해 상인들
을 통해 이탈리아로 판매했다. 이탈리아인은 다시 이 상품들을 전
유럽으로 팔았다. 이런 천혜의 지리적 이점을 잘 활용해 이탈리아는
엄청난 부를 쌓았다. 당시 이탈리아의 상업은 어느 정도로 발전했었
을까? 한 가지 예를 들어 설명해보자. 국제 무역이 발전하면서 화폐
태환[65]의 중요성이 날로 부각되었다. 당시 유럽은 각국 봉건 제후들
이 각축전을 벌이느라 화폐체계가 몹시 혼란스러웠고 화폐 질도 형
편없었다. 그래서 이런 화폐를 정확하게 식별하고, 태환하고, 또 편
리하게 보관할 수 있도록 화폐태환상이 출현한다. 이 역할에 가장
알맞은 사람이 바로 풍부한 자금을 보유한 이탈리아인이었다. 이들
화폐태환상은 경영범위를 확대해 유럽 각국으로 대리인을 파견한
다. 그리하여 1346년, 유럽 최초의 은행이 제네바에 설립된다. 교황
의 도움을 받은 피렌체도 은행업의 전성기를 맞이한다.

이로 볼 때 당시 이탈리아는 비록 국가가 분열돼 있고 전쟁이 끊
이지 않았지만 경제적으로는 엄청난 번영을 이루었음을 알 수 있다.
도시에서는 상품 생산 경쟁이 격화되면서 부유한 수공업자들이 출

---

65) 지폐를 정화와 바꿈

현했다. 그들은 많은 제자와 직공들을 고용했다. 지금의 시각으로 보면 그들은 최초의 자본가들이었다. 또한 일부 상인들은 하청업자가 되었다. 그들은 독립적으로 일하던 개인 수공업자들을 한데 모아 공장에서 일을 시켰다. 그들은 독립적인 지위를 잃고 고용노동자가된다. 농촌에서는 농민들의 양극화가 두드러졌다. 파산한 대다수의 농민은 소작농으로 전락했고 일부 부유한 농민들은 자본주의적 성질을 띤 농장을 경영하기 시작해 농촌의 부르주아계층이 된다. 이밖에 일부 봉건영주들은 자신의 영지에서 자본주의식 농업과 목축업을 경영한다. 이들 봉건영주는 부르주아로 편입된 신흥귀족이었다.

▲ 르네상스기의 신발
르네상스는 새로운 사상과 문화를 창조했다. 이 신발 역시 패션계에 대두된 '새로움'에 대한 추구를 보여준다.

그래서 이탈리아 일부 도시공화국은 갈수록 부유해졌고 수공업도 덩달아 발달했다. 소규모 생산자가 분화되고 화폐 자본이 누적되면서 자연경제는 해체되기 시작하고 시장은 점점 더 커졌으며 이탈리아 주요 도시에서 자본주의의 싹이 움트기 시작한다. 부르주아계급은 신흥계급으로 사회에서 약진한다. 그들은 종교라는 보호막 아래숨어 과학, 철학, 문학, 예술, 교육과 생활방식 등 다방면에서 봉건주의와 중세 신학에 반대하며 부르주아의 이익을 위해 목소리를 높였다.

대가의 요람

이탈리아는 교황이 머무는 곳이기 때문에 오래전부터 다른 곳에 비해 종교적 색채가 강했다. 그렇기 때문에 종교를 소재로 한 예술품에 대한 수요가 엄청났고 이는 르네상스기 예술의 발전을 이끄는 원동력이었다. 또한 르네상스기의 대가들은 대부분 교회가 세운 대학 안에서 학업과 연구에 몰두했다. 이러한 중세 예술품과 지식은 이탈리아의 르네상스에 탄탄한 기초를 제공한다. 한편 고대 그리스와 고대 로마의 유산을 계승한 비잔틴제국과 이탈리아 각지는 광범위한 분야에서 활발한 교류활동을 지속했다. 1453년, 오스만제국이 콘스탄티노플을 공략해 비잔틴제국은 역사무대에서 퇴장한다. 당시 그리스어와 라틴어에 정통한 많은 학자가 이탈리아로 도망치면서 많은 양의 고대 그리스로마 고서를 가지고 간다. 이는 이탈리아의 르네상스 운동에 날개를 달아준 격이었다. 그리고 여러 개의 소국으로 갈가리 찢긴 상황도 전화위복이 되었다. 도시국가 사이에 갈등이 가열되면서 자신들의 실력을 키우기 위해 인재를 대거 영입했기 때

▲ 이탈리아 항구와 고대 유적
이 유적이 정확히 어느 시절 것
인지는 잘 모르지만 항구는 예
나 지금이나 활기차고 분주하
다. 이탈리아 베네치아화파 말
기의 대표화가 프란체스코 과르
디의 작품이다. 화가는 몽환적
인 색채를 이용해 역사의 시공
간이 뒤엉킨 느낌을 창조했다.

문이다. 이탈리아는 통일된 전제권력이 가하는 규제와 제약이 없었
기 때문에 자유로운 학술 분위기가 형성된다. '이단'의 활동도 상대
적으로 자유로웠기 때문에 선각자들이 대거 이탈리아로 몰려든다.
문화와 과학 분야의 대가들이 이탈리아 곳곳에서 활발한 활동을 펼
쳤다. 예컨대 '3대 문학가'라 추앙받는 단테, 페트라르카, 보카치오
를 비롯해 '3대 미술가'로 유명한 레오나르도 다빈치, 라파엘로, 미
켈란젤로, 그리고 과학계의 대가 갈릴레이와 조르다노 브루노가 이
시대 활동한 대가들이다. 그들 중에는 이탈리아 출신도 있었고 이탈
리아를 주요 활동 무대로 삼은 사람도 있었다.

신흥 부르주아계급은 중세를 '암흑 시대'로 규정짓고 사회와 경
제, 문화가 모두 퇴보한 시대라고 생각했다. 반면 고대 그리스로마
문화는 인류 문명의 정수라고 생각했다. 그래서 그들은 고전문화 부
흥에 온 힘을 쏟아 부었다. 사실 '부흥'이라는 단어를 쓰기는 했지
만 이것은 그 시대 인류의 지식과 사상을 무한대로 해방하고 재창조
한다는 의미였다. 르네상스 운동은 찬란하게 빛나는 문화를 창조했
고 과학기술을 발전시켰으며 인류의 사상 해방을 촉진해 부르주아
계급 혁명 시대의 도래를 예고했다.

3대 문학가 이탈리아 초기 르네상스

중세 종교적 금욕주의가 사회분위기를 주도하면서 인성과 사랑은 억압당하다 못해 금기시되었다. 그러나 세속주의 물결이 일기 시작하고 자의식이 눈뜨면서 개인의 사랑을 표현하고 현세의 행복을 추구하는 인문주의 정신이 확산된다. 이때를 시작으로 사랑은 인류사회의 영원한 주제가 된다.

최초의 시인 단테

단테 알리기에리(Dante Alighieri, 1265~1321)는 이탈리아의 위대한 르네상스를 이끈 선구자이자 유명한 시인, 예술가 그리고 철학자였다. 엥겔스는 그를 두고 '중세의 마지막 시인이자 새로운 시대의 첫 번째 시인'이라고 했다. 그는 방대한 내용과 새로운 형식과 기교로 '청신체(dolce stil nuovo)'[66]를 창조했다.

단테의 재능은 스치듯 다가온 꿈같이 아름다운 만남에서 비롯되었다. 봄볕이 따사로운 어느 오전, 아름다운 소녀 베아트리체와 단테는 폰테 베키오 다리에서 우연히 스쳐 지나가게 된다. 당시 베아트리체는 두 손에 아름다운 꽃을 들고 천천히 단테 곁을 지나갔다. 짧은 순간이었지만 단테는 베아트리체가 뿜어내는 단정하고 우아하고 매력적인 분위기에 깊이 매료된다. 그 순간 단테의 마음속 깊은 곳에 사랑이라는 씨앗이 뿌리를 내린다. 그는 《새로운 삶》에 이런 글을 남겼다. '보아라, 나보다 더 강한 신이 나를 지배하러 왔다. 그때부터 사랑은 내 영혼을 완전히 주재했다.' 그러나 안타깝게도 베아트리체는 아버지의 뜻에 따라 다른 사람과 결혼했고 결혼한 지 몇 년 지나지 않아 병에 걸려 젊은 나이에 죽고 만다. 베아트리체는 단테의 사랑을 가져가는 대신 깊은 상처와 슬픔, 그리고 지독한 그리움을 남겼다. 《새로운 삶》에 보면 이런 글귀가 나온다. '잔혹한 가시가 내 심장 사이를 뚫고 들어온다. 사랑의 신이 가진 힘으로도 그것을 사라지게 할 수 없다. 나는 평생 이 가시를 가지고 살기로 결심했기 때문이다. 만약 내가 평생을 살 수만 있다면!' 단테는 사랑하는 사람을 잃은 슬픔과 쓸쓸함에 평생 괴로워할망정 베아트리체에

---

(66) 감미롭고 새로운 문체

▲ 단체와 신곡

단체는 '중세의 마지막 시인이
자 새로운 시대의 첫 번째 시
인'이라고 불린다. 그의 작품
《신곡》은 중세 문학을 대표하는
최고의 작품으로 손꼽힌다.

대한 사랑을 배반하고 싶
지는 않았다. 지극한 비탄
의 끝이 느껴진다.

단테가 말년에 창작한
《신곡》에 담긴 감정과 소
재는 모두 《새로운 삶》을
통해 갈고 닦은 것이다. 단
테는 옛 시대를 보내고 새
시대를 맞는 중요한 시기
를 살았다. 그는 정치사건
에 휘말려 이탈리아에서
영구 추방당한다. 그러나
이 일을 계기로 이탈리아
의 사회 현실에 대해 깊이
이해하게 되었고 민족의 앞날을 고민하는 데 운명을 건다. 그리고
14년에 걸쳐 인류문학사에 길이 남을 명작 《신곡》을 써낸다. 《신곡》
은 중세의 공용어였던 라틴어가 아닌 서민이 일상적으로 사용하는
'속어' 이탈리아어로 쓴 장편서사시다. 총 14,233행으로 구성되고
있고 지옥편, 연옥편, 천국편 등 세 편이 각 33곡씩으로 33이라는 숫
자는 예수그리스도가 인간세상에서 생활한 햇수와 똑같다. 시구는
3행 1조로 압운이 돼 있는데 이는 성부와 성자, 성령 삼위일체를 상
징한다. 또한 지옥편, 연옥편, 천국편이 총 99곡을 이루고 여기에 서
시 1곡을 추가해 총 100곡으로 구성한 것은 100이 '완전한 것 중의
완전한 것'을 의미하기 때문이다. 이 작품은 그 사상의 깊이에 있어
따라올 작품이 없을 만큼 심오해 중세문학의 백미로 손꼽힌다.

단테는 평생 사랑과 이상을 위해 창작에 몰두했다. 영국의 예술
비평가 존 러스킨(John Ruskin)은 단테에 대해 이렇게 평가했다.
'그는 최고 수준의 상상력과 도덕, 지혜와 재능을 섞은 화신이다.'

계관시인 페트라르카

프란체스코 페트라르카(Francesco, Petrarca 1304~1374)는 이탈리
아 초기 르네상스 시기의 유명한 시인이자 학자, 인문주의의 기초를
닦은 인물이다.

페트라르카는 창작과 고전문학을 사랑해 프랑스, 독일, 이탈리아, 스페인 등지를 다니며 고대 그리스로마의 서적 필사본과 역사문물을 모았다. 그리고 거기에 기록된 언어와 문체, 창작 스타일을 연구하고 진위를 가리고 원상태로 복구시켰다. 또한 고대 그리스 로마문화에 대해 깊이 연구해 고대 인문과학 연구 기풍을 세운다. 페트라르카는 이렇게 말했다. '내가 재발견한 고대의 유명 작가들은 모두 지난 세대의 죄악을 증명하는 새로운 증거이자 영예롭지 않은 행위에 대한 증명서이다.' 이로써 페트라르카는 새로운 역사개념인 '암흑 시대'를 만들어냈다. 그는 중세를 가리켜 고대문화의 정수를 잃었을 뿐만 아니라 우수한 공공미덕도 파괴한 어둡고 어리석고 퇴

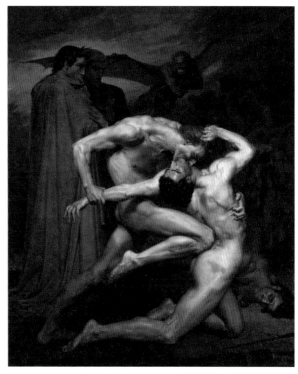

▲ 지옥에 있는 단테와 베르길리우스

고대 로마의 시인 베르길리우스는 단테가 가장 숭배한 작가였다. 《신곡》에서 단테는 그를 '선생님'이라고 부른다. 베르길리우스는 작품 속에서 길을 잃은 단테를 구해주고 그를 데리고 지옥과 천국을 돌아본다.

보한 시대라고 평가했다. 페트라르카는 과감하게 낡은 것을 버리고 새로운 시대에 맞는 시야로 세상을 바라본다. 그는 처음으로 인류의 시선을 내세에서 현세로 옮겨왔다. 그리고 영예를 갈망하고 쾌락을 좇는 것이 인간의 천성이라고 생각하고 이를 바탕으로 고전문학을 해석했다. 그는 자신의 문예사상과 학술사상을 '인학' 또는 '인문학'이라고 부르며 '신학'과 대립적인 개념으로 사용했다. 그는 '고대의 학술 – 그것의 언어, 문학 풍격과 도덕사상의 부흥'을 바랐다. 그래서 페트라르카는 '인문주의의 아버지'라고 일컬어진다.

페트라르카는 이탈리아어로 서정시집 《칸초니에레(Canzoniere)》를 썼다. 이 시집은 《마돈나 라우라의 삶에 바치는 시》와 《마돈나 라우라의 죽음에 바치는 시》 두 부분으로 나뉜다. 이 또한 페트라르카의 작품 중 최고의 수작으로 꼽히는 작품이다. 사실 페트라르카가 《칸초니에레》를 발표했을 때는 여전히 중세의 어둠이 채 흩어지지 않았을 때였다. 그런데도 그는 일말의 두려움 없이 세속적 삶의 즐거움을 펼쳐보였다. 풍부한 색조와 부드러운 필체, 아름다운 음운으

▲ '계관시인' 페트라르카

페트라르카는 르네상스 시기 인문주의적 관점으로 고전문화를 연구한 대표주자였다. 그의 작품은 인간의 고귀한 품성을 노래하고 인간의 행복을 주장했다. 또한 중세의 중요한 가치였던 신권과 금욕주의에 도전한다.

로 자연 경물을 빌려 라우라의 몸을 노래해 섬세하면서도 뜨거운 사랑을 전했다. 페트라르카의 풍부한 감정은 어디에서 비롯된 것일까? 그것을 알기 위해서는 1327년의 어느 날로 거슬러 올라가야 한다. 당시 페트라르카는 스물세 살의 혈기왕성하고 출중한 재능을 뽐내는 젊은이였다. 어느 날 그는 프랑스 남부 아비뇽의 생클레르 교회에서 한 기사의 부인 라우라를 만난다. 스무 살의 라우라는 품행이 단정하고 매력이 넘치는 아름다운 귀부인이었다. 첫눈에 반한 페트라르카는 이내 사랑의 포로가 된다. 이때부터 그의 시에는 감정이 용솟음쳤다. 이는 솔직하고 순결한 영혼의 사랑으로 페트리르키가 서정시를 창작하는 데 무한한 영감을 제공했다. 그 결과 르네상스 시대의 걸작 《칸초니에레》가 탄생하게 된다.

페트라르카는 '청신체' 시파의 연애시 전통을 잘 흡수해 이를 바탕으로 독특한 풍격을 형성했다. 그는 14행시(소네트)의 예술을 완벽의 경지로 승화시켜 근대 유럽시가의 발전에 지대한 영향을 미쳤다. 이 때문에 후세 사람들은 페트라르카를 일러 '계관시인'이라 했다.

현실주의의 토대를 마련한 인물 보카치오

조반니 보카치오(Giovanni Boccaccio, 1313~1375)는 넘치는 재능을 가진 데다 근면성실하기까지 한 다작작가였다. 이탈리아 르네상스 시기에 활동한 뛰어난 소설가이자 시인, 그리고 이탈리아 최초로 그리스문학에 정통했던 인문주의자였다.

보카치오의 작품은 대부분 마리아라는 이름의 젊은 여성에게 바치는 것이었다. 마리아는 나폴리 국왕 로베르트가 혼외정사로 낳은 딸이었다. 마리아는 몹시 아름다운 여성이었다. 그녀는 불처럼 뜨거운 열정을 가지고 있었고 방탕하고 요염해 치명적인 매력을 가진 여성이었다. 젊은 보카치오는 그녀를 '작은 불꽃'이라고 부르며 5년 동안 죽도록 매달린 끝에 결국 그녀의 사랑을 얻어낸다. 그러나 만

난 지 1년도 채 되지 않아 둘의 사랑은 파국을 맞는다. 그러나 마리
아는 늘 그의 마음속에서 성스러운 사랑의 뮤즈였다. 지극히 낭만적
인 사랑의 경험은 그의 작품에 오롯이 녹아들었다. 이후 보카치오의
작품 속에 등장하는 여성들에게서 정도의 차이는 있지만 모두 마리
아의 모습을 엿볼 수 있다.

1348년, 피렌체에서 무시무시한 페스트가 발생한다. 페스트가 잠
잠해지자 보카치오는《데카메론》을 집필하기 시작해 1353년 정식
으로 탈고한다. 작품은 10명의 청춘남녀가 흑사병을 피해 시골에
숨어 여러 날을 보내면서 매일 한 사람씩 이야기를 들려줘 열흘 동
안 100개의 이야기[67]를 들려준다는 내용이다. 이 100개의 이야기는
액자 구조의 이야기가 서로 교묘하게 연결돼 매끄럽게 읽힌다. 또한
스토리 자체만 보더라도 생동감이 넘치고 언어는 일상생활에서 사
용하는 구어를 사용해 자연스러우면서도 유머러스하다. 이는 유럽
근대 단편소설의 효시로 볼 수 있다.《데카메론》중 보카치오는 대
담하게도 '섹스'라는 민감한 화제를 선택해 신의 구속에서 벗어
나 인간의 개성 해방을 실현하는 돌파구로 삼는다. 그는 풍부한
지식과 지혜로 창작한 짧은 이야기를 통해 자신의 관점을 표현
했다. 다시 말해 '금욕주의는 자연의 섭리와 인성을 위반하는
것이다. 인간은 사랑과 현세의 행복을 누릴 권리가 있다.'고
글을 통해 주장한다. 그는 많은 이야기 속에서 무한한 열정으
로 청춘남녀가 봉건적인 계급의식을 혁파하고 금전과 권력을
경시하며 행복을 찾기 위해 고군분투하는 모습을 긍정적으로
그렸다. 또한 보카치오는 교회의 부패와 위선을 통렬하게 비판
하며 교회를 가리켜 '모든 죄악을 받아들이는 용광로'라고 조
롱했다. 그리고 인성을 압박하는 금욕주의를 공격하며 평범한
노동자들의 지혜와 창의력을 노래하고 르네상스 초기 자유롭
고 개성적인 사상을 전파하는 데 많은 노력을 기울였다.《데
카메론》은 현실주의의 기초를 다진 작품으로 단테의《신곡》과
더불어 르네상스 시대 최고 걸작으로 꼽힌다. 또한《신곡》에
빗대 인성을 다룬 작품이라고 해《인곡人曲》이라고도 불린다.

이탈리아 문학의 3대 거장은 사랑의 불꽃으로 내면의 시
정을 불살랐다. 그들은 진정한 사랑을 찾아 나서고 진정한

▼ 보카치오상

GIOVANNI BOCCACC

[67) 주일을 계산에 넣지 않음

사랑에 집착했다. 또한 끊임없이 마음속에서 용솟음치는 사랑의 열정을 발산해 독자들이 그를 통해 진정한 사랑을 깨닫고 느끼도록 해주었다. 이것은 단순히 그들의 궁극적인 목적만은 아니었다. 그들은 인문주의 정신으로 삶의 이상의 등불을 높이 들었다. 그리고 대중들이 잘못된 종교주의와 금욕주의의 수렁에서 빠져나오길 간절히 바랐다. 또한 영원히 사랑과 도덕, 지식으로 자신의 행복을 찾고 또 일구어 나가야 한다고 강조했다.

그들의 걸작은 이탈리아와 전 유럽 르네상스의 문학 성단을 밝게 빛냈다. 그리고 그 빛은 오늘날에도 사그라지지 않고 여전히 찬란한 빛을 뿜어내고 있다.

르네상스 3대 예술 거장 장인정신이 빛나는 예술의 혼

15세기부터 17세기까지 르네상스는 인성을 찬미하고 인간의 위대함을 노래했으며 행복을 추구했다. 그리하여 잇달아 예술의 기적을 창조해 우리에게 수많은 문화 보물을 남겨준다. 우리가 이 정교하고 아름다운 예술 작품들을 바라볼 때 세 예술대가의 이름이 우리 귓가에서 울릴 것이다. 레오나르도 다빈치, 미켈란젤로, 그리고 라파엘로!

인류 지혜의 상징

레오나르도 다빈치는 '르네상스 시대를 대표하는 가장 완벽한 인물'로 여러 분야에서 뛰어난 재능을 펼쳤다. 경이로운 예술가이자 발명가, 자연과학자, 철학자, 문예 이론가, 그리고 시인이었다. 그래서 그는 '인류 지혜의 상징'이라고 추앙받는다.

레오나르도 다빈치(Leonardo da Vinci)는 1452년 4월 15일 피렌체에서 60마일 떨어진 빈치라는 작은 마을에서 태어났다. 열다섯 살 때, 아버지는 다빈치를 피렌체의 안드레아 델 베로키오라는 화가의 견습생으로 보내 미술수업을 받게 한다. 견습생 시절부터 다빈치는 넘치는 재능과 비범한 머리를 보이기 시작했다. 9년이 흐른 뒤, 다빈치는 스승 곁을 떠나 독립해 자신만의 화방을 연다. 이때부터 그의 긴 예술 여정이 시작된다. 다빈치는 평생 예술사에 길이 남을 놀라운 작품들을 다수 남겼다. 그 중에서도 〈최후의 만찬〉과 〈모나리자〉가 가장 탁월한 작품으로 손꼽히며 다빈치 예술의 최고 수준을 보여준다.

〈최후의 만찬〉은 밀라노의 산타 마리아 델레 그라체 수도원 식당에 그려져 있다. 신약성경에 나오는 유다가 예수를 팔아넘긴 이야기를 소재로 삼았다. 예수는 제자가 자기를 팔았다는 것을 알고 있었다. 잡히기 전에 가진 마지막 만찬에서 그는 제자들을 향해 침착하게 말한다. "너희 중에 한 사람 곧 나와 함께 먹는 자가 나를 팔리라." 그 말을 들은 제자들은 불안하고 두려워하며 도대체 누가 그리스도를 팔았는지 추측한다. 다빈치는 바로 이 순간 여러 제

▼ 레오나르도 다빈치의 〈모나리자〉
모나리자의 미소는 신비롭고 편안하다. 또한 세계회화의 최고 경지를 보여준다.

259

자들의 표정과 동작을 마치 살아있는 사람을 보는 것처럼 생생하게 그려 그들의 내면세계를 사실적으로 보여주었다. 이 그림에서 예수와 성도는 이미 지난날의 신비롭기만 하던 종교에서 벗어나 우리 눈앞에 살아있는 인성을 보여주고 있다. 그들도 보통 사람들처럼 감정과 표정을 가지고 있었다. 이는 인성에 대한 작가의 생각을 잘 반영하고 있다. 또한 이 작품의 예술 표현 수법도 완벽의 경지에 도달했다. 이 그림은 식당의 한쪽 벽에 그렸다. 그러나 투시법을 교묘하게 활용한 덕분에 그림이면서도 그림 같지 않은, 마치 예수와 그 제자들이 지금 이 순간 그곳에서 식사를 하는 것 같은 시각적인 효과를 거두었다. 이로써 우리는 이 그림의 예술적 매력과 시각적 감동을 고스란히 느낄 수 있다.

〈모나리자〉는 다빈치가 1503년부터 1506년까지 창작한 초상화로 세계에서 가장 유명하고 가장 중요하며, 또 훌륭한 초상화로 꼽힌다. 이 작품에는 다빈치의 평생 쌓은 예술적 성취가 모두 담겨있다. 모나리자는 피렌체의 은행가 프란체스코 델 지오콘도의 아내인 리자 게라르디니를 그린 초상화이다. 그림 속 모나리자의 표정은 엄숙한 듯하면서도 고상하고 단아하다. 또한 알듯 모를 듯한 신비한 미소를 짓고 있다. 다빈치의 붓끝에서 피어난 모나리자의 미소는 딱히 웃고 있다고 말할 수도 없는 애매모호한 미소이지만 매우 자연스럽다. 그러면서도 순박하고 달콤하다. 마치 현실에서 마주하고 있는 것처럼 살아 숨 쉬는 모나리자를 보고 있자면 아름다움에 대한 작가의 지극한 애정과 찬양을 느낄 수 있다. 어떤 사람들은 모나리자의 미소는 동전의 양면처럼 이중성이 있다고 말한다. 기분이 우울할 때 그림을 보면 그녀의 미소 속에 감춰진 슬픔과 언짢은 기색을 느낄 수 있다. 이와 반대로 기분이 좋을 때 모나리자의 미소를 대하면 그녀가 참 밝고 명랑하고 감성이 풍부한 소녀처럼 느껴진다는 것이다. 같은 그림을 대하면서도 전혀 다른 느낌을 받는 것은 다빈치의 놀라운 그림실력 덕분이리라.

1516년, 다빈치는 프랑스 국왕 프랑수와 1세의 요청으로 궁정 수석화가이자 건축가, 기술자로서 프랑스로 건너가 죽을 때까지 그곳에 머무른다. 프랑스에 있는 동안 다빈치는 〈레다와 백조〉, 〈성안나와 성모자〉, 〈세례자 요한〉, 〈자화상〉 등 수많은 회화작품을 남겼

▲ 미켈란젤로 작품 〈다비드상〉
미켈란젤로는 르네상스 시기의 회화와 조각 분야의 대가로 이름 높다. 〈다비드상〉은 그의 조각 작품 중의 수작이다.

다. 1519년, 다빈치는 마지막 숨을 거둔다.

시민 영웅의 창조자

미켈란젤로는 르네상스 전성기에 활동한 예술 대가였다. 굳이 다빈치와 비교한다면 그는 모든 예술분야의 천재였다. 조각과 회화, 건축 등 다양한 분야에서 천부적인 기량을 보여주었다. 1475년, 이탈리아 피렌체 근처의 작은 마을 카프레세에서 4형제 중 둘째로 태어난다. 아버지 루도비코는 읍의 행정관이었는데 예술을 하찮은 것쯤으로 여겼다. 그러나 미켈란젤로는 예술을 지극히 사랑해 아버지의 극렬한 반대를 극복하고 결국에는 자신의 꿈을 실현한다. 1489년, 미켈란젤로는 당시 유명한 조각학교에 들어가 조각을 배우기 시작한다. 또한 메디치 궁에 살면서 궁중의 유명한 인문주의자들과 어울렸다. 메디치 궁의 짙은 문화적 분위기 속에서 엄격한 예술 교육을 받았고 고전과 당대 예술가의 작품을 배웠다. 또한 당시의 새로운 사조였던 인문주의 사상의 영향을 크게 받고 예술 창작의 길을 걷기 시작한다.

미켈란젤로의 작품은 웅장하고 호방하며 격정적이다. 그의 작품에 등장하는 인물들은 하나같이 웅장하고 강인하며 영웅적 기개가 느껴진다. 그중에서도 〈다비드상〉과 〈모세상〉이 대표적이다. 미켈란젤로는 1501년, 〈다비드상〉 조각에 착수한다. 당시 피렌체공화국은 지난날의 영광을 되찾으려는 메디치 가문의 위협을 받고 있었다. 그렇기 때문에 도시공화국을 지키는 것이 발등에 떨어진 불이었고 모든 피렌체 시민들이 자유와 독립을 지키기 위해 나설 준비가 되어 있었다. 이런 사회의 분위기 속에서 미켈란젤로는 〈다비드상〉을 조각하게 된다. 따라서 그가 조각한 〈다비드상〉은 다른 〈다비드상〉과 달리 강하고 늠름하다. 이 때문에 미켈란젤로는 '시민 영웅의 창조자'라는 칭호를 얻게 된다. 〈다비드상〉은 거대한 나체 입상으로 이스라엘 유태인 왕국의 다윗이 거인 골리앗과 결전을 벌일 때의 영웅적 기질을 표현했다. 미

▼ 미켈란젤로의 작품 〈피에타〉

261

켈란젤로의 천재적인 솜씨로 탄생한 다비드는 살아있는 사람보다 더욱 생동감이 넘친다. 미세한 근육까지 세밀하게 조각돼 있고 힘이 넘친다. 표정만으로도 의지가 굳고 침착한 사람이라고 짐작될 정도로 위풍당당함이 느껴진다. 이를 통해 미켈란젤로가 인체와 인성의 아름다움에 대해 어떻게 생각했는지 알 수 있다. 이 조각상은 수백 년이 흐르도록 르네상스의 이상과 최고의 기량이 녹아든 작품의 경지를 보여주고 있다. 〈모세상〉은 구약성경에 나오는 이스라엘 영웅이자 선지자였던 모세를 소재로 삼았다. 《성경》의 기록에 따르면 모세는 이집트에 살던 유태인을 통일시키고 그들을 데리고 이집트를 빠져나왔다고 한다. 조각상의 얼굴에서 정의롭고 위엄이 넘치는 모세를 떠올릴 수 있다. 이 작품을 통해 미켈란젤로는 조국통일에 대한 염원과 동경을 표현했다.

1564년 2월 18일, 미켈란젤로는 세상에 이별을 고한다. 향년 89세였다. 이후 그는 피렌체의 산타 크로체 성당에 안치되었다. 미켈란젤로는 평생 수많은 작품을 작업해 〈피에타〉, 〈최후의 심판〉, 〈죽어가는 노예〉, 〈묶여있는 노예〉 등 인류의 정신을 풍요롭게 해줄 많은 작품을 남겼다.

고상하고 단아한 아름다움의 '화성'

르네상스는 강인하고 웅장한 미켈란젤로를 탄생시키기도 했지만 고상하고 수려하며 조화로운 라파엘로도 길러냈다. 라파엘로 산치오 (Raffaello Sanzio, 1483~1520)는 1483년 이탈리아 움브리아 지방 우르비노에서 태어났다. 우르비노는 피렌체에서 약 100킬로미터 정도 떨어진 곳에 있었다. 이곳은 귀족문화가 곳곳에 스며있는 지역으로 기품과 조화를 추구하는 곳이었다. 이런 성장환경은 훗날 라파엘로의 고상하고 단아한 아름다움이 가득한 예술기조의 바탕이 되었다. 라파엘로의 아버지는 궁중시인이자 화가였다. 그래서 라파엘로는 어려서부터 좋은 교육을 받으며 자연스럽게 예술을 받아들인다. 라파엘로가 열네 살이 되던 해, 움브리아에서 가장 유명한 화가 페루지노의 제자가 돼 엄격한 훈련을 받는다. 페루지노의 예술 풍격을 보면 인물들이 고상하고 우아했다. 그는 선명하고 투명한 황금색을 좋아했고 조화로운 구도를 추구했다. 종종 고요하고 단아한 매력이 느껴지는 전원풍경을 배경으로 그림을 그렸다. 이 같은 스승의 영향으로 라파엘로의 그림에도 우아하고 단아한 기품이 더욱 두드러졌다.

라파엘로는 성모마리아 그림으로 특히 유명했다. 라파엘로가 그린 성모는 더 이상 높은 곳에 있어 감히 쳐다볼 수도 없는 신비로운 색채가 가득한 종교적 이미지가 아니었다. 오히려 삶 속에서 만날 수 있는 자애로운 어머니의 모습을 하고 있었다. 젊고 아름다웠으며 부드럽고 따뜻했다. 작가는 평범한 어머니가 가진 자애와 행복을 보여줌으로써 인성을 찬미하는 자신의 인문주의 정신을 드러냈다. 라파엘로의 작품으로는 〈성모대관〉, 〈성모의 결혼〉, 〈폴리노의 성모〉, 〈작은 의자의 성모〉, 〈시스티나 성모〉 등이 있다. 그 중에서도 〈시스티나 성모〉가 가장 유명하다. 〈시스티나 성모〉는 라파엘로가 바티칸 시스티나 성당 천장에 그린 성모화이다. 그림에서 아기예수를 품에 앉은 성모가 구름 위에서 천천히 내려오고 있다. 성모의 얼굴에는 자애와 행복이 넘치고 아기의 얼굴에도 천진난만한 표정이 떠오른다. 화면 아래쪽에 아기예수를 영접하러 나온 아기천사 두 명도 귀엽고 천진한 표정을 짓고 있다. 그들에게서는 그 어떤 종교적 신비주의 색채가 느껴지지 않는다. 그저 신이 아닌 인간 어머니의 자애와 부드러움, 그리고 아기의 천진난만함과 깜찍함만 느껴진다. 선과 색채는 둥글둥글하고 매끈하다. 그림 속 인물은 고상하고 생동감 넘치면서 조화로운 구조를 이루고 있다. 이를 통해 라파엘로의 섬세한 배려와 수준 높은 회화 기법을 한눈에 볼 수 있다. 그러나 운명은 너무도 무정했다. 라파엘로의 예술 기교가 전성기를 구가하던 1520년, 서른일곱 살의 젊은 예술가는 신의 부르심을 받는다.

앞서 말한 르네상스 3대 거장들은 서로 다른 색깔을 가지고 이탈리아 르네상스 전성기의 예술을 보여준 영혼들이었다. 세 거장은 예술에 대한 태도와 풍격이 전혀 달랐다. 다빈치는 심오한 과학적 사상을 바탕으로 미켈란젤로는 격정적인 전투정신으로, 그리고 라파엘로는 부드럽고 아름다우며 선량한 인간의 사랑으로 예술을 표현했다. 그러나 세 사람 모두 피렌체 인문주의 예술 창작 수준을 높이 끌어올렸고 인류를 위해 고귀한 예술작품들을 남겼다.

▼ 라파엘로의 〈시스티나 성모〉
라파엘로의 붓끝에서 표현된 성모는 감히 범접할 수 없을 것만 같던 종교적 위엄을 벗고 자상하고 편안한 모습을 드러냈다. 마치 아름답긴 하지만 평범하기 그지없는 우리의 어머니들 같다.

근대 문명의 전파 르네상스의 연속

15세기부터 16세기까지 이탈리아 르네상스는 전성기를 맞이한다. 이때 이탈리아에서 나타난 인문주의 바람은 험준한 산과 긴 강을 넘어 독일, 프랑스, 영국, 스페인, 네덜란드 등 서유럽 제후국으로 퍼져간다. 근대 문명의 빛이 서방의 아름다운 땅을 비추면서 비옥한 토양과 따사로운 햇빛의 힘으로 봄바람 속에서 형형색색의 문명의 꽃이 피어난다.

대담하게 열어젖힌 시대의 선봉

서유럽 각국에서 르네상스의 불길이 치솟았다. 이 시대를 대표하는 거장들이 이탈리아 르네상스의 취지를 받들어 인성과 인류사회를 섬세하게 묘사했다. 또한 신흥 부르주아계급의 인생관과 가치관, 우주관을 전파해 사상적 공감과 깊은 사유를 이끌었다.

에라스무스(Erasmus, 1466~1536)는 서유럽의 대표적 인문주의 사상가이자 뛰어난 문학가였다. 네덜란드의 로테르담에서 태어난 그는 어려서부터 라틴어와 그리스어에 능통해 그리스 로마 고전을 섭렵했다. 그러나 단순히 고전 작품을 이해하고 모방하는 데 그치지 않고 밤을 세워가며 열심히 연구해 차츰차츰 《성경》의 참뜻과 기독교의 초기 교리를 깨우치게 된다. 그는 중세철학자들이 기독교의 초기 교리를 곡해했으며 교회에서 신도들에게 설파한 교리에는 이미 스콜라철학이 깊이 침투해 있었다는 사실을 발견한다. 그는 독실한 기독교 신자였고 책임감이 넘치는 신부였다. 그는 기독교 교리가 제멋대로 왜곡된 상황을 용납할 수 없었다. 더구나 수많은 신도가 그른 줄도 모르고 무비판적으로 받아들이는 상황은 더욱 더 그를 참을 수 없게 만들었다. 그는 탁월한 언어적 재능을 발휘해《성경》과 초기 교부 시대의 작품을 그리스어에서 라틴어로 번역하고 자신의 이해를 바탕으로《성경》원문에 주해를 달았다. 그가 남긴《성경》주해에서는 인문주의의 숨결이 느껴졌다. 그의 문학적 소양은《우신예찬》에 잘 드러난다. 이 작품은 우신 '모리아'를 통해 교황과 성직자, 스콜라철학자와 봉건귀족의 우매하고 거만한 태도를 날카롭게 비판하고 차갑게 비웃었다. 당시 교회 내부의 탐욕과 부패, 위선과 타락에 대해서도 숨김없이 까발리고 통렬히 비판했다.

프랑스에서 일어난 르네상스 운동은 독특한 형태를 띤다. 즉 플레야드(Pléiade) 시파로 대표되는 귀족파와 프랑수아 라블레(Francois Rabelais, 1494~1553)로 대표되는 민주파로 나뉘어 진행됐다. 그중에서도 라블레는 눈에 띄는 업적을 이루었다. 라블레는 부유한 법관 가정에서 태어났다. 좋은 가정환경에서 태어났기 때문에 어려서부터 교회학교에 입학해 공부하면서 그리스어에 정통하게 된다. 성인이 된 뒤, 라블레는 수도사가 되어 고전작품 연구에 매진한다. 또한 많은 인문주의 사상가와 교류한다. 이후 라블레는 각지를 유람하며 많은 도시에서 현실사회의 폐단과 어두운 면을 직접 목격한다. 이때의 경험을 계기로 라블레는《가르강튀아와 팡타그뤼엘》을 창작한다. 이 작품은 당시 프랑스에서 유행하던《가르강튀아 대연대기》에서 착안해 집필한 소설로 거인왕 그랑그제, 가르강튀아, 팡타그뤼엘 등 3대 거인왕의 기묘한 이야기를 소재로 삼아 당시 사회현실을 사실 그대로 반영했다. 작품에서는 각계각층 인물의 천태만상을 묘사했고 교회와 귀족계급의 부패하고 타락한 생활에 대해 잔인할 만큼 사실적으로 그리고 매섭게 비난했다. 또한 당시 성행하던 엄격한 금욕주의를 공격하며 인간의 정신과 육체를 자유롭게 해방시켜야 한다고 주장했다.《가르강튀아와 팡타그뤼엘》은 인문주의 사상을 한 단계 더 발전시켰고 문학의 숲에 '소설'이라는 나무가 뿌리를 내릴 수 있는 환경을 마련해주었다.

이 밖에서 서유럽 각지에서 우수한 인문주의 작품들이 쏟아져 나왔다. 스페인의 세르반테스가 쓴《돈키호테》도 그 중 하나였다. 이 작품은 현실에서 괴리된 비극적 인물인 돈키호테가 운명과 맞서는 이야기로 시공간을 초월한 훌륭한 작품이다.

**▲ 프란시스코 고야(1746~1828)
의 〈거인〉**

고야의 〈거인〉은 전쟁의 공포
를 일깨워준다. 그러나 라블레
의 《가르강튀아와 팡타그뤼엘》
은 유쾌한 농담과 지혜로운 조
롱으로 통치자들에게 정신적
공포를 느끼게 했다.

견고한 틀을 깨부순 시대의 영웅

윌리엄 셰익스피어(William Shakespeare, 1564~1616)는 당시 최고의 극작가였고 지금까지도 세계적인 작가로 손꼽히는 인물이다. 그는 영국의 위대한 극작가이자 시인이었고 호메로스, 단테, 괴테와 함께 '세계 4대 지성'으로 칭송받는 인물이다. 셰익스피어는 영국의 한 부유한 시민가정에서 태어났다. 스무 살이 넘어 창작활동을 시작해 총 37편의 극본과 14행시 154수, 그리고 장편서사시 2부를 창작했다. 이 작품들은 16세기부터 17세기 초 영국사회를 배경으로 각 계층의 삶의 모습을 사실적으로 표현했다. 셰익스피어의 작품은 사회현실의 변화를 그대로 반영해 다른 작품들과 차별화된 특징을 보였다. 17세기 이전의 작품은 낙관적이고 진취적인 내용과 인문주의 이상에 대한 추구가 주로 엿보였다. 이 시기 대표작으로는 《로미오와 줄리엣》, 《베네치아의 상인》 등이 있다. 그중에서도 《로미오와 줄리엣》은 원수지간이 두 가문의 복잡한 애증 관계를 잘 드러냈고 두 젊은이가 봉건사상의 속박에서 벗어나 진심으로 사랑하는 모습을 찬미했다. 이후 이 작품은 영화와 연극으로도 각색돼 여러 분야에서 관객들과 만나고 있다. 그러나 17세기 후기 영국사회는 사회적 갈등과 마찰이 끊이지 않았다. 비극 속에도 낙천적이며 유쾌한 색채를 담았던 그이지만 이 시기 작품에서는 그런 특징을 찾아보기 힘들다. 대신 인문주의 이상과 사회현실 사이의 메워지지 않는 골로 인한 갈등을 그려냈다. 《햄릿》, 《오셀로》, 《리어왕》, 《맥베스》는 이 시기의 대표작으로 '셰익스피어 4대 비극'이라고 불린다. 이 작품들은 모두 작가의 무력함과 슬픔을 드러냈다. 셰익스피어의 14행시는 문체에 있어 페트라르카를 뛰어넘어 이상적인 연인에 대한 깊은 그리움과 뜨거운 사랑을 표현해 인간성 해방을 부르짖었다. 셰익스피어의 작품을 통해 우리는 인문주의자들의 사상의 여정과 시대적 감성 및 이상에 대한 추구를 알 수 있다. 그는 교회 신학에 속박당해 차갑게 얼어붙은 사람들의 감성을 틀 밖으로 끌어냈다. 뜨거운 열정으로 인성을 노래했고 인간의 욕망과 감정, 이성을 인정했다. 그 당시 시대적인 상황을 감안한다면 셰익스피어는 진정 용감한 사람이었다.

국가절대주의

르네상스 운동이 전파되면서 수많은 인문주의 정치사상가가 출현했다. 그중에서 프랑스를 대표하는 인물은 장 보댕(Jean Bodin, 1530~1596)이었다. 그는 총 6권으로 구성된 《국가론》에서 국가주권론을 체계적으로 서술했다. 그에 따르면 주권은 국가의 가장 본질적인 특징이며 '한 국가의 절대적이고 객관적인 권력' 이다. 이는 결코 나누거나 양도할 수 없으며 영구적이다. 국가는 반드시 법에 따라 공정하게 집권해야 하고, 모든 국민은 의정활동에 참가한다. 장 보댕은 국가주권의 개념을 추상화해 사회에서 벗어나 사회를 능가하는 특수한 권력으로 보았다. 이는 당시 유럽민족국가들이 형성되는 과정에서 새롭게 나타난 부르주아계급의 정치 이상을 반영했다.

토마스 모어(Thomas More, 1478~1535)는 영국을 대표하는 공상사회주의 사상가였다. 그는 자신의 대표작 《유토피아》에서 영국사회의 어두운 면모를 비판하고 이상적 사회제도인 '유토피아' 를 체계적으로 묘사했다. 유토피아에서는 공산주의적 공유제를 실시하고 국민 모두가 노동에 참여하며 노동의 산물을 필요에 따라 분배한다. 민주정치를 실시하고 모든 공직자는 선거를 통해 선발하며 국민을 위해 맡은바 책임을 성실히 이행해야 하며 업무내용을 보고한다. 국가원수도 선거를 통해 선발한다. 만약 중대한 문제가 생겼을 경우 전 국민이 상의해 해결한다. 모어는 인류사상사에서 처음으로 공산주의의 청사진을 제시해 공상사회주의의 기초를 다졌다. 그러나 그가 구상한 사회는 매우 완벽해 보이지만 그저 공상에 지나지 않는다. 당시 사회현실에서는 도저히 실현될 수 없었기 때문이다. 종교개혁 중에 그는 헨리 8세와 갈등을 빚어 사형에 처해진다. '유토피아' 라는 단어는 훗날 실현할 수 없는 공상이나 환상을 표현하는 말로 쓰이게 된다. 그렇다 하더라도 토마스 모어의 사상은 아름답고 행복한 삶을 갈망하는 인간의 바람을 표현했다.

세계 문단의 꽃

셰익스피어의 명작 《로미오와 줄리엣》의 감동적인 스토리는 전 세계적으로 모르는 사람이 없을 정도로 유명하다. 이 이야기는 유럽에서 르네상스 물결이 일기 전에 베로나를 배경으로 펼쳐졌다. 베로나의 몬테규 가문과 캐플릿 가문은 오랫동안 원수처럼 지낸 명문가였다. 그런데 몬테규 가문의 로미오와 캐플릿 가문의 줄리엣이 운명처럼 사랑에 빠진다. 결코 맺어질 수 없는 잔인한 현실에 절망한 젊은 연인은 결국 죽음으로 사랑을 이룬다. 고대에는 가문의 이익이 모든 것에 우선했다. 가족을 죽인 자에게 목숨으로 그 대가를 치르게 하더라도 비난하기는커녕 당연한 의무라고 생각했다. 《구약성서》 출애굽기에 보면 '생명에는 생명으로, 눈에는 눈으로, 이에는 이로, 손에는 손으로, 발에는 발로' 라는 말이 나온다. 운명이 이들 두 가문을 적으로 만들어 불행한 연인을 탄생시켰다. 그들은 비참하고 슬픈 최후를 맞이함으로써 두 가문의 악연을 끊었다. 작가는 현실주의와 낭만주의를 결합해 봉건 가장의 이기주의와 편협함을 폭로하고 봉건주의의 속박에 반대하는 주제를 표현했다. 이로써 자유연애와 결혼에 대한 인간의 본능적인 추구를 토론했다.

르네상스 운동은 과학 분야에서도 많은 성과를 거뒀다. 과학자들은 현실생활로 눈을 돌렸고 인간의 창의력을 중요하게 생각했다. 예를 들어 실증적 증거를 바탕으로 제시한 지동설은 오랫동안 세계를 지배한 천동설을 깨뜨렸다. 당시 교회 관계자를 비롯한 세상 사람들은 이 엄청난 이론이 발표되자 두려움과 혼란에 빠진다. 코페르니쿠스는 죽기 직전에야 비로소 《천체운행론》에 공개적으로 이 이론을 발표했다. 이탈리아 과학자 조르다노 브루노(Giordano Bruno, 1548~1600)는 공개적으로 지동설을 주장하고 다녔다. 게다가 우주의 무한성, 정신과 자연의 통일 등을 제기해 가톨릭의 분노를 샀다. 결국 종교재판소에서 이단으로 낙인찍힌 브루노는 로마 캄포 디피오리[68] 광장에서 산채로 화형에 처해진다. 전하는 바에 따르면 그는 죽기 직전에 '진리는 영원불멸이다'라고 외치며 의연하게 형장으로 향해 한평생 사랑한 진리를 위해 목숨을 바쳤다고 한다. 활활 타오르는 불길이 그의 육체를 불태우고 생각은 끊어놓았지만 진리의 거침없는 발걸음을 제지할 수는 없었다. 이후 과학이 발전하면서 브루노의 판단이 옳았음이 입증되었다. 그리하여 인류역사상 브루노라는 이름을 영원히 남긴다.

천문학계에 혁명이 일어나기 시작했다. 독일 출신 케플러는 중요한 천문학 법칙을 발견한다. 바로 행성이 태양을 초점으로 타원궤도로 공전한다는 것이었다. 이 법칙은 코페르니쿠스학설에서 말하는 '행성이 원형궤도를 그린다'는 이론을 수정했다. 이탈리아 과학자 갈릴레이는 천체망원경을 발명했다. 이것은 천체를 관찰하기 위해 만든 망원경으로 매우 정확했기 때문에 비교적 복잡한 천문현상을 연구하는 데 유용했다. 인간의 뛰어난 창조력을 만천하에 과시하는 계기가 된 천체망원경 발명은 향후 천문학 발전에 원동력이 된다.

다른 분야에서도 끊임없이 혁신이 일어났다. 벨

▼ 케플러

케플러는 행성이 타원형 궤도를 운행한다는 사실을 밝혀내 초기 코페르니쿠스의 원형궤도설을 뒤집었다. 이로써 천문학의 발전에 크게 기여했다.

68) 꽃의 들판

기에 의사 안드레아스 베살리우스(Andreas Vesalius, 1514~1564)는 오랜 실험 끝에 근대 해부학의 기초를 다졌다. 영국의 윌리엄 하비(William Harvey, 1578~1657)는 완벽한 혈액순환 이론을 제시했다. 네덜란드의 미생물학자 레벤후크(Antonie van Leeuwenhoek, 1632~1723)는 최초로 원생동물과 세균을 발견했다. 스테빈(Simon Stevin, 1548~1620)과 월리스(John Wallis, 1616~1703)는 수학 분야에서 처음으로 소수점을 사용했다. 이 시기에는 또한 많은 과학사상가가 쏟아져 나왔다. 영국의 프랜시스 베이컨(Francis Bacon, 1561~1626)은 근대 귀납적 방법론을 창시했다. 프랑스의 데카르트(Descartes, 1596~1650)는 과학을 연구하는 새로운 원칙으로 관찰과 이성을 제시했다. 그가 남긴 유명한 명제 '나는 생각한다, 고로 나는 존재한다'는 유물론과 유심론의 격렬한 논쟁을 불러일으켰다.

유럽 각국의 인문주의자들은 펜으로, 실증적 발견으로, 인문주의 이상에 대한 동경과 추구를 대담하게 밝혔고 유럽 각지에 인성에 대한 찬가가 울려 퍼지게 했다. 그리하여 근대 문명의 발전과 전파에 크게 공헌했다. 르네상스 운동은 약 400년 동안 지속됐다. 르네상스는 인간이 자신을 속박하던 것으로부터 해방을 꿈꾸며 일으킨 운동이었고 머잖아 새로운 시대가 올 것을 예고했다.

기독교 개혁의 선구자 위클리프

새 주교가 임명되자마자 성난 가톨릭 신자들이 루터워스로 몰려갔다. 그들은 어느 무덤을 파헤치더니 이미 부패해 뼈만 남은 시신을 꺼내 불로 태우고 한 줌 재로 변한 사자死者를 스위프트 강에 뿌렸다. 과연 그것은 어떤 사람의 유해였을까? 도대체 그 사람은 무엇을 잘못했기에 교회가 그토록 잔인무도한 짓을 저지른 것일까? 도대체 교회와 어떤 원한이 있기에 그토록 비참한 꼴을 당한 것일까? 이 모든 의문의 답은 무덤의 주인 위클리프가 집착한 종교개혁정신이 말해줄 것이다.

위클리프의 종교개혁 콤플렉스

1320년, 영국 요크셔에서 존 위클리프(John Wycliffe)가 태어난다. 어려서부터 총명했던 그는 25세에 옥스퍼드 대학에 진학한다. 학구열에 불탔던 위클리프는 대학에서 각종 학문을 두루 섭렵해 철학과 사회 규범, 법률은 물론이고 신학에도 정통한다. 이는 훗날 정치와 종교 자유를 위한 투쟁에 밑거름이 된다. 위클리프는 32세에 옥스퍼드에 있는 발리올에서 석사학위를 받고 이후 베일리얼 칼리지의 학장이 된다. 그리고 52세에 신학 박사학위를 취득한다. 옥스퍼드 대학의 교수로 유명세를 떨친 그는 종종 강의를 열어 사람들에게 종교 지식을 전파했다. 위클리프가 강의를 할 때면 언제나 학생들이 구름처럼 몰려들었다.

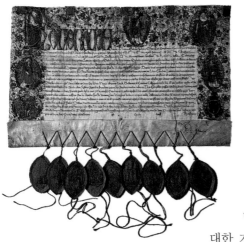

▼ 중세의 면죄부

그러나 교회에 대해 더 많은 것을 알아갈수록 위클리프의 실망도 커졌다. 그는 신성한 교회가 이미 비열하고 탐욕스럽고 위선적인 사악한 조직으로 전락했음을 느꼈다. 성직자들은 자기 잇속을 차리기에 바빠 돈 냄새를 좇아 불나방처럼 몰려들었다. 면죄부 판매야말로 교회가 타락했다는 사실을 보여주는 명확한 증거였다. 순결한 신앙은 이미 죄악을 사고파는 수단으로 변해 면죄부만 사면 구원을 받을 수 있었다. 예를 들어 부모형제나 친척을 죽였더라도 일정 액수의 돈만 내면 죄 사함을 받을 수 있었다. 모든 죄목에 대한 가격이 매겨진 면죄부가 존재했다. 신앙은 신성함을 잃었고 오로지 돈 있는 사람들에게만 허락된 권리가 되었다. 성직자들은 부자들의 죄에 대해서는 몹시 관대했지만 가난한 사람들은 걸핏하면 교회 밖으로 쫓아냈다. 성직자들이 생각하는 것은 복음을 전하는 것이 아니라 오로지 '돈'이었기 때문에 그들은 수단방법을 가리지 않고 사람들에게서 돈을 뜯어냈다. 성직자들은 나날이 부유해졌고 더불어 권력도 세졌다. 그러나 그럴수록 신으로부터 멀어졌다. 더 심각한 문제는 교회의 신성한 종교적 지위를 이용해 성직자들이 많은 특권을 누린다는 사실이었다. 그들이 어떤 짓을 저질러도 국가 법률로는 제재할 수 없었다. 교회법이 있었으나 이는 유명무실했다. 죄를 저지른 성직자에 대한 처벌은 더할 나위 없이 자비로웠다. 이런 상황이니 교회에 불만을 갖지 않는 것이 오히려 이상할 일이었다. 사회 각층의 불만은 더 이상 수용할 수 없는 지경까지 커졌다. 그 결과 교권과 세속권력의 충돌이 격화되었고 교황과 국왕도 공개적으로 대립하게 된다.

그 당시 영국은 이미 통일된 민족국가를 형성하기 시작했다. 그런데 이 과정에서 가장 큰 방해꾼이 바로 교황이었다. 로마교황청은 이미 영국 산업의 3분의 1을 장악하고 있었지만, 갈수록 더 탐욕스러워져 영국의 내정에 끊임없이 간섭했다. 영국 왕은 교황의 행태가 갈수록 불만스러웠고 국민들은 교황청에 대한 믿음을 잃어갔다. 국민은 신앙을 잃어가고 왕권과 교권은 불꽃 튀는 대립을 벌이고 있는 상황에서 위클리프의 종교개혁의지는 점점 더 강화된다.

위클리프는 부유한 교회와 권력욕에 빠진 교황에게 강한 불만을 느꼈다. 특히 교황이 세속정권에 간섭하는 데 반대했는데 이는 왕권을 강화하려는 영국 왕의 뜻과 딱 맞아떨어졌다. 1369년, 위클리프는 영국 왕의 시종 신부가 된다. 1374년에는 왕실의 신학고문으로 위촉돼 국왕 에드워드 3세의 명에 따라 영국의 성직자 임면 문제를 논의하기 위해 교황의 대표를 만나러 브뤼헤로 갔다. 그러나 양측의 관점이 너무나 달랐기 때문에 협상은 결렬된다. 이때부터 위클리프는 종교개혁가의 길을 걷는다.

▼ 사제의 생활
중세 유럽에서 사제는 매우 중요한 계층이자 종교개혁을 추진하는 한 축이었다.

종교개혁 운동의 새벽별

그러나 이번 브뤼헤행이 아무런 성과 없이 끝난 것은 아니었다. 적어도 부패한 로마교황청의 진면목을 분명히 확인했기 때문이다. 왕권의 비호 아래 위클리프는 용감하게 '은혜에 기초한 주권(dominion founded on grace)'을 제기하며 교황의 절대권위에 도전한다.

위클리프는 교회를 마땅히 개혁해야 한다고 생각했다. 《성경》의 가르침대로 따르기만 하면 영혼이 구원받을 테니 교회 같은 중간 매개체의 도움 따위는 필요 없다고 주장한다. 그는 로마교황청이 이미 신에게서 멀어졌고 신부는 이미 《성경》을 버렸다고 생각했다. 따라서 사람들에게 본연의 《성경》을 돌려주고 교회나 성직자가 아닌 《성경》을 믿으라고 호소하며 사람들이 《성경》을 통해 신과 직접 소통하게 할 셈이었다.

그러나 어떻게 해야 사람들이 교회가 아닌 《성경》을 믿게 할 수 있을까? 당시 출간된 《성경》은 모두 고대의 문자, 다시 말해 라틴어로 쓰인 《불가타성경(Vulgate)》[69]뿐이었다. 당연히 이 글을 제대로 읽을 줄 아는 사람이 많을 리 없었다. 신의 말조차 알아듣지 못하는데 어떻게 직접 소통한단 말인가? 그렇다면 어째서 사람들은 자신들의 언어로 쓰인 《성경》을 가질 수 없는 걸까? 이런 생각을 품게 된 위클리프는 1380년 라틴어 《성경》을 영어로 번역한다. 이것이 영국과 서유럽 종교개혁의 발단이었다.

얼핏 생각하면 매우 간단한 일이었지만 '시작이 반이다'는 속담이 괜히 나온 말이 아니었다. 그만큼 시작이 어렵다는 뜻이다. 교회와 사제들은 위클리프의 번역작업에 사사건건 시비를 걸었다. 이토록 신성한 신의 어록을 어떻게 일반 사람들이 읽을 수 있는 말로 격을 낮춘단 말인가? 사제들은 위클리프의 행위를 '돼지의 발밑에 복음의 진주를 던지는 행위'라고 규탄했다. 또한 당시는 아직 인쇄술이 발달하지 않았던 시절이라 전체 번역작업이 모두 수작업으로 이루어졌다. 이 역시 번역작업의 어려움을 가중시켰다.

위클리프는 《성경》 번역작업에 착수하면서 교황청을 맹렬히 공격하기 시작한다. 그는 자신의 저서에 사제들의 죄를 일일이 열거했

---

[69] 공동본이라는 뜻

다. 그는 일부 수도원을 '도적의 소굴, 뱀굴, 악마의 집'이라고 부르며 성직자들이 거짓 면죄부를 팔아 민중을 우롱하고 있는데 그 목적은 오로지 국민을 속여 재물을 뜯어내기 위한 것이라고 비난했다. 또한 교회에서는 도덕적인 척 고상을 떨고 있지만 실제로는 부녀자, 소녀, 과부, 심지어 수녀들과도 정을 통하는 추잡한 짓을 저지르고 있다고 고발했다. 그는 '성직 매매에 관한 글'을 써 명예와 재물만 탐하는 성직자들의 추악한 행위를 비난했다. 위클리프는 그들이 기도를 올리는 것은 단지 남에게 보이기 위함이고 실제로는 각종 종교 활동을 통해 국민들의 재물을 갈취하는 것이 가짜 성직자들의 주요 업무라고 비난했다. 또한 '성직자의 부패에 관한 글'에서도 여러 성직자들의 각종 부패행위를 낱낱이 밝혔다. 위클리프는 성직자들이 본업에 태만하고 사기와 협잡, 갈취, 도박, 신적 날조 등으로 사람들을 속이고 있다고 거침없는 독설을 날렸다. 위클리프는 교회와 성직자 개혁이 더 이상 미룰 수 없는 발등에 떨어진 불이라고 생각했다. 그래서 교회가 세속의 부와 권력을 버리고 청빈하고 담박한 생활을 하며 계율에 따르던 시대로 돌아가야 한다고 주장했다.

또한 위클리프는 《성경》을 근거로 영국 왕권을 변호했다. 그는 영국 왕조가 완전한 총체로 성직자와 영주, 평민은 신분고하를 막론하고 이 총체의 구성원이므로 교회 또한 정부의 통치를 받아들여야 한다고 주장했다. 만약 교회가 재물을 포기하지 않는다면 국왕은 이를 강제로 몰수할 수도 있다고 지적했다. 그의 발언 수위가 너무 높아 국왕의 고문조차 발표를 만류할 정도였지만 위클리프는 자신의 관점을 굽히지 않았고 그 어떤 외세의 간섭에도 동요하지 않았다. 그리하여 드디어 엄청난 폭풍우가 밀려온다.

새벽별의 최후

위클리프가 대담하게 교회를 공격하고 나서자 교회도 가만히 당하고만 있지 않았다. 사실 교회는 단 한순간도 쉬지 않고 맹공을 퍼부었다.

처음에는 경고와 위협으로 시작했다. 교회는 위클리프에서 당장 교회에 대한 공격을 멈추고 이미 한 발언들을 취소하라고 경고했다. 교황 그레고리우스 11세는 위클리프를 비난하는 칙서를 내려 모든 발언을 거둬들이라고 경고했다. 그러나 위클리프는 교황의 위협에 눈 하나 깜빡하지 않고 자신의 신념을 고수했다.

교회의 분노는 극에 달했고 드디어 실제 행동에 나섰다. 1377년 2월, 런던 주교는 성베드로 대성당에서 위클리프를 심문한다. 그러나 존 왕자와 다른 귀족들이 위클리프를 보호했고 위클리프도 적극적으로 자신을 변호했기 때문에 무사히 풀려날 수 있었다. 같은 해 5월, 교황 그레고리우스 11세는 캔터베리대주교회와 런던 주교에게 위클리프의 신앙을 검증해 만약 천주교 교칙과 위배될 경우 그를 구속해 이단을 전파하지 못하도록 하라고 요구했다. 그러나 이번에도 귀족들의 보호와 국민들의 지지로 위클리프는 무사할 수 있었다. 1378년, 성바오로의 램버스 궁전에서 주교는 위클리프를 정죄하려 했지만 이번에도 불청객이 가로막는다. 국왕 리처드 2세의 어머니 조앤 여왕이 보낸 리처드 클리퍼드가 위클리프의 사면을 요구하는 여왕의 친서를 전했다. 게다가 여론도 위클리프 편에 서는 바람에 대주교는 이번에도 뜻을 이룰 수 없었고 결국 위클리프는 다시 한 번 범의 아가리에서 풀려난다. 바로 이때 교황 그레고리우스 11세가 서거하고 두 명의 교황이 교권을 장악하기 위해 아귀다툼을 벌인다. 이는 결과적으로 로마교황의 권위를 크게 약화시킨다. 위클리프는 이때야말로 대중에게 자신의 신념을 전파할 시기라고 생각해 '두 교황의 분열'이라는 제목의 전단을 작성해 권력욕에 사로잡힌 교황의 진면목을 알린다. 그러나 교황은 권력 쟁탈전에 바빠 위클리프를 신경 쓸 여력이 없었다. 행운의 신이 위클리프에게 손짓하는 것만 같았다.

그러나 역시 세상에 쉬운 일은 없는 모양이었다. 위클리프는 갈수록 어려운 상황에 놓이게 된다. 여전히 교회세력들이 그를 못 잡아먹어 안달인 상황에서 그를 보호해주던 왕권마저 그에게 등을 돌리려 했기 때문이다. 위클리프의 반종교적 발언이 옥스퍼드 대학 학생들의 열렬한 지지를 받은 것이 원인이었다. 새로 임명된 학장은 12인 위원회를 은밀히 구성해서 위클리프의 신앙을 조사했다. 그 결과 반대 7명, 찬성 5명으로 위원회는 그의 이론이 틀렸으므로 교내에서 전파할 수 없다고 결론짓는다. 또한 그를 교수직에서 해임한다. 1381년, 와트 타일러의 봉기로 국왕 리처드 2세와 귀족들의 봉건 통치 기반이 심각한 타격을 입는다. 영국 왕은 위클리프의 사상 중에 민주와 관련된 학설이 있어 이것이 교회의 통치 질서를 공격하는 데 그치지 않고 봉건왕권마저도 위협한다고 생각했다. 그래서 국왕은 태도를 바꿔 교회와 연합해 위클리프를 박해한다. 국왕은 위클리프와 그의 추종자들을 추방하라고 옥스퍼드 대학에 명령한다. 위클리프는 강제로 연금당해 저술 활동만 하다가 1384년 뇌출혈로 쓰러져 죽는다. 종교개혁의 빛나는 새벽별이 드디어 떨어진 것이다.

위클리프는 죽었지만 교회와 영국 봉건 통치자들의 박해는 결코 끝나지 않았다. 1401년, 헨리 4세는 위클리프의 사상을 전파하는 사람은 모두 이교도이며 화형에 처한다는 내용의 법령을 발표했다. 1411년, 옥스퍼드 대학은 다시 한 번 위클리프의 사상을 검열해 그의 저서 중 260쪽이 이단과 잘못된 내용을 포함하고 있다고 판단해 모든 저서를 불태운다. 1414년, 위클리프가 죽은 지 30년이 되던 해 콘스탄츠회의

▲ 아미앵 대성당

12세기, 유럽 각 지역에 로마건축양식을 본떠 고딕양식의 건축물이 세워지기 시작한다. 사진 속 건축물의 배치며 스테인드글라스로 장식된 성당 내벽 등으로 보건데 아미앵 대성당은 전형적인 고딕양식 건축물이다.

는 그를 이단의 수괴로 결론짓고 시체를 꺼내 불에 태우는 벌에 처한다. 그러나 당시 링컨의 주교로 있던 레핑돈(Philip Repingdon)은 위클리프의 옛 친구였기 때문에 이 사실을 숨기고 상부에 보고하지 않아 실시되지 않았다. 1427년, 꼼꼼한 교황이 이 점을 발견하고 위클리프의 유해를 꺼내 불태운 뒤 그 재를 스위프트 강에 뿌리라고 명령한다. 스위프트 강은 위클리프의 개혁정신을 싣고 멀리 동쪽으로 흘러갔다. 톰 풀러(Tom Fuller)는 교회역사에 이렇게 기록했다. '브룩 강이 그의 재를 아봉(Avon)으로, 아봉은 세번(Severn)으로, 세번은 좁은 해협으로 날랐다. 그리고 결국에는 대양에 도달했다. 위클리프의 교리를 상징하는 재는 지금 각지로 흩어져 흐르고 있다.'

오직 믿음으로 말미암아 의롭다

마르틴 루터의 목소리

르네상스 운동은 서유럽 종교개혁에 박차를 가했으며 세속화한 천주교의 부패를 더욱 두드러지게 만들었다. 종교개혁의 선봉 마르틴 루터는 강한 적을 맞아 피하지 않고 날카로운 펜을 들어 개신교의 주장을 설파한다. 그리하여 결국 먼 훗날의 '개신교'를 확립한다.

나는 수도사가 되고 싶다

서유럽이 로마교황의 통치를 받던 시절에는 어리석고 무지한 분위기가 온 사회를 짓눌렀다. 이 당시 종교계에서 찬란한 별들이 나타나기도 했지만 음침하고 어두컴컴한 시공에 가로막혀 제대로 빛 한 번 발하지 못하고 스러졌다. 그러던 중에 1483년 11월, 빛나는 무지개가 독일 작센주의 아이슬레벤에 걸리면서 온 서유럽의 종교계에도 화려한 빛이 쏟아진다. 위대한 종교개혁가 마르틴 루터가 탄생한 것이다.

▼ 종교개혁의 선봉 마르틴 루터

아이의 탄생은 농민 부모에게 더할 나위 없는 기쁨을 가져다주었다. 그러나 그다지 부유하지 않은 가정형편에 식구가 하나 늘었다는 것은 적지 않은 부담이기도 했다. 마르틴 루터의 아버지 한스 루터는 괴팍한 성격 때문에 사람들과 잘 어울리지 못했다. 아이도 난폭하게 다뤄 마르틴 루터는 걸핏하면 폭언과 구타에 시달렸다. 어느 날 아침, 마르틴 루터는 채찍으로 15대나 맞은 적도 있었다. 이러한 부모의 학대는 어린 영혼에게 씻을 수 없는 상처를 남겼다. 맞은 자리가 채 아물기도 전에 구타는 계속되었고 결국, 온몸에는 생채기가 거미줄처럼 남았다. 부모에게 학대받고 자란 탓에 루터도 상당히 조급하고 거친 편이었다. 말년에 그는 탄식하며 말했다. "내 부모님은 나에게 지나칠 정도로 엄했다. 그 때문에 나는 매우 나약하고 소심한 사람이 돼버렸다. 그들은 언제나 자신들이 옳다고 착각했다. 하지만 그들은 언제, 어디서, 어떻게 벌줘야 하는지 전혀 알지 못했다. 물론 아이를 키울 때 벌을 안 줄 수는 없을 것이다. 그러나 부모는 양손에 당근과 채찍을 함께 쥐고 있어야 한다."

1505년 7월의 어느 무더운 여름날이었다. 학생 복장을 한 루터는 작센의 어느 시골길을 걷고 있었다. 그런데 갑자기 시커먼 먹구름이 밀려오더니 하늘이 두 쪽이라도 난 것처럼 장대비가 쏟아졌다. 천둥번개가 온 하늘을 찢어놓았다. 놀란 루터는 그대로 바닥에 넘어졌다. 온몸이 물에 젖은 생쥐 꼴이 되었지만 루터는 그런 것에는 신경조차 쓰지 않았다. 공포에 사로잡힌 그는 절박하게 외쳤다. "성 안나, 살려주세요! 살려만 주신다면 수도사가 되겠습니다." 그리하여 젊은 루터에게 수도사는 숭고한 직업이자 꿈에도 그리는 대상이 되었다. 그러나 역설적이게도 공포에 사로잡혀 성도에게 기도를 올리던 청년은 훗날 성도와는 정반대의 길을 걷게 된다. 지난날 교회의 충실한 신도는 중세 가톨릭의 교리를 무너뜨리기 위해 싸우는 투사로 변한다. 어쩌면 그가 가톨릭의 어두운 면과 부정부패에 대해 잘 알고 있었기 때문에 부패한 교회를 벼랑 끝으로 몰고 간 것일지도 모른다.

위대한 연설자

중세 가톨릭이 세속화 되는 과정에서 사제들은 돈을 물쓰듯 낭비하며 향락을 추구하고 화려함을 숭상했다. 또한 자신들이 세상에서 가장 높은 사람인 줄로 착각했다. 젊은 루터는 수도원에서 생활하면서 이 모든 것에 대해 훤하게 파악한 뒤 자신만의 견해를 갖게 된다. 그리고 이전 종교의 불합리한 모습을 개혁하려고 했다. 그러다보니 이전 종교와 피할 수 없는 정면승부를 벌이게 된다.

교회는 재물을 모으기 위해 대중에게 '면죄부'를 판매했다. 이에 대해 루터는 오래전부터 불만을 가지고 있었고 수시로 강연을 통해 교회의 면죄부 판매를 비난했다. 1517년, 격정적인 강연이 끝난 후 루터는 대학에서의 습관대로 여러 가지 신학문제에 대한 견해를 밝혀 비텐베르그에 있는 성곽교회 문에 붙였다. 그 중에 많은 항목이 중요한 문제와 관련돼 있었다. 이런 문제들은 교회에 심각한 도전이

▲ **루터의 종교개혁에 격렬하게 반대하는 로마교황**

비록 루터가 자신이 쓴 《95조 반박문》이 가톨릭교회와 로마 교황을 공격할 뜻은 없었다고 밝혔지만 그는 이미 로마교황청의 경제적 이익과 사회적 위신에 손해를 입혔다. 그래서 로마 교황은 이에 강력히 반대한다.

었다. 총 95개 조항으로 구성된 문제들은 후에 《95조 반박문》이라고 불린다. 루터의 생각지도 못한 비범한 행동은 순식간에 전 독일에 퍼졌다. 이어서 격렬한 논쟁이 불붙는다. 각계 인사들도 '면죄부', '교황사면권', '교회의 재산' 등의 내용을 토론해달라는 요청을 받는다. 이 당시 유럽 인쇄술도 큰 발전을 이룩해 루터가 자신의 생각을 전파하는데 큰 도움이 된다. 루터는 이런 유리한 조건을 잘 이용해 천부적인 강연실력을 유감없이 발휘한다. 그는 감동적인 목소리, 풍부한 상상력으로 사람의 마음을 사로잡는 어휘로 승기를 잡아간다. 마치 가장 조악하고 비열한 단어도 일단 그의 입을 거치면 그 상황에 꼭 어울리는 논거가 되는 것 같았다. 이후 루터는 전국을 떠돌며 탁월한 언변술로 대중의 마음을 움직였다. 그런데 이는 생각지도 못한 결과를 낳았다. 루터의 연설이 수면 위에 작은 파도를 일으키는데 그치지 않고 전 유럽 종교계의 가장 깊은 곳까지 침투한 것이다. 열정적인 루터의 연설이 가톨릭교에 억눌려 침묵하고 있던 유럽 대지 곳곳으로 전파되었을 때 교회 내부에서도 그에 대한 생각이 둘로 나뉜다. 그를 동정하는 이들과 반대하는 이들이 팽팽한 신경전을 벌여 교회 내부의 분위기도 심상치 않았다.

처음에 교회는 루터의 사상과 행동에 대해 별로 신경 쓰지 않았다. 단순한 수도회 사이의 논쟁이나 알력싸움에 불과하다고 생각했기 때문이다. 그러나 얼마 후 스스로 교회의 충실한 신도라고 자청하는 이 젊은 목회자의 일거수일투족에 온 신경을 곤두세우게 된다. 라이프치히(Leipzig) 논쟁도 바로 이 시기 그 서막이 열렸다. 종교계의 유명한 학자들도 화려하게 치장하고 라이프치히에 도착한다. 회의장 장식에서도 범상치 않은 기운이 느껴졌다. 마르틴 루터와 불꽃 튀는 설전을 벌인 엑크(Johann Eck)는 한 치도 양보하지 않고 자그마치 18일 동안 치열한 공방전을 이어간다. 이 설전을 지켜보던 사람들은 당시 상황에 대해 이렇게 기억했다. "만약 게오르그 공작이 중간에 끼어들어 그만두게 하지 않았더라면 아마 계속 설전을 벌였을 것이다." 마르틴 루터의 막힘없는 언변에 말문이 막힌 상대방은 결국 온갖 독설과 저주를 퍼부어 사람들의 웃음거리가 되었다.

단호한 종교개혁자

마르틴 루터의 출중한 언변술은 그에게 어떠한 명예도 가져다주지 못했다. 오히려 가톨릭 구사상의 옹호자들은 그의 이러한 재능을 깔아뭉개고 조롱했다. 개혁운동 초기에 마르틴 루터는 그들의 놀림감이 된다. '독일대역사'라는 그림에 보면 루터를 '대역사'로 그리고 그의 코 밑에 교황을 내달아 놓았다. 그리고 종교 이단재판관은 그의 손아래 잔뜩 웅크리고 있고 수많은 스콜라철학자가 루터 주위에 반듯이 누워있다. 그림 속에서는 모든 사람이 루터를 우러러보고 있다. 그러나 사실은 이와 정반대였다.

결코, 끝나지 않을 것 같던 논쟁을 마친 뒤 루터는 유명한 3대 논문 즉, 《독일 민족 그리스도인 귀족에게 고함》, 《교회의 바빌론 유배》, 《그리스도인의 자유에 대하여》를 펴낸다. 루터의 논문은 독일 국내는 물론이거니와 다른 국가로도 날개 돋친 듯 팔려나갔다. 이를 계기로 루터는 세계적인 유명인사가 된다. 루터의 언변술과 논문이 대중의 호평을 받으면서 뜻하지 않게 루터는 종교개혁 운동의 우두머리가 된다. 또한 이는 르네상스 운동이 표방하는 인문주의와 호응해 많은 문학예술가를 탄생시켰다. 이에 대해 교황은 분노를 감추지 못하며 루터사건에 대한 회의를 개최한다. 여러 차례 난상토론을 벌인 끝에 1520년 6월 2일에 편지 한 통을 보낸다. 그것은 루터를 체포하고 감금하라는 교서로, 만약 두 달 안에 루터가 자신의 죄를 참회하지 않으면 출교시키겠다는 내용이었다. 목숨이 경각에 달린 마당에도 루터는 두려워하지 않았다. 그가 친구에게 보낸 편지에 이런 말이 나온다. '나는 이미 죽기로 굳게 결심했어. 로마 당국이 어떻게 처리하든 나는 전혀 개의치 않을 거야.'

마르틴 루터는 신을 믿고 하느님이 하늘에서 뻗는 도움의 손길에 의지했다. 그러

▼ **마르틴 루터의 아버지**

루터의 아버지는 어린 자녀들에게 지독하게 엄격한 아버지였다. 이는 훗날 루터가 성인이 돼서도 영향을 미쳐 아버지를 두려워하게 만들었다. 바로 이 때문에 루터는 아버지의 만류를 뿌리치고 에르푸르트에 있는 어거스틴 수도원에 들어간다.

나 그렇다고 해서 세속에서 할 수 있는 일조차 손 놓고 있지는 않았다. 그는 복잡한 종교의식에 반대하며 간소화할 것을 주장했다. 그러면서 '오직 믿음으로 말미암아 의롭다'고 주장한다. 다시 말해 믿음으로만 구원받을 수 있다는 뜻이었다. 이는 교황에 대한 도전이었다. 교황의 교서를 전해 받은 루터는 비텐베르크 대학 교회 안에서, 모든 학생이 지켜보는 가운데 교서를 불살랐다. 그리고 무력 대항도 불사하겠다고 선언한다. 이후 루터는 이런 일이 있었다는 사실을 부인했지만 오랫동안 마음속에 담아둔다. 그러나 해명도 아무 소용없었다. 교회가 루터를 파문할 것은 불 보듯 빤한 일이었다. 그는 전도와 기도, 수업을 할 때를 제외하고는 그저 판결을 기다리며 시간을 보냈다. 그는 결코 자신의 신념을 꺾지 않을 것이라고 선언했다. 카

▼ 마르틴 루터가 바르트부르크에서 독일어로 번역된 성경을 가르치고 있다.

를 5세가 소집한 보름스 회의에 출석해서는 다음과 같이 말했다. "성경과 진리에 의해 나의 잘못들이 드러나지 않는 한, 나는 내가 호소한 성경에 속박을 받고 나의 양심은 하느님의 말씀의 포로가 되었으니, 나는 어떤 것도 철회할 수 없고 철회하지도 않을 것이다. 양심에 거스르는 일은 안전하지도 허락되지도 않았다. 이것이 나의 입장이며 달리 어찌할 수 없다. 신이여, 나를 도우소서…." 그가 아무리 해명한다 해도 대세는 정해져 있었다. 그의 책은 금서가 되었고 그 역시 '추방'이라는 처벌을 받는다.

마르틴 루터는 저술 활동이 금지된 동안에도 펜을 놓지 않았다. 그는 하느님에 대한 믿음을 성경 독일어 번역 작업에 녹여냈다. 천부적인 언어능력을 발휘해 성경을 무기로 삼아 가톨릭과 정면충돌을 한 셈이다. 또한 이는 훗날 독일에 프로테스탄트교를 설립하는 데 있어 든든한 디딤돌이 되었다. 프레데릭 현자(Frederick the Wise)의 도움으로 마르틴 루터는 아무도 몰래 비텐베르크로 돌아온다. 이후 이곳에서 일에만 몰두한다. 1521년 12월, 초췌한 몰골의 마르틴 루터가 비텐베르크 거리에 나타났을 때야 비로소 사람들은 추방당했던 루터가 돌아왔음을 알게 된다.

1546년 2월, 마르틴 루터는 고향인 아이슬레벤에서 눈을 감고 비텐베르크 성 교회에 안치되었다. 루터는 서재에 흩어진 원고와 논문, 그리고 위대한 저서들뿐만 아니라 어떤 불의와 위협에도 굴하지 않는 종교개혁정신을 남겼다.

과감한 개혁가 '쇠망치' 토마스 뮌처

그리스도는 이렇게 말했다. "내가 세상에 평화를 주러 온 줄로 생각하지 마라. 평화가 아니라 칼을 주러 왔다. 그러나 너희는 칼로 무엇을 하려느냐? 만약 너희가 하느님의 종복이 되려 한다면 다른 선택이 없다. 오로지 복음을 방해하는 악마를 쫓아내는 일 뿐이다." 하느님의 계시를 어기는 사람들은 모조리 죽여야 한다. 그 어떤 은혜도 베풀어서는 안된다.

토마스 뮌처

친구마저 적으로 돌리는 독불장군

토마스 뮌처는 수공업자 가정에서 태어났다. 그는 아버지가 귀족의 박해로 죽자 큰 심리적 충격을 받아 귀족이라면 진절머리를 낼 정도로 증오했다. 1514년, 뮌처는 대학을 졸업하고 신학학사 학위를 받아 교회 목사로 부임한다. 교회에서 일하는 동안 그는 교황의 권력과 성직자들이 전도하는 내용의 진실성에 대해 의심을 품게 된다. 이는 곧 종교개혁에 대한 생각으로 이어진다.

1517년 10월, 마르틴 루터가 비텐베르크 성 교회 정문에 《95개조 반박문》을 붙이자 토마스 뮌처는 드디어 동지를 만났다고 생각한다. 그는 루터를 '하느님의 친구의 모범이자 등대'라고 부르며 루터를 따라 종교개혁운동에 투신하기로 결심한다. 루터의 추천으로 뮌처는 츠키바우 사제직을 얻는다.[70] 1520년 4월에는 프로테스탄트교회 목사로 부임한 뒤 계속 루터와 힘을 합쳐 프란체스코회에 반대한다.

그러나 겉으로는 죽이 잘 맞는 듯 보였어도 내적인 갈등을 숨길 수는 없었다. 토마스 뮌처는 상당히 급진적인 개혁가였다. 그는 가톨릭의 속죄설을 일러 '낡은 집에 하얀 칠을 덧바르는 꼴'이라고 비난했다. 낡은 집은 부숴야지 하얀 칠을 덧발라봐야 아무 소용이 없으므로 철저한 종교개혁을 실시해야 한다고 주장한다. 그러나 루터는 토마스 뮌처보다 온건한 편이었다. 그는 급진적 개혁이 너무 많은 것을 파괴해 '처음에는 국민의 한 명으로 시작'하겠지만 뒤로 갈수록 점점 '완전히 국민의 수탈자에게 의탁해 그들을 위해 일할' 수

---

[70] 1517년 이후 1520년 츠비카우 목사로 부임하기 전까지 뮌처는 바이센펠스의 보이디츠 수도원에서 문헌연구를 했다고 한다.

도 있다고 생각했다.

토마스 뮌처는 교회가 '긴 기도로 미망인의 재산을 집어삼키고 있고 신앙심에서 임종을 맞이한 사람의 곁을 지키는 것이 아니라 순전히 사리사욕을 채우기 위해 그렇게 하는 것'이라고 공격했다.

루터는 뮌처의 급진적인 태도에 불만을 느껴 '복음과 권리를 전하되 재산과 금전은 돌보지 않고', '여기저기 바람을 일으켜 불을 붙이며', '어느 아침엔가 누군가를 죽이려' 한다고 비난했다.

그러나 가만히 당하고만 있을 뮌처가 아니었다. 그는 '그들이 당신에게 포도주 한 잔을 주고 완전히 돈의 노예로 만들었다'고 비난했다. 또한 '루터는 절름발이 개혁가'라고 생각했다. 두 사람의 갈등의 골은 갈수록 깊어져 결국 깊은 원망을 품고 서로에게 등을 돌리는 지경에 이른다.

두드릴수록 강해지는 쇠망치처럼

1521년 11월, 뮌처는 후스의 고향인 보헤미아(체코)로 가 《프라하 선언》을 발표했다. 이를 통해 자신의 종교적, 정치적 관점을 공개적으로 밝혔으며 교속봉건제도에 대한 증오를 여과 없이 드러냈다. 그는 자신이 하느님의 종복이며 하느님의 뜻에 따라 산다고 생각했다. 그래서 보헤미아인이 자신을 따라 '그리스도의 탁월한 전사 얀 후스의 뒤를 이어 우렁찬 나팔소리가 새롭게 울려 퍼지게' 하길 바랐다.

보헤미아 정부는 뮌처를 체포하기로 결정한다. 그러나 이 소식을 들은 뮌처는 그 길로 독일로 도망쳐 알슈테트에서 포교활동을 전개한다. 이곳에서 그는 예배의식을 개혁했다. 예를 들어 라틴어 예배를 없애고 독일어로 예배를 진행했다. 또한 제후와 가톨릭교회에 대한 공격도 서슴지 않았다. 그는 가톨릭동맹을 조직해 알슈테트를 민중운동의 중심지로 만들었다.

루터는 뮌처가 종교개혁에서 그치지 않고 혁명을 일으킬까봐 걱정스러웠다. 1524년, 루터는 뮌처를 '사탄의 그릇'이라고 비난하며 봉건영주에게 단호한 행동을 취하라고 요청한다. 이에 대해 뮌처는 한발도 물러서지 않고 루터야말로 '비텐베르크의 산송장'이라고 비난했다. 둘의 충돌로 득을 본 사람은 뮌처였다. 많은 사람이 그에 대해 좋은 인상을 받고 그의 사상을 추종했다. 뮌처는 '뱀과 뱀장어가 끼리끼리 모여 못된 짓을 하고 있는 상황을 우리 모두 똑똑히 보았

▲ 토마스 뮌처

토마스 뮌처는 독일 농민봉기를 이끌며 역사에 깊은 발자국을 남겼다. 독일인은 수백 년이 흐른 뒤에도 자유를 위해 싸운 뮌처를 잊지 않고 우표 디자인에 그려 넣었다.

다. 교황과 모든 사제들은 뱀이고 세속 영주와 통치자들은 뱀장어다.' 당시 '가난한 사람들은 이토록 진리를 구하려 하기 때문에 거리와 골목이 온통 설교를 들으러 온 사람들로 북새통을 이뤘다.' 토마스 뮌처가 적극적으로 사람들을 선동하면서 음지에서 많은 농민 비밀결사가 출현한다.

뮌처는 혁명을 선동하는 많은 소책자를 썼다. 그중에서도 《독일교회 성무일과(German church office)》와 《독일 프로테스탄트 미사(German Protestant mass)》 등이 잘 알려져 있다. 봉건영주는 뮌처의 급진적 행동에 당황해 곧바로 실력행사에 나선다. 뮌처는 어쩔 수 없이 이곳저곳을 부표처럼 떠돌게 된다. 루터는 자신을 비난하고 제후들은 죽이려고 날뛰는 상황에서 뮌처는 스스로를 '쇠망치를 든 토마스 뮌처'라고 부르며 '위대한 사업을 추진하는데 온갖 압박이 이 몸에 쏟아져도 결코 두려워하지 않으리라!'고 외쳤다. 이후 그는 폭력저항의 길로 들어선다.

얼마 후 뮌처는 독일 남부로 가서 슈바벤, 뮐하우젠 등지를 돌며 혁명 활동을 이어간다. 그는 공개적으로 선언했다. "온 세상이 크게 요동칠 것이다. 그때가 되면 모든 정권을 보통 국민에게 넘기고 압박과 수탈이 없는 천국이 하늘이 아닌 인간 세상에 도래할 것이다. 천국을 만드는 방법은 오직 하나, 무기를 들고 모든 부정의한 일과 잔혹한 통치자들을 없애버리는 것이지 소극적으로 기다리거나 하느님께 구걸한다고 되는 것이 아니다."

그리하여 1524년, 드디어 독일에 농민봉기가 일어난다. 1525년 초, 그는 뮐하우젠과 작센의 농민봉기를 이끌며 독일 민중운동의 봄을 일군다. 그러나 그해 5월, 뮌처가 이끄는 봉기군이 프랑켄하우젠 전투에서 영주 연합군에게 궤멸하고 뮌처는 포로로 잡힌다. 적들의 가혹한 고문과 자백 강요에도 뮌처는 눈 하나 깜빡 하지 않고 대구한다. "내가 투항한다면 하느님도 너희들에게 투항할 것이다." 토마스 뮌처는 당당하게 죽음을 맞이한다.

반봉건의 나팔소리 장엄한 역사, 독일봉기

독일의 농민전쟁은 1524년 처음 발발하자마자 전 독일을 해일처럼 덮쳐 독일 농민 가운데 3분의 2가 봉기에 참가했다. 그야말로 서유럽 중세 역사상 다시없는 장엄한 쾌거였다. 엥겔스는 이를 일러 '독일인이 이룬 가장 훌륭한 혁명'이라고 했다.

바다는 메울지언정 사람의 욕심은 메울 길이 없다

신성로마제국의 통치 시기 독일농민의 삶은 그야말로 지옥이 따로 없었다. 봉건영주는 제 마음대로 토지를 빼앗았고 온갖 명목으로 세금을 거둬들였다. 심지어 죽은 자에게 사망세를 받는 등 그들의 악행은 도를 넘은 지 오래였다. 교회는 종교의 겉옷을 걸치고 강제로 면죄부를 팔고 부정부패를 일삼았으며 뇌물수수, 성직매매까지도 서슴지 않았다. 고리대금업자들은 그렇지 않아도 고통받는 독일 농민들의 고혈을 빨아 자기 배를 불렸다. 이런 기득권층은 머지않아 폭발할 화산 입구에 앉아있으면서도 전혀 모르고 있었다. 독일 농민들은 선량하고 순박했으나 참는 데도 한계가 있었다. 드디어 분노의 화산이 불을 뿜기 시작했다.

15세기 말, 독일 인구가 빠르게 증가하면서 농민이 가진 땅은 갈수록 줄어들었다. 대부분의 농민이 소작농으로 전락했고 그들은 소작료를 내고도 영주를 위해 무상으로 온갖 노역에 시달려야 했다. 봉건영주는 각종 명목의 세금을 만들었다. 다른 것은 그렇다 치고 사망세까지 만들었다는 사실은 기가 막힌다. 농민이 죽으면 영주는 미망인에게서 남편이 생전에 입던 가장 좋은 옷과 말, 농기구 등을 가져갔고 보호금, 사망공물 등을 뜯어갔다. 이 밖에도 농민은 봉건영주를 위해 건초와 딸기, 블루베리, 달팽이껍질을 모으는 등 노동력도 제공했다. 사냥을 할 때는 사냥터에서 짐승을 모는 역할까지 맡았다. 그러다 전쟁이라도 터지면 농민들의 삶은 그야말로 지옥이 된다. 전쟁세가 추가되기 때문이었다.

그러나 이 모든 것은 그럭저럭 참아줄 수 있었다. 그러나 봉건영주들이 이런 특권을 이용해 제멋대로 국유림과 목장, 황무지, 강까지 차지한 뒤 원래 살던 농민을 내쫓고 수렵이나 어렵 활동까지 모조리 금지하는 것은 도저히 받아들일 수 없었다. 왜냐하면 파산한 농민이 선택할 수 있는 길은 그저 영주들의 종복이 되는 것뿐이었기 때문이다. 농민은 자신의 정당한 권리를 침해당하고도 하소연할 곳이 없었다. 법률 제정권마저도 봉건영주가 장악하고 있는 상황에서 그들의 목소리에 귀 기울여 줄 곳은 어디에도 없었다. 반항은 있을 수도 없는 일이었다. 조금만 반항해도 감옥에 잡혀 들어갔다. 봉건영주는 반항한 자들의 귀를 자르고, 코를 베고, 눈을 파내고 손가락과 손목을 자르는 등 온갖 잔인한 고문을 자행했다.

농민들은 이미 더 이상 물러설 곳이 없었다. 그러나 그대로 죽을 수는 없는 노릇이었다. 이제 그들이 할 수 있는 일은 호미와 가래를 들고 탐욕스러운 통치자들과 죽기 살기로 싸우는 것이었다.

시작은 미약했으나 그 끝은 창대하리니

15세기 말, '신발회'는 독일 남부 농민들이 만든 비밀결사였다. 그들은 자신들의 깃발에 신발을 그려 넣어 장화를 신는 귀족과 투쟁할 것을 표현했다. 이때, 국부적인 봉기가 이미 잇달아 발생했다. 1518년부터 1523년까지 독일에서는 매년 농민봉기가 발생했지만 그 규모가 대부분 미약했다. 1524년, 더 자주 봉기가 발생했고 결국 전 독일에 걸친 봉기로 확산됐다. 그야말로 시작은 미약했지만 끝은 창대한 셈이었다.

▼ 독일 성베드로 수도원의 성찬잔

1524년 여름, 독일 남부 슈튈링겐 농민들은 봉건영주에게 더 이상 무상으로 노동을 제공하지 않겠다며 농기구를 들고 봉기에 참여한다. 이로써 봉건영주의 수탈에 반대하는 대봉기의 불길이 점화된다. 한스 뮐러(Hans Müller)가 이끄는 봉기군은 발츠후트로 향해 '기독교 농민연합'을 설립하고 동맹의 목표는 봉건 통치를 뒤엎고 모든 성과 교회를 파괴하고 황제를 뺀 나머지 봉건영주를 모조리 죽이는 것이라고 선언했다. 또한 한스는 각지에 밀사를 파견해 농민봉기를 선동했다. 제후와 귀족들은 자신들의 이익을 보호하기위해 슈바벤연합을 만들어 중재에 나섰지만 말만 번드르할 뿐, 실제로는 조금도 양보하지 않았다. 결국 담판은 결렬되고 봉기규모는 갈수록 더 커졌다.

1525년 봄, 라인 강과 도나우 강, 레히 강 사이의 농민

▲ 중세의 성

중세의 발걸음은 매우 더뎠다. 어떤 사람들은 중세를 가리켜 암흑의 시대라고 부르기도 한다. 그러나 중세는 우리에게 많은 문화유산을 남겨주었다. 중세의 성을 보고 있자면 온갖 생각들이 꼬리에 꼬리를 물고 일어난다.

들도 반란을 일으킨다. 그해 3월, 슈바벤 지역에 6개 서로 다른 봉기군의 수장들이 메밍겐에 모여 집회를 개최하고 〈12조항〉을 만장일치로 통과시킨다. 12조항은 농노의 인신구속관계를 폐지할 것, 어렵 특권과 사망세를 폐지할 것, 과도한 요역과 부세, 소작료를 제한할 것, 강제로 점거한 공공 또는 개인의 임야, 목장 등을 원주인에게 반환할 것, 사법 및 행정업무 중 임의로 처리하는 현상을 일소할 것, 십일조와 불합리한 기증금을 폐지할 것, 현지 목사를 선거를 통해 뽑을 권리를 줄 것 등을 요구했다. 12조항은 부드럽고, 타협의 여지가 있는 것으로 여겨지는 농민전쟁 강령이었지만 귀족들은 신경조차 쓰지 않았다.

3월 말, 프랑켄 지방에서 농민봉기가 발발했다. 봉기군은 계속 12조항을 자신들의 강령으로 삼아 이 강령 하에 연합해서 전투를 벌였다. 그리하여 민족 역사상 최대 규모이자 가장 치열했던 농민전쟁의 서막이 오른다. 봉기군은 성과 수도원을 공략해 봉건영주를 처벌하고 극악무도했던 루드비히 폰 헬펜스테인(Ludwig von Helfenstein)을 죽였다. 일부 동정심 많은 귀족과 기사들도 봉기군에 가담했다. 또한 작센주 농민들도 뮌처의 지휘 아래 봉기를 일으켰다. 그들의 도시귀족정권을 뒤엎고 '영구의회'를 세웠다. 뮌처는 국민들에게 투쟁의 원대한 목표인 '영주 타도, 재산 공유, 만인평등'에 대해 전했다. 그러면서 "앞으로, 앞으로, 악의 무리들을 개 패듯이 두들겨 팰 때가 되었다. … 너희들이 칼이 식고 날이 무뎌지도록 두지 마라."고 했다. 일부 봉건영주는 막강한 봉기군의 공격에 당황해 어쩔 줄을 몰라 했다. 작센주의 프리드리히 백작은 슬픔에 겨워 탄식한다. "만약 백성이 정권을 장악하는 것이 하느님의 의지라면 받아들이겠다."

공든 탑이 무너지다

전쟁 초기 상황은 농민군에게 매우 유리하게 돌아갔다. 남부 제후와 봉건영주들은 프랑스와의 전쟁으로 이쪽을 신경 쓸 여력이 없었다. 또한 '슈바벤연합' 내부에서도 갈등이 심했다. 이와 반대로 모든 상황이 농민군에 힘을 보탰다. 일부 시민, 수공업자, 교회 하층성직자들도 그들에게 도움을 제공한다. 일부 도시는 봉기군의 도움으로 자치권을 획득하기도 했다. 많은 도시가 농민군들에게 물자를 제공함으로써 자기 지역이 침략당하지 않게 한다. '슈바벤연합' 상비군은 당시 봉기군보다 상대적으로 열세에 처해있었다.

1525년 3월, '슈바벤연합'이 농민의 요구를 중재법정에 보내 판결을 받기로 하자 농민군은 휴전에 동의한다. 사실 이것은 농민군의 세력 확장을 늦추려는 슈바벤연합의 꼼수였을 뿐, 앞에서는 농민군과 담판을 하는 척하면서 뒤에서는 군사력을 강화하고 있었다. 봉기군은 정전약속을 엄격히 지키고 12조항을 마련해 법정에 제출할 준비를 하고 있었다. 열흘 뒤, 슈바벤연합이 대군을 이끌고 봉기군을 습격한다. 슈바벤의 봉기군은 슈바벤연합의 비열한 짓거리에 이를 간다. 이어 반격에 나선 농민군은 전투에서 연달아 적군을 격파한다. 이때 연합은 또 다시 협잡질을 한다. 봉기군은 그들의 감언이설에 넘어가 슈바벤연맹과 협약을 맺고 곤란에 빠진 적군을 놓아주었다. 연합은 군대를 프랑켄 지역으로 보내 봉기를 진압한다. 그리고 얼마 뒤에는 칼끝을 슈바벤으로 돌려 봉기군을 진압한다.

슈바벤의 봉기군을 진압한 뒤 연합군은 뮌처가 이끄는 작센봉기
군을 공격하기 시작했다. 1525년 5월, 뮌처는 프랑켄하우젠 전투에
서 연합군에 패해 포로로 잡히고 5천 명이 넘는 농민이 이 전투에서
목숨을 잃었다. 이때, 봉기군을 돕던 동맹군들도 영주연합군이 아닌
아군을 향해 칼을 겨누었다. 기사들은 농민군을 닥치는 대로 학살했
다. 도시귀족과 시민들도 '슈바벤연합'과 도시를 양도하는 문제로
담판을 벌였다. 이후 농민전쟁은 지역을 잘츠부르크로 옮겨 계속되
었다. 봉기 지도자는 가이스 마이어였다. 1526년 5월부터 6월까지
잘츠부르크의 농민군은 여러 차례 포위한 채 공격하는 바이에른군,

▼ 교황 바오로 3세

중세에는 종교혁명과 농민봉기
가 끊이지 않았다. 그러나 교황
을 비롯한 기득권 세력의 무자
비한 탄압으로 제대로 성공한
경우는 없다. 교황 바오로 3세
는 종교개혁을 탄압한 대표적인
보수파였다.

오스트리아군, 슈바벤연
합군과 잘츠부르크 대주
교가 고용한 군대를 무
찌른다. 그러나 막강한
적군에게 포위당하면서
7월에는 어쩔 수 없이 베
네치아로 퇴각한다. 이리
하여 농민전쟁은 쓰디쓴
패배로 마무리된다.

봉기군은 강력한 조직
체계며 탁월한 군사지도
자가 없었다. 게다가 내
부의 적[71]까지 발생하자
더는 감당하지 못하고 끝
내 장엄했던 역사의 종지
부를 찍는다.

농민봉기 과정에서 많
은 교회와 수도원이 파손
되었고 교회영지와 다른
재산도 모두 몰수당했다.
이로 인해 가톨릭 교회는
정치, 경제적으로 큰 타
격을 입고 세력이 약화된

71) 동맹군의 변절

다. 게다가 로마교황청의 권위도 언제 무너질지 모르는 불안한 상황이었다. 이 모든 것이 종교개혁을 진행하는 데 유리하게 작용했다.

농민전쟁으로 봉건영주의 장원은 파괴되었고 많은 귀족이 죽임을 당했다. 일부 기사들은 전쟁터에서 죽거나 영주에게 항복한 뒤 그들의 신하가 되었다. 그렇기 때문에 그들 또한 그 옛날의 강력한 권력을 휘두르던 기사가 아니었다. 위풍당당하던 귀족가문들은 대부분 몰락해 제후에게 얹혀 지내는 신세가 된다. 엥겔스는 독일농민전쟁을 유럽 부르주아계급이 봉건제도에 반대해 일으킨 첫 번째 대규모 전투라고 보았다. 이때부터 근대 프롤레타리아계급의 선구자들이 '붉은 깃발을 손에 들고 공유제를 부르짖으며' 정치투쟁 무대에 등장한다.

예정설 칼뱅의 종교개혁

프랑스 르네상스 시기의 종교개혁은 새로운 사상가의 탄생을 예고한다. 뛰어난 재능을 가진 칼뱅은 어려운 환경에서도 훌륭하게 자란다. 27세의 청년 칼뱅은 불후의 명작《기독교 강요》를 저술한다. 이 저서로 칼뱅은 신학 대가들의 찬사를 한 몸에 받는다. 그는 스위스에서 자신이 정립한 신학 이론을 실천에 옮겨 종교개혁 역사에 길이 남을 장거를 이룬다.

젊은 시절의 고생은 사서도 한다

16세기 초, 종교개혁의 물결이 온 유럽을 휩쓸면서 위대한 종교개혁의 선구자를 길러낸다. 칼뱅(Johannes Calvin)은 1509년 7월 10일에 프랑스 북부 피카르디의 노용에서 태어났지만 조국 프랑스가 아닌 스위스 제네바에서 위대한 역사를 써나갔다. 노용은 종교적 색채가 농후한 교회도시였고 노용의 대성당 주교가 통치하고 있었다. 그의 아버지는 주교의 비서이자 주교좌 성당 참사회 법률 고문이었다. 칼뱅은 그런 아버지의 도움으로 매우 어린 나이부터 노용 근처에서 보수를 받는 교직을 구할 수 있었다. 이렇게 번 돈으로 겨우 열네 살에 파리에 있는 라마르슈(La Marche) 대학에 입학한다.

칼뱅은 어려서부터 마두린 코르디에(Mathurin Cordier) 교수 밑에서 라틴어를 배운다. 이후 그의 저서에서 드러난 뛰어난 라틴어 실력은 모두 이 시절에 갈고 닦은 것이었다. 칼뱅은 당시의 관습에 따라 철학과 변증법을 중점적으로 배웠다. 그는 밤이 깊을 때까지 손에서 책을 놓지 않았고 이후 성인이 된 뒤에도 이런 습관을 유지했다. 또한 칼뱅은 대학에서 많은 친구를 사귀었고 이때 쌓은 우정을 계속 이어갔다.

칼뱅의 아버지는 아들이 신학을 공부하길 바랐다. 그러나 1527년 노용교회에서 한 사제와 다툰 뒤 생각을 바꿔 법률을 공부시키기로 결심한다. 그리하여 1528년, 칼뱅은 아버지의 뜻에 따라 오를레앙 대학교로 옮겨 법률을 공부한다. 그는 저명한 법학자 피에르 드 레스투알의 강의를 들으며 새로운 학문에

▼ 칼뱅

칼뱅의 저서《기독교 강요》는 성경에 대해 많은 주석을 달았다. 이 책은 프로테스탄트교의 교리에 대해 체계적으로 서술했다. 이로 인해 칼뱅은 프로테스탄트 지도자들 중에서 높은 명성을 얻게 된다. 심지어 많은 루터파가 칼뱅파로 개종하기도 한다.

빠져들었다. 칼뱅은 법률을 통해 인류가 무정부상태에서 평화롭고 안정적인 상태로 나아가게 만들 작정이었다. 1529년, 칼뱅은 다시 부르쥬 대학으로 옮겨 알키아트 밑에서 수학한다.

1531년, 아버지가 죽자 칼뱅은 더 이상 구속받지 않아도 됐다. 다시 파리로 돌아온 그는 포르테 대학에서 그리스어와 히브리어를 배운다. 어쩌면 칼뱅은 하고 싶은 말을 안 하고는 못 배기는 성미였는지도 모른다. 이듬해 칼뱅은 세네카(Seneca)의 《관용에 관하여(De Clementia)》를 라틴어로 주석해 출판했다. 이는 칼뱅의 비범한 학식을 보여주는 주석집이었다. 그런데 엄격하기로 둘째가라면 서러울 종교입법자인 칼뱅이 맨 처음 내놓은 저서가 《관용에 관하여》라니, 정말 예상 밖이다.

이때부터 칼뱅의 글은 많은 사람에게 인용되고 전파돼, 교회가 두려움에 빠지도록 했다. 프랑스정부는 프로테스탄트를 가혹하게 핍박했고 칼뱅은 이를 피해 1534년 파리를 떠난다. 앙굴렘으로 피신한 칼뱅은 이곳에서 정식으로 프로테스탄트가 된다. 이곳에는 유명한 도서관이 있었는데 온갖 서책을 두루 갖춘 곳이었다. 칼뱅은 밤낮을 가리지 않고 각종 자료를 섭렵하고 종교이론을 연구한 끝에 《기독교 강요(Institutes of the Christian Religion)》를 써낸다.

신학의 집대성자

1536년, 칼뱅은 라틴어로 된 《기독교 강요》 저술을 순조롭게 마친다. 이 책은 출판되자마자 전 사회적 이슈가 되었고 첫 인쇄본이 모두 팔려나갔다. 재인쇄한 책들도 꾸준히 인기를 얻었다. 1539년, 칼뱅은 이 책을 수정한 뒤 1541년 프랑스어로 번역했다. 《기독교 강요》는 문장이 매우 아름다워 프랑스어 산문작품 중에서도 수작으로 꼽혔다. 그러나 이 책이 프로테스탄트 사상을 집중적으로 소개했기 때문에 파리법무원은 라틴어와 프랑스어로 쓰인 《기독교 강요》 모두를 금서 목록에 올렸고 파리에서 공개적으로 불태웠다. 그러나 칼뱅은 이 정도 위협에 저술을 그만둘 사람이 아니었다. 그는 여전히 저술과 수정을 반복해 최종본을 출판할 때는 쪽수가 1,000여 쪽으로 늘어나 있었다.

《기독교 강요》는 감정이 넘치는 필체로 자신의 관점을 열정적으로 서술하고 있다. 또한 책 앞에 프랑스 국왕 프란시스 1세에게 보내는 헌사를 추가했다. 이 헌사는 종교개혁 시대의 문학을 대표하는 명문으로 손꼽힌다. 문장이 조리 있고 단아하며 장엄하다. 칼뱅은 여기서 프로테스탄트에 대해 서술하고 국왕의 비방에 반박하면서 프로테스탄트 사상을 찬양했다. 당시 프랑스에서는 어느 누구도 이처럼 간결하고 명료한 언어로 자신의 신앙을 서술한 예가 없었다. 이 책이 출판되면서 스물여섯 살에 불과한 청년 칼뱅은 프로테스탄트의 수장이 된다.

칼뱅의 《기독교 강요》는 마르틴 루터의 관점을 수용하면서 칼뱅의 개신교 신학사상을 체계적으로 서술했다. 《성경》에 대한 칼뱅의 태도는 숭배에 가까웠다. 그는 《성경》이 하느님의 의지에 따라 쓴 것으로 절대적인 권위를 갖는다고 생각했다. 또한 《성경》을 읽는 것은 사람이 하느님과 소통하는 가장 빠른 길이며 《성경》만이 무궁무진한 지식을 전한다고 생각했다. 칼뱅은 하느님이 이미 모든 정당한 행위와 합리적인 숭배방법을 가르쳐주었으니 교회는 《성경》에 따라 하느님의 뜻만 전달하면 된다고 주장했다. 칼뱅은 또한 교육을 통해 아이들에게 하느님을 위해 일하는 가장 좋은 방식은 《성경》을 전하는 것이라고 가르쳤다. 그리하여 칼뱅의 《기독교 강요》는 종교개혁 시기 가장 큰 파급력을 일으킨 저서가 되었다.

칼뱅의 구원론에 따르면 인간의 구원 여부는 인간의 선행으로 결정되는 것이 아니라 오로지 예수의 죽음이 인간을 위해 대신 죄를 받았다는 사실을 믿음으로써 결정된다. 그러나 칼뱅은 모든 인류가 구원을 받을 수 있는 것은 아니며 사람이 구원받을지 파멸 당할지는 인간의 의지로 바꿀 수 있는 것이 아니라고 생각했다. 그는 만약 구원받고 싶다면 '예수를 믿으라'고 주장했다.

칼뱅은 이때 이미 인문주의자에서 종교개혁가로 변해있었다. 젊은 신학자는 이론적으로 자신의 관점을 확립한 뒤 실천에 옮길 날만 기다렸다.

▼ 칼뱅 포교 장면
이것은 칼뱅이 리옹에서 전도하는 모습을 담은 그림이다. 자리에 앉아있는 사람 중에는 어른 말고 아이들도 보인다. 이는 아이들에게도 종교교육을 실시해야 한다는 칼뱅의 주장을 실현한 것이다.

제네바의 광채

전란을 피하기 위해 1536년 칼뱅은 이미 무르익은 사상을 가지고 제네바로 왔다. 그리고 이곳에서 자신의 원대한 포부를 유감없이 펼친다. 제네바에 막 도착한 칼뱅은 매우 평범하게 지냈다. 처음에는 《성경》을 가르치다가 1년 동안 노력한 끝에 전도사로 임명된다. 이후 칼뱅은 제네바 시의회의 지지에 힘입어 파렐(William Farel)[72]과 함께 제네바의 종교개혁을 추진한다. 구교를 뿌리 뽑고 프로테스탄트 이론을 알리는 것이 그들의 궁극적인 목표였지만 그들이 정한 프로테스탄트 규정이 너무 엄격해 시민들은 하루에도 몇 번씩 규정을 위반한 셈이 되었다. 이쯤 되자 지나치게 엄격한 징계제도에 대해 볼멘소리가 터져 나왔다. 시의회는 사회 각층의 반발을 감안해 1538년 칼뱅과 파렐을 면직시키고 사흘 안에 제네바를 떠나라고 명령한다. 칼뱅과 파렐이 제네바를 떠나자 제네바 가톨릭 세력은 다시 통치 권력을 손에 넣으려고 했다. 그러나 칼뱅의 뒤를 이은 사람들은 그들을 막을 힘이 없어 사회가 혼란에 빠졌다. 칼뱅은 제네바의 상황을 전해 듣고 걱정스러운 마음에 제네바 시의회로 편지를 보냈다. 편지에서 칼뱅은 종교개혁을 단행하는 것 말고는 다른 선택이 없다고 주장했다. 제네바를 구하기 위해 시의회는 프로테스탄트 사무에 간섭하며 제네바에 종교개혁의 불길이 되살아나길 바랐다. 1541년, 제네바는 종교개혁을 지지하는 파가 정권을 장악하면서 그해 5월 칼뱅에 대한 추방령을 거두고 그의 명예를 회복시켜주었다. 그리고 여러 차례 사람을 보내 그를 데려오려고 했지만 그때마다 칼뱅은 거절했다. 9월, 칼뱅은 심사숙고한 끝에 결국 지난날 자신을 상심에 빠뜨렸던 제네바로 돌아간다. 칼뱅의 귀환에 제네바는 성대한 환영으로 답했고 그 이후로도 적극적인 성원을 아끼지 않았다.

제네바로 돌아온 칼뱅은 먼저 프로테스탄트 교회를 세우는 일에 착수했다. 그리고 엄격한 종교법칙을 제정해 《종교법전》을 입안한다. 칼뱅이 입안한 교회법에 따르면 교회는 목사, 교사, 장로, 집사 등 교회 내 4개 직분을 만든다. 장로회는 교회를 관리하는 권력기관으로 목사와 장로로 구성되며 칼뱅이 장로회장을 맡는다. 목사는 평생제이며 매주 한 차례 회의를 소집한다. 교사는 제네바학교의 수장

---

72) 스위스의 종교개혁자

을 맡아야 한다. 장로는 칼뱅 제도에서 가장 중요한 지위를 맡으며 1년에 한 차례 선거로 선발한다.

칼뱅은 제네바를 도덕적이고 질서정연하게 '성시화'해 부패와 사치, 향락과 오만에 찌든 가톨릭 교회와 대비시키려고 했다. 신도는 프로테스탄트 신교만 믿을 수 있었고 다른 그 어떤 종교도 용납되지 않았다. 《성경》이 가장 큰 법으로 정해져 정부는 반드시 《성경》에 따라 사무를 처리해야 했다. 《성경》의 해석권은 목사에게 있었다. 칼뱅의 엄격한 복음주의는 각국의 난민을 불러들였다. 칼뱅은 사실상 제네바 정치, 종교의 최고 지도자가 되었고 정치 권력과 종교 권력을 한 손에 쥐게 된다. 제네바 상업 부르주아계급의 통치는 칼뱅을 수장으로 한 목사단의 엄격한 관리감독 아래 진행되어 정교합일의 신권통치를 형성했다.

이 밖에도 칼뱅은 교육의 보급에 힘써 학교를 세우고 고임금을 지급하고 각국의 학자들을 초빙해 교육을 맡겼다. 서유럽 각국의 많은 젊은이들이 국경을 넘어 제네바를 찾아 프로테스탄트 사상에 동화된다. 제네바는 이때 프로테스탄트 사상을 전파하는 중심지로 '프로테스탄트의 로마'로 불렸다.

칼뱅은 제네바에서 가톨릭 교회와 기득권을 방해를 뚫고 종교개혁을 추진하면서 '성시화' 운동을 계속한다. 종교생활과 세속생활 모두에서 일대 혁신이 일어났으며 엄청난 성공을 거둔다. 그러나 그 자신이 신학자였기 때문에 칼뱅은 종교가 갖는 배타성의 고리는 끊지 못했다. 그는 같은 프로테스탄트 사상이라도 자신과 관점이 다르면 가차 없이 배척했다. 한 번은 이런 일도 있었다. 칼뱅이 설교를 하고 있을 때 프랑스에서 온 신자가 그의 예정론에 반대 의견을 제시했다. 그러자 칼뱅은 그 자리에서 그를 붙잡으라고 했다. 그리고 장로회에서 이단이라고 판결한 뒤 사형에 처하려고 했다. 그러나 여러 사람이 설득한 끝에 겨우 죽음을 모면한 프랑스인은 곧 제네바에서 추방됐다. 칼뱅의 편집광적인 태도는 프로테스탄트 신자 세르베투스에 대한 태도에서 여실히 드러난다. 세르베투스는 가톨릭에도 반대했지만 칼뱅의 프로테스탄트 관점도 비판했다. 그는 1534년 칼뱅에게 파리에서 만나 토론하자고 제안하기도 했다. 이후 칼뱅의 《기독교 강요》에 대한 비판으로 《그리스도교 회복(Christianismi Restitutio)》을 출판한다. 그리고 이 책을 칼뱅에게 보내며 제네바에서 만나 토론하자고

▲ **칼뱅교 집회**

이 그림에서 화가는 칼뱅교파가 스페인의 네덜란드 점령에 반대하는 집회를 개최하는 모습을 담았다. 칼뱅교 신자들은 집회를 열 수 있는 기회가 많았다. 매주 예배일에는 현지인뿐만 아니라 외지인까지도 교회에 예배를 드리러 올 정도였다. 그렇게 하지 않으면 행동이 불경하다고 여겨졌기 때문이다. 칼뱅교의 영향력이 얼마나 큰지 새삼 느낄 수 있다.

제안한다. 칼뱅은 극도로 분노해 친구에게 편지를 써 세르베투스에 대한 증오를 드러냈다. "만약 그가 정말로 제네바로 온다면 결코 살려 보내지 않을 것이다." 이것만으로도 당시 제네바에서 칼뱅이 차지하고 있던 위치가 어느 정도였는지 알 수 있다. 세르베투스 이후로는 그 누구도 감히 칼뱅에게 도전하지 않았다.

1564년 5월 27일, 칼뱅이 눈을 감을 때, 그는 이미 명실상부한 '유일한 세계적 종교개혁가'였다. 그러나 그의 종교정책은 너무 엄격했고 상업에 대해 일부 제한을 두었기 때문에 시의회는 점진적으로 이를 완화한다. 장로회도 종교적 사무가 아닌 일에 대한 간섭을 줄여나간다. 17세기 초, 정교합일체제를 역사로 남기고 제네바의 정치와 종교가 분리된다.

세계사 4
역사가 기억하는 정복과 확장

발행일 / 1판1쇄 2012년 6월 30일

편저자 / 궈팡

옮긴이 / 정주은

발행인 / 이병덕

발행처 / 도서출판 꾸벅

등록날짜 / 2001년 11월 20일

등록번호 / 제 8-349호

주소 / 경기도 고양시 일산동구 장항동 775-1 삼성마이다스 415호

전화 / 031) 908-9152

팩스 / 031) 908-9153

http://www.jungilbooks.co.kr

isbn / 978-89-90636-56-0

잘못된 책은 구입하신 서점이나 본사에서 교환해 드립니다.

全球通史－征服与扩张

作者 ： 郭方 主编

copyright ⓒ 2010 by 吉林出版集团有限责任公司

All rights reserved.

Korean Translation Copyright ⓒ 2012 by Coobug Publishing Co.

Korean edition is published by arrangement with 吉林出版集团有限责任公司

through EntersKorea Co., Ltd, Seoul.